LES LUNDIS RÉVOLUTIONNAIRES

HISTOIRE ANECDOTIQUE

DE LA

RÉVOLUTION FRANÇAISE

PAR

JEAN-BERNARD

AVEC PRÉFACE DE

E. HAMEL

1791

PARIS
SEVIN, LIBRAIRE-ÉDITEUR
8, BOULEVARD DES ITALIENS, 8

HISTOIRE ANECDOTIQUE

DE LA

RÉVOLUTION FRANÇAISE

LES LUNDIS RÉVOLUTIONNAIRES

HISTOIRE ANECDOTIQUE

DE LA

RÉVOLUTION FRANÇAISE

PAR

JEAN-BERNARD

AVEC PRÉFACE DE

E. HAMEL

1791

PARIS

SEVIN, LIBRAIRE-ÉDITEUR

8, BOULEVARD DES ITALIENS, 8

PRÉFACE

C'est avec une véritable joie d'historien philosophe que je recommande, à tous ceux qui, en France, ont le culte et le souci de la vérité historique, le troisième volume de l'*Histoire anecdotique de la Révolution Française*, par M. Jean-Bernard.

Jeune encore, patriote ardent, épris de tout ce qui est bien, de tout ce qui est beau, de tout ce qui est juste, M. Jean-Bernard a voulu peindre la Révolution en déshabillé, il l'a fait de main de maître. En nous introduisant dans les coulisses de l'Histoire, en nous révélant certains côtés mystérieux de la Révolution *arcana mutationis rerum*, il nous a donné l'explication de bien des faits demeurés jusqu'ici inintelligibles, et nous savons, par lui, comment de petites causes ont pu produire de grands effets.

Il a voulu, comme il le dit lui-même, « raconter chaque semaine, à jour fixe, un des grands actes enfouis dans la poussière de l'oubli de nos contemporains, combler une lacune. » Il a victorieusement réussi. Mais en fouillant la Révolution jusque dans ses moindres détails, il n'en a pas moins raconté les merveilleuses conquêtes et décrit, avec l'enthousiasme inspiré du *vates* ancien, les grandeurs tantôt sombres, tantôt éclatantes.

M. Jean Bernard est à la fois poète, critique, chroniqueur. Il a toutes les qualités qu'exigeait M. de Lamartine, le poète historien, qui certainement, beaucoup plus que M. Michelet, a eu l'intuition vraie des hommes et des choses de la Révolution. On ne le voit pas s'égarer dans les sentiers de la fantaisie, ni tracer, d'imagination, des portraits que les naïfs admirent sans se demander s'ils sont bien conformes au personnage qu'on a voulu représenter. M. Jean-Bernard s'est dit, avec le poète, que rien n'est beau que le vrai Il n'est d'aucune école, d'aucune coterie en histoire comme ailleurs. Je ne reconnais, pour ma part, d'autre école historique que celle de la vérité. M. Jean-Bernard en est, et je l'en félicite. C'est un indépendant.

Ah ! je sais bien que cette indépendance a ses inconvénients et ses dangers. On a moins de prôneurs pour entonner vos louanges. Le silence se fait autour de vous. Qu'importe! On a sa conscience pour soi, l'approbation des gens de bien, et l'on peut compter sur la justice du temps, qui vient lentement, *pede claudo*, mais qui arrive à son heure. Je ne dis pas cela, d'ailleurs, pour M. Jean-Bernard ; la renommée lui a tout de suite souri. Salué par les acclamations des plus fins lettrés, il a, du premier coup, conquis sa place au soleil. J'en éprouve une grande satisfaction pour ma part, car c'est la vérité vivante qu'il nous apporte, et son œuvre éclaire d'une clarté nouvelle cette période de notre drame révolutionnaire, si chargée de ténèbres encore.

« L'Histoire est, en effet, ai-je écrit quelque part, la grande institutrice des peuples, à la condition absolue de n'être que le porte-voix de la vérité éternelle, et non l'écho retentissant des légendes calomnieuses et mensongères sous lesquelles les vainqueurs s'efforcent trop souvent d'ensevelir la mémoire des vaincus. Heureux encore quand le narrateur n'ajoute pas à ses légendes, comme il arrive quelquefois, ses fantaisies personnelles.

« Cela n'empêche pas de peindre ni de remuer les passions, ni de prêter tout l'attrait du roman à l'œuvre où se déroulent, dans toute leur précision historique, les faits et gestes de nos pères. Le charme et l'intérêt sont d'autant plus grands, ce nous semble, que les personnages dont nous retraçons les actions ne sont pas le produit d'une imagination plus ou moins brillante, qu'ils ont vécu de la vie réelle, souffert de véritables souffrances, et que, ayant passé par toutes les épreuves inhérentes à l'humanité, ils doivent servir à leurs successeurs d'exemple et de leçon...

« Malgré notre amour filial pour la Révolution nous n'avons dissimulé ni ses erreurs ni ses fautes. Mais cette impartialité même nous a donné le droit d'en proclamer bien haut les bienfaits, et il ne nous a pas été difficile de montrer, par le simple récit des faits, que, suivant l'expression si juste de M. Guizot, la somme du bien, chez elle, l'emporte de beaucoup sur celle du mal.

« Il ne faut pas confondre, d'ailleurs, la République avec la Révolution. Nous avons tracé nettement la différence qui existe entre l'une et l'autre. La République doit être l'incarnation même du droit, de la justice, de la tolérance et de la liberté, toutes choses que la Révolution, s'inspirant des procédés de l'ancien régime, a trop souvent violées dans son cours orageux. »

Mais en reconnaissant les erreurs de la Révolution, en flétrissant ses crimes, en regrettant qu'elle ait trop souvent employé les procédés de l'ancien régime pour se défendre contre les attaques dirigées contre elle, nous avons le devoir de la défendre contre les calomnies dont elle est encore l'objet. C'est à quoi M. Jean-Bernard n'a pas failli, et nous devons l'en féliciter hautement. Il sait d'une plume vengeresse marquer comme d'un fer rouge les calomniateurs, en même temps qu'il s'entend merveilleusement à tresser des couronnes de chêne aux grands citoyens qui, de leur sang, ont scellé les impérissables assises de la démocratie et de la liberté.

Ah ! la calomnie, c'est elle l'arme traîtresse qui a assassiné la plupart de ceux dont le principal crime a été de trop aimer la patrie, la justice et la probité, et de s'être refusés à attacher les grelots de la folie au sceptre de la raison. C'est elle qui, à travers les âges, poursuit leur mémoire de ses morsures venimeuses. La vérité a eu beau se faire éclatante, retentir à tous les échos, il n'est pires aveugles que ceux qui ne veulent pas voir, pires sourds que ceux qui ne veulent pas entendre. La calomnie, que l'on croyait morte, renaît incessamment de ses cendres, et la légende mensongère est comme l'hydre à cent têtes ; aussitôt que l'on en coupait une, il en repoussait d'autres.

Ce qu'il se débite encore d'inepties, de stupidités et d'âneries sur le compte des personnages les plus en vue de la Révolution est inimaginable. Tout cela est ramassé dans la fange des publications thermidoriennes et royalistes, où nombre de gens apprennent encore leur histoire de la Révolution. On lit, par exemple, dans le petit *Dictionnaire* Larousse : « Robespierre *régna* par la terreur, au moyen du Comité de Salut public dont il était l'âme ; établit le culte de la Raison, fut renversé le 9 thermidor, et périt sur l'échafaud où il avait fait périr tant de victimes. » C'est court, mais bête. Cette biographie, en cinq lignes, de l'homme que nos pères avaient surnommé l'Incorruptible, semble détachée d'un de ces innombrales pamphlets contre-révolutionnaires dont la Francc a été inondée de 1814 à 1830; eh bien ! non ; c'est extrait d'une compilation parue d'hier, et que les journaux de toutes nuances n'hésitent pas à recommander au public.

Il y a quelques jours à peine, le rédacteur d'un journal mondain, dans un parallèle entre le général Boulanger de nos jours et un général Boulanger du temps de la Révolution, daignait nous apprendre à nous autres histohistoriens, pauvres hères, que ce dernier général était « secrétaire particulier de Robespierre, pourvoyeur de la guillotine », et disposait à son gré des listes de proscription. Ce Boulanger, au dire de notre rédacteur, n'était pas accessible à la pitié. C'est ainsi qu'il aurait promis, quelques jours avant le 9 thermidor, d'effacer de la liste des victimes destinées à l'échafaud le nom d'un fils naturel du prince de Conti.

Mais que dirait Robespierre, « dont la perpétuelle défiance égarait presque la raison au point de lui faire prendre un objet inanimé pour un ennemi à craindre ? » En effet, en s'apercevant de l'omission, « le Jacobin sanguinaire » manda aussitôt son prétendu secrétaire. Il était assis *obliquement* dans son fauteuil, « le front appuyé sur ses doigts arqués et crispés, » nous apprend notre érudit. « Son regard de chat sauvage errait sur la liste placée devant lui. » En apercevant le général Boulanger : « Tu es un traître, lui dit-il, en scandant nerveusement chacune de ses syllabes. Le malheureux, « tremblant et pâle, » ne savait où se fourrer. Quel général ! hein ! Il promit de rétablir le nom supprimé ; mais fort heureusement le 9 thermidor éclata, et le bâtard du prince de Conti fut sauvé.

Voilà pourtant les balivernes qu'un journal de haute volée ne craint pas d'offrir à ses lecteurs sans plus se soucier de la vérité que d'une guigne.

Ne dites pas à son érudit blasonné que dans les quarante jours qui ont précédé le 9 thermidor, c'est-à-dire dans les jours sombres où la Terreur atteignait son maximum d'intensité, Robespierre s'était presque complètement désintéressé des actes du Comité de Salut, dont le pouvoir était réellement concentré dans les mains de Billaud-Varennes, de Barère, de Carnot et de Collot d'Herbois. Ne lui dites pas que « le sanguinaire Jacobin » ne comprenait pas, suivant l'expression pittoresque de Saint-Just, cette manière d'improviser la foudre à chaque instant ; ne lui dites pas qu'il faisait alors une guerre violente aux excès des représentants en mission, tels que Fouché, Tallien, Carrier, etc. ; ne lui dites pas qu'il n'admettait point que l'on poursuivît les nobles parce qu'ils étaient nobles, ou les prêtres parce qu'ils étaient prêtres ; ne lui dites pas enfin que le grand grief allégué contre lui par Barère, après qu'il eut été décrété d'accusation, était qu'il voulait « arrêter le cours terrible, majestueux de la Révolution », non, cela est bon pour les gens qui ont quelque souci de la vérité.

Quant au général Boulanger de l'an II, c'était un patriote ardent qui, en mai 1793, avait été nommé commandant provisoire de la force armée de Paris par le conseil général de la Commune, fonctions dont il s'était démis presque aussitôt. Employé plus tard à l'armée révolutionnaire, puis accusé de s'être compromis dans les menées hébertistes, il avait trouvé un zélé défenseur dans Robespierre ; mais ce ne fut pas comme partisan de ce dernier qu'il fut décrété d'arrestation le 9 thermidor. Billaud-Varennes, qui fut, avec Tallien, le grand pourvoyeur de l'échafaud dans cette journée fatale, le dénonça comme ayant conspiré avec Dumouriez d'abord, puis avec Hébert, et comme ayant été l'ami de Danton. Il n'en fallut pas davantage pour qn'il fût livré au bourreau. Mis hors la loi, il périt sur l'échafaud révolutionnaire le 11 thermidor (29 juillet 1794), en compagnie de Sijas, adjoint à la commission des mouvements des armées de terre, et de soixante-neuf membres du conseil général de la Commune, coupables d'avoir signé la feuille de présence à l'Hôtel de Ville, dans la soirée du 9 thermidor.

Ah ! ce n'est pas chose toujours commode au milieu du fouillis des publications calomnieuses et mensongères où l'on s'est efforcé de dénaturer la Révolution, de démêler le vrai du faux, de rendre à chaque personnage son caractère propre, sa physionomie véritable, et de restituer aux choses toute leur réalité, sans rien dissimuler du bien ni du mal. Aussi faut-il savoir un gré infini à M. Jean-Bernard d'avoir entrepris cette tâche et de la poursuivre victorieusement, en éclairant de lueurs nouvelles les dramatiques annales de la Révolution.

Le voici parvenu au troisième terme de son œuvre. L'année 1791 s'ouvre par les cérémonies ordinaires du jour de l'an ; l'Assemblée nationale, la municipalité parisienne vont encore protester de leur fidélité à la monarchie, mais la Révolution continue, irrésistible, sa marche en avant, broyant en chemin toutes les résistances. L'émigration accentue son mouvement. M. Jean-Bernard nous montre, dans une page pittoresque, Mesdames en fuite, arrêtées par la municipalité d'Arnay-le-Duc, et ne pouvant continuer leur voyage qu'en vertu d'un décret de l'Assemblée nationale. Encore avait-il fallu la grande voix de Mirabeau pour obtenir ce décret. Ce fut à cette occasion que le comte de la Marck écrivit à son illustre ami, dont la cour payait alors si chèrement les services : « Vous serez éloquent et vous tuerez les Robespierre, les Crancé et Barnave, s'il le faut. » Mais c'est Mirabeau qui s'use à l'œuvre impossible de dompter la Révolution et de faire de Louis XVI le roi d'une monarchie populaire. Vendu à la Cour et lui donnant les plus détestables conseils, tout en s'efforçant de rester fidèle à cette noble cause de la liberté, dont il avait été l'un des plus puissants apôtres, il meurt à la peine, usé par le travail et le plaisir, et se doutant bien qu'il emportait avec lui le deuil de la monarchie. On lira avec émotion le récit dramatique que M. Jean-Bernard a fait de sa longue agonie.

La vénalité du grand tribun n'était encore que soupçonnée, et Robespierre, qui dès lors était déjà salué du nom d'Incorruptible, fut un des plus ardents à appuyer la demande de transfèrement de ses restes au Panthéon, d'où l'on devait les chasser plus tard, quand l'armoire de fer eut livré ses secrets. Nos pères ne badinaient pas avec le trafic des consciences.

A partir de cette époque la monarchie ne fait plus que s'en aller à la dérive. La fuite du roi, l'arrestation de Varennes, le retour à Paris, sont racontés avec un grand luxe de détails curieux dans l'*Histoire anecdotique de la Révolution*, et, après avoir lu ce récit plein d'intérêt, on se demandera s'il n'aurait pas mieux valu pour la France nouvelle que cette tentative d'évasion fût couronnée d'un plein succès. On aurait évité les inutiles et sanglantes tragédies des 21 janvier et 16 octobre 1793, qui ont fait plus de tort que de bien à la Révolution. Il n'y a que les morts qui ne reviennent pas, a-t-on dit souvent. Les événements ont prouvé que ce n'était pas rigoureusement juste. Louis XVI décapité n'a pas empêché le roi de revenir.

Une sorte de fatalité entraînait la royauté aux abîmes. Déja le mot de République était vaguement prononcé. Mais les principaux personnages de la Révolution n'avaient pas encore pris parti à cet égard. Robespierre déclarait alors qu'il n'était ni républicain ni monarchiste, et, quant à Danton, nous l'entendrons bientôt se rallier nettement, en prenant possession de son siège de substitut du procureur de la Commune, au régime de la monarchie régénérée.

L'acceptation de la Constitution nouvelle par le roi et sa proclamation solennelle avaient rendu l'espoir aux partisans de la royauté parlementaire. Mais M. Jean-Bernard vous dira comment, sous prétexte de protéger cette Constitution, l'Assemblée nationale édicta des lois de réaction qui semèrent la haine dans la multitude et y firent sourdre d'immortelles rancunes. Aussi nous la montre-t-il, disparaissant, malgré l'immensité de ses services, dans une sorte d'impopularité.

L'Assemblée nouvelle sur laquelle étaient fondées toutes les espérances de la Révolution entre, dès le premier jour, en lutte avec le roi. A l'intérieur, la résistance d'une partie des prêtres à la constitution civile du clergé, en jetant le trouble dans les consciences catholiques, au dehors l'émigration en cherchant déjà, par des menées impies, à soulever contre nous toutes les cours étrangères, compliquent singulièrement la situation.

Dès le mois de novembre 1792, les premières lois de terreur étaient votées par l'Assemblée législative. La Révolution attaquée se disposait à faire peur, sans se demander si trop souvent, en se défendant, elle ne dépasserait pas la mesure. Les royalistes, il est vrai, ne reculaient devant aucun moyen pour exciter ses colères. Il n'était sortes de provocations dont ils ne la poursuivissent, et, en lisant ce troisième volume de l'*Histoire anecdotique de la Révolution*, on comprendra mieux comment cette Révolution, si douce et si clémente à son aurore, a pu tout à coup se transformer en Furie et prodiguer à plaisir les morts prématurées et violentes.

Mais à côté des pages sombres, tristes et sanglantes, que d'éclairs, que de rayonnements, que d'aspirations touchantes, que de bienfaits apportés au monde, que d'iniquités réparées, que d'élans vers l'éternelle justice !

Le livre se ferme sur les solennelles discussions au sujet de la guerre si imprudemment prêchée par les Girondins, et où Robespierre, presque seul de son avis au début, finit par avoir raison des partisans de la politique des batailles. Avec quelle perspicacité et quelle merveilleuse intuition, hélas ! il prédit le jour où il serait possible à un général victorieux d'égorger la Constitution et de confisquer les libertés publiques ! Il avait comme le pressentiment de Brumaire.

Toutes ces choses nous sont racontées dans un récit imagé, palpitant et rapide. On dirait que M. Jean-Bernard a vécu dans ces temps héroïques et troublés, tant son livre est imprégné du soufle de la formidable époque dont il est le plus récent historien. Il me semble qu'après l'avoir lu, chacun peut dire : « Et moi aussi j'ai vécu la Révolution. »

ERNEST HAMEL.

5 Mai 1890.

HISTOIRE DE LA RÉVOLUTION

Du 1er au 7 janvier 1791

I

LA NOUVELLE ANNÉE

Aubade au roi. — Discours au roi et à la reine. — Réponse de Marie-Antoinette. — Etrennes du Dauphin. — Les confiseries patriotiques. — La caisse de Louis XVI. — Ouverture de la « salle de Monsieur ». — Une apôtre du droit des femmes. — Originalité d'un calendrier. — Dissolution d'un club royaliste. — Elections pour la présidence de l'Assemblée. — Mirabeau échoue.

Les cérémonies du jour de l'an passèrent inaperçues, au milieu des préoccupations générales ; néanmoins, suivant l'usage, la population parisienne se rendit avec la musique de la garde nationale sous les fenêtres du roi, pour lui donner l'aubade traditionnelle. Voulant faire allusion à la liquidation des dettes de l'Etat, décrétée par l'Assemblée, elle joua, entre autres morceaux, l'air de l'opéra-comique *les Dettes*, alors en vogue, dont un refrain était :

> Mais nos créanciers sont payés,
> C'est ce qui nous console.

Il paraît que la cour ne trouva pas le morceau de son goût.

Le président de l'Assemblée nationale et le maire de Paris, à la tête de députations, allèrent présenter au roi et à la reine leurs souhaits de nouvelle année.

Dans cette circonstance, Louis XVI continua de jouer son indigne comédie, et, tandis que ses émissaires travaillaient par ses ordres à coaliser l'Europe contre la France, il ne craignit pas, comme il l'avait fait, la semaine précédente, dans la lettre à l'Assemblée, de parler de sa fidélité à la Constitution.

Les députés et les membres de la municipalité, confiants dans ces affirmations, interrompirent plusieurs fois la courte harangue du roi par des applaudissements répétés.

Le discours tenu par le président de l'Assemblée à la reine vaut la peine d'être cité en entier, parce qu'il montre combien il eût été encore facile à la royauté de se sauver, en acceptant le fait accompli, et parce qu'il montre aussi que c'était seulement de la reine que l'on se défiait alors.

S'adressant à la reine, le président lui dit :

« Madame,

« L'Assemblée nationale vient vous offrir les vœux « qu'elle fait pour votre bonheur. Elle se rappelle avec « intérêt que vous avez promis d'apprendre à l'héritier « du trône à respecter la liberté publique et à maintenir « les lois. Cet engagement nous assure que cet enfant « précieux, destiné à gouverner une nation libre, sera « l'inébranlable appui de notre Constitution, Et vous, « que la Providence et nos lois appellent à porter une « couronne embellie par la liberté, imitez les vertus « des auteurs de vos jours ; apprenez d'eux que les rois « sont établis pour rendre les peuples heureux, et que

« leur véritable puissance consiste dans l'obéissance « aux lois. »

Cette dernière phrase alla certainement droit au cœur de Marie-Antoinette, qui dut recevoir avec de singulières réflexions cette leçon donnée ainsi publiquement par le président de l'Assemblée à celle qu'on savait être l'âme et la directrice de tous les complots royalistes.

Mais la reine ne laissa percer aucun des sentiments secrets qui agitaient son âme inquiète, et, avec ce superbe sourire dont elle savait embellir son visage, elle répondit :

« Je suis très touchée, Messieurs, des sentiments de « l'Assemblée nationale. Quand mon fils sera en âge de « répondre, il exprimera lui-même ce que je ne cesse « de lui inspirer : le respect pour les lois et le désir de « contribuer au bonheur des peuples. »

La députation salua ; puis, conduite, comme à son entrée, par le grand maître et l'aide des cérémonies, elle se retira et se croisa à la sortie avec une autre délégation, celle des vainqueurs de la Bastille, qui arrivait, précédée d'une musique militaire, venant offrir au jeune Dauphin, pour ses étrennes, un jeu de dominos fait avec les pierres et les marbres de la célèbre prison d'Etat.

Cette année, la mode fut, chez les confiseurs, de vendre des boîtes en forme d'*autels de la Patrie*, qu'on remplissait de bonbons affectant la forme de la figure de la Liberté ou de ses attributs ; les pistaches étaient entourées d'inscriptions et de devises patriotiques.

Il n'est pas sans intérêt de jeter un coup d'œil sur la tenue des livres de Louis XVI, qui écrivait ses dépenses avec le soin d'un commerçant, n'oubliant jamais aucun détail de son ménage. Le compte de 1791 est particulièrement intéressant, à cause des renseignements qu'il nous a conservés sur la monnaie de l'époque.

Ainsi, au 1er janvier 1791, nous lisons :

En caisse en or mis en dépôt. . .	150,000 fr.
49 rouleaux de 1,200	58,800 »
31 assignats de 1,000	31,000 »
39 assignats grand format de 300.	11,700 »
41 assignats petit format . . .	12,300 »
24 assignats grand format de 200.	4,800 »
30 assignats petit format de 200.	6,000 »
9 billets de 300 livres de la Caisse d'Escompte	2,700 »
19 billets de 200	2,600 »
Dans une bourse	570 »
418 pièces de 20 sols	141 l. 12 sols.
287 pièces de 12 sols	174 l. 4 sols.
90 pièces de 6 sols.	27 l.
78 pièces de 2 sols.	7 l. 16 sols.
85 pièces de 6 liards	6 l. 4 sur 6 liards
	280,726 l. 16 s. 6 liards
Le 1er j'ai reçu ma commande de	12,000 l.
La recette est de	296,926 l. 16 s. 6 liards
La dépense de	29,958
Partant il reste.	262,698 l. 16 l. 6 liards

Tout cela est écrit d'une écriture posée, fine, mais très lisible et sans ratures, indiquant un travail préalable, un brouillon.

***

Ce fut cette semaine que s'ouvrit la nouvelle *salle de Monsieur*, rue Feydeau, qui devait rester le théâtre de l'*Opéra comique* jusqu'en 1829. Après avoir débuté à la foire, s'être successivement installé à l'hôtel de Bourgogne, sur l'emplacement de l'hôtel de Choiseul, puis aux Tuileries, sous le nom de *Théâtre de Monsieur*, le 26 janvier 1789, l'Opéra-Comique avait dû se réfugier, après le retour du roi, le 6 octobre, dans la salle des

Variétés amusantes, à la foire Saint-Laurent. Le 6 janvier 1791 on inaugura la nouvelle salle. Les premières notes qui se firent entendre furent celles d'une grande symphonie de Haydn ; puis l'acteur d'Allainville vint réciter un compliment de circonstance, en vers, un prologue d'ouverture, comme nous dirions aujourd'hui, et enfin la troupe donna la *Voce di Dorina*, un opéra italien, que joua la troupe concuremment avec l'opéra-comique proprement dit.

Cette même semaine, le 3 janvier, au cercle social *La Bouche de fer*, une femme hollandaise, Palm d'Aelders, envoya un discours réclamant pour les femmes des droits égaux à ceux des hommes, discours lu par un des secrétaires. Nous trouvons dans cette « défense pour le sexe » les mêmes arguments qui devaient être repris près de cent ans plus tard par d'autres femmes entreprenant la même campagne.

« La justice, s'écriait Madame Palm, doit être la première vertu des hommes libres, et la justice demande que les lois soient communes à tous les êtres, comme l'air et le soleil ; et cependant partout les lois sont en faveur des hommes aux dépens des femmes, parce que partout le pouvoir est en vos mains ! »

Nous devons signaler, comme curiosité, l'apparition d'un almanach : *Nostradamus Moderne*, dans lequel le rédacteur, s'emparant de l'idée de Sylvain Maréchal, avait remplacé pour chaque jour de l'année, les noms des saints par les noms des principaux députés, de même pour les mois et les figures du zodiaque et des planètes.

Les mois portèrent les noms des grands hommes.

Janvier..........	Voltaire
Février..........	Monstesquieu
Mars............	Turenne.
Avril............	J.-J. Rousseau.

Mai................	Jeanne d'Arc.
Juin................	Corneille
Juillet.............	Louis XVI
Août................	Henri IV.
Septembre..........	Bernardin de Saint Pierre.
Octobre.............	Bayard.
Novembre..........	Fénelon.
Décembre...........	Sully.

Les figures du zodiaque donnaient lieu à des allusions satiriques.

FIGURES DU ZODIAQUE

Le Bélier. — Le vicomte de Mirabeau (le frère du tribun).
Le Taureau. — Foucault l'Ordine.
Les Gémeaux. — Lally et Mounier.
L'Ecrevisse — Malouet.
Le Lion. — Mirabeau.
La Vierge. — Le cardinal de Rohan.
La Balance. — Boisjelin.
Le Scorpion. — D'Eprémesnil.
Le Sagittaire. — Gouy d'Orcy.
Le Capricorne. — De Virieu.
Le Verseau. — Le duc d'Orléans.
Le Poisson. — Le marquis et le baron de Juigné.

Le rédacteur du calendrier avait donné à chaque planète un nom en vue :

Le Soleil. — (Personne).
Saturne. — Chapeau.
Jupiter. — Broglie.
Mercure. — Abbé de Vermont.
Vénus. — Agnès B***.
Mars. — Lambosc.
La Lune. — D'Entraigues.
Herschell. — Luxembourg.

Les calendriers étaient, du reste, en ce moment, des moteurs de propagande très active: la vogue avait commencé deux ou trois ans avant la Révolution. En 1789, Sylvain Maréchal mit en vente l'Almanach dit *des Honnêtes gens*, dans lequel les noms des saints se trouvaient remplacés par des noms célèbres dans l'histoire et choisis dans un esprit très indépendant [1].

L'ouvrage, quoique anodin, fut dénoncé au Parlement de Paris, qui le condamna, le 17 janvier 1788, « comme impie, sacrilège, blasphématoire et tendant à détruire la religion. » L'impression et la vente en furent défendues ; Sylvain Maréchal fut arrêté, ses biens confisqués, et il ne sortit de la prison Saint-Lazare qu'en 1789. Ces poursuites ne firent que provoquer de nouvelles publications du même genre, qui profitèrent à la Révolution pour battre en brèche et la cour et les grands seigneurs [2]. Les royalistes usèrent des mêmes armes et répandirent aussi de nombreux calendriers ne le cédant en rien, ni quant à la violence ni quant au texte, aux livres révolutionnaires.

∴

La municipalité de Paris, redoutant les troubles et voulant empêcher des faits analogues à ceux qui s'étaient produits à Aix, dissout, le 1er janvier, dans une bonne intention, mais sans aucun droit, le club royaliste qu'on désignait sous le nom des « monarchiens ».

A l'Assemblée, Mirabeau, qui briguait en même temps le commandement de la garde nationale, posa,

(1) SYLVAIN MARÉCHAL, homme de lettres, né à Paris en 1750. Après s'être fait recevoir avocat, il fut bibliothécaire au collège Mazarin, emploi dont il fut révoqué pour avoir écrit un livre qui déplut au clergé, *Le livre échappé au déluge*. Sylvain Maréchal fut ensuite employé dans diverses imprimeries comme correcteur. Ce fut alors qu'il eut l'idée de composer l'*Almanach des Honnêtes gens* ; il mourut à Montrouge le 18 janvier 1803.

(2) Georges Villain. *La Révolution française*, revue mensuelle, n° 6, 4e année.

le 3 janvier, sa candidature à la présidence ; mais il n'obtint pas la majorité absolue, n'ayant eu que 178 voix contre 177 données à Emmery [1], qui l'emporta le lendemain ; Emmery était nommé président de l'Assemblée pour la seconde fois. Cette élection avait surtout de l'importance, parce que, le 4 janvier, devait avoir lieu cette fameuse séance, consacrée au serment des prêtres, et que nous raconterons dans le chapitre suivant, car elle mérite une description spéciale, comme un des tableaux les plus curieux de la Révolution.

(1) EMMERY (Jean-Louis-Claude), né à Metz le 26 avril 1752. Son père était procureur au parlement de Metz ; reçu avocat à dix-huit ans, il commença à plaider et obtint de nombreux succès. Député du Tiers aux Etats généraux, il prit place parmi les constitutionnels. S'étant, comme avocat, occupé des questions militaires pour le compte du gouverneur de Metz, il prit une grande part aux réformes militaires votées par l'Assemblée constituante. Arrêté sous la Terreur, il en sortit après le 9 thermidor. En 1797, le département de la Seine l'envoya au conseil des Cinq-Cents ; Bonaparte le nomma membre du Conseil d'Etat, puis du Sénat conservateur, ce qui n'empêcha pas Emmery de signer, avec tous ses collègues, du reste, la déchéance de l'empereur, en 1814. La restauration nomma Emmery pair de France ; il mourut le 15 juillet 1823 : Il faisait partie de l'opposition constitutionnelle.

2 janvier 1791.

LE MARIAGE DE CAMILLE DESMOULINS

Camille obtient le consentement de M. Duplessis. — La dot de Lucile. — Entrevue des deux futurs. — Etourderie d'amoureux. — La dispense de l'Avent. — Attitude du curé de Saint-Sulpice. — Camille à confesse. — Acte de mariage. — Les témoins. — Allocution de l'abbé Bérardier. — Camillle pleure. — La fête. — Sombre lendemain. — Les joies de l'heure présente.

Camille Desmoulins, dont nous avons conté (voir notre deuxième volume) la tendre idylle avec la chaste Lucile, après avoir vu son amour entravé par les rigueurs d'un père craignant pour sa fille la vie agitée du milieu révolutionnaire dans lequel s'était jeté le fougueux journaliste, Camille avait fini par obtenir le consentement, après trois ans de luttes et de persévérance.

(1) Les principaux documents dont nous nous sommes servis pour reconstituer — sans y ajouter un mot ni un détail — la cérémonie du mariage de Camille sont : 1° *Particularités et observations sur les ministres des finances de France les plus célèbres depuis* 1660 *jusqu'en* 1791 ; — 2° *Paris pendant l'année* 1790, par Peltier ; — 3° *L'Année des dames nationales*, t. XII ; — 4° *Nouvelle bibliographie générale*, de F. Didot ; — 5° *Mémoires historiques sur la réaction royaliste et les massacres du Midi*, par Freron ; — 8° Les Registres de la Paroisse Saint-Sulpice ; — 9° *Examen critique des dictionnaires histo-*

Ce fut le 11 décembre que le père de Lucile se laissa arracher ce consentement qui allait unir deux êtres dont les deux âmes étaient déjà l'une à l'autre sans retour. Camille écrivit à son père :

« Le bonheur pour moi s'est fait longtemps attendre, mais enfin il est arrivé, et je suis heureux autant qu'on peut l'être sur terre. »

Le père de Lucile, employé dans les finances, avait vingt mille livres de rentes (ce qui équivaudrait à plus du quadruple aujourd'hui). La dot de Lucile fut de cent mille francs et de dix mille livres de vaisselle d'argent. Mais Camille se refusa de s'occuper du contrat, et répondit à M. Duplessis, qui voulait emmener son gendre chez le notaire :

— Vous êtes un capitaliste, vous avez remué de l'espèce pendant toute votre vie ; je ne me mêle pas du contrat, et tant d'argent m'embarrasserait. Vous aimez trop votre fille pour que je stipule pour elle. Vous ne me demandez rien ; ainsi dressez le contrat comme vous voudrez.

Ce qui intéressait Camille, c'était uniquement sa chère Lucile, qui, du reste, était éperdument éprise de son futur ; elle avait refusé plusieurs prétendants, dont un possédait une fortune de cent mille francs, et un autre, qui apportait vingt-cinq mille livres de rente.

Ce fut Madame Duplessis, qui avait favorisé la chaste passion de sa fille pour Desmoulins, qui annonça au

riques, Barbier ; — 10° *Histoire des évènements arrivés sur la paroisse Saint-Sulpice pendant la Révolution ;* Paris, imprimerie de Crapart, 1792 ; — 11° *Etudes Révolutionnaires*, par Fleury ; — 12° *la Conjuration de Maximilien Robespierre*, par Montjoie ; — 13° *Souvenirs de la Terreur ;* — 14° les œuvres de Camille Desmoulins ; — 15° *Révolutions de France et de Brabant.* — 16° *Histoire de la Révolution*, t. V, Louis Blanc ; — 17° *Histoire de Robespierre*, par Hamel ; — 18° *Lettres inédites* de Desmoulins communiquées à M. J. Claretie, par M. de Lescure ; — 19° *Camille Desmoulins*, par Jules Claretie.

jeune homme la bonne nouvelle, comme il arrivait pour sa visite, devenue quotidienne depuis que le père, à la défense de paraître devant Lucile, avait fait succéder l'autorisation de la voir sans contrainte. Madame Duplessis le mit au courant en deux mots et le conduisit dans la chambre de la jeune fille ; Camille se jeta aux genoux de sa fiancée, qui éclata de rire. Surpris, Desmoulins leva les yeux, et il écrivait, le lendemain, à son père, en lui racontant les détails de cette entrevue :

« Ses yeux n'étaient pas en meilleur état que les miens ; elle était tout en larmes, elle pleurait même abondamment, et cependant elle riait encore. Jamais je n'ai vu de spectacle aussi ravissant. »

Camille demande à son père, à Guise, son consentement ; il est fiévreux et impatient, à ce point qu'il écrit dans le même but, les 15, 18 et 20 décembre ; seulement, tant son émotion est grande, il oublie de donner le nom exact de sa future, pourtant indispensable pour rédiger le consentement en due forme notariée.

Enfin l'erreur est réparée, le consentement arrive et le mariage est fixé au 29 décembre.

Camille va donc être heureux !

***

Malheureusement, Camille, peu au courant des choses de l'Eglise, n'avait pas songé que l'on était dans l'Avent, et qu'il fallait une dispense pour se marier, car personne ne songeait encore, pas même le célèbre persifleur, à se passer de la bénédiction de l'Eglise.

Camille se rend à l'archevêché, est introduit auprès d'un M. de Floirac, grand vicaire, à qui il demande la dispense ; le grand vicaire lui reproche d'être un des auteurs des méfaits de la Révolution, qui est la cause que son château est brûlé, que ses vingt mille livres de rentes sont perdues par la suppression des bénéfices ; finalement il refuse la dispense.

Des députés s'entremettent en vain, ils sollicitent inutilement. Camille est au désespir ; il se souvient alors de l'ancien principal du collège Louis-le-Grand, du bon abbé Bérardier, qui lui a toujours témoigné une grande amitié et auquel, du reste, il n'avait jamais manqué, depuis sa sortie du collège, de souhaiter la fête et la nouvelle année. L'abbé Bérardier, après de nombreuses démarches, de vives sollicitations, obtient la fameuse dispense.

La dispense donnée par l'archevêque, il fallait se mettre en règle avec le curé de la paroisse, M. de Percemont, celui-là même qui avait refusé, quelques mois auparavant, de marier Talma à moins que le tragédien n'abjurât la profession de comédien.

Camille va trouver le curé de Saint-Sulpice ; et, comme les exigences des prêtres semblent exagérées au fils de Voltaire, Camille va chercher un notaire, qui enregistre dans un constat le récit de l'entrevue, dont nous connaissons ainsi les moindres détails.

— Êtes-vous catholique ? commence par lui demander le prêtre.

— Pourquoi cette question ? riposte aussitôt le libre penseur.

— Parce que, si vous ne l'étiez pas, je ne pourrais vous conférer un sacrement de la religion catholique.

— Eh bien oui, je suis catholique.

— Je ne puis croire celui qui a dit dans un de ses numéros que la religion de Mahomet était pour lui tout aussi évidente que celle de Jésus-Christ....

— Vous lisez donc mes numéros ?

— Quelquefois.

— Et vous ne voulez pas me marier, monsieur le curé ?

— Non, monsieur ; je ne le puis, à moins que vous ne fassiez une profession de foi publique de la religion catholique.

— J'aurai donc recours au comité ecclésiastique, reprend Camille, en se retirant, suivi de son notaire.

Desmoulins se rend auprès du comité ecclésiastique, où il obtient gain de cause ; il se fait, en outre, écrire par Mirabeau une consultation où le grand tribun déclare « qu'on ne peut juger de la croyance que sous la profession de foi extérieure, et que le mariage ne peut être refusé au réclamant, puisqu'il se dit catholique ».

Camille fait imprimer une déclaration dans laquelle il se proclame catholique, et, muni de l'avis du comité ecclésiastique, de la consultation de Mirabeau, se rend de nouveau auprès de M. de Percemont.

— Qu'est ceci ? demande le curé.

— Ma déclaration extérieure et imprimée de ma foi catholique.

— Et ceci ?

— L'avis favorable du comité ecclésiastique.

— Et ce papier ?

— Une consultation de M. Mirabeau, lisez.

— Depuis quand Mirabeau est-il père de l'Eglise ?

— Ah ! ah ! fait en riant Camille, Mirabeau, père de l'Eglise ! je le lui dirai, cela le divertira.

— Autrefois, continue M. de Percemont, après avoir lu l'avis du comité ecclésiastique, c'était le roi qui avait la puissance, aujourd'hui c'est la nation. Or, saint Paul nous apprend qu'il faut obéir aux puissances : j'obéirai donc.

— Enfin !

— Mais, à ne vous juger que sur votre profession de

foi extérieure, puisqu'elle est imprimée, reprit le prêtre, la consultation vous condamne ; j'exige donc une rétractation dans votre journal, avant de vous marier.

— Je ne compte pas faire d'autre numéro avant mon mariage.

— Ce sera donc après ?

— Je le promets, répond Camille, bien résolu par avance à ne pas tenir une parole qu'on lui arrache de force avec une telle violence morale.

De fait, il ne rétracta rien du tout.

— J'exige, ajoute le prêtre en appuyant sur le mot, j'exige de plus que vous remplissiez tous les devoirs prescrits quand on se marie, et que vous vous confessiez.

— A vous même, monsieur le curé ?

— A moi ou à un des vicaires de ma paroisse.

Camille dut donc se mettre à genoux, se confesser, courber le front et recevoir l'absolution, se prêter à toutes les formalités d'un culte qu'il raillait impitoyablement et contre lequel, demain, il prendra sa revanche.

Enfin le mariage est fixé au 29 décembre.

L'abbé Bérardier tint à donner la bénédiction nuptiale, et M. de Percemont voulut bien consentir à n'être qu'assistant.

Voici l'acte de mariage de Camille, copié sur les registres de la paroisse de Saint-Sulpice ;

Le 29 décembre 1790, a été célébré le mariage de Lucile-Simplice-Camille-Benoit DESMOULINS, âgé de trente ans, fils de Jean-Benoît Nicolas DESMOULINS, lieutenant général du bailliage de Guise, et de Marie-Magdeleine GODARD, consentants, avec Anne-Lucile-Philippe-Laridon DUPLESSIS, âgée de vingt ans, fille de Claude-Etienne-Laridon DUPLESSIS, pensionnaire du roi, et d'Anne-Françoise-Marie BOISDEVEIX, présents et consentants. Les deux parties de cette paroisse, l'époux depuis six ans, rue du Théâtre-

Français, l'épouse de fait et de droit depuis cinq ans, avec ses père et mère.

Jérôme PETION, député à l'Assemblée nationale, rue Neuve-des-Mathurins ;
Charles-Alexis BRULARD, député à l'Assemblée nationale, rue Neuve-des-Mathurins ;
Maximilien-Marie-Isidore ROBESPIERRE, député à l'Assemblée nationale, rue Saintonge, paroisse Saint-Louis-en-l'Isle ;
Camille DESMOULINS ;
Lucile-Laridon DUPLESSIS ;
BOIDEVEIX ;
J.-N. BRISSOT, député à l'Assemblée nationale ;
MERCIER ;
QUEUDEVILLE, vicaire à Saint-Sulpice.

Mirabeau, qui avait promis d'assister au mariage, ne put s'y rendre. L'abbé Bérardier, avant de donner à son élève la bénédiction nuptiale, fit une allocution dans laquelle il retraça, suivant l'usage, les devoirs des époux ; après avoir engagé Camille à respecter la religion dans ses écrits, le vénérable abbé termina ainsi :

— Votre patriotisme n'en sera pas moins actif, il n'en sera que plus épuré, plus vrai ; car, si la *foi* peut forcer à paraître citoyen, la religion oblige à l'être.

Camille Desmoulins, ému par cette cérémonie, ému surtout par la voix de ce prêtre qui avait été le maître de ses études, l'âme de son enfance, sentit les larmes lui monter aux yeux, mouvement bien naturel et bien humain.

Robespierre, ancien élève de l'abbé Bérardier, lui aussi, ancien camarade de collège de Camille, s'approcha du jeune marié et lui dit :

— Pleure donc, si tu en as envie !

La cérémonie terminée, les deux époux, suivis de leurs témoins et de leurs invités, parmi lesquels nous remarquons Sillery et Brissot, vont signer dans la sacristie Brissot prend la main de Camille, en lui disant :

— Sois heureux !

Puis tout le monde monte en voiture, et, après une promenade au bois, on va dîner chez M. Duplessis, où un vrai festin a été préparé.

Ah ! regardons-le passer, ce couple joyeux, portant le bonheur dans les yeux, suivi de ce cortège d'amis ; regardons-le passer, et arrêtons un moment nos regards sur ce riant tableau où l'amour se trouve uni à l'amitié, pour souhaiter aux jeunes gens la joie qu'ils méritent et qui durera si peu !

Moins de quatre ans suffiront pour que les amis qui prennent part à cette fête deviennent des ennemis mortels ; Camille inventera contre Brissot cet insultant néologisme « *brissotter* » pour signifier *voler* ; il dénoncera Sillery et Petion. Puis Desmoulins, entraîné à son tour, sera jeté sous le couperet de la guillotine, d'où Robespierre ne pourra ou ne voudra par l'arracher, malgré les larmes et les supplications de Lucile, qui, frêle Parisienne à l'âme de Romaine, ne pouvant sauver Camille, ne voudra pas lui survivre et le suivra sur l'échafaud, où Robespierre lui-même sera hissé quelques jours après, mourant, la mâchoire fracassée par le coup de pistolet d'un gendarme.

Mais détournons nos yeux de ce drame sanglant que prépare l'avenir, et jetons encore une fois, au début de cette année 1791, un coup d'œil sur ce doux spectacle où tout le monde est content et joyeux. Laissons passer le jeune couple radieux qui se retire après le dîner, dans un appartement de la Cour du Commerce, dans la maison qu'habite déjà Danton, et écoutons ces deux énamourés rythmant de leurs baisers, les appels lancés par Camille, tous les huit jours, dans son journal, au patriotisme et à la liberté.

III

LES RÉFRACTAIRES

Séance du 4 janvier. — L'évêque d'Agen refuse. — Mise en scène royaliste. — On supprime l'appel nominal. — Victoire du clergé. — Facétie de l'abbé Maury. — Mirabeau continue son odieuse comédie. — Les jureurs. — Le roi change de confesseur. — Accusation contre Talleyrand. — Comment il se défend. — Réponse des révolutionnaires. — Le curé de Ruel.

C'était le 4 janvier 1791 que les prêtres, membres de l'Assemblée, devaient prêter le serment à la tribune. On avait choisi cette manière solennelle pour essayer d'en imposer ainsi à tous les autres ecclésiastiques ; mais cette décision tourna contre la Révolution dans l'intérêt de qui elle avait été prise, car l'exemple de rébellion venant de haut, étant donné, en quelque sorte, à la face du pays, devait encourager les résistances et les oppositions du clergé du restant de la France.

L'Assemblée comptait trois cents de ses membres appartenant au clergé, dont vingt-neuf évêques ; soixante-cinq, siégeant à gauche, avaient déjà prêté serment.

Le 4 janvier, l'Assemblée était houleuse, les tribunes regorgeaient d'une foule ardente, remplissant la salle de bruit ; mais tout à coup le calme se fait ; le président se lève, tenant à la main la liste des prêtres non encore assermentés.

Un des secrétaires commence l'appel :

— Monsieur l'évêque d'Agen !

Le prélat monte lentement à la tribune au milieu du plus grand silence.

L'évêque d'Agen. — Je demande la parole.

Plusieurs voix à gauche. — Point de parole ! prêtez-vous le serment ? oui ou non ?

L'évêque d'Agen. — C'est le cœur navré de douleur.....

A ce moment, la gauche coupe de nouveau la parole à l'évêque ; en même temps des cris venant du dehors couvrent à leur tour les interruptions de la gauche. Parmi ces cris on distinguait ceux de : *Mort aux curés !* parfaitement distincts, et ceux de : *A la lanterne ceux qui refusent le serment !*

Beaucoup de membres du côté droit. — Vous entendez, Monsieur le président.

Un membre. — Que M. le Maire aille donc faire cesser ce désordre !

Plusieurs voix. — Il y est allé, il est sorti.

Pendant quelque temps une vive agitation règne dans le côté droit ; un royaliste, Dufraisse, s'écrie :

— Vous entendez ces scélérats, qui, après avoir détruit la monarchie par d'infâmes moyens, veulent maintenant anéantir la religion ; je déclare que l'Assemblée n'est pas libre, et je proteste !

Cependant Bailly, sorti pour faire cesser le désordre, fut très surpris de trouver les alentours de l'Assemblée dans le plus grand calme et absolument déserts. Pour avoir l'explication des cris menaçants que nous avons entendus tout à l'heure, il faut reproduire l'explication qu'en donne la *Chronique de Paris* dans le numéro du surlendemain de la fameuse séance :

« Au moment où M. le président de l'Assemblée nationale, lisons-nous dans la *Chronique de Paris,* interpellait les ecclésiastiques nominativement pour la prestation du serment, M. l'évêque d'Agen fit remarquer les cris qui retentissaient autour de la salle. Il est certain qu'on entendait alors un mot affreux répété plusieurs fois. On s'imaginait à ce récit que la salle de l'Assemblée était environnée d'un peuple immense et qu'un effroyable danger menaçait les dissidents. Eh bien, il n'y avait pas vingt personnes, et ces cris venaient de la cour des Feuillants, dans laquelle le peuple n'entre pas.

« Il est évident que les dix ou douze petits polissons qui faisaient entendre ces cris avaient été apostés pour faire croire dans les provinces que les jours des ministres de la religion étaient menacés. Nous avons été témoins de ces faits qui sont de la plus exacte vérité, et peuvent être attestés par les gardes nationaux postés autour de l'Assemblée. »

Il est aujourd'hui certain que l'on se trouvait en présence d'une mise en scène préparée à l'avance, et qui réussissait au delà de toute espérance.

L'évêque d'Agen était toujours à la tribune ; quand le calme se fut rétabli, il continua, d'une voix qu'il rendait humble avec intention :

— Vous avez dit que ces refusants seraient déchus de leurs offices : je ne donne aucun regret à ma place, aucun regret à ma fortune ; j'en donnerais à la perte de votre estime ; je vous prie donc d'agréer le témoignage de la peine que je ressens de ne pouvoir prêter le serment.

L'évêque descendit au milieu des applaudissements de la droite.

On continua l'appel par le nom de l'abbé Fournier, curé de Puymichaux.

Le curé Fournier. — Je dirai avec la simplicité du premier chrétien : Je me fais gloire et honneur de suivre mon évêque, comme Laurent suivit son pasteur.

Le curé Leclerc. — Je suis enfant de l'Eglise catholique... Je veux mourrir dans cette foi, je ne prêterai pas le serment.

L'appel nominal ne réussissant pas, la gauche entre dans une grande colère, qu'animent et qu'excitent les jansénistes conduits par Camus. On décide que l'appel nominal sera suspendu et que les ecclésiastiques désirant prêter le serment monteront à la tribune et diront simplement : Je le jure.

Personne ne se présente, mais le vieil évêque de Poitiers. Beaupoil de Saint-Aulaire, ne voulant pas déranger la mise en scène à laquelle probablement il a participé, monte l'escalier conduisant à la tribune, et malgré le président qui essaie de l'empêcher de parler, il dit :

— J'ai soixante-dix ans, j'en ai passé trente-cinq dans l'épiscopat, où j'ai tâché de faire tout le bien que je pouvais ; accablé d'années et d'infirmités, je ne veux pas déshonorer ma vieillesse ; je refuse.

Les clameurs de la gauche l'empêchent de continuer. Le clergé remportait la victoire ; la gauche avait eu la mauvaise idée de suivre les catholiques prétendus libéraux dans leur lutte contre les catholiques romains, et le résultat était de donner les apparences du martyre à ces évêques sans croyances, mettant leur foi religieuse au service de leurs querelles politiques.

Qu'on ne l'oublie pas, il n'y a pas d'alliance possible entre les prêtres, quels qu'ils soient, et la liberté ; chaque fois que l'on a essayé de soumettre le clergé à l'Etat, on a échoué et on a préparé le triomphe du despotisme. Le seul moyen de neutraliser les effets des menées religieuses, c'est de considérer les prêtres comme de simples particuliers, en les soumettant, non à des lois spéciales, mais aux lois qui régissent tous les autres citoyens, leur accordant individuellement tous les droits, mais leur imposant tous les devoirs, sans privilège ni exception d'aucune sorte.

L'abbé Maury, cet enfant terrible du clergé, lui dont on avait dit qu'il était estimable parmi les aristocrates, comme Cartouche parmi les voleurs, Maury monta à la tribune et lança à la gauche ce défi sarcastique :

— Je demande que l'Assemblée décrète que le décret sera exécutoire dans soixante ans.

***

Mirabeau, continuant à jouer son odieuse comédie, était enchanté des embarras qu'il prévoyait devoir résulter de cette situation ; le lendemain même de cette fameuse séance, il écrivait secrètement au comte de La Marck : « L'Assemblée est *enfoncée*, mon cher comte ; si elle croit que la démission de vingt mille curés ne fera aucun effet dans le royaume, elle a d'étranges lunettes ! »

Sur cent trente évêques ou archevêques français, quatre seulement jurèrent, ce furent : Talleyrand, évêque d'Autun ; le cardinal de Brienne, archevêque de Sens ; Jarente, évêque d'Orléans, et Servius, de Viviers. Quarante-cinq mille curés ou vicaires, sur soixante dix mille, refusèrent le serment.

A Paris, les curés de Saint-Sulpice, Saint-Roch, Saint-Severin, Saint-Benoît, Saint-Germain l'Auxerrois refusèrent; les jeunes vicaires se montrèrent en général mieux disposés pour la Révolution; l'un d'eux, attaché à Saint-Sulpice, fit la déclaration suivante :

— Je suis prêt à verser jusqu'à la dernière goutte de

mon sang pour une révolution qui est venue reconnaître les hommes égaux entre eux, comme ils le sont de toute éternité devant Dieu !

Bailly alla trouver le curé de Saint-Roch, l'abbé Marduel, qu'il connaissait personnellement, tâchant, mais en vain, de le décider.

Le curé de Saint Eustache, confesseur du roi et de la reine, s'étant laissé convaincre après de nombreuses héstaitions, et ayant juré, Louis XVI et Marie-Antoinette choisirent un autre confesseur, qui resta inconnu.

Afin d'exciter la commisération du peuple, les prêtres ne négligeaient rien pour jouer leur rôle de martyrs ; quelques-uns allèrent même jusqu'à faire vendre à l'encan leurs meubles, à la porte des églises. Les évêques lancèrent des mandements poussant à la révolte ; ils flétrirent du nom d'*intrus* les prêtres jurés, et déclarèrent nuls les sacrements administrés par de tels curés, sur lesquels ils avaient lancé l'interdit.

Un moment, il fut question de la nomination de Talleyrand à l'évêché de Paris. Ce bruit déchaîna contre l'évêque les bruits les plus infamants : un des moindres griefs allégués contre lui était de fréquenter les maisons de joie et de jeu, où il avait, disait-on, gagné six ou sept cent mille livres. Tailleyrand, tout en déclarant qu'il refusait l'évêché de Paris, dut se défendre et écrivit dans les journaux :

« Voilà l'exacte vérité : j'ai gagné en six mois, non dans les maisons de jeu, mais dans la société ou au club des échecs, environ trente mille francs ».

Les révolutionnaires répondirent naturellemeut aux attaques du clergé, et des écrits furent lancés, dans lesquels on déconsidérait cette religion que, jusque-là, la Révolution avait toujours respectée ; et c'est en vain que les évêques, pour servir la cause royaliste, compromirent le catholicisme qu'ils étaient chargés de défendre.

A Paris, l'imprimeur Simon refusa d'imprimer le mandement incendiaire que M. de Juigné, archevêque de Paris, lui avait envoyé de Turin, où il s'était réfugié.

Au Palais-Royal, on brûla un mannequin, représentant lè pape, vêtu de ses habits pontificaux.

Un prêtre, en quittant sa paroisse, va chez son père, honnête artisan, qui le chasse, en lui disant qu'il ne le reconnaîtra pour son fils que lorsqu'il aura prêté le serment.

A Ruel enfin, la note comique vient se mêler à ce drame qui commence. Le curé était en chaire et déclarait qu'il refusait le serment « qu'il quitterait la paroisse et l'abandonnerait aux révolutionnaires, ces suppôts de l'enfer ».

Les paroissiens ne l'interrompent point, mais une partie sort de l'église et se met à déménager, avec le plus grand soin, le presbytère, plaçant tous les meubles sur des charrettes.

Quand le sermon est fini, nous dit Camille Desmoulins, qui rapporte cette histoire d'après un correspondant particulier, on s'empresse autour du curé, on lui serre les mains, on lui frappe sur les épaules.

— Adieu, monsieur le curé, adieu.

— Qu'est ce, mes chers paroissiens, et pourquoi ces tendres adieux ?

Le curé sort de l'église, voit le déménagement fait, et Javotte, sa servante, en pleurs ; on lui demande où il faut conduire, puis la charrette s'ébranle pendant que ses paroissiens lui souhaitent bon voyage.

Du 8 au 15 janvier 1791.

IV

GRANDES COLÈRES ET PETITES PASSIONS

Élection des évêques et des curés. — Les intrus et les réfractaires. — Questions financières de la famille d'Orléans. — Histoire de la dot d'une princesse. — Comédie humanitaire — Les titres nobiliaires ridiculisés. — Un régiment royaliste dans une ville révolutionnaire. — Siège de Carpentras. — Les Droits de l'homme à Constantinople. — L'Assemblée décrète la liberté des théâtres et la propriété des œuvres dramatiques. — Un procès intenté à Marat. — Deux avocats bossus. — Marat dénonce Lavoisier. — Idée de dictature.

L'Assemblée, sans se laisser émouvoir par les résistances des prêtres, crut bien compléter son œuvre en décrétant, le 13 janvier, que les prêtres seraient nommés à l'élection. L'évêque devait être nommé par les électeurs du département, le curé par ceux du district. Il faut reconnaître que ce décret avait quelque chose d'anormal, en ce qu'il confiait le soin de choisir un curé catholique à des populations qui souvent étaient d'une religion différente ; ainsi à Nîmes, Montauban, Strasbourg, Metz, des protestants et des juifs, en grand nombre, votèrent pour les curés et les évêques de leur choix.

Ce décret n'était guère fait pour calmer l'agitation religieuse, que devait exciter encore la journée du 9 janvier ; ce jour avait été choisi pour recevoir le serment des curés de Paris, qui devaient le prêter dans les églises, entre les mains des officiers municipaux, reçus dans toutes les paroisses, au son des cloches.

Le public était accouru nombreux pour assister à ce spectacle ; à Notre-Dame, Bailly essaya au moyen d'une mise en scène d'une simplicité imposante de cacher la défaite subie par le fameux décret : on éleva à la porte du chœur un petit autel sur lequel on lisait en lettres d'or : DIEU — LA LOI — LE ROI. Après une messe basse qui y fut célébrée, Bailly et les deux officiers municipaux délégués se placèrent sur les marches de l'autel ; le maire lut la formule du serment que vinrent prêter un assez grand nombre de prêtres, mais aucun des jureurs n'appartenait régulièrement à la cathédrale : c'étaient d'anciens religieux ou des curés sans place que Bailly avait fait venir pour la parade ; aucun des chanoines ou vicaires de Notre-Dame ne parut.

A la Madeleine, tous les curés refusèrent.

Vingt-huit curés en tout, principalement de paroisses populaires, prêtèrent le serment.

A Saint-Sulpice, le curé refusa le serment que lui réclamaient ses paroissiens ; il s'ensuivit un tumulte dans l'église, et la garde nationale dut prendre le prêtre sous sa protection et le ramener à son presbytère. Au moment où le curé en chaire venait de refuser catégoriquement de jurer, l'organiste se mit à jouer le *ça ira* ! en pleine église. En revanche, deux vicaires, deux anciens religieux, cinq ecclésiastiques et un diacre de la paroisse prêtèrent le serment ; la foule demanda les noms de ces prêtres, qui furent proclamés du haut de l'autel par l'officier municipal délégué.

« Les curés des paroisses de Saint-Paul et de Bonne-Nouvelle, nous dit Camille, pour ne pas prêter serment sont partis, le premier avec Madame L'Hôpital, le second avec la caisse des marguilliers. »

Ces derniers faits ne purent être démentis.

A Saint Roch, le curé, qui avait refusé le serment, se livra à des voies de fait sur la personne d'un prêtre juré qui baptisait un enfant ; ce fougueux réfractaire, en présence des invités, du parrain et la marraine, alla même jusqu'à arracher l'étole au prêtre, et l'obligea à cesser la cérémonie.

Les patriotes prirent leur revanche, le jour même ; ayant aperçu à vêpres un vicaire réfractaire, assistant à l'office en chappe, les marguilliers l'obligèrent à quitter le chœur, et Bailly, prévenu, se transporta à l'église, où il fit au vicaire un long discours pour l'exciter au patriotisme.

***

Les prêtres qui refusèrent le serment furent appelés *réfractaires* et destitués de leurs cures ; cent trente-quatre archevêques, évêques ou coadjuteurs résistèrent, quatre évêques seulement se soumirent. Sur soixante-dix mille prêtres, quarante-cinq mille ayant refusé le serment furent révoqués ; parmi les jurés, beaucoup ne voulaient pas néanmoins ou n'osaient pas prendre la place de leurs collègues dépossédés ; dans certaines paroisses, on dut faire sept et huit nominations pour la même place, dans la même semaine ; les titulaires, quoique jurés et ayant accepté, démissionnaient presque aussitôt.

Dans chaque commune, il y eut ainsi un nouveau foyer de trouble et de divisions.

Le réfractaire traite son successeur d'apostat, disant aux fidèles que les sacrements de l'intrus ne valent rien, et qu'il est excommunié et sacrilège. L'intrus se défend comme il peut et naturellement lutte contre l'influence de son prédécesseur ; souvent il est forcé d'appeler la garde nationale qui, dans plusieurs paroisses, fut obligée de protéger le prêtre constitutionnel jusqu'aux pieds de l'autel, pendant qu'il disait sa messe, pour le soustraire aux insultes des catholiques, fanatisés par les curés réfractaires.

Tels furent les beaux résultats de cette constitution civile du clergé, votée par l'Assemblée sous l'influence des catholiques austères mais intolérants, encore imbus des théories toujours vivaces de Jansénius et de Saint-Cyran.

***

Au milieu de ces agitations, la famille d'Orléans n'oubliait pas les questions financières ; et, le 8 janvier, nous lisons dans les journaux le singulier avis suivant, publié par ordre du duc, et au tarif des annonces :

« *M. et Madame d'Orléans, voulant mettre le plus grand ordre dans leurs dépenses, préviennent tous les marchands et fournisseurs qu'à compter du 6 du présent mois, janvier 1791, ils ne feront rien acheter qu'au comptant ; qu'en conséquence personne ne pourra répéter le prix des marchandises fournies pour le compte de M. et Madame d'Orléans, à crédit.* »

Le duc d'Orléans était pourtant un des plus grands propriétaires de France, sinon le plus grand ; Necker avait calculé que les apanages des princes du sang, comtes d'Artois et de Provence, duc d'Orléans et de Penthièvre, couvraient le septième du territoire ; ces quatre princes avaient ensemble un revenu de 25 millions, et le duc d'Orléans, pour sa seule part, possédait 11 millions 500,000 francs ; n'oublions pas qu'il faut quadrupler au moins ces chiffres pour avoir ceux qui leur correspondent aujourd'hui. Cette immense fortune n'empêchait pas, on le voit, le duc d'Orléans de songer aux petites économies, pas plus qu'il ne renonçait, du reste, quelle que fût la pénurie de la nation, à réclamer tout ce que pouvait lui devoir le trésor de l'État.

Ainsi, à la séance de l'Assemblée nationale du 11 janvier, Camus, au nom du comité de liquidation, proposa de décréter que la créance de 4 millions 158,850 livres, montant de la dot de Louise-Elisabeth d'Orléans, liquidée par lettres patentes du 11 janvier 1725, fût payée à M. Philippe d'Orléans, de mois en mois, en quatre paiements égaux, à compter du 1er janvier 1791.

Cette créance provenait de ce que, sous la minorité de Louis XV, alors âgé de onze ans, le régent ayant négocié le mariage de sa fille avec le roi des Asturies, lui fit attribuer, par l'enfant dont il était le tuteur, une dot de 500,000 écus d'or, à la condition par elle de renoncer, en faveur de son frère le duc de Chartres, à tous ses droits paternels et maternels.

Cette dot n'avait pas été payée ; et le duc d'Orléans, neveu de la princesse, venait en réclamer le montant, avec les intérêts échus, comme héritier de sa tante décédée sans enfants.

Ainsi, après soixante-dix ans, le duc d'Orléans se présentait pour toucher le montant d'une dot constituée aux dépens du Trésor, pour que la princesse renonçât à venir partager la succession paternelle et maternelle ; c'est-à dire que celui à qui la renonciation avait profité demandait encore le prix de cette renonciation.

Les blâmes ne manquèrent pas, et le duc, prudent

fit renvoyer sa réclamation aux bureaux, et ne ce fut que plus tard que ses héritiers touchèrent cette somme, après la Révolution.

Le jeune duc de Chartres essaya d'effacer le mauvais effet de cette demande insolite, en faisant parade de sentiments humanitaires : il se mit à visiter les hôpitaux, et on vendit à Paris des gravures, encartées dans le journal de Camille Desmoulins même, représentant le jeune prince (Louis Philippe) administrant une saignée à un malade de l'Hôtel Dieu. Au bas de la gravure, on lit cette inscription : « *Ceux qui n'avaient que des occupations et des titres frivoles, deviennent respectables par les lumières et les connaissances qu'ils acquièrent, en avouant que le premier devoir de l'homme est de secourir ses semblables.* »

***

On le voit, les titres étaient à ce moment prisés pour peu de chose ; l'évêque de Viviers, un des quatre prélats qui prêtèrent le serment, avait placé, depuis l'abolition des titres, un tronc dans son salon, pour y recevoir douze sols d'amende de tous ceux qui l'appelleraient « Monseigneur. » On vit même un riche propriétaire de Versailles ridiculiser les titres jusqu'à les distribuer à ses domestiques, selon la nature de leurs services ; le palefrenier fut créé *chevalier*, parce que chevalier vient de cheval ; le cocher passa *duc*, du mot latin *dux*, conducteur. Les simples laquais devinrent des *comtes*, parce que les premiers comtes accompagnaient et suivaient les grands ; enfin, comme le mot de *marquis* fut inventé pour ceux qui gardaient les frontières, ce titre fut octroyé au portier gardien de la maison.

Pendant qu'à Paris on avait encore le temps de s'occuper de ces futilités, des troubles se produisaient dans le Comtat venaissin. D'après le décret du 20 novembre 1790, on avait envoyé à Avignon un régiment et un escadron de cavalerie du régiment de Penthièvre. Les troupes arrivèrent le 24 décembre. Dès les premiers jours, les officiers se mirent en rapport avec les chefs du parti aristocratique et du parti italien ; on voyait journellement, sur le chemin de Villeneuve à Avignon, des soldats occupés à porter les lettres des officiers à des émigrés et réciproquement. Le lieutenant-colonel d'Espeyron, commandant le détachement, affectait des sentiments royalistes éxagérés, pour se faire pardonner par les officiers nobles de n'être qu'un officier de fortune. D'Espeyron refusa constamment de prendre le mot d'ordre de la municipalité, défendit aux sentinelles de rendre les honneurs aux officiers de la garde nationale, à laquelle il ne voulut céder la garde d'aucune porte.

L'aumônier du régiment, instruit que la municipalité d'Avignon avait ordonné, avant l'arrivée du régiment, de chanter à la messe le *Domine salvum fac gentem, legem, et salvum, fac regem* s'y conforma à la première messe du régiment ; le lieutenant-colonel lui ordonna de retrancher à l'avenir la premiére partie du *salvum*.

Les officiers refusèrent de loger chez les patriotes, où des appartements leur avaient été assignés ; on punit des soldats pour avoir dansé la farandole en compagnie des Avignonnais et de la garde nationale.

Toutes ces mesures n'empêchèrent pas soixante-quatorze soldats du Soissonais et six cavaliers de Penthièvre de partir avec les patriotes, pour aller faire le siège de Carpentras.

Car, tandis qu'Avignon était conquise aux idées révolutionnaires et françaises, Carpentras et Cavaillon demeuraient papistes ; les municipalités de ces deux villes avaient obligé un grand nombre de citoyens de se réfugier à Avignon pour échapper aux tyrannies réactionnaires ; ces exilés cherchèrent du secours à Avignon, où de nombreux patriotes répondirent à leur appel, et ensemble, accompagnés des quelques soldats dont nous venons de parler, ils mirent le siège devant Carpentras, le 10 janvier ; les royalistes s'en plaignirent à l'Assemblée, qui renvoya l'affaire au comité des rapports.

***

Avignon continua de demander la réunion du Comtat à la France, et finit (14 septembre 1791) par avoir raison de toutes les oppositions royalistes, italiennes et papistes.

L'influence de la Révolution se faisait sentir, non-seulement à Avignon, française de mœurs, de caractère et de tempérament, mais encore dans les pays les plus éloignés ; ainsi, à Constantinople, un Français lisait, le 18 janvier, les *Droits de l'homme*, en langue turque, à plusieurs Turcs parmi lesquels se trouvait un derviche ; le muphti — sorte de grand prêtre musulman — fit arrêter le derviche et le Français ; mais le peuple les délivra et les conduisit dans une maison sur laquelle on écrivit : ***Malheur à qui osera violer cet asile, que le peuple donne à deux amis du genre humain.*** C'est là que, pendant plusieurs mois, le Français développa devant quelques initiés les principes de la Révolution française.

A Paris, le 13 janvier, l'Assemblée décréta la liberté des théâtres.

Ce décret fut rendu après un rapport de Chapelier, et, suivant une proposition faite à la barre de l'Assemblée, le 24 août 1790, par les auteurs dramatiques, conduits par la Harpe, qui porta la parole, accompagné de Ducis, Lemierre, Champfort, Mercier, Sedaine, Maisonneuve, Cailhava, Chénier, Florian, Blin, Sauvigny, Forgeot, Palissot, Framery, Murville et Fenouillot.

Avant la Révolution, il n'y avait qu'un théâtre, la Comédie-Française, où les auteurs de drames héroïques, de comédies ou de tragédies pussent aller frapper. L'Assemblée décida la liberté de tous les théâtres.

Avant la Révolution, les auteurs ne possédaient leurs pièces qu'en vertu de privilèges accordés par le roi, privilèges ayant une durée limitée ; de plus, toute pièce jouée et qui n'avait pas produit 1,500 livres en hiver et 1,000 livres en été, appartenait aux comédiens ; l'Assemblée décréta que les pièces de théâtre appartiendraient aux auteurs, durant toute leur vie, et à leurs héritiers durant les cinq années qui suivraient leur mort.

Avant la Révolution, les comédiens du Théâtre-Français avaient seuls le privilége de jouer les œuvres de Corneille, Racine, Molière, Voltaire et les principaux génies du théâtre français. L'Assemblée abolit ce privilège.

Avant la Révolution, les auteurs touchaient seulement le septième de la recette; l'Assemblée décida que les auteurs, ou leurs ayant droit, traiteraient cette question de gré à gré, et d là est née l'Association des auteurs dramatiques et les autres sociétés similaires.

Enfin, avant la Révolution on avait l'habitude de placer au fond du parterre des soldats qui avaient toujours la baïonnette au canon, prêts a réprimer les désordres et, au besoin, à les provoquer quand ils ne se produisaient pas; c'est ce que Mirabeau, qui prit part à la discussion, exprimait en disant d'une maniere pompeuse : « Sans doute vous avez été souvent scandalisés de ces satellites armés qui sont dans l'intérieur des salles de spectacle, et qui mettent les signes de l'esclavage et de la contrainte à côté des plaisirs paisibles des citoyens. » L'Assemblée décréta qu'il n'y aurait qu'un ou plusieurs officiers civils dans l'intérieur des théâtres, et qu'ils n'appelleraient la garde que dans les cas où la sécurité publique serait compromise.

Parmi les adversaires de ces sages et libérales mesures, on n'est pas peu étonné de trouver Robespierre, qui combattit la liberté des théâtres et se prononça pour les anciens privilèges.

***

Marat, toujours soupçonneux, avait porté diverses accusations sans grand fondement, voyant partout des mouchards de Lafayette, insérant dans son journal toutes les lettres qu'on lui adressait, en inventant même à l'occasion. Un nommé Estienne, un des vainqueurs de la Bastille qu'il avait traité d'espion, l'assigna devant le tribunal de police, le 8 janvier.

Voici comment Marat rend compte de l'audience, dans son propre journal.

« Une foule de bons patriotes s'était portée à la ville. L'infâme Languedoc, dit Estienne, n'a point paru. Le tribunal de police, voyant l'auditoire composé de citoyens dont les sentiments n'étaient pas équivoques, a refusé d'appeler la cause. Les vainqueurs de la Bastille, les députés du club helvétique et une multitude de bons citoyens qui sont témoins dans cette affaire, n'avaient montré aucune impatience, tandis que le public, outré de se voir joué d'une façon si indécente, a fait éclater son indignation. Deux heures étaient sonnées lorsqu'il a demandé l'appel de la cause de l'*Ami du peuple*. Le sieur Desmousseaux, procureur syndic de la commune, a commencé par apostropher le public en l'accusant d'esprit de parti, de cabale. Le public a repoussé l'inculpation ; et, pour faire voir combien elle était mal fondée, plusieurs citoyens ont offert leur signature, et tous se sont écriés qu'ils ne faisaient que manifester leur vœu. »

Comme le débat s'envenimait, les juges levèrent la séance en remettant l'affaire au lundi suivant, 11 janvier. Marat gagna sa cause. Estienne avait fait défaut encore une fois.

Bailly, qui siégeait, fut interpellé à haute voix par un nommé Mandar, qui lui dit avec assez peu de respect :

— Vous êtes inculpé, monsieur, dans la cause de l'*Ami du peuple*. Vous ne devez point siéger.

Bailly consulta ses assesseurs ; et, après une courte délibération, se retira, disant :

— Puisque le public vient, par l'organe d'un citoyen, de manifester son vœu pour que je ne préside pas, je me retire.

Fréron, ayant reproduit l'accusation formulée par Marat, fut également poursuivi et également acquitté. Fréron avait à lutter contre un avocat appelé Mathon, qui était bossu ; il lui joua le mauvais tour de lui opposer un autre défenseur bossu, le capitaine Verrière, patriote jovial, qui débuta par cet exorde :

— Messieurs, par une bizarrerie dont les Grecs et les Romains, et dont toute l'histoire n'offre aucun exemple, non plus que des merveilles de notre Révolution, deux bossus plaident aujourd'hui l'un contre l'autre.

Parmi les dénonciations importantes faites par Marat dans son journal, citons celle ci contre le savant

Lavoisier. Elle était conçue dans les termes suivants :

« Je vous dénonce le complice des charlatans, sieur Lavoisier, fils d'un grippe-sou, apprenti chimiste, élève de l'agioteur génevois et le plus grand intrigant du siècle. Croiriez-vous que ce petit monsieur, qui jouit de 150,000 livres de rentes, et qui n'a d'autre titre à la reconnaissance publique que d'avoir transporté les poudres de l'Arsenal dans la Bastille, dans la nuit du 12 au 13 juillet, cabale pour être un des administrateurs du département de Paris ? Il donne des repas splendides, où assistent bon nombre de députés de l'Assemblée, tels que Dupont, Delaroche, Bailly, Malouet. J'espère que ce sera en pure perte. Plût à Dieu que ce suppôt de la maltôte eût été lanterné le 6 août ! »

Pour arrêter net la contre-révolution que Marat voit partout, il ne sait trouver qu'un moyen, recommander qu'un seul remède : fonder une société d'hommes intègres, composée de vingt-cinq membres au plus. Il proposait, comme fondateurs, Robespierre, Dubois-Crancé et Rewbell, et il affirmait qu'une société recherchant et signalant tous les coquins « rendrait plus de services que les clubs babillants qui étourdissent la capitale ».

C'était l'idée d'une dictature, qui déjà hantait la cervelle de Marat, et qui devait aboutir au fameux Comité de salut public.

Du 15 au 21 janvier.

V.

UNE QUESTION COLONILE

Interdiction des bals masqués. — La municipalité de Nîmes réclame la Maison Carrée. — « L'Evangile » de l'Assemblée nationale. — La liberté commerciale rendue au Sénégal. — Incidents du château de Clarac.

Cette semaine est relativement une des plus calmes de l'année 1791 On sait les agitations causées par le serment des prêtres; désormais les deux partis sont face à face; ils s'épient, semblant se mesurer avant de se lancer à corps perdu dans cette lutte terrible qui doit aboutir à la Terreur rouge, suivie elle-même de la Terreur blanche. beaucoup plus terrible et beaucoup plus sanguinaire que la première.

Nous n'avons guère à signaler qu'un arrêté de Bailly, interdisant, aux approches du carnaval, comme il l'avait déjà fait l'année précédente, les bals masqués, darticuliers ou publics; le maire de Paris va même jusqu'à défendre d'étaler, louer ou vendre « des masques et des habits de caractère, servant aux déguisements »

La municipalité de Nîmes, s'occupant d'objets plus sérieux, demanda à l'Assemblée nationale, ce qui lui fut accordé, l'autorisation de tenir ses séances dans la fameuse Maison Carrée, qui servait d'église aux Augustins depuis 1685.

L'Assemblée, pour répondre aux incessantes accusations de combattre la religion, que les royalistes portaient contre elle, saisissait les moindres occasions de prouver le contraire; les plus petits faits lui étaient prétexte à affirmer des sentiments catholiques, qui sans être partagés par tous les membres, étaient cependant ceux de la majorité. Ainsi, l'Assemblée avait décidé qu'elle n'accepterait la dédicace d'aucun ouvrage, quel qu'il fût ; mais elle fit une exception en faveur d'une édition spéciale de l'Evangile, récemment publiée par le libraire Sangrain. L'éditeur lui ayant offert la dédicace du livre, les députés acceptèrent, en ordonnant l'insertion de l'adresse de Sangrain dans le procès-verbal.

Pour qu'il n'y eût aucun doute, les députés désiraient « fournir une nouvelle occasion de manifester à tout le monde chrétien que les conquérants, les gardiens de la liberté, sont aussi les enfants respectueux de l'Eglise, les protecteurs zélés de la religion ».

Mais qu'importaient aux prêtres le respect et le zèle, du moment où on leur enlevait leurs privilèges ?

L'Evangile de Sangrain, édité dans ces conditions, est aujourd'hui une œuvre assez rare : il est connu dans la bibliographie sous le nom « d'édition de l'Assemblée nationale ».

Le seul décret important, rendu par l'Assemblée, fut celui qui permet à tous les Français le commerce au Sénégal (18 janvier).

Roussillon, député de Toulouse, fit le rapport et demanda la suppression du monopole exclusif, dont jouissait la Compagnie maritime dite du Sénégal, et qui paralysait le commerce sur les côtes d'Afrique.

Cette compagnie s'était appelée d'abord Compagnie d'Afrique, ensuite Compagnie de la Guyane ; elle avait commencé par perdre cent mille écus dans sa première expédition, qui avait eu pour objet la conversion des nègres au christianisme et le commerce de l'or. Une seconde expédition fut organisée, mais dans un autre but; les sociétaires se bornaient cette fois à faire la traite des nègres, et les conversions avaient lieu de façon accidentelle; mais, aussi mauvais commerçants que missionnaires malheureux, ils perdirent encore 100,000 livres. La Compagnie ne se soutint, à partir de ce moment, que par des privilèges et des abus qui, sans servir à sa fortune, nuisaient au commerce du Sénégal. Le 29 octobre 1786, elle obtint le monopole de toute espèce de commerce qu'on pouvait faire dans l'intérieur, sur les bords du fleuve et sur les côtes; moyennant ce privilège, elle s'engagea à participer aux dépenses de l'administration de la colonie, pour une somme annuelle de 260,000 livres. Le 11 janvier 1789, la Compagnie, par une convention avec le gouvernement, porta cette redevance à 302,221 livres; en compensation, le roi lui accorda la faculté de commercer, en concurrence avec les particuliers, depuis le cap Vert jusqu'à la rivière de Gambie.

Le privilège exorbitant de la Compagnie faisait peser une véritable tyrannie sur tous les colons du Sénégal, qui ne pouvaient vendre et acheter qu'à la Compagnie, fixant elle-même, comme elle l'entendait, le prix d'achat et celui de vente, sans qu'il fût possible de discuter l'offre et la demande, puisqu'on ne pouvait s'approvisionner ni trouver d'autres débouchés ailleurs.

Saint-Louis envoya des délégués, qui vinrent présenter leurs reclamations à la barre de l'Assemblée. Pendant ce temps, les colons se révoltaient contre les agents de la toute-puissante Compagnie; les Maures et les nègres se joignaient aux colons, et c'est dans cette situation que la question vint devant l'Assemblée.

Rousselot proposa de déclarer nuls les privilèges de la Compagnie du Sénégal, parce que, d'après les ordonnances de l'ancien régime, les formalités n'avaient pas été observées ; ainsi on n'avait pas consulté les commerçants du royaume, et les arrêts n'avaient pas été enregistrés dans les anciennes cours du Parlement, après avoir été rendus en conseil du roi.

L'Assemblée, qui avait déjà détruit la Compagnie des Indes, en chargeant le trésor de l'administration des colonies, brisa la Compagnie du Sénégal, moins parce que les anciennes formes de concessions n'avaient pas été observées, que parce qu'elle exerçait un privilège et que l'heure de la liberté était venue.

La liberté du commerce fut donc rendue à tous les colons et négociants sur les côtes du Sénégal, qui prit, à partir de ce moment, une extension considérable. Mais elle devait être arrêtée et étouffée par les administrateurs maladroits qui y furent plus tard envoyés.

***

Terminons en signalant une scène de fureur populaire, qui se passa au château de Clarac, près de Buzet, dans la Haute-Garonne.

Depuis quelque temps, on tenait, au château de Clarac, des assemblées que le peuple suspectait. Comme on parlait de tous les côtés de conspirations royalistes, la garde nationale de Buzet, défiante et soupçonneuse, se mit à surveiller le château.

En faisant une ronde, une patrouille rencontra deux hommes qui gardaient des chevaux de selle ; questionnés, les deux hommes répondirent que ces chevaux appartenaient à des personnes qui s'étaient rendues à pied au château. La garde arrêta les deux domestiques ; les maîtres, inquiets de l'absence prolongée de leurs valets, sortirent du château et rencontrèrent la patrouille à laquelle ils tinrent des propos offensants.

La municipalité de Buzet, effrayée plus que de raison, envoya, le lendemain, vingt-cinq hommes de garde au château. Le châtelain reçut brutalement les gardes nationaux, venant sans droit et sans motifs bien sérieux. Le commandant de l'escorte, un nommé Planchon, eut une altercation des plus vives avec M. de Clarac ; le maire accourut pour faire respecter la décision de la municipalité. M. de Clarac et ses invités se rangèrent en bataille dans la cour, et, avant toute explication, un coup de pistolet fut tiré sur le maire, sans l'atteindre ; un coup de fusil blessa Planchon au menton.

Il n'en fallait pas davantage pour exciter la fureur de la population, dont la colère augmenta encore en voyant les hôtes du château tirer, par les fenêtres, des coups de fusils, auquels la garde nationale répondit par des décharges. Comme on ne pouvait forcer le château, d'où partaient par intervalle des coups de feu, on résolut de l'incendier. Le château est entouré de fagots, de fascines, de sarments, et, en un instant, les flammes s'élèvent à la hauteur du premier étage.

L'un des assiégés, M. d'Escairat, s'enveloppe dans une couverture mouillée et cherche à fuir ; il se réfugie dans un souterrain, où on le crible de coups de fusil.

Mais la municipalité arrive à son tour, calme la fureur du peuple, fait éteindre l'incendie, délivre M. de Clarac et ses hôtes, et on les conduit à Toulouse, où ils sont en sûreté

C'est au milieu de ces populations surexcitées que va éclater la guerre religieuse que préparent les prêtres sur toute l'étendue du territoire français, d'après un mot d'ordre parti de Rome.

***

Cette semaine, les troupes patriotes d'Avignon s'emparèrent de Cavaillon et y plantèrent le drapeau blanc à cravate tricolore.

Du 22 au 28 janvier 1791.

ACTES ET PAROLES

Les royalistes prédisent la fin de la Révolution. — Les révolutionnaires ne sont pas républicains. — Création d'une armée de seconde ligne. — Rapport de Mirabeau sur les puissances étrangères. — L'échauffourée de la Chapelle. — Émeute au faubourg Saint-Antoine. — Les Spadassinicides. — Le procureur Bordeaux.

C'est une des illusions des partis déchus de s'imaginer que la fin du règne de leurs adversaires est proche ; il semble à ceux qui ont été jetés à bas du pouvoir que chaque acte de leurs successeurs est une folie nouvelle devant précipiter leur chute, hâter leur ruine. Ainsi les royalistes croyaient, de bonne foi, que les réformes accomplies étaient autant de fautes qui avaient rendu la Révolution impopulaire ; « plus les rouges en feront, disaient les royalistes dans leurs conciliabules, plus tôt nous en aurons fini. ».

Maury, l'interprète de ces sentiments, dans la séance du 26, à propos d'un décret réprimant les incartades réactionnaires du tribunal d'Amiens, s'écriait, du haut de la tribune, en s'adressant à la droite [1] :

— Messieurs, laissez-vous faire, ça ne sera pas long. Laissez rendre ce décret; nous en avons besoin. Encore deux ou trois comme celui-là, et tout sera fini.

Voici la même pensée exprimée dans les vers suivants, publiés par un journal royaliste.

(1) *Histoire parlementaire*. t. VIII, p. 314.

Nous savons que l'Assemblée siégeait sur l'emplacement de l'ancien manège, et le journaliste blanc disait [1] :

Du jugement dernier l'image est le manège :
A gauche on voit des boucs la horde sacrilège ;
Des lions, un petit groupe, et de l'autre côté,
Tous recevront bientôt ce qu'ils ont mérité.
La gloire est pour ceux-ci, pour ceux-là la potence ;
Et cet horrible jour est plus près qu'on ne pense.

Pourtant, remarquons-le une fois encore, la majorité de l'Assemblée, qu'on menaçait ainsi de la potence, était fermement royaliste et elle ne demandait rien de plus que l'application de la Constitution ; une conduite loyale de Louis XVI aurait pu, même à ce moment, sauver la royauté ; mais le roi et ses familiers, occupés à conspirer contre la France, regardaient par delà les frontières, pour savoir si tout était prêt, et si le moment de la fuite était venu.

Le parti républicain n'était pas encore formé ; le parti des Jacobins, et Robespierre lui-même n'allaient pas plus loin que la monarchie représentative.

Ainsi, dans la séance du 25 janvier, au club des Jacobins, un jeune orateur, député par la section de Mauconseil, en rendant compte d'un arrêté de cette section, employa, pour désigner les membres du club, le mot de *républicains*.

Il fut aussitôt interrompu par des voix nombreuses, effarouchées par ce mot. De tous côtés on entendait :

— Nous ne sommes pas des républicains.

Quand le jeune orateur eut terminé, on l'invita à supprimer de son discours écrit, et qui devait être joint au procès-verbal de la séance, le mot, cause de ces énergiques protestations.

(1) *Histoire parlementaire*, t. VII, p. 314.

On voit, par là, quelle était, à ce moment, l'opinion des membres, même les plus avancés ; il ne fallut rien moins que la fuite du roi pour décourager les meilleures intentions, et pour former véritablement ce parti républicain qui allait implanter en France la grande idée démocratique, et la subtituer au système représentatif anglais, jusque là l'idéal de presque tous les révolutionnaires, même les plus fougueux.

***

Les bruits d'une guerre imminente ne cessaient de courir. A la séance du 28 janvier, Alexandre Lameth, président du comité militaire, présentait l'état des forces disponibles ; il affirmait qu'au premier signal cent mille soldats entreraient dans les cadres de l'armée nouvellement organisée, et qu'un seul décret mettrait sur pied trois cent mille hommes de la garde nationale.

C'était tout simplement la constitution d'une armée de deuxième ligne, alors appelée *auxiliaire*, et que nous nommons aujourd'hui *réserve* [1].

Cette armée de deuxième ligne fut constituée sur la proposition de Dubois-Crancé, qui avait demandé plus mais se contenta de ce terme moyen, acceptant « ces auxiliaires, vivant dans leur domicile, livrés à leurs occupations habituelles et s'engageant pour trois ans à marcher, en cas de guerre, dans l'armée de ligne, au moyen de certains avantages déterminés : une solde de 3 sous par jour, le droit de citoyen actif à ceux qui, ayant les qualités requises pour l'exercer, ne paieraient pas la somme d'impositions jugée nécessaire. »

(1) *Dubois-Crancé*, par le général Yung, t. I, p. 158.

En présence de cette prévoyance patriotique, Mirabeau présenta, au nom du comité diplomatique, un rapport sur la situation politique des puissances étrangères vis à-vis de la France. Mirabeau s'efforçait de rassurer les esprits : il représentait la Suisse fidèle aux traités et « presque française ». L'Autriche ne devait pas tourner ses armes du côté du Midi. L'Allemagne n'était pas à craindre, et quant aux émigrés, ils ne pouvaient rencontrer nulle part ni aide ni appui. Il n'y avait rien à redouter du côté de l'Angleterre [1].

« Étendez vos regards au delà de nos frontières, ajoutait Mirabeau, vous n'y trouverez que des voisins qui ont besoin de paix comme nous, et non pas d'ennemis. »

L'Assemblée ne se laissait pas convaincre par ce mirage aussi trompeur que mensonger. Elle décrétait la constitution de cette armée de deuxième ligne, organisée pendant que se formait au dehors, sur les incitations de Louis XVI et de ses émissaires, cette fameuse ligue des monarchies, qui faillit étouffer la liberté naissante.

***

Les droits d'entrée sur les objets de première nécessité encourageaient la contrebande ; pour arrêter la fraude, on avait placé aux barrières de nombreuses troupes de la garde nationale, qui, de temps à autr faisaient elles-mêmes la concurrence aux contrebandiers. Ces gabelous de la garde nationale furent même cause d'une rixe sanglante, dans laquelle périrent plusieurs citoyens.

(1) *Moniteur*, séance du 28 janvier.

Le 24 janvier, deux commis aux barrières se rendirent au village de La Chappelle, avec une quinzaine de chasseurs, soldats commandés par un caporal ; vers les huit heures du matin, ils entrèrent dans la maison d'un nommé Vinclair, qu'ils soupçonnaient de frauder l'octroi ; sous prétexte de perquisitions, ils le brutalisèrent ; et, comme le malheureux demandait en vertu de quels ordres ils agissaient, ils répondirent :

— Nos ordres sont dans les fourreaux de nos sabres [1].

Vinclair, pendant qu'on fouille sa maison, s'échappe, accourt à la mairie et revient accompagné du procureur de la commune, qui interpelle les chasseurs.

— Vous savez, dit ce procureur, qu'aux termes des décrets vous ne pouvez entrer dans les domiciles sans avoir requis la permission de la municipalité.

— Nous nous f... du maire et des conseillers municipaux, répondent les soldats.

Et, sans autres explications, ils font une décharge sur la foule qui s'était massée devant la porte. Vinclair a la cuisse cassée, plusieurs autres citoyens sont blessés.

On sonne le tocsin, on bat la générale, les citoyens se rassemblent en armes, la commune se réunit et demande des secours aux bataillons de Paris ; les secours sont envoyés ; mais, après les gardes nationaux, arrivent aussi d'autres chasseurs qui tirent sur les officiers municipaux et sur le peuple, tuent plusieurs citoyens, massacrent même des femmes.

Cet incident, promptement réprimé, n'était pas fait pour calmer les esprits ; d'un autre côté, les dénonciations de Marat, dans l'*Ami du Peuple*, produisent leur

(1) *Procès-verbal de la Municipalité de la Chapelle.*

effet ; le 24 janvier [1], les environs du faubourg Saint-Antoine, surexcités contre un nommé Kabers, signalé par Marat comme mouchard de Lafayette, et qui avait menacé de mort un ouvrier nommé Rossignol, est pris par la foule ; on descend une lanterne et on remplace le réverbère par Kabers ; mais heureusement la corde casse, et, roué de coups, Kabers obtient d'être conduit au comité de la section, où il avoua, dit-on, être chargé par Lafayette de surveiller le faubourg.

Lafayette accourut, mais il ne reçut pas un accueil très sympathique. Comme, suivant son habitude, monté sur son célèbre cheval blanc, il saluait à droite et à gauche [2] :

— Remets ton chapeau, lui cria-t-on de divers côtés, général des mouchards ; va, couvre-toi tant que tu voudras, tu es découvert, mon garçon,

Une femme alla même jusqu'à le prendre par la jambe, essayant de le culbuter,

Enfin, pour terminer le tableau de l'agitation qui régnait dans Paris, il faut citer l'avis suivant, inséré dans *les Révolutions de Paris*, répondant aux bruits d'après lesquels des spadassins venus de province devaient se ruer sur les patriotes, les exterminer les uns après les autres :

AVIS

Nous sommes autorisés à publier que M. Boyer, champion des bons patriotes, est à la tête de cinquante « spadassinicides ». Son adresse est : Passage du Bois de Boulogne, faubourg Saint-Denis.

Déjà, en décembre dernier, Boyer avait écrit aux journaux : « J'ai fait serment de défendre les députés contre leurs ennemis. Je jure que la terre s'agrandirait en vain, pour soustraire un homme qui aurait

(1) *L'Ami du peuple.*
(2) *Révolution de France et de Brabant.*

blessé un député... J'ai des armes que les mains du patriotisme se sont plu à me fabriquer : toutes me sont familières ! je n'en adopte aucune : toutes me conviennent pourvu que le résultat soit la mort. »

Cet original était sincère, et il avait ouvert bureau de bravoure pour tous les députés patriotes, insultés ou menacés, à la place desquelles il voulait se battre.

L'agitation gagnait divers endroits de la province : à Méru, dans l'Oise, la population s'était prise de querelle avec un riche propriétaire du pays, un nommé Bordeaux, procureur de Monsieur, frère du roi. La discussion vint à propos du banc de l'église, dont Bordeaux avait le privilège aux enchères, avec le droit de cette place d'honneur pour seize personnes. Bordeaux fit enlever les boiseries, qu'il disait lui appartenir, et les fit transporter chez lui. Les habitants s'assemblent, font comparaître Bordeaux devant un tribunal improvisé, le condamnent, lui et sa femme, à rapporter les boiseries à l'église, à les remettre en place de leurs propres mains, leur refusant de se faire aider par des ouvriers. La sentence fut exécutée jusqu'à la dernière planche.

La semaine [1] fut clôturée par un petit incident soulevé par une lettre de Marseille, demandant que les rois de France ne pussent désormais choisir leurs épouses que dans le royaume même : à force de se croiser avec des princesses étrangères, disait-on, il ne restait plus de sang français dans les veines des princes de France.

(1) *Chronique de Paris*

VII

DÉNONCIATIONS ET AGITATIONS COLÈRE PUBLIQUE

Mirabeau est nommé président de l'Assemblée. — Le buste de Desille. — Discussion sur le jury. — Dénonciation de Marat contre les tripots. — Mesdames veulent partir. — Les écuries du roi. — Elections ecclésiastiques. — Une accusation de magie. — Députation de la commune. — Réponse du roi. — Intolérance des Jacobins. — Dénonciations de Marat. — Encore les maison de jeu. — L'aumône du club monarchique. — Résultats financiers de la Révolution.

Enfin, le 29 janvier, Mirabeau [1], après plusieurs échecs successifs, fut nommé président de l'Assemblée. Ces honneurs, ambitionnés depuis longtemps, devant lui donner cette estime qu'il recherchait, venaient après la fortune; nommé commandant de son bataillon, il montait au fauteuil. Son désir de considération était satisfait.

Mirabeau conduisit la discussion, déjà entamée, sur le jury, dont l'existence venait d'être admise, en empruntant ses principales applications à la loi anglaise. A la séance du 1er février, le comité proposa un article ainsi conçu : « L'opinion de trois jurés suffira pour faire déclarer, soit que le delit n'est pas constant, soit que l'accusé n'est pas convaincu, soit qu'il y a lieu à l'excuse ou à l'atténuation. »

(1) *Moniteur.*

Robespierre [1], mû par un sentiment exagéré de crainte pour le cas d'erreur des jurés, demanda que l'unanimité fût nécessaire pour condamner ; mais cette opinion, trop rigoureuse, fut repoussée, et l'Assemblée adopta l'article du comité.

D'accord en cela avec Merlin, Robespierre demanda la radiation des mots « sur mon honneur » insérés dans la formule de déclaration des jurés. Il faisait observer, avec beaucoup de raison, que l'idée d'honneur, séparée de celle de probité et de conscience, était une idée vaine et féodale, de nature à engendrer des préjugés incompatibles avec des nations libres ; mais cette théorie un peu abstraite ne fut guère comprise, et la formule, maintenue, subsiste encore.

Le jour même [2], où Mirabeau prenait possession du fauteuil quelques instants avant son élection, l'Assemblée assista à un de ces spectacles si fréquents et tels qu'on les aimait à cette époque. Le district de Saint-Joseph avait fait exécuter le buste du jeune officier créole Desille, le héros du fait d'armes de Nancy. Le district destinait ce buste à Saint-Domingue, pays natal de Desille ; mais, avant d'envoyer le portrait, les grenadiers voulurent le montrer à l'Assemblée. Ils arrivèrent, musique en tête et tambour battant. Les officiers de la garde nationale de la section portaient le buste sur un pavois orné de drapeaux. L'Assemblée décida que l'artiste aurait le droit d'ajouter à la statue une couronne civique ; en attendant, le marbre représentant Desille fut déposé sur le bureau ; on le couronna de chêne, pendant que la musique du district jouait l'air à la mode :

(1) *Moniteur*.

(2) *Compte-rendu des séances de l'Assemblée.* — Hamel, t. I.

Où peut-on être mieux qu'au sein de sa famille ?

Quelques jours après [1], en présence des troubles qui désolaient la colonie de Saint-Domingue, le roi fut prié d'y envoyer trois commissaires pour rétablir la tranquillité ; les commissaires furent envoyés, mais la tranquillité ne se rétablit pas.

***

Marat continue naturellement sa campagne de dénonciations ; cette semaine, il s'en prend surtout aux maisons de jeu, aux anciens procureurs et avocats [2].

« Les robins, les gens du roi, les avocats, les procureurs, perdront la chose publique. Peu après la Révolution, ces vils suppots de la chicane se sont emparés de toutes les places dans les districts, puis de toutes les places dans les sections, les municipalités et les directoires des départements ; ne pouvant plus dépouiller leurs clients, ils dépouillent les sots, rançonnent les maisons de jeu, pillent les citoyens, arrêtent le cours de la justice et font taire la loi [3]. »

Plus loin il ajoute :

« Il semble que Paris n'est plus qu'un repaire de joueurs et de fripons. Dix mille escrocs et souteneurs de boucans s'agitent dans les murs, du matin au soir, pour enlacer leurs dupes. »

Puis il trace des maisons de jeu à Paris un tableau exagéré, mais dans lequel, néanmoins, il y a un fond de vérité ; ainsi, dans le seul arrondissement du Palais-Royal, on comptait vingt-sept tripots.

(1) *Moniteur*.
(2) *Histoire Parlementaire*, t. VIII.
(3) *L'Ami du Peuple*.

L'*Ami du Peuple* ne s'en tenait pas à ces généralités. Il mettait les point sur les *i*, imprimait les noms ; il faut lire les signalements donnés, pour se convaincre à quel point Marat dédaignait les précautions oratoires et les ménagements.

Lisez :

« *Tisson*, le savoyard, ancien décrotteur, aujourd'hui intéressé dans treize maisons de banque et riche de 300,000 livres, qu'il a volées. »

« *Marmé*, laquais de louage et mouchard subalterne de la police, il y a deux ans ; aujourd'hui espion en chef et voleur privilégié du divin Bailly, riche de 430,000 livres qu'il a volées. »

« *Chavigny*, postillon de louage, il y a quelques années ; aujourd'hui espion en chef et voleur privilégié du divin Bailly, riche de plus de 800,000 livres qu'il a volées, tenant un train de prince et ayant voiture pour lui, voiture pour Margot sa femme, voiture pour Javotte, sa catin. »

« *Lafa:che*, mouchard subalterne de l'ancienne police aujourd'hui espion en chef et voleur privilégié du divin Bailly ; riche de 200.000 livres qu'il a volées, et qu'il fait manger à trois salopes. »

Nous ne citons pas tout.

Marat indique ensuite *la méthode de s'enrichir trés promptement*. « Le plus court chemin est d'acheter la protection du divin Bailly ; de louer l'appartement d'une fille au Palais-Royal ; d'y monter un jeu de biribi. »

Ensuite l'*Ami du peuple* établit lui-même les frais journaiiers d'un jeu de biribi, qu'il décompte de la façon suivante :

Loyer de l'appartement	96 livres
Savoir-faire des hôtesses, au plus bas.	24
Tailleur adroit	96
Trois compteurs de jetons	24
Porteur de sac	9
Deux assommeurs en chef	24
Quatre assommeurs en sous-ordre.	24
Deux portiers ou guichetiers	12
Quatre garçons.	32
Huit embaucheurs, courant les maisons avec des cartes d'invitation	36
Un garçon de buffet	6
Rafraîchissements à la diable	36
Illumination	24
Balayeur de l'appartement	3
Gages du comité protecteur.	48
Frais d'enregistrement, de la visite et d'honnêtetés à la garde.	24
Le tout . .	504 livres

Malgré ces frais considérables, les banquiers gagnaient encore 300,000 à 400,000 livres par an.

Marat dénonce ces tripots comme « consacrés aux conspirateurs. » Il cite Chapelier, Emmery, Target, Thouret, Tronchet, Desmeuniers, Reynier, Dandré, Riquetti, Voidel, Broglie, Desclaibes, Malouet, Montlosier, Cazalès, Bailly, Lafayette, comme venant conspirer autour d'une table de biribi, « la couvrir d'assignats, mettre sur une carte la fortune de vingt pères de famille, et dilapider, en fredonnant, les biens de l'Eglise. »

Comme conclusion, Marat demande l'abolition de ces jeux, vrais « moyens de contre-révolution ».

***

On commença à s'occuper, cette semaine, du futur départ de Mesdames, tantes du roi.

Mesdames avaient été jusque-là assez populaires, grâce à l'active campagne de pamphlets et d'accusations, vraies ou fausses, toujours injurieuses, souvent ignobles, qu'elles avaient dirigée contre Marie-Antoinette. Mesdames, quoique médisantes et même portées à la diffamation contre leur jeune et belle nièce, étaient cependant très dévotes, et, comme la fète de Pâques arrivait, elles ne voulaient pas être exposées à recevoir la communion, et encore moins l'absolution, d'un prêtre juré ; aussi elles résolurent de partir pour Rome.

Le bruit de ce départ s'était répandu, et l'on disait que les tantes ne faisaient que précéder le neveu.

Dans la séance du 29 janvier, le club des Jacobins entendit le rapport de deux commissaires, envoyés à Versailles auprès du club affilié, pour s'assurer si les bruits qui couraient au sujet des préparatifs du départ de Louis XVI étaient ou non fondés.

Ces deux délégués revinrent, après avoir visité les écuries du roi et celle des ci devant gardes du corps. Ils y avaient trouvé « au-delà de sept cents chevaux toujours sellés, bridés et prêts à partir au moindre signal [1]. »

Les délégués avaient été en erreur sur ce point. Non pas que le roi ne songeât pas à fuir — c'était son unique pensée depuis les journées d'octobre — mais la présence de ces chevaux n'en était pas une preuve, car nous savons qu'avant 1789 les écuries royales se composaient de 1857 chevaux et 217 voitures. On achetait, tous les ans, pour 250,000 francs de chevaux, et les remontes se faisaient dans les haras du Limousin et de la Normandie. Tous les jours on exerçait 287 chevaux aux manèges ; il y avait 880 chevaux de selle ; la dépense totale s'élevait à près de sept millions [2].

(1) *Histoire Parlementaire*, t. IX.

(2) *Archives nationales*, 0,738.

Nous ne parlons pas de 350 chevaux des écuries de la reine [1].

Louis XVI n'avait pu se décider à se défaire de ses écuries, qui étaient les plus belles d'Europe, et les commissaires des Jacobins avaient pris pour des préparatifs spéciaux de départ ce qui, en réalité, n'était que l'ancien luxe de la monarchie.

Quoi qu'il en soit, l'alarme était donnée et les journaux imprimaient que les princes d'Allemagne n'attendaient plus qu'une chose « pour commencer la guerre : que le roi fût amené. »

Mesdames firent demander un passeport à la Commune, qui le refusa [2] et délégua le maire auprès du roi « pour lui exposer les inquiétudes des citoyens sur le voyages de Mesdames, et les inconvénients qui peuvent en résulter [3] ».

*
* *

En attendant,, on procède aux élections des curés de Paris, en remplacement de ceux qui n'ont pas prêté serment. Les élections ont lieu dans la nef de Notre-Dame. Après la messe [4], le scrutin est ouvert, Danton est au nombre des scrutateurs. Il s'agit de remplacer le curé de Saint Sulpice ; sur 448 votants, Poiret, supérieur de l'oratoire, obtient 435 voix.

Dans la Seine-Inférieure, on nomme évêque le vieux et brave curé de Choisy-le Roi, M. Nerdier, pour remplacer le fastueux cardinal de la Rochefoucauld, tandis que Talleyrand, évêque d'Autun, donne sa démission, Sièyes est élu évêque du Gard, son pays natal.

(1) *La Maison du roi justifiée par un soldat citoyen.*

(2) *Histoire Parlementaire.*

(3) *Procès-verbaux des séances de la Commune.*

(4) *Chronique de Paris.*

Au milieu de ce mouvement général, on n'est pas peu étonné de voir une accusation de magie se produire et être soutenue par toute la population de Domfront, contre une ancienne sœur hospitalière, qui faisait des opérations chirurgicales si habiles et opérait des cures si heureuses, que les médecins jaloux, et les prêtres ne craignirent pas de l'accuser de sortilège [1], et de la traduire, pour ce fait, devant le tribunal criminel provisoire, qui l'acquitta.

L'émotion causée par la nouvelle du départ de Mesdames, tantes du roi, ne fit qu'augmenter, à la suite des discussions dans les clubs et des articles de journaux. Les sections de Paris se rendirent auprès de la municipalité pour lui demander d'aviser ; la municipalité, Bailly en tête [2], alla trouver le roi pour lui exposer les inquiétudes des citoyens et les inconvénients pouvant résulter du départ de Mesdames. Louis XVI reçut les délégués, mais se refusa à empêcher ses tantes de partir.

— Ce que vous me demandez-là est inconstitutionnel, dit il. La déclaration des *Droits de l'Homme* et les lois de l'Etat permettent à tout particulier de voyager et de sortir du royaume quand il lui plaît ; Mesdames, mes tantes, doivent jouir du même avantage que les autres citoyens [3].

Comme Bailly allait opposer une objection, Louis XVI, presque impatienté, lui coupa la parole, disant :

— Quand vous me montrerez un décret de l'Assemblée qui interdise les voyages, je défendrai à mes tantes de partir ; jusqu'alors, elles sont libres de sortir du royaume, ainsi que tous les autres citoyens.

(1) *Chronique de Paris.*

(2) *Histoire parlementaire*, t. IX.

(3) *Mémoires de Ferrières*, t. II, liv. IX.

Reconnaissons qu'en cette circonstance Louis XVI avait pleinement raison contre les Jacobins qui, mus par une fausse idée d'intérêt public, s'opposaient à ce voyage. Quel danger pouvait bien faire courir à l'État le départ de ces deux femmes, et quelle force ces deux vieilles filles de soixante ans pouvaient-elles apporter à l'émigration? La loi et la raison auraient donc dû commander à tout le monde de les laisser partir.

Les Jacobins, excités par Barnave, Dupont et Lameth — Robespierre se tint à l'écart — créèrent un mouvement de l'opinion publique ; l'on eût dit que le voyage des deux princesses mettait l'État en péril, et la France à deux doigts de sa perte.

Camille Desmoulins, avec cet esprit étincelant comme une lame d'épée scintillant au soleil, Camille répondit au roi que Mesdames n'avaient pas les mêmes droits que les autres citoyens.

« Non, sire, s'écriait il, vos tantes n'ont pas le droit d'aller manger nos millions en terre papale. Qu'elles renoncent à leur pension, qu'elles restituent au coffre-fort tout l'ort qu'elles emportent : alors, qu'elles aillent, si elles veulent, à Lorette ou à Compostelle, le bâton blanc à la main, en mantelet de coquilles et d'écailles d'huîtres [1]. »

C'était remplacer les bonnes raisons par les bonnes intentions, et les arguments par de l'esprit.

***

Marat était plus sombre, mais non moins anti libertaire.

« Il faut garder ces béguines en otage, il faut donner triple garde au reste de la famille. — Observez

(1) *Révolution de France et de Brabant*, p. 234.

bien, citoyens, que les tantes du roi laisseraient trois millions de dettes et qu'elles emporteraient douze millions en or, qu'elles ont accaparés en payant jusqu'à vingt-neuf livres chaque louis ; observez encore qu'elles doivent emmener avec elles le Dauphin, et qu'on laissera aux Tuileries un enfant de même âge et de même figure, qu'on élève depuis dix-huit mois avec lui pour consommer ce rapt prémédité [1]. »

Bien entendu, suivant la méthode de Marat, aucune de ces accusations ne reposait sur des fondements sérieux ; le bruit des clubs les avait fait naître, et l'imagination de Marat achevait le reste.

Tout ce tapage ne fit qu'effrayer davantage les deux tantes, qui résolurent de ne plus différer ; la Commune de Paris leur ayant refusé un passeport, le ministre de l'intérieur, Delessart, écrivait, le 9 février, au directoire de Seine-et-Marne, de l'Yonne, de Saône-et-Loire, de la Côte-d'Or et du Rhône, l'avis suivant :

« Mesdames, tantes du roi, ayant, Messieurs, formé le projet de voyager en Italie, et ayant insisté auprès du roi pour l'exécution de ce projet.

« Sa Majesté m'a chargé de vous prévenir de leur passage, afin de vous mettre à portée de prendre des mesures convenables et de donner les ordres nécessaires pour leur faire trouver toutes les facilités dont elles pouront avoir besoin. Le départ de *Mesdames* doit avoir lieu du 15 au 25 de ce mois, et elles iront, par la route de l'ancienne province de Bourgogne, à Lyon, d'où elles seront au Pont-de-Beauvoisin ou Genève [2]. »

(1) L'*Ami du Peuple.*

(2) *Histoire parlementaire*, t. IX.

Le départ des tantes du roi n'empêchait pas Marat de continuer sa campagne contre les maisons de jeu, et le numéro de l'*Ami du Peuple*, du 11 février, contient des renseignements tout aussi précis et tout aussi dépourvus d'artifice que ceux de la semaine précédente.

Pour Marat, le Palais-Royal ne sera « bientôt qu un coupe-gorge », et Paris « un repaire de boucans et de brelans ». Suit une liste nouvelle des maisons de jeu :

« *Rue de Cléry*. La soi-disant baronne de Maumouy, ameuse par la subtilité de ses mains, au nombre infini des dupes qu'elle a faites, vient de joindre le fameux peintre Hallé, qu'elle ne quittera qu'à la besace. Observez que pour être reçu dans cette maison, il faut être ministériel ou tout au moins aristocrate fieffé : tels sont les sapajous conduits par la séquelle des nymphes antiques qui la hantent. »

« *Rue de Richelieu*. — La soi disant dame Leberge, aimant bien le jeu, et plus encore le plaisir. Quoiqu'elle affiche de grands airs et qu'elle se livre au premier venu avec la facilité d'une femme de la cour, elle a un petit amant de cœur, peu huppé, qu'elle gratifie d'une paire de souliers, tous les quatre mois.

« *Rue Vivienne*. La soi-disant dame Rémond, ayant quitté les boulevards pour donner à jouer chaque soir, à danser deux fois par semaine et à coucher to tes les nuits. On prétend qu'il ne lui est pas possible de résister à un homme qui a la jambe belle, fut-il bourreau. »

« *Rue de Richelieu*. La soi-disant Chateauminois, provençale surannée, mais dont les malheureuses dispositions pour le 31 se sont développées sous les auspices de nos augustes législateurs, Chapelier, Maury,

Cazalès, Dandré, Malouet, Regnier, Foucault, Montlausier, etc. ».

« La soi-disant dame de Latour, ample prêtresse de Vénus et de Bacchus, donnant leçon aux jeunes gens, et dans un boudoir et à la table de jeu ».

Puis Marat, entre au sujet du tripot de la *rue de Grammont*, dans les détails tels qu'il nous paraît peu décent de les reproduire ici ; enfin il termine par :

« *Rue Notre-Dame-des-Victoires.* La soi disant baronne de Lisembat, grande héroïne des coulisses, bien que sexagénaire et à moustache grise, comme le sapeur des vétérans : des dépouilles de ses adorateurs, elle s'est fait une bonne maison. Le sage Riquetti (Mirabeau) vient y faire retraite pendant quinze jours, dans la vue de méditer à son aise le plan des artifices qu'il développera, pour leurrer les badauds de l'armée parisienne et s'en faire nommer le commandant général. Et, comme il faut toujours qu'elle conserve le souvenir de ses chers amis, on assure qu'elle a escamoté l'étui d'or, plein d'assignats, que Riquetti a reçu de la part de Léopold, pour proposer. dans le comité ecclésiastique, la resiitution de l'Alsace et de la Lorraine. La médisance publique dit que c'est pour se venger de ce rapt, que le vertueux Riquetti a invité la députation municipale du 8 à réprimer les maisons de jeu qui se multiplient dans Paris ».

Telles étaient les accusations lancées par Marat, accusations qu'augméntait l'exagération publique, contre les maisons de jeu, dont les honteux désordres rendaient vraisemblables toutes les suppositions de *l'Ami du Peuple.*

***

Au milieu de la gêne générale, le club monarchique essaya de se donner un peu de popularité, en distrituant des aumônes ; il commença par réunir 250 livres et chargea le district du Theâtre-Français de procéder à la répartition ; le district donna les deux cent cinquante livres aux pauvres, mais refusa l'offre du club des « monarchiens », auquel il renvoya son argent ; tous les districts à qui le club s'adressa successivement imitèrent celui du Théâtre-Français, et les aristocrates durent reprendre cet argent dont personne n'avait voulu.

Les simples citoyens se réunissaient du reste maintenant comme les députés et les principaux chefs de parti. La salle des séances des Jacobins ne pouvant contenir tous les spectateurs qui accouraient des quatre coins de Paris, et étant d'ailleurs fermée aux femmes, il se créait de tous côtés des sociétés fraternelles, où étaient admis les citoyens de tout âge et des deux sexes [1]. Là, on expliquait au peuple les décrets, et on les commentait ; là, les femmes faisaient le serment d'apprendre à lire à leurs enfants dans les *Droits de lHomme* ; les jeunes filles, celui de ne se marier jamais à un aristocrate.

On y discutait le rapport sur les finances, fait par Montesquiou à l'Assemblée, dans la séance du 6 février.

On apprenait ainsi que l'Etat, depuis les réformes, avait besoin de 522 millions de recette annuelle, indépendamment des 60 millions fournis par la caisse de l'extraordinaire [2].

On se rappelle qu'au mois de mai 1789, les recettes du Trésor public montaient à 475 millions, et que la dîme coûtait à la nation 130 millions, soit un total de 605 millions ; donc il existait un déficit avoué de 56

(1) La *Chronique de Paris*.

(2) *Rapport de Montesquiou*.

millions [1]. Tous les remboursements étaient suspendus, chaque ministère avait un arriéré considérable, près de deux années de rente étaient dues aux créanciers de l'Etat [2], et les emprunts, dernière ressource financière, échouaient piteusement [3].

En 1791, la banqueroute n'était plus à craindre, et avec des contributions moindres, le déficit était conjuré ; on ne connaissait plus ni anticipation, ni arriéré ni remboursements suspendus ; les rentes étaient au courant, la solde des troupes considérablement augmentée, la justice gratuite, les offices remboursés, enfin l'Etat pouvait compter sur une économie de cent millions.

Tous ces résultats étaient constatés dans un rapport fait par Montesquiou, député de la droite, qui était obligé de reconnaître les services rendus au pays par la Révolution.

(1) *Histoire parlementaire.*

(2) *Compte-rendu de Necker.*

(3) Voir notre premier volume.

Du 12 au 18 février 1791.

VIII

L'HOTEL DES INVALIDES

Mesdames vont coucher aux Tuileries. — Préface de la Vendée. — Soulèvement des paysans. — Troubles d'Uzès. — Première échauffourée du camp de Jalès. — Dubois-Crancé propose la suppression des Invalides. — L'idée préconisée par l'*Encyclopédie*. — Système de Dubois-Crancé. — Adresse en prose et en vers, des Invalides. — Les compagnies de *vétérans*. — Les parasites de l'hôtel des Invalides.

Le futur départ de Mesdames faisait toujours le sujet des discussions des clubs, des articles de journaux et des conversations dans les réunions particulières ; de nombreuses députations de femmes allaient à Bagatelle, où logeaient les tantes du roi, pour les supplier de rester ; ces députations étaient éconduites. L'une d'elles, composée de femmes de la Halle, effraya tellement Mesdames, qu'elles s'enfuirent de Bagatelle, le 12, et vinrent passer une nuit aux Tuileries, où, des appartements n'étant pas préparés, elles durent coucher dans des salons, transformés pour la circonstance en chambres à coucher [1].

En province, les prêtres continuaient à agiter les esprits ; à Vannes, les troubles organisés par les curés éclatèrent, violents et terribles. Un prêtre montait en chaire et disait dans le cours de son sermon :

(1) *Chronique de Paris.*

— Mes frères, il vaut mieux obéir à un roi tyran qu'aux 1,200 brigands qui composent l'Assemblée nationale [1].

Un autre curé, le 13 février, célèbre la messe avant le jour; ensuite, prenant un crucifix et le donnant à baiser aux pauvres paysans rassemblés autour de lui, il s'écrie:

— Allez, allez venger le ciel ; allez tuer les impies qui veulent profaner notre sainte religion.

Cela rapelle la bénédiction des poignards de la Saint-Barthélemy.

Ces pauvres paysans, au nombre de cinq cents, se laissent entraîner par des meneurs obéissant aux ordres des prêtres ; ils se précipitent du côté de Vannes, où ils rencontrent 150 soldats du régiment de Walsh. Trois Bretons sont tués, trente et un sont faits prisonniers, parmi lesquels seize blessés ; deux meurent en prison et dix des fuyards expirent durant leur marche en retraite [2].

Les prêtres préludaient au soulèvement de la Bretagne et de la Vendée.

Le lendemain, 11 février, des troubles éclatèrent à Uzès, à la suite d'excitations lancées dans des mandements, par l'évêque, M. de Béthisy. La troupe des fanatiques tira sur les dragons, s'empara des tours de la cathédrale ; quelques-uns des rebelles montèrent au clocher et sonnèrent le tocsin [3].

La garde nationale des environs arriva, accompagnée de 250 hommes du régiment du Dauphiné, et rétablit l'ordre.

Le surlendemain, M. de Mallbosc réunissait dans

(1) Rapport de Vieilard à l'Assemblée.

(2) *Moniteur* du 24 février.

(3) Rapport de Voulland.

son château de Barrias, les principaux chefs royalistes, et l'on décidait une prise d'armes pour le 20. En effet, le 17, une revue générale des troupes insurrectionnelles avait lieu. Les chefs de ce mouvementétaient, outre M. de Malbosc, ancien magistrat, M. de la Bastide, chevalier de Saint-Louis ; son neveu, l'abbé de la Bastideancien gendarme, vicaire général de l'évêque d'Uzès ; Claude Alliez, curé de Chambonas [1]. Depuis plusieurs mois, ils avaient réuni les paysans du château de Jalès, sur la route d'Alais à Privas, sous prétexte de prêter le serment civique. Le comité royaliste était en relations avec les émigrés de Coblentz. Les officiers des troupes régulières, appelés par le Directoire de l'Ardèche, faisaient semblant de ne rien voir. Le 20 février, la révolte éclata ; le général d'Albignac marcha contre les insurgés, à la tête des gardes nationales et de quelques compagnies de troupes régulières ; le vieux général joignit les royalistes, qui avaient déployé le drapeau rouge. Après une proclamation dans laquell on assurait à ces paysans que ni le roi ni la religion n'étaient en danger et où on les engageait à rentrer chez eux, ceux-ci obéirent pour la plupart. C'est ainsi que cette première levée d'armes fut terminée, sans qu'il fût tiré un coup de fusil. Seul, M. de Malbosc fut enfermé dans la prison de Pont-Saint-Esprit, et ayant essayé de s'évader, il se tua. Son cadavre fut trouvé sur la grève du Rhône.

*
* *

Dans la séance du 15 février, Dubois-Crancé, au nom du comité militaire dont il était secrétaire, posa la

(1) Ernest Baudet. *Histoire des conspirations royalistes dans le Midi.*

question des vieux soldats, serviteurs de l'Etat, et proposa, au grand scandale des routiniers de la droite, la suppression des Invalides.

L'Hôtel des Invalides, cet hôpital fondé par Louis XIV, contenait, en 1791, deux mille quatre cents soldats ou officiers.

L'idée de supprimer cet inutile établissement n'était pas nouvelle : près de vingt ans auparavanl, le commissaire de guerre, Collot, la soutenait dans un article de l'*Encyclopédie* :

« Quel inconvénient, disait Collot, y aurait-il à statuer que tout soldat, cavalier et dragon, de quarante-cinq ans et au-dessus, auquel ses services et certaines blessures ont mérité l'hôtel, se retirât dans sa communauté (la commune) ?

« Un homme, dans un village, avec cent livres de rente assurés, quelque infirme qu'il soit et hors d'éta de travailler, se trouve au niveau de la majeure partie des habitants du même lieu, tels que manouvriers, bûcherons, vignerons, tisserands et autres, — voilà donc l'égalité de fortune établie entre le soldat et les habitants de la campagne. — Le soldat, indépendamment du produit de quelque léger travail ou de quelque petit commerce, dont il est le maître de s'occuper, sera plus riche et plus en état de bien vivre, sans bras, avec sa paie, que le paysan, sans paie, avec ses bras [1]. »

Telles étaient les idées soutenues par les esprits progressites, avant la Révolution.

Ce furent ces sages idées que Dubois-Crancé porta à la tribune et défendit avec sa rare compétence.

Il y avait alors trois sorte d'invalides : les *détachés*, les *retirés*, les *entretenus*.

(1) *Encyclopédie* de Diderot et d'Alembert, au mot *Invalides*.

Les deux mille quatre cents invalides entretenus à l'hôpital coûtaient 2 millions 4,000 livres par an [1].

« Eh bien disait Dubois-Crancé, offrez à chacun le maximum que vous avez décrété pour la pension de retraite à venir, et demain l'hôpital sera vacant. Il n'y restera plus que ce que l'on appelle le gouvernement et ce que l'on appelle les *manicrots* ou *moines lais*. »

Quant aux vieux soldats, dont les blessures ou les infirmités exigeaient des soins spéciaux, Dubois-Crancé proposait quatre vingt-trois hospices départementaux où les hommes, ayant bien servi leur pays, et qui désireraient y entrer, seraient admis en payant, a titre de pension, les trois quarts de leur traitement ; d'après le plan du secrétaire du comité militaire, ces quatre-vingt-trois hôpitaux n'auraient entraîné qu'une dépense illusoire, comparée au lourd budget des Invalides ; ces lieux de retraite n'étaient, du reste, destinés qu'à de rares militaires criblés de blessures.

Quant à l'hôtel lui-même et à ses accessoires, il serait devenu une propriété nationale, pour former soit une caserne, soit « un hôpital également utile au faubourg Saint-Germain, au Gros-Caillou et au faubourg Saint-Honoré [2]. »

Cette proposition fut vivement combattue par la réaction, qui ne pouvait se décider à voir disparaître une des institutions les moins utiles, mais les plus théâtrales, de l'ancien régime.

Un des adversaires de Dubois Crancé, dans cette question, fut — qui l'eût cru ? — le fougueux abbé Maury, qui, après avoir, il y avait quelques semaines, pris part à la discussion sur la liberté des théâtres, venait se mêler à celle des militaires retraités.

(1) *Dubois-Crancé*, par le colonel Yung.

(2) Rapport de Dubois-Crancé.

Cette intervention fut accueillie par les rires des tribunes.

— Ecoutez parler l'artilleur des canons de l'Eglise, criait-on.

Dubois-Crancé, dans une réplique, répondit à tous les arguments ; il opposa, aux phrases sentimentales prononcées en faveur « des glorieux débris des champs de bataille, qu'on voulait expulser de l'hôtel où la nation assurait le repos de leurs vieux jours », le vœu formel de plus de deux mille invalides, qui lui avaient envoyé une adresse pour le remercier de son initiative.

Les invalides avaient appelé la poésie à leur secours, pour exprimer leur reconnaissance, et l'adresse se terminait par le quatrain suivant :

Crancé, nous te devons la douce liberté,
Ce bien cher aux Français, leur plus doux apanage.
De leur reconnaissance, agrée ce faible gage,
Et daigne le transmettre à la postérité.

Dubois-Crancé finit de convaincre les derniers hésitants, en représentant les avantages que les soldats retraités trouvaient « dans la cohabitation avec leurs concitoyens, où ils reçoivent des exemples de sagesse, des conseils et surtout des occupations ».

Pourtant on ne prit que des demi-mesures, en détachant de l'Hôtel les militaires propres encore à quelque service et qui formèrent ce que l'on appela les compagnies des *vétérans* ; de telle sorte qu'il ne demeura dans l'Hôtel, dont les dépenses restèrent à peu près les mêmes, que les vieux infirmes et ces nombreux parasites qui s'y étaient introduits à l'aide des abus, anciens laquais et coureurs de grands seigneurs [1], que le crédit de leurs maîtres avait fait entrer aux Invalides, sans qu'ils y eussent aucun droit.

(1) Général Bordin.

Du 19 au 26 février 1791.

IX

DÉPART DE MESDAMES

Départ. — Utilité des serruriers. — Article d'un journal constitutionnel. — Le peuple au Luxembourg. — Réponse du comte d'Artois. — Mesdames arrêtées. — Mirabeau consulté. — Lettres du roi et de Mesdames à l'Assemblée. — Conseils de La Marck à Mirabeau. — Vote de l'Assemblée. — Saillie de Menou. — Erreur des Jacobins. — La foule aux Tuileries. — Le roi prend médecine. — Marat dénonce.

Le 19 février, à Bellevue, le service fut ordonné comme de coutume : à neuf heures sonnantes, les cuisiniers servaient le dîner, suivant l'habitude ; tout le monde se mettait à table ; mais, à neuf heures et demie, Mesdames se levèrent et passèrent dans leurs appartements, pour revêtir un costume de voyage. La veille, l'ordre avait été donné d'amener les voitures à Meudon, pour ne pas éveiller l'attention des gens de Bellevue ; les voitures devaient venir prendre les deux princesses à dix heures. Personne ne venait ; on annonça, au contraire, l'arrivée d'une de ces nombreuses et tumultueuses délégations parisiennes, qui, depuis quelques jours, avaient l'habitude de se rendre auprès de Mesdames pour les prier de renoncer au voyage projeté. Ces députations envahissaient le château par bandes de mille à quinze cents, éclairant leur marche par des torches et chantant la plupart du temps, des chansons patriotiques.

Mesdames, en costume de voyage, attendent en vain leurs voitures ; on entend les clameurs de la foule qui s'avance, et les premiers émissaires parlementent déjà avec le concierge, pour se faire ouvrir les portes de la grille de Sèvres. Effrayées, les deux princesses se décident à aller à pied jusqu'à Meudon, rejoindre les carrosses ; elles traversent le parc ; mais, parvenues à la grille la porte se trouve fermée, et le portier est parti, attiré probablement par le bruit des Parisiens qui arrivent de l'autre côté et dont on entend la rumeur sans cesse grossissante.

On court chercher le serrurier du château, qui ouvre enfin la porte, et voilà Mesdames courant, autant que leurs vieilles jambes le leur permettent, du côté de Meudon ; à moitié chemin, on rencontre les voitures ; les princesses montent dedans et partent.

La foule apprend que Mesdames se sont éloignées ; elle rentre dans Paris, annonçant le départ, ajoutant qu'elles emmènent le Dauphin [1], ce qui n'est pas.

Le lendemain, la *Chronique de Paris*, journal écrit sous l'influence du parti constitutionnel, publia l'article suivant :

« Deux princesses, sédentaires par état, par âge et par goût, se trouvent tout à coup possédées de la manie de courir le monde : *c'est singulier, mais c'est possible.*

« Elles vont, dit-on, à Rome ; pour quoi faire ? Pour y baiser la mule du pape ; *c'est drôle mais cest édifiant.*

« Trente deux sections et tous les bons citoyens se mettent entre elles et Rome ; *c'est tout simple.*

« Mesdames, et surtout Madame Adélaïde, veulent user des Droits de l'Homme ; *c'est bien naturel.*

« Elles ne parlent point, disent-elles, avec des sen-

(1) *Mémoires de Ferrières*, t. II, liv. IX, p. 235.

timents opposés à la Révolution ; *c'est possible, mais difficile à croire.*

« Ces belles voyageuses traînent à leur suite quatre-vingts personnes qu'elles défrayent de tout ; *c'est beau.*

« Mais elles emportent 12 millions ; *c'est laid.*

« Elles ont besoin de changer d'air ; *c'est l'usage.*

« Mais ce déplacement inquiète leurs créanciers ; *c'est aussi l'usage.*

« Elles brûlent du désir de voyager ; désir de fille et un feu qui dévore ; *c'est encore l'usage.*

« On brûle de les retenir ; *c'est toujours l'usage.*

« Mesdames soutiennent qu'elles sont libres d'aller où bon leur semble ; *c'est juste, elles sont majeures.* »

Les derniers paragraphes contenaient la vraie pensée des constitutionels, qui avaient raison, cette fois, contre les Jacobins qui, en l'absence de loi spéciale, s'obstinent à ne pas voir l'intérêt qu'avait la France à défendre aux tantes du roi de sortir du royaume.

***

Le bruit se répandit que Monsieur, frère du roi, devait quitter Paris, accompagné de la princesse sa femme ; un nombre considérable de femmes, auxquelles s'étaient joint plusieurs citoyens, se rendirent au Luxembourg [1], le 22 février. Il était cinq heures du soir, le comte de Provence assura qu'il n'abandonnerait jamais Louis XVI.

— Et si le roi venait à partir ? cria une voix dans la foule.

— Osez-vous le prévoir ! répartit le prince [2].

(1) *Mémoires de Ferrières*, t. II, liv. IX, p. 239.

(2) Louis Blanc, t. V, p. 201.

C'était éluder habilement la question, ce n'était pas répondre. Le peuple exigea que Monsieur et Madame se rendissent aux Tuileries ; ce qu'ils firent, accompagnés de la foule et sous la protection d'un fort détachement de la garde nationale; pour remercier le district du Luxembourg, le prince lui fit cadeau d'un beau drapeau tricolore.

Pendant ce temps, Mesdames étaient arrêtées à Arnay-le-Duc [1] ; les tantes du roi avaient dû, à défaut du passe-port refusé par la Commune de Paris, se contenter du passeport du ministre des Affaires étrangères : la municipalité d'Arnay-le-Duc, prétextant que le passeport n'était pas visé par le président de l'Assemblée, les retint prisonnières, en attendant un ordre des députés [2].

Montmorin, ministre des affaires étrangères, écrivit immédiatement à Mirabeau [3] :

« Mesdames sont arrêtées ; le roi me demande un projet de lettre pour l'Assemblée. Voilà celui que je viens de brocher : l'approuvez-vous ? »

Mirabeau approuva, et la lettre fut lue, le lendemain, à l'Assemblée. Le roi annonçait que Mesdames ayant été arrêtées sans droit, il demandait, au nom de la liberté de tous, que l'Assemblée levât les obstacles qui les empêchaient de continuer le voyage. En même temps, le roi faisait parvenir une lettre de Mesdames, datée d'Arnay-le-Duc et du 22 septembre.

Mesdames réclamaient le droit de tous les citoyens de traverser le royaume, et elles terminaient en disant : « Nous ne voulons être, et nous ne sommes, d'après la loi, que des citoyennes [4]. »

(1) *Règne de Louis XVI*, t. VI, 29.
(2) *Moniteur*.
(3) Louis Blanc, t. V, p. 202.
(4) *Histoire parlementaire*, de Buchet et Roux, t. IX.

La discussion commença, et l'on proposa de blâmer la commune d'Arnay-le-Duc, qui avait arrêté Mesdames, sans droit, sans pouvoir s'appuyer sur aucune loi.

— Si, si, il y a une loi, cria une voix dans les tribunes.

— Laquelle ? demandait on de toutes parts.

— La loi de l'intérêt public.

Cruel sophisme, au nom duquel on commettra bien des excès et qui portera à la liberté des coups terribles.

Mirabeau ayant demandé au comte de La Marck quelle conduite il devait tenir [1], le comte lui répondit par le billet suivant :

« A mon réveil, Pellenc me montre votre billet ; je me suis couché à quatre heures du matin, j'ai passé la nuit à boire Mes idées ne sont pas encore bien nettes, je vous en préviens. Voilà cependant celle que j'ai sur l'arrestation de Mesdames, relativement à vous. Elles s'adressent à vous ; elles vous envoient Narbonne, dites cela en montant à la tribune. Annoncez-vous leur *défenseur*. Alors tout vous est facile, car aucune loi, jusqu'à présent, n'est contre elles. Cette marche, à mon avis, a quelque chose de grand, de simple. Vous serez éloquent et vous tuerez les Robespierre, les Crancé et Barnave, s'il le faut. Bonjour [2]. »

Mirabeau trouva que « cela n'était pas trop mal vu pour un ivrogne », mais le plan de La Marck lui paraissant dangereux et de nature à faire apercevoir trop

(1) *Correspondance entre Mirabeau et le comte de La Mark*, t. III. p. 64.

(2) *Id.* t. III, p. 65.

clairement son entente avec la cour, il ne prit pas une part trop grande à la discussion, et se borna à proposer la motion suivante, qui fut adoptée dans la séance du 24 : « Aucune loi ne s'opposant au départ de Mesdames, il n'y a pas lieu à délibérer sur le procès-verbal de la commune d'Arnay-le-Duc. »

Menou avait trouvé le mot vrai de la situation, quand il s'était écrié :

— L'Europe sera bien étonnée d'apprendre que l'Assemblée nationale ait débattu si longtemps le départ de deux femmes qui aiment mieux aller entendre la messe à Rome qu'à Paris [1] !

*
* *

Les clubs se montrèrent hostiles à cette sage décision : Camille, se laissant entraîner par l'animation générale, alla jusqu'à qualifier de « pasquinades [2] », le débat de l'Assemblée. Marat préconisa, de plus belle, l'idée d'un soulèvement général [3].

Le soir même, une foule au milieu de laquelle se trouvaient mêlés beaucoup d'hommes déguisés en femmes [4] envahit les jardins des Tuileries, demandant, avec de véritables vociférations, que le roi ordonnât à ses tantes de revenir. Lafayette dut commander à la garde nationale de marcher, et il fallut amener six canons, faire mine d'allumer les mèches, pour obtenir de cette foule qu'elle se dispersât.

Le roi ne parut pas, et continua, au milieu de ces agitations, son petit train de vie bourgeoise, consi-

(1) *Moniteur.*

(2) *Révolutions de France et de Brabant.*

(3) *L'Ami du peuple.*

(4) *Mémoires de Ferrières.*

gnant sur son journal les incidents de son existence; il nous apprend ainsi que, à la date du 17 il a pris médecine [1] et que, l'effet ayant été nul, il a dû y revenir le 23, cette fois avec un entier bonheur.

Marat ne se lassait pas de dénoncer; dans le numéro de son journal du 20, il s'en prend aux accapareurs de grains et de numéraire :l accuse un nommé Tellier. Dans le numéro du 26, il désigne Buquet et Bosquet dont il donne l'adresse.

Pendant que le roi se purge, et que Marat, hanté par son rêve sanglant, dénonce, l'Assemblée entame la discussion d'une loi sur l'émigration réclamée de tous les côtés.

(1) *Journal de Louis XVI*, publié par Nicollardot.

Du 27 février au 4 mars 1791.

X

ÉMEUTE — ÉMIGRATION
LES CHEVALIERS DU POIGNARD

Une question qui naît des circonstances. — Le secret des correspondances. — Discussion de la loi sur l'émigration. — Aspect de l'Assemblée. — Rapport de Chapelier. — Robespierre s'abstient. — Première intervention de Mirabeau. — Silence du triumvirat. — Deuxième intervention de Mirabeau. — Interruption. — Le projet repoussé. — Troisième intervention de Mirabeau. — Son insolence. — Sortie de la séance. — Manœuvre royaliste. — Le faubourg Saint-Antoine à Vincennes. — Santerre tient tête à Lafayette. — Projet d'enlever le roi. — Les chevaliers du poignard. — Mirabeau aux Jacobins. — Invitations de Duport. — Discours hautain de Mirabeau. — Réquisitoire de Lameth. — Habileté de Mirabeau. — Son triomphe. — Son absolution.

C'est au milieu de l'agitation causée par le départ de Mesdames que s'ouvrit, le 28 février, la discussion de la loi sur l'émigration, réclamée par les clubs, par les journaux et par les Jacobins.

Disons, dès à présent, que cette pensée d'arrêter les émigrations, était née des seules circonstances ; les députés n'en avaient trouvé l'idée dans aucun des écrits du XVIIIe siècle, dont la majorité de l'Assemblée constituante faisait sa lecture habituelle, Voltaire n'en parle nulle part, dans ses volumineux ouvrages, Montesquieu ne s'en occupe pas, et l'*Encyclopédie*, ne consacre même pas une définition au mot ; seul, Jean-Jacques, dans le *Contrat social*, a écrit cette phrase, que rappellera Merlin au cours de la discussion : « Dans les moments de trouble, les émigrations peuvent être défendues. »

A l'instant où la séance s'ouvrait, à dix heures du matin, le peuple des faubourgs, à la suite d'événements que nous raconterons tout à l'heure, rentrait de Vincennes, où il avait voulu démolir le donjon, et, au moment où le président Noailles montait au fauteuil, le tambour battait la générale dans la rue.

La séance commença par un incident, qui prouverait à lui seul, s'il était besoin, l'excitation soupçonneuse qui gagnait tous les esprits.

Au début de la séance, on déposa sur le bureau un panier rempli de papiers présentés au contre-seing et destinés aux divers départements [1]. On sait que les députés jouissaient alors du bénéfice de la franchise postale pour leurs lettres et paquets; les députés les apportaient à un bureau spécial de l'Assemblée, qui les marquait d'un contre-seing, et la poste les distribuait gratuitement. Des députés royalistes avaient présenté au contre seing un grand nombre de lettres contenant des écrits et imprimés incendiaires, aussi violents qu'injurieux pour l'Assemblée nationale [2].

Noailles, qui présidait,en informant ses collègues du contenu de ces papiers, leur demanda ce qu'ils voulaient en faire; des députés voulaient les ouvrir, les brûler, et en poursuivre les auteurs.

Robespierre protesta :

— Comment sait-on, s'écria-t-il, que ce sont des écrits contre l'Assemblée nationale? on a donc violé le sceau des cachets? C'est un attentat contre la foi publique! Et, quand même ces écrits aristocratiques

1 *Le Patriote français.*

2 Hamel. *Histoire de Robespierre.*

n'eussent pas été fermés, on aurait dû respecter le contre-seing dont ils étaient revêtus [1]... Autorisons cette violation, et l'inquisition s'exercera bientôt aussi contre les écrits patriotiques [2]. Chaque député est libre dans ses correspondances [3].

L'Assemblée adopta ces sages et libérales conclusions, et les papiers furent rendus à la poste sans être ouverts.

Mais ce n'était là qu'un simple lever de rideau ; le spectacle commença vraiment avec la discussion fameuse de la loi contre l'émigration.

***

Jamais peut être l'Assemblée n'avait été aussi houleuse ; chacun avait apporté l'énervement qui régnait au dehors ; les tribunes étaient remplies d'une foule impatiente,

Chapelier, rapporteur de la loi, monte à la tribune. D'abord il se défend presque de présenter un semblable projet, qu'il déclare « inconstitutionnel et contraire aux principes », établissant « une véritable dictature [4] ».

Robespierre, à qui l'on ne saurait refuser une certaine prudence [5] dans cette question, prononça quelques paroles, sans demander la discussion.

— Je commence par déclarer avec franchise, dit-il, que je ne suis pas plus que M. Chapelier partisan de la loi sur les émigrations ; mais c'est par une discussion

1 Hamel, *Histoire de Robespierre*.

2 *Le Patriote français*.

3 *Archives parlementaires*.

4 *Moniteur*.

5 Michelet, t. II.

solennelle que vous devez reconnaître l'impossibilité ou les dangers d'une telle loi ; il ne faut pas laisser penser que vous l'avez écartée par d'antres moyens que ceux de la raison et de l'intérêt public [1].

C'était peu se compromettre et facilement payer un tribut aux principes, sans mécontenter les sentiments des clubs. Robespierre. après cette déclaration, ne prit plus part à la discussion.

Le projet de Chapelier se résumait en un seul article : « Il sera nommé par l'Assemblée un conseil de trois personnes, qui exerceront, seulement sur le droit de sortir du royaume et sur l'obligation d'y rentrer, un pouvoir dictatorial. »

Mirabeau avait déjà reçu six billets [2] lui demandant de monter à la tribune ; amis et adversaires désiraient voir Mirabeau se prononcer ; le grand orateur prit la parole, et se contenta de lire une lettre qu'il avait adressée à Frédéric-Guillaume, roi de Prusse, le jour de son avènement [3] ; Mirabeau y soutenait le droit qui appartient à l'homme de quitter le sol où n'est pas pour lui le bonheur.

Le chef de la gauche, Barnave, les deux Lameth, ne répondirent pas ; Robespierre, qui ne perdait pourtant aucune occasion de parler, garda le silence. Jourdan, se penchant à l'oreille d'Alexandre de Lameth, lui demanda :

— Est-ce que vous ne parlerez pas ?

— C'est ce qu'ils veulent, répondit celui-ci [4]. Et il se tut.

Ce fut Rewbell, occupant un rôle secondaire, qui répondit à Mirabeau, et essaya de déplacer la question,

1 *Histoire parlementaire* de Buchet et Roux, vol. IX, p. 47.
2 Louis Blanc, t. V, p. 270.
3 *Moniteur*.
4 *Révolutions de France et de Brabant*, n° 66.

en concluant que personne n'avait le droit de jouir, quant à sa personne, quant à ses biens, du bénéfice des lois d'un pays qu'il répudie. Or, il ne s'agissait pas de priver les émigrants de la protection des lois, mais de les empêcher de partir.

M. Chapelier lut son projet.

Une agitation violente se fit sentir dans toutes les parties de la salle.

Mirabeau remonta à la tribune pour combattre la loi : après avoir démontré quelle était impraticable, il s'écria :

— Je déclare que je me croirai délié de tout serment de fidélité envers ceux qui auraient l'infamie de nommer une commission dictatoriale [1].

Ces fières paroles furent applaudies [2] ; il continua :

— La popularité que j'ai ambitionnée, et dont j'ai eu l'honneur...

De violentes interruptions, parties du centre, du groupe conduit par Barnave, Duport et les frères Lameth, lui coupèrent la parole ; d'un de ces regards hautains et insolents, qui servaient si bien ses audaces, Mirabeau sembla écraser les interrupteurs, et reprit :

— La popularité dont j'ai eu l'honneur de jouir comme un autre, n'est pas un faible roseau ; c'est dans la terre que je veux enfoncer ses racines sur l'imperturbable base de la liberté [3] !

Cette phrase ampoulée, mais bien dans la note de l'époque,souleva les applaudissements.

— Si vous faites une loi contre les émigrants, je jure de n'y obéir jamais ! [4]

1 *Moniteur.*
2 *Archives parlementaire.*
3 *Histoire parlementaire,* Buchet et Roux, t. IX.
4 *Révolutions de France et de Brabant.*

Le projet de Chapelier fut repoussé à l'unanimité.

La victoire de Mirabeau était complète; il désira plus encore; enivré de son triomphe, il voulut faire voulut faire voter un ordre du jour pur et simple.

Pour la troisième fois, il remonta à la tribune, ce qui arracha à Goupil cette exclamation :

— Quel est donc le titre de dictateur qu'exerce M. de Mirabeau, dans cette assemblée [1] ?

Des murmures s'élevèrent à l'extrémité gauche ; Mirabeau resta à la tribune, s'emparant de la parole, et, comme l'extrême gauche soulignait son discours par des murmures, le tribun se tourna vers les interrupteurs, en leur criant :

— Silence aux trente voix [2] !

Mirabeau oubliait que ces trente voix avaient le droit de parler au nom du peuple tout entier, qui marchait derrière ces trente députés [3].

Mirabeau ne put obtenir l'ordre du jour pur et simple ; le projet de loi, sur la proposition de Vernier, fut renvoyé à l'examen de tous les comités réunis ; pourtant la loi n'était pas adoptée, c'était le principal.

Revenu de la griserie de son succès, Mirabeau comprit qu'il avait été trop loin dans ses insolentes attaques contre les chefs du parti populaire ; il regretta sa hautaine sommation lancée au trente voix.

A cinq heures et demie, la séance était finie ; Mirabeau se rendit chez sa sœur, qui recevait toutes ses confidences, et, revenant sur les détails de cette séance orageuse, il laissa échapper cet aveu :

1 *Histoire parlementaire.*

2 *Ibid.*

3 Michelet, t. II, p. 154.

— J'ai prononcé mon arrêt de mort ; c'en est fait de moi : ils me tueront [1] !

Il exagérait quand il exprimait cette crainte ; car, si humiliés qu'ils eussent été, ni Duport, ni Barnave, ni les Lameth, n'étaient de ces ennemis qui ont recours au poignard et au poison pour se débarrasser d'un ennemi, mais leurs efforts devaient tendre à déconsidérer définitivement Mirabeau, et à l'accabler sous le poids du mépris public, cette mort véritable des hommes politiques.

Du reste, depuis quelques jours, Mirabeau croyait sérieusement sa vie en danger, et son neveu, sans en rien dire, le suivait de loin, armé, quand il sortait la nuit. Plusieurs fois, sa sœur crut que son café avait été empoissonné [2].

Mirabeau rentra de la séance tout en sueur et ayant la fièvre ; néanmoins, comprenant que ses adversaires voudraient prendre, aux Jacobins, leur revanche de l'Assemblée, il fut brave jusqu'à la témérité : depuis pluieurs jours invité à dîner — ainsi qu'une douzaine de ses collègues, par d'Aiguillon — l'un des trente, il voulut répondre à l'invitation ; mais l'exaspération contre Mirabeau était telle, que d'Aiguillon lui fit fermer la porte au nez [3]. Le tribun revint alors chez sa sœur, se donna à peine le temps de prendre un bouillon, un verre de bordeaux, et se rendit au club, où allait avoir lieu la plus célèbre séance qu'aient jamais vue les Amis de la Constitution.

Pendant que l'Assemblée discutait la loi sur l'émigration, deux faits graves se passaient à Vincennes et aux Tuileries, et nous devons en dire quelques mots.

1 *Ménoire de Mirabeau*. t. VIII, p. 296.

2 Michelet.

3 Hamel. *Histoire de Robespierre*.

Plusieurs royalistes avaient résolu de profiter, pour enlever le roi [1], du moment où l'Assemblée discuterait la loi sur l'émigration. Mais, pour mener à bonne fin un semblable projet, il fallait éloigner de Paris Lafayette et la garde nationale ; aussi les royalistes firent-ils répandre le bruit que l'on organisait au donjon de Vincennes une nouvelle Bastille, pour y enfermer les patriotes, et qu'il existait, des Tuileries à ce donjon, un souterrain secret, par où le roi et sa famille devaient s'évader. Ces bruits, habilement répandus, mirent le faubourg Saint-Antoine en mouvement. Dès le matin même du 28, le peuple se porta à Vincennes, où des ouvriers étaient occupés à différentes réparations [2]. La foule est conduite par Santerre, l'ancien brasseur, élu commandant de la garde nationale du faubourg Saint-Antoine ; elle entre dans le donjon, arrache les barreaux des croisées, casse les carreaux, brise deux cents lits de fer qui s'y trouvaient, jette les meubles par les fenêtres et commence même à démolir le donjon [3].

Lafayette, apprenant ce qui se passe, fait battre le rappel, au moment même où le président ouvre la séance de l'Assemblée [4]. A trois heures, il arrive à Vincennes, à la tête de la garde nationale. Le bataillon des chasseurs du faubourg Saint-Antoine, obéissant à Santerre, se place devant lui, pour empêcher le commandant général d'entrer dans le château [5].

Santerre accourt. Lafayette s'adresse à lui :

1 Abbé Georgel, *Mémoires*, t. III, p. 128.

2 *Rapport a la Commune* de J.-J. Leroux.

3 *Ibid.*

4 Louis Blanc, t. V.

5 *L'Ami du Peuple.*

— Comment, monsieur, vous voulez faire tirer vos soldats sur moi et sur ma troupe?

— Cela n'est pas, répondit Santerre; mais, si je le commandais, ils m'obéiraient [1].

Il ne le commanda pas, heureusement, et, après quelques arrestations, tout le monde rentra à Paris, où la garde nationale apprit qu'on avait essayé d'enlever le roi aux Tuileries. Le dessein n'est pas douteux et il a été, depuis, avoué par plusieurs écrivains royalistes [2].

***

Voici notamment comment s'exprime l'abbé Georgel, le secrétaire du cardinal de Rohan : « Bientôt il se forma une ligue, où l'on prit la vigoureuse résolution d'arracher le roi à la honteuse captivité où le retenaient les satellites de Lafayette. »

Le plan d'éloigner la garde nationale avait réussi.

Pendant ce temps, plus de six cents gentilshommes pénétrèrent dans les Tuileries, grâce à la complicité de M. de Villequier, qui, en sa qualité de premier gentilhomme de la chambre, avait la faculté de distribuer des cartes d'entrée pour le château des Tuileries. [3]

Le roi était-il prévenu de ce projet? c'est probable, et c'est l'avis de Georgel, qui tenait ces détails du maréchal de camp ayant pris part à la coalition. Quoi qu'il en soit, Louis XVI, nullement étonné de l'invasion des Tuileries par ces six cents gentilshommes, était en conférence avec quelques-uns d'entre eux, quand Lafayette entra dans son cabinet, où se trouvait la reine.

1 *Ibid.*

2 Abbé Georgel, *Mémoires*, t. III.

3 Barrère. Note au ch. v des *Mémoires de Weber*.

Lafayette représenta le danger que courait la famille royale, si le roi ne donnait pas lui-même aux conjurés l'ordre de se disperser, ajoutant que le désarmement des gentilshommes pouvait seul calmer la garde nationale, déja surexcitée par l'échauffourée de Vincennes.

— Je réponds de tout, dit-il, si Sa Majesté veut se montrer et commander à tous ceux qui remplissent les salles de déposer les armes et de sortir.

Louis XVI, quoique malgré lui, céda ; il sortit de son cabinet, et dit aux conjurés :

— Messieurs, je suis vivement touché de l'intérêt que vous prenez à ma personne, et je vous remercie du fond de mon cœur ; mais votre présence donne de l'inquiétude à la garde nationale ; elle ne veut plus souffrir auprès de moi d'autres défenseurs ; comme elle pourrait redouter que vous soyez armés, et même que vous sortiez du château avec vos armes, vous n'avez qu'à les déposer ici [1].

Les conjurés obéirent et déposèrent leurs armes sur deux grandes tables placées dans l'antichambre ; forcés, pour sortir des appartements, de passer entre deux haies de gardes nationaux [2], ils sont hués, maltraités même et fouillés [3]. Quelques-uns résistent. Beauharnais, frère du député, déclare qu'on ne le fouillera que mort, et touchés de cette fierté, les gardes le laissent passer [4]. D'autres sont renversés, foulés aux pieds [5].

D'Eprémenil, Fandeville, d'Agout, Berthier-Sauvigny, furent arrêtés [6].

1 Weber, *Mémoires*, ch. v.
2 Louis Blanc, t. V, p. 209.
3 *Mémoires de Ferrières*, t. II, liv. IX, p. 246.
4 *Règne de Louis XVI*, t. VI, § 27.
5 *Ibid.*
6 L'abbé de Montgaillard, *Histoire de France*, t. II, p. 236.

Parmi les armes dont on avait dépouillé les gentilshommes, se trouvaient des couteaux, des épées et de nombreux poignards, d'où le nom de *Chevaliers du poignard* que l'ou donna aux conjurés.

***

Pendant que ces événements se passaient, Mirabeau se rendait au club des Jacobins, et il faut reconnaître qu'il y avait dans cette démarche une véritable bravoure ; il fallait du courage pour venir ainsi dans une assemblée qui lui était opposée et qui subissait l'influence des hommes auxquels il avait crié quelques heures auparavant : « Silence aux trente voix ! »

Il était sept heures du soir : la salle était pleine « comme dans les grands périls de la République, » dit Camille Desmoulins, à qui nous allons emprunter tous les détails de cette fameuse soirée.

L'entrée de Mirabeau fut accueillie par des murmures 1.

— Le voilà ! le voilà ! dit-on de toutes parts.

— Qui ça ?

— Lui, le traître.

— Mirabeau ? Quelle audace !

— Comment ose-t-il venir s'asseoir au milieu de nous ?

Duport était à la tribune ; le bruit, un moment provoqué par cette entrée inattendue, et la vue de Mirabeau lui-même parurent l'embarrasser. Il continua néanmoins, parlant des événements de la journée, et de l'émeute de Vincennes, et de Lafayette qui aurait pu la prévenir. On aurait dit qu'il cherchait son terrain pour mieux attaquer le redoutable athlète ; enfin il se décide et s'écrie :

1 Les *Révolutions de France et de Brabant*, n° 66.

— Les ennemis de la liberté ne sont pas loin de vous.

Ce fut comme l'étincelle qui met le feu aux poudres : toute la salle se lève, se tourne du côté de Mirabeau, et les paroles de Duport sont couvertes d'un tonnerre d'applaudissements. Les voisins viennent même lui applaudir à la face.

L'orateur raconte alors les péripéties de la séance du matin ; tout en rendant hommage au génie de Mirabeau il déclare que le peuple a surtout besoin d'une probité austère ; après lui avoir reproché sa dictature, il termine ainsi :

— Qu'il soit un honnête homme, et je cours l'embrasser ; et, s'il détourne le visage, je me féliciterai de m'être fait un ennemi, pourvu qu'il soit redevenu ami de la chose publique.

C'était inviter Mirabeau à une rétractation, ou tout au moins à une atténuation des paroles prononcées à l'Assemblée.

Mirabeau repoussa cette invitation ; pendant que la salle croulait sous les applaudissements qui saluaient la péroraison de Duport, il s'avança vers la tribune, où il monta d'un pas brusque.

Il prit la parole, se montra hardi, hautain, dédaigneux, semblant braver encore ses adversaires. Reprenant le mot de dictature prononcé par Duport, il mit en comparaison la dictature de l'intrigue et la dictature du talent, plein de pitié pour ceux qui employaient la première, faute de pouvoir exercer la seconde. Le silence gardé le matin par le triumvirat, par les « chefs d'opinion » était un signe de faiblesse.

— Mon sentiment sur les émigrations, ajouta-t-il en terminant, c'est la pensée universelle des philosophes et des sages ; si l'on se trompait en compagnie de tant de grands hommes, il faudrait bien s'en consoler.

Ce discours, presque insultant, fut accueilli par le silence de tous les membres de cette réunion.

Alexandre de Lameth monta, à son tour, à la tribune. Dédaignant les ménagements de Duport, il s'en prit tout de suite à Mirabeau.

— Ah ! nous ne sommes plus *trente* ici ; pourquoi notre silence de ce matin ? parce que la contre-révolution appelle les Jacobins des factieux ; parce que M. Mirabeau voudrait bien que ces factieux fussent exterminés, et que nous n'avons pas voulu, nous, donner dans le piège tendu aux patriotes, par les organisateurs d'émeutes, par ceux qui font battre le tambour.

Il faut avouer que c'était récriminer, mais non pas répondre : il n'y avait aucun rapport entre les organisateurs d'émeutes et le silence gardé par Lameth et ses amis, au cours de la discussion.

— Ce qui nous importe, continua Lameth, c'est de vous faire connaître M. de Mirabeau : quelque génie qu'aient les traîtres, ils ne sont plus à craindre dès qu'ils sont connus. *Chefs d'opinion* ! avez vous dit ! quelle insolence ! Il y a donc des esclaves d'opinion ! — je ne suis pas de ceux qui croient si nécessaire de ne point désespérer de M. de Mirabeau. S'il n'était pas au milieu de nous, pensez-vous qu'il fût plus dangereux que Cazalès, que Maury ? La force est ici, qu'il sorte : il la perd. Mais il le sait bien ! — Attendez-vous à l'entendre protester de son amour invariable pour la liberté ; il vous dira, je suppose, qu'il n'a pas demandé le veto pour le roi, qu'il n'a pas voulu lui conférer le droit monstrueux de déclarer la paix et la guerre ; il niera ce que personne de vous n'ignore... Mais les discours de M. de Mirabeau passeront, et les procès-verbaux de l'Assemblée ne passeront pas.

Pendant ce discours, dit Camille, Mirabeau était dans un état tel « qu'il lui tombait de grosses gouttes sur le visage. Il était devant le calice, dans le jardin des Oliviers ».

Il se leva néanmoins, et demanda une seconde fois la parole C'est ici qu'il faut admirer toute la puissance de cette éloquence merveilleuse, qui parvient à séduire et à conquérir cette assemblée irritée contre lui. Abandonnant le ton altier et provoquant de tout à l'heure, il se fait insinuant, habile et doux.

— Oui, dit il, j'ai autrefois boudé les Jacobins, mais en leur rendant justice. Je pense d'eux comme l'abbé Sieyès, qui disait du club de 89 : « A l'exception de deux ou trois Jacobins, que j'ai en horreur, j'aime tous les membres de cette société ; et, excepté une douzaine de membres que j'aime parmi vous, je vous méprise tous. »

Les applaudissements percèrent au milieu du silence ; et, à partir de ce moment, Mirabeau conquit peu à peu le terrain. Quand il s'écria : « Je resterai parmi vous jusqu'à l'ostracisme ! » ce furent des acclamations qui partirent de tous les coins de la salle : Mirabeau venait de se faire pardonner, et c'était l'absolution de la journée qu'il emportait de cette soirée où il empêcha les Jacobins de se prononcer pour la loi d'émigration qui était injuste et arbitraire.

Du 5 au 12 mars 1791.

XI

LE ROI EST MALADE

Projet de tontine populaire. — Robespierre défend le principe de la solde des députés — Projet ridicule d'éducation du Dauphin. — Election des évêques constitutionnels. — Vol des bijoux de Madame Dubarry. — Indisposition du roi. — Zèle exagéré de l'Assemblée. — Lecture publique des bulletins de santé. — Raillerie de Camille Desmoulins. — L'émotion de Louis XVI.

Dans la séance du 7 mars, l'abbé Gouttes présenta un rapport sur un projet de tontine viagère, au moyen de laquelle son auteur, un nommé Lafarge, prétendait assurer aux indigents une sorte de pension pour leur vieillesse, moyennant un versement annuel, très minime.

L'Académie des sciences avait déclaré exacts les calculs présentés à l'Assemblée et servant de base aux opérations de la tontine [1].

Mirabeau, prévenu en faveur de la tontine par son ami Clavière, le financier qui en était l'administrateur-gérant [2], soutint la proposition, qui, disait-il, tendait à inspirer au peuple le goût de l'économie, sauvegarde du genre humain ; il proposa même d'ajouter au projet de décret l'acquisition de 1,200 actions, prises sur

1 Rapport de Gouttes.

2 Hamel, *Histoire de Robespierre*, vol. I, p. 294

le traitement de chaque député, pour les répartir sur les douze cents familles les plus pauvres [1]. Le député royaliste Foucaud, renchérissant encore, demanda que l'entier traitement des députés fût versé dans la caisse Lafarge, si, au moment où elle commencerait à fonctionner, la Constitution n'était pas achevée [2].

Ce fut Robespierre qui calma l'enthousiasme, un peu trop prompt, que l'on avait créé pour cette œuvre qu'il critiqua dans sa constitution. blâmant surtout comme immorale la forme de loterie qu'on y avait ajoutée ; quant à la proposition de Mirabeau et à celle de Foucaud, Maximilien demanda le rejet pur et simple de cette motion, comme dangereuse et antipatriotique.

— Le peuple, disait-il, a été réduit à une horrible indigence, par des chefs qu'il ne payait pas. On connaît cette bienfaisance, qui ne reçoit rien et qui prend tout. Le sacrifice qu'on vous demande, léger pour plusieurs, serait peut-être pénible pour quelques-uns. Le peuple veut et doit payer ses représentants, pour que d'autres ne les paient pas.

Le projet de tontine fut repoussé à une très grande majorité.

D'autres projets, d'une moins grande importance, mais d'une conception plus bizarre, furent encore repoussés, comme celui qui fut présenté par l'abbé Audrein, économe du collège de Grassins, sur l'éducation du Dauphin. Il demandait, entre autres extravagances, « qu'à la fin de chaque année, les gouverneurs fussent embrassés par le président de l'Assemblée nationale [3] ».

1 *Moniteur universel.*

2 *Histoire parlementaire* de Buchet et Roux, t. IX, p. 221.

3 *Moniteur universel.*

Nous reproduisons, à titre de curiosité, l'article VI de ce projet, d'après lequel le Dauphin devait être élevé dans des collèges, sous la surveillance de deux commissaires de l'Assemblée :

« VI. Le Dauphin, sortant du collège et remplissant quatre années de pratique, rendra compte à l'Assemblée nationale de ses progrès, une fois chaque année. Si de brillants succès répondent à l'attente générale, le Dauphin recevra une couronne civique, au nom de la nation, et ses maîtres, en signe de satisfaction, seront embrassés par le président de l'Assemblée [1]. »

Puis, après un examen passé devant douze examinateurs nommés par l'Assemblée, le jeune prince aurait reçu le titre de second citoyen du royaume, et aurait été appelé aux conseils de son père.

***

En province. on continua à procéder à l'élection des évêques constitutionnels. Furent nommés : Morillon, à Arras ; Beauzereau, à Laval : Villars, à Auch ; Grandsaing, à Metz ; Mathias, à Alençon ; Lamourette, à Lyon ; Dumonchel, à Nîmes ; le cardinal Loménie, à Toulouse ; Robinet, à Saintes ; Roux, à Aix ; Servan, en Vendée ; Besancelle, à Besançon ; Desbois, à Amiens ; Suzor, à Tours ; Pacareau, à Bordeaux ; Charrier, à Bourges ; Cazeneuve à Gap ; Saint-Pons, à Béziers ; Danglards, à Cahors ; Héraudin, à Châteauroux.

Pour l'évêché de Paris, on avait songé à l'abbé Sieyès, qui aurait été certainement élu, s'il n'eût refusé dans une lettre où il affirmait ses préférences pour « les fonctions de législateur ». Le choix des électeurs se

1 *Mémoire sur l'éducation nationale,* par l'abbé Audrein.

porta sur Gobel, évêque *in partibus* de Lydda, alors suffragant de l'évêque de Bâle pour la partie française, et envoyé aux Etats généraux par le clergé de Belfort. Gobel avait été élu, en même temps, à Colmar et à Chaumont; il opta pour Paris. Le 12 mars, jour de son élection, il alla assister à la séance du club des Jacobins, où il fut reçu avec un véritable enthousiasme, et où il renouvela son serment de fidélité à la Constitution [1].

Ce fut le jour même de l'élection de l'évêque de Paris que l'ancienne maîtresse de Louis XV, la fameuse Madame Dubarry, put toucher 40,000 fr. [2], restitution, par la justice, d'une partie des bijoux qui lui avaient été volés, dans sa retraite de Louveciennes, durant le courant de janvier, pendant qu'elle était à Paris à fêter les Rois avec son amant, le duc de Brissac, l'ancien gouverneur de Paris. On sait que c'est en prenant modèle sur les amours de Brissac et de la Dubarry que Saint-Just composa son poème *Organt*,

Après la mort de Louis XV, la Dubarry qui, à tout bien considérer, ne fut pas aussi coupable ni aussi dévergondée qu'on est parvenu à le faire croire [3], fut exilée par ordre de Louis XV, qui avait signé cette mesure la veille de sa mort, et non par ordre de Louis XVI, comme on l'a quelquefois prétendu [4]. Finalement, elle fut autorisée à se retirer à Louveciennes, avec 140,000 livres de rentes et deux millions d'objets d'art et de bijoux.

Ce sont ces bijoux que des voleurs avaient dérobés et emportés en Angleterre ; après trois voyages à Lon-

1 *La Chronique de Paris.*

2 *Ibid.*

3 Charles Vatel, *Histoire de Madame Dubarry.*

4 Marcellin Pellet *Variétés révolutionnaires.*

dres, l'ancienne favorite put se faire rendre 40,000 livres, grâce aux démarches personnelles de Brissac.

***

Pendant que se produisaient ces incidents divers, l'attention publique était occupée par la maladie du roi, que les uns exagéraient à plaisir, pendant que d'autres la niaient, voulant y voir une manœuvre politique.

Pour savoir la vérité exacte, nous n'avons qu'à ouvrir le cahier de Louis XVI lui-même, sur lequel le monarque écrivait, chaque soir, ce qui l'intéressait :

Au mois de mars 1791, nous lisons :

« 4. Rien, j'ai commencé à avoir la fièvre.

« 5. Rien.

« 6. J'ai pris de l'émétique, je me suis levé et habillé après jusqu'à l'ordre.

« 7. Je me suis levé quelques heures dans l'après-midi.

« 8. Dans mon lit presque toute la journée.

« 9. De même que la veille, les Cendres (cérémonie religieuse) dans mon lit.

« 10. J'ai pris une seconde fois l'émétique, je me suis levé dans l'après-midi.

« 11. Je me suis levé une bonne partie de l'après-dîner, jusqu'au soir.

« 12. De même que la veille [1]. »

Comme on le voit par les détails que nous donne Louis XVI, la maladie était moins que grave, puisqu'il n'avait pas manqué de se lever un seul jour ; c'était une indisposition. Pourtant toute la population pari-

1 Nicollardot. *Le Journal de Louis XVI*, p. 141.

sienne était vivement excitée à ce sujet : tous les jours deux députations de l'Assemblée allaient aux Tuileries s'informer de la santé du roi, matin et soir. Voici comment Sergi (qui venait d'être nommé évêque de l'Oise) rend compte d'une visite :

« La députation, chargée par l'Assemblée de se rendre auprès du roi pour s'y informer l'état de sa santé, y est allée à six heures ; elle n'a pu voir le roi, parce qu'il reposait, mais un officier de la haute domesticité a répondu que le roi avait eu plusieurs mouvements de fièvre et trois crachements de sang [1]. »

Le lendemain matin, nouvelle visite d'une nouvelle députation, conduite par l'abbé Gouttes.

— Nous n'avons pu voir le roi, dit il, nous avons été reçus par M. Duras ; mais la reine, apprenant notre présence, est venue nous confirmer les nouvelles les plus rassurantes .

Là ne s'arrêtait pas le zèle de l'Assemblée, et, au début de chaque séance du soir, le président donnait lecture du bulletin de santé. Il faut vraiment lire ces détails, dans les comptes rendus du *Moniteur* et des autres journaux, pour s'imaginer jusqu'où descendait l'attention des députés.

Voici un de ces bulletins, dont on écoutait la lecture au milieu d'un calme religieux :

« La fièvre, la toux âcre et d'autres symptômes du « catarrhe, ont continué jusqu'à quatre heures après-« midi. Dans cet intervalle, le roi a craché trois fois « du sang, les évacuations ont été bilieuses, brunes et « glaireuses, les urines rares et foncées. Le redouble-« ment a commencé à huit heures par une augmenta-« tion d'enrouement et de chaleur à la gorge. La nuit

1 *Moniteur universel.*
2 *Annales parlementaires.*

« a été interrompue par la toux, les autres symptômes « sont un peu diminués.

« LEMONNIER, LOSERVALLE.
« VICQ D'AZIR, ANDOUILLÉ, LOUSTONNEAU. »

Les journaux patriotes se moquèrent, avec raison, de ces minuties, et Camille Dssmoulius résuma, avec son esprit habituel, l'opinion des esprits de sens rassis. Il s'écriait, dans les *Révolutions de France et de Brabant* :

« J. P. Brissot s'est moqué, avec une grande raison, de la bonhomie de nos législateurs, d'interrompre la majesté des séances, pour entendre, tous les jours, à l'occasion du rhume de l'aîné des Capets, cette ridicule technologie des Diafoirus : Que les urines ont été plus abondantes, plus claires ; que les selles sont chargées de glaires, etc. Quel citoyen n'est pas indigné de la bassesse de ses députés, qui applaudissent à tout rompre au dire d'un évêque qui monte à la tribune de l'Assemblée nationale pour faire cette proclamation, que les selles d'un citoyen enrhumé ont été copieuses, et que la matière n'est pas aussi nauséabonde et est tout à fait louable !

« Je m'étonne que MM. Lemonnier, Loservalle, Vicq d'Azir, Andouillé et Loustonneau, n'apportent pas en cérémonie l'urinal et la chaise percée du prince, sous le nez du président et de l'Assemblée nationale, et que l'Assemblée ne crée pas exprès un patriarche des Gaules pour faire la proclamation de la qualité des selles du Grand Lama. On a cité, pour le *nec plus extra* de la bassesse, le Sénat romain délibérant, sous Tibère, à quelle sauce l'empereur mangerait un magnifique turbot ; mais lequel est le vil adulateur, du Sénat, dans la cuisine de Tibère, ou du Sénat. dans la garde-robe de Louis XVI ? »

La cause de cette maladie, que les royalistes grossissaient à plaisir, était produite par le peu d'exercice que prenait Louis XVI : accoutumé aux exercices violents. à la chasse et aux travaux du corps, depuis près de six moix il avait renoncé à toute promenade, et il se contentait de se promener, le matin, de long en large, sur la terrasse des Tuileries [1] ; quoique personne ne l'en empêchât, il ne montait presque plus à cheval ; enfin il avait laissé sa forge à Versailles et ne se livrait plus qu'à de rares travaux de lime et de marteau. Cette inaction volontaire avait causé cette indisposition dont s'occupait tout Paris.

1 *Mémoires de Weber*, ch. IV.

Du 13 au 20 mars 1791.

XII

PETITS FAITS

Le roi est guéri. — Que Paris illumine! — Installation du nouvel évêque de Paris. — Vieilles ordonnances contre les voleurs remises au jour. — Zèle intempestif de la garde nationale. — Troubles de Douai. — Un branchage. — Lettre des Jacobins marseillais. — Marseille se souviendra. — Le patriotisme méridional.

L'indisposition du roi fut de courte durée; les bulletins, lus tous les matins à l'Assemblée, annoncèrent l'heureux résultat, qui fut salué par des applaudissements chaleureux. La Commune, dans sa séance du 14, prit l'arrêté suivant [1] : « Le corps municipal, étant informé des progrès de la convalescence du roi, et voyant s'approcher le moment heureux où les inquiétudes des Français vont être entièrement dissipées, arrête, sur la proposition de M. le maire, que, le 17 de ce mois, tous les citoyens de Paris seront invités à manifester leur joie par une illumination générale ; et que, le dimanche suivant, il sera chanté, dans l'église métropolitaine, un *Te Deum* en actions de grâce du prompt rétablissement de la santé du roi, et que ce jour-là sera encore célébré par une illumination générale. »

Ce programme fut exécuté de point en point ; la ville de Paris illumina [2], le *Te Deum* fut chanté en musique,

1 *Procès verbaux manuscrits de la Commune.*

2 *Chronique de Paris.*

et les citoyens se réjouirent, pendant que la Cour devait bien rire de la naïveté de ce peuple contre lequel elle ourdissait la terrible coalition, et qui faisait ronfler les orgues de Notre-Dame, mettait des lampions aux fenêtres, parce que Louis XVI avait pris médecine sans trop de fatigue.

Le jour même où Paris illuminait et se réjouissait, à l'occasion de la guérison du roi, le 17 mars, on procédait, dans la cathédrale de Paris, à l'installation solennelle de l'évêque constitutionnel Gobel ; Bailly prononçait, du haut du grand autel, un discours auquel l'évêque répondit par une homélie ampoulée, suivie du *Te Deum* et de décharges d'artillerie ; enfin la cérémonie se terminait par une procession autour de l'île du Palais, et le nouvel évêque était ainsi conduit à la demeure épiscopale [1].

Ce même jour, la Commune de Paris constatait, dans un arrêté, que : « les vols se multipliaient dans les maisons, à l'aide de fausses clefs, rossignols et autres instruments » . Aussi, pour empêcher les malfaiteurs de se munir aussi facilement d'armes secrètes et prohibées, elle remit en vigueur les édits, déclarations et ordonnances des 18 septembre 1660, décembre 1666, 25 août 1737, 12 août et 8 novembre 1789.

Ces ordonnances défendaient aux serruriers et marchands de ferrailles d'exposer ou débiter aucune clef, vieille ou neuve, séparément de la serrure pour laquelle elle aura été faite. Il était en outre défendu, de par ces vieux règlements, « de fabriquer, vendre, débiter, faire achat, porter et faire usage de poignards, pistolets de poche, épées, sabres ou dards renfermés dans des bâtons ». Il était enjoint à tous couteliers, armuriers et marchands « de les rompre

1 *Ibid.*

(les armes) et briser incessamment, et ce, dans la huitaine, au plus tard, de la publication de la présente ».

La garde nationale se mit à exécuter ces ordres avec plus de zèle qu'il n'aurait fallu : elle alla même jusqu'à arracher les cannes à de simples bourgeois inoffensifs[1] ; les ordonnances furent accueillies par des huées dans les clubs, et la municipalité dut les révoquer le 21, quatre jours après leur promulgation.

***

Pendant ce temps, la ville de Douai était le théâtre de troubles assez graves, occasionnés par la circulation des grains.

Un négociant, nommé Delfo, avait fait charger, le 14, du blé destiné à Dunkerque. Le peuple s'émut et s'opposa à ce que le chargement fût terminé ; le lendemain la fermentation augmenta, le peuple déchargea les bateaux[2]. On demanda la vente du blé, et le peuple désigna une personne pour en opérer le sequestre ; le négociant Delfo, le 16, consentit à la vente, à condition qu'elle se ferait en présence d'un commissaire nommé par lui.

Le directoire ordonna à la municipalité de faire publier l'abominable loi martiale, mais la municipalité s'y opposa.

Pendant ce temps, l'agitation continuait ; le peuple se rendait en foule chez un marchand de blé appelé Nicolo, qu'on accusait d'accaparer. Le malheureux était traîné dans les rues, trépigné, couvert de coups, et on ne parvenait à le sauver qu'en le jetant, tout

1 *L'Ami du Peuple.*

2 Rapport d'Alquier à l'Assemblée nationale.

meurtri, en prison ; mais le lendemain, la prison fut enfoncée, et Nicolo pendu à un arbre par la foule en fureur [1].

L'Assemblée nationale fut saisie de cette affaire, dans la séance du 19. Le rapporteur assura que ces troubles avaient pour cause, non le chargement de blé, mais la nomination de l'évêque constitutionnel qui devait avoir lieu le 17, et qu'on avait dû ajourner ; il représentait ces troubles comme une manœuvre contre-révolutionnaire, favorisée par la municipalité, qui n'avait pris aucune précaution pour éviter les désordres et pour les arrêter.

Malgré l'avis de Robespierre, qui voulait qu'on entendît à la barre la municipalité avant de prendre une mesure aussi grave, l'Assemblée décréta l'arrestation de la municipalité, sa translation à Orléans et l'envoi de commissaires à Douai [2].

Cette séance du 19 fut terminée par la lecture d'une lettre des Jacobins de Marseille, ainsi conçue [3].

« Les Amis de la Constitution n'ont pas vainement juré de mourir pour la patrie : ils ont déployé, les premiers, l'étendard de la liberté ; les premiers ils veulent la defendre. Au nombre de deux mille, ils offrent à l'Assemblée nationale de traverser le royaume et de se porter aux frontières pour repousser les premières attaques des troupes ennemies. Les Phocéens, nos pères, en abordant sur ces côtes, jetèrent dans les eaux une masse de fer, et jurèrent de ne retourner dans leur patrie, soumise au joug du despotisme, que lorsque cette masse surnagerait. Elle est dans notre golfe,

1 Rapport d'Alquier à l'Assemblée nationale.

2 *Moniteur* (séance du 19 mars).

3 *Histoire parlementaire* de Buchet et Roux, vol. IX, p. 250.

et nous jurons, nous, de ne retourner à la servitude que lorsqu'elle flottera sur les eaux. »

Cette lettre, avec son enflure méridionale, fut vivement applaudie par l'Assemblée.

Nous devons dire, du reste, que ce ne furent pas là de simples paroles et de vaines promesses ; quand la patrie sera déclarée en danger, les Marseillais se souviendront de leur lettre à l'Assemblée, et, conduits par Barbaroux, ils accourront à Paris, chantant les premiers le *Chant de l'armée du Rhin*, qui désormais prendra leur nom et s'appellera *la Marseillaise;* de Paris, ces jeunes Marseillais marcheront à la frontière, et ils seront les premiers à l'avant garde de cette phalange glorieuse des conscrits de 1792, devant lesquels reculera l'Europe monarchique coalisée.

Ce sont là des exemples dont les vaillantes populations provençales peuvent être fières, et ce sont aussi des réponses à ces accusations ineptes lancées par des esprits étroits, qui ont voulu nier le courage de nos populations méridionales, lesquelles toujours, au contraire, se sont signalées au premier rang dans toutes les grandes guerres où la nation a combattu pour l'intégrité du territoire [1] et l'honneur national, comme dans toutes les longues luttes pour la revendication des libertés publiques [2].

1 Voir les Rapports sur les actes des bataillons de mobiles des Bouches-du-Rhône, de l'Hérault, de la Haute-Garonne, etc., en 1870-71.

2 Consulter les nombreux procès politiques de la fin du deuxième Empire.

Du 20 au 26 mars 1791.

XIII

DERNIERS JOURS DE MIRABEAU

L'unité des poids et mesures proposée — Système admis. — Derniers excès de Mirabeau, — L'ophtalmie. — Nuits joyeuses. — Il demande des épitaphes. — Mélancolie. — La question de la régence. — Elective ou héréditaire. — Singulière contradiction de Mirabeau. — Les femmes esclaves. — L'Autrichienne.

Non seulement chaque pays, mais chaque province, avait ses poids différents. Il y avait le quintal, la livre, le marc, l'once, le gros, le denier, le grain [1], qui se subdivisaient suivant les localités et les Etats. De même pour les mesures. Il y avait la ligne, le pouce, le pas, le pied, la coudée, la perche, l'arpent.

Pour les mesures de liquides, on distinguait : le poisson, le demi-septier, la chopine, la pinte, le pot, les quartauts, les demi-muids, les demi-queues, les muids, les queues, les tonneaux. Les mesures rondes étaient le litron, le boisseau et le minot [2].

Mais ces mesures différaient, en France, même d'une localité à l'autre, et nuisaient tellement au commerce que, depuis des siècles, les savants se plaignaient, en France, de la scandaleuse diversité des poids et mesures, variant d'une province à l'autre ; plusieurs cahiers,

(1) *Encyclopédie* de Diderot et d'Alembert,
(2) *Ibid.*

remis par les électeurs aux Etats Généraux, demandaient une réforme qui assurât l'unité des poids et mesures. Sur la proposition de Talleyrand, l'Assemblée avait rendu, le 8 mai 1790, un décret, d'après lequel le roi de France devait engager le roi d'Angleterre à réunir aux académiciens français un pareil nombre de membres de la Société royale de Londres, pour déterminer la longueur d'un pendule simple, battant la seconde sexagésimale à la latitude de 45 degrés et au niveau de la mer [1]. Cette longueur devait être prise pour l'unité des mesures nouvelles que les deux nations s'engageraient à propager. L'Académie des sciences de France nomma une commission composée de Borda, Lagrange, Laplace, Monge et Condorcet.

Dans la séance du 26 mars, Talleyrand lut le rapport de cette commission, rapport rédigé et signé par Condorcet, et qui, après avoir affirmé l'unité de la réduction des mesures à l'uniformité, déclarait que l'Académie n'avait pas jugé pouvoir s'en rapporter aux mesures déjà prises, ni se contenter de la simple observation du pendule. « Travaillant, disait Condorcet, pour une nation puissante, par les ordres d'hommes éclairés, qui savent donner au bien qu'ils font un grand caractère et embrassant dans leur vue tous les hommes et tous les siècles, elle devait s'occuper de chercher, moins ce qui serait facile, que ce qui se rapprocherait de la perfection [2]. »

Trois systèmes se trouvaient en présence pour ramener à l'unité les mesures de longueur qui devaient servir de lois à toutes les autres mesures : le pendule, le quart de cercle de l'équateur et le quart du méridien terrestre.

1 *Moniteur*.

2 *Histoire parlementaire* de Buchet et Roux, vol. IX, p. 152.

Sur le rapport très clair de Talleyrand, conformément aux conclusions du rapport de l'Académie des sciences, l'Assemblée décréta que « pour parvenir à établir l'uniformité des poids et mesures, il est nécessaire de fixer une unité de mesure naturelle et invariable, et que le seul moyen d'étendre cette uniformité aux nations étrangères et de les engager à convenir d'un même système de mesure, est de choisir une unité qui, dans sa détermination, ne renferme rien d'arbitraire ni de particulier à la situation d'aucun peuple sur le globe. »

Repoussant, comme le lui demandait l'Académie, le pendule et le quart de cercle de l'équateur, elle adopta le quart du méridien terrestre pour base du nouveau système, et décida que les membres de l'Académie mesureraient un arc de méridien depuis Dunkerque jusqu'à Barcelone.

On aurait pu prendre l'unité de longueur arbitrairement ; mais, afin qu'on pût la retrouver dans les siècles futurs, les savants français eurent l'idée de la lier à la grandeur de la terre. Au moyen de la mesure de l'arc de cercle de Paris à Barcelone et de la mesure de celui qui avait été mesuré au Pérou, en 1736, par Bougues et Lacondamine, on calcula la longueur du quart du méridien, ou la distance du pôle à l'équateur. Cette longueur fut partagée en dix millions de parties égales, et l'une de ces parties fut prise pour unité de longueur [1], qu'on appela le *mètre*.

***

Pendant ce temps, Mirabeau, malade, épuisait ses dernières forces dans des nuits de plaisir et de débauche.

1 *Système metrique*, Brot, professeur à la Faculté des sciences de Paris.

Déjà, la semaine précédente, le 15 mars, il avait passé une nuit de fête, au milieu des femmes et des fleurs, qu'il adorait par-dessus tout; il avait voulu revivre encore quelques heures de ces plaisirs de jeune homme, entre les bras de mesdemoiselles Hélisberg et Coulonche, danseuses de l'Opéra [1], et ces plaisirs, défendus aux hommes de l'âge de Mirabeau, contribuèrent à hâter sa mort.

Il venait, depuis quelques jours, d'acheter, à Argenteuil une maison de campagne appelée *le Marais* [2], et il avait voulu pendre joyeusement la crémaillère, au milieu du parfum des fleurs, des chansons des courtisanes et des caresses de filles d'Opéra.

A la suite de ces nuits d'orgie, il dut reprendre le bandeau de soie verte qu'une ophtalmie l'obligeait, de temps à autre, à porter sur les yeux, ce qui faisait dire à ses ennemis :

— Voyez-vous cet aveugle qui veut mener le monde?

Un affaiblissement général s'empara de tout le corps de Mirabeau, envahi déjà par la paralysie qui allait pour toujours le clouer sur le lit de douleur. On aurait dit que les excès avaient brisé les ressorts du corps de ce colosse, ce qui faisait dire à Cabanis : « Ses muscles restaient toujours ceux d'un hercule, ses nerfs étaient presque ceux d'une femme légère et vaporeuse [3]. »

Seule, l'intelligence survivait dans ce corps qui se disloquait sous les coups de la maladie menaçante, activée par les fatigues et les excitations des nuits joyeuses.

Un des signes particuliers de la maladie de Mirabeau résidait comme la force du géant biblique — dans

1 *Mémoires de Brissot*, t. III, ch. XVIII.

2 Louis Blanc, t. V, p. 226.

3 *Journal de la maladie de Mirabeau*, par Cabanis.

les cheveux. Lorsque le tribun était dans toute sa santé, les cheveux frisaient naturellement et étaient même crépus ; quand Mirabeau, au contraire, était malade, ses cheveux se débouclaient et pendaient longs et droits. Aussi Cabanis, quand il venait visiter son illustre client, ne demandait pas au valet de chambre : Comment va ton maître ? » mais : « Comment vont ses cheveux ? »

Cette semaine, Mirabeau sentit ses forces diminuer ; il pressentait la mort qui approchait, et, quand il rencontrait ses amis, il les abordait, leur disant :

— C'est le commencement de la fin ; vous ferez bien de me faire une épitaphe, que je ferai graver sur mon tombeau [1].

Un soir, embrassant la troisième fille de Madame *** dont la jeunesse éclatait de fraîcheur et de beauté :

— C'est la mort qui embrasse le printemps [1] !

Pourtant il voulut lutter jusqu'au bout et vivre pour le combat, comme il voulut, jusqu'au dernier moment, mourir par le plaisir.

On discutait à l'Assemblée la question de la régence, Dans le cas où le roi viendrait à mourir, laissant un fils mineur, la Régence serait-elle *héréditaire*, c'est-à-dire déférée au plus proche parent du jeune roi, ou bien serait-elle *élective* ?

Tel fut le point sur lequel porta le débat, dans les séances des 22, 23, 24 et 25 mars.

Mirabeau, par une contradiction que peut seul expliquer le trouble de son âme, défendit la régence élective et se prononça pour la régence héréditaire.

1 *Mémoires de Mirabeau,* t. VIII, liv. IX.
2 *Ibid.*

— Prenons garde, dit-il, que la régence peut être un règne de dix-neuf ans ; que, lorsqu'un roi viendra à peine de naître, le parent le plus proche peut être dans la vieillesse, ou dans une enfance non moins inactive que celle du roi, et qu'il est ridicule, entre deux enfants, de ne pas choisir un homme. — La véritable théorie du gouvernement ne conduit-elle pas à l'élection de la régence ? — Quand un roi est mineur, la royauté ne cesse pas : elle devient inactive ; elle s'arrête, comme une montre qui a perdu le mouvement ; c'est à l'auteur de la montre à lui redonner le mouvement. Plus on creuse le système d'élection, et plus on le trouve conforme aux véritables principes. Il me semble aussi que l'élection pour la régence rappellerait, à certaines époques, la véritable source de la royauté. Et il est bon que ni les rois ni les peuples ne l'oublient [1].

Tout le monde croyait que, donnant la sanction logique à son discours, Mirabeau allait demander l'élection ; mais quel ne fut pas l'étonnement général, quand on le vit, faisant un brusque retour, conclure pour l'hérédité, sous le prétexte que la question n'était pas de grande importance.

L'hérédité fut votée.

C'est au cours de cette discussion que, pour répondre aux murmures des tribunes, Mirabeau rappela le mot de Cromwel :

— Ce peuple, s'il nous voyait monter au gibet, nous applaudirait bien davantage [2].

La discussion se termina par l'exclusion des femmes de la régence.

Cette mesure qui était prise autant pour éviter les

[1] *Histoire parlementaire*, par Buchez et Roux, t. IX, p. 192.
[2] *Biographie universelle.*

malheurs causés à la France par les régences des femmes, presque toutes néfastes, que pour atteindre Marie-Antoinette, en qui le peuple, comme l'Assemblée, voyait toujours une Autrichienne.

Du 27 mars au 1er avril 1791.

XIV

AGONIE DE MIRABEAU

Discussion sur les mines. — Opinion de Mirabeau. — Sortie de la séance. — Départ pour Argenteuil. — Malaise. — Retour à Paris. — Mirabeau au bain et au théâtre. — Il s'alite. — Cabanis accourt. — Émotion dans Paris. — Sauvons les papiers ! — Testament. — A l'abri des prêtres. — Le dernier discours de Mirabeau. — Haine contre les Anglais. — Les funérailles d'Achille.

Mirabeau, quoique souffrant, voulut encore prendre part au débat ouvert au sujet des mines ; déjà, le 21 mars, il avait prononcé un premier discours important, mais la discussion véritable ne devait commencer que le 27 mars. Il faut le dire tout d'abord : Mirabeau soutenait, dans cette affaire, la cause la meilleure à ce moment soumise à l'Assemblée, et, en même temps, il soutenait une cause à laquelle était attachée la fortune de son ami le comte de La Marck, qui avait négocié le fameux marché entre Mirabeau et la Cour [1].

On discutait la question de savoir si les mines appartiendraient à l'État ou aux propriétaires du sol supé-

1. Louis Blanc, t. V, p. 255.

rieur, ou encore si on livrerait l'exploitation à ces derniers ou à des compagnies choisies par le gouvernement. Le comité d'agriculture et du commerce se prononçait pour le système des concessions, distinguant ainsi la propriété du sol et celle du sous-sol.

Mirabeau soutenait le projet du comité, projet conforme à la justice et qui sauvegardait l'immense fortune de La Marck, consistant surtout en actions de la Compagnie d'Anzin.

Le 29, à huit heures et demie du matin, avant la séance, qui s'ouvrait à dix heures, Mirabeau se rendit chez le comte de La Marck, mais l'épuisement était déjà tel qu'il s'évanouit aussitôt arrivé. A peine revenu à lui, il voulut partir pour l'Assemblée. Comme le comte essayait de le retenir :

— Non, laissez, dit-il, si je n'y vais pas, ces gens-là vont vous ruiner [1].

Il but quelques verres de Bordeaux et se fit porter à la séance ; cinq fois il monta à la tribune, et il finit par faire triompher sa thèse.

Dans le courant de la discussion, il avait fait prier le jeune docteur Lachèze de venir le prendre ; Lachèze le rencontra à la sortie, sur la terrasse des Feuillants. En apercevant sa figure cadavérique, son visage pâle, ses traits étirés, Lachèze ne put s'empêcher de lui dire ;

— Vous vous tuez !

Mirabeau le regarda ; puis, levant les épaules, comme pour dire : Qu'importe ! il répondit :

— Peut-on faire moins pour la justice, pour une si grande cause, et pour l'amitié [2].

1. Note du comte de La Marck dans sa *Correspondance*, t. III, p. 93.

2. *Journal de la Maladie et de la Mort de Mirabeau*, par Cabanis.

En voyant Mirabeau arrêté sur la terrasse, un rassemblement s'était formé; vingt personnes voulaient lui parler d'affaires; les uns lui présentèrent des mémoires, les autres lui demandèrent quelques minutes d'entretien [1].

— Arrachez-moi d'ici, dit-il à Lachèze : j'ai besoin de repos, et si vous n'avez pas d'engagements pour la journée, faites-moi le plaisir de me suivre à la campagne.

Ils quittèrent la terrasse et montèrent en voiture; mais, avant de partir pour Argenteuil, ils rendirent visite au comte de La Marck. Il était trois heures de l'après-midi. En entrant dans la chambre du comte, Mirabeau se jeta sur un canapé, en s'écriant :

— Votre cause est gagnée, et moi je suis mort [2]!

Il alla coucher à Argenteuil, et s'entretint avec Lachèze de ses projets d'embellissements de sa propriété, non de la maison dont il avait trouvé tous les appartements réparés et meublés à neuf, mais des deux pavillons qui décoraient l'entrée; il destinait l'un de ces pavillons à une famille que d'anciennes liaisons lui rendaient chère, de l'autre il voulait faire un immense cabinet de travail. Au bout du parc, son intention était d'élever une sorte de petit temple à la Liberté [3].

Le lundi matin, son état empirant, Mirabeau revint à Paris. Il voulut passer chez son médecin et ami Cabanis, qui était parti pour Argenteuil et qui l'avait manqué en route; mais le malade eut toutes les peines du monde à monter l'escalier conduisant à l'appartement de Cabanis; en repartant, il prit, dans la bibliothèque de

1. *Ibid.*

2. Note du comte de La Marck dans sa *Correspondance,* t. III, p. 93.

3. Journal de Cabanis.

son ami, un volume de Racine, contenant *Esther* et *Athalie* [1].

— La lecture de ces belles scènes calmera peut-être mes douleurs, dit-il à Lachèze, qui avait refusé de le quitter.

Mirabeau voulut aller se baigner aux Bains-Chinois ; et, comme le bain avait un peu calmé les douleurs, il put dîner légèrement ; après quoi il alla à la Comédie italienne [2], espérant que la musique et le spectacle pourraient le distraire.

Les douleurs le reprirent pendant la représentation ; il eut beaucoup de peine à descendre de sa loge ; sa voiture ne se trouva pas au rendez-vous qu'il avait marqué. Il se traîna jusque chez lui, appuyé sur le bras de Lachèze, éprouvant de violents frissons.

Lachèze insistait pour le faire entrer dans un café, pendant qu'il irait chercher sa voiture; mais Mirabeau, craignant de se donner en spectacle, s'y refusa, et il se traîna chez lui, rue de la Chaussée-d'Antin [3], où il s'alita, en proie à une fièvre brûlante.

Cabanis, revenu d'Argenteuil, accourut et lui donna les premiers soins. Le sang, qui se portait aux poumons, l'étouffait.

— Mon ami, lui dit Mirabeau, hâtez-vous ; je sens qu'il me serait impossible de vivre plusieurs heures dans une pareille anxiété.

Vers le soir, il eut quelques instants de calme ; il se crut sauvé, et dit, en serrant la main de Cabanis :

— Qu'il est doux de devoir la vie à un ami !

Une profonde émotion s'empara de Paris quand la ville connut la nouvelle : la foule se pressa autour de la

1. Journal de Cabanis.
2. *Ibid.*
3. *Ibid.*

maison; le roi, la reine, le comte de Provence, envoyèrent prendre des nouvelles [1]. Les ministres discutèrent un moment pour savoir si le roi ne devait pas aller lui rendre visite; Louis XVI ne put s'y résigner, et les successeurs de Loustalot écrivaient à ce sujet : « Sachons gré à Louis XVI de n'y être pas allé lui-même : on l'aurait idolâtré [2]. »

***

Son état empirait, et Duquesnoy, un des agents du comte de La Marck, écrivait à ce dernier :

« Vous avez sûrement déjà senti la très pressante et très indispensable nécessité de faire porter chez vous les papiers de notre malheureux ami... De grâce, occupez-vous sans délai de cet objet, et pensez que, si nous le perdons, très certainement un créancier, vrai ou faux, viendra apposer les scellés et *l'on verra tout* [3]. »

Le ministre Montmorin écrivait de son côté :

« Je suis extrêmement effrayé..., le billet de Cabanis de ce matin était détestable, je renvoie pour savoir des nouvelles. Si elles sont aussi mauvaises que ce matin, ne pensez-vous pas qu'il y aurait quelques *précautions à prendre pour les papiers?*... Je suis bien inquiet, bien affligé et bien découragé [4]. »

Le peuple, autour de la maison du moribond, attendait, silencieux, le crieur public qui, d'heure en heure, lançait, à haute voix, le bulletin de santé.

Touché de cet empressement, le malade disait :

1. *Révolutions de France et de Brabant*, p. 72.
2. *Révolution de Paris*, n° 91.
3. *Correspondance* entre le comte de Mirabeau et le comte de La Marck, t. I, III, p. 109.
4. *Ibid.*, p. 110.

— Je sens qu'il est doux de mourir avec l'estime de ses concitoyens autour de soi [1] !

Comme Cabanis voulait lui donner encore de l'espoir, Mirabeau lui répondit :

— Tu es un grand médecin, mais il est plus grand médecin que toi, l'auteur du vent qui renverse tout, de l'eau qui pénètre tout et féconde tout, du feu qui vivifie et décompose tout [2].

Il demanda au chirurgien Frochot de lui soulever la tête.

— Cette tête. je voudrais te la laisser en héritage, fit-il.

Cela le fit penser à faire son testament.

— J'ai beaucoup de dettes, dit-il, tant de dettes que je n'en connais pas la moitié ! cependant j'ai quelques obligations qui s'imposent impérieusement à ma conscience ou qui sont chères à mon cœur.

Frochot répéta ces paroles au comte de La Marck, qui venait d'arriver.

— Si sa succession ne suffit pas, dit le comte, il peut tirer sur moi. Tous les legs dont il voudra bien me charger seront fidèlement adoptés.

Comme Frochot le remerciait :

— Parbleu, ajouta-t-il, c'est bien le moins qu'il ait un bon moment.

Craignant les obsessions du prêtre, Mirabeau ordonna de dire au curé, s'il venait, qu'il avait vu ou devait voir son ami, l'évêque d'Autun [3].

Ce fut en effet le seul prêtre qu'il reçut ; mais, au lieu de s'occuper de la religion catholique à laquelle ni l'un ni l'autre ne croyaient, il confia à l'évêque le

1. *Chronique de Paris*, n° 93.
2. Journal de Cabanis.
3. Michelet, t. II, p. 163.

soin de lire à la tribune son dernier discours sur les testaments [1].

En mourant, il avait une crainte: c'était l'attitude menaçante des Anglais.

— Ce Pitt, disait-il, gouverne avec ce dont il menace plutôt qu'avec ce qu'il fait. Je lui aurais donné du chagrin, si j'avais vécu [2].

Il se considérait, en effet, déjà comme mort, et, à partir de ce moment, durant les deux dernières journées, il ne parla de sa vie qu'au passé.

— J'emporte avec moi, disait-il, le deuil de la monarchie. Ses débris vont être la proie des factieux.

Un coup de canon s'étant fait entendre, il s'écria comme en sursaut:

— Sont-ce déjà les funérailles d'Achille?

Cette lente agonie devait durer deux jours encore [3].

Pendant ce temps les aristocrates attaquaient le lion mourant, mais il était défendu avec vigueur et même avec passion; les journaux publiaient l'anagramme suivant:

Monstres qui lui lancez des traits de calomnie !
Il doit braver en paix vos haines, vos fureurs ;
Respectez ce Brutus, qu'en vain noircit l'envie.
A l'immortalité volant par son génie,
Bientôt, il n'aura plus que des admirateurs ;
Et la France de lui déjà se glorifie.
Ah ! si la Parque un jour l'enlève à la patrie,
Un monument alors doit annoncer nos pleurs.

1. Louis Blanc, t. V, p. 131.
2. Cabanis.
3. Michelet, v. II. p. 164.

Du 2 au 8 avril 1791.

XV

MORT ET FUNÉRAILLES DE MIRABEAU

Mirabeau console une servante. — Les Jacobins envoient une députation. — Toilette funéraire. — Un jeune homme offre son sang. — Le malade demande de l'opium. — Dernières paroles. — Douleur publique. — Mot de Laplace. — La rue Mirabeau. — Opinion de la presse. — Bruits d'empoisonnement. — L'autopsie est ordonnée. — Séances de l'Assemblée. — Institution du Panthéon. — Les funérailles. — La foule, le cercueil, le cortège. — Pétion refuse d'assister à l'enterrement. — Mot d'une poissarde. — L'oraison funèbre. — Premier emploi du tam-tam. — Descente dans le caveau.

Dans la nuit du 1 au 2 avril, Mirabeau, témoin de l'affliction de ses domestiques, s'adressa familièrement à une servante :

— Pourquoi pleures-tu ? Tu as travaillé vingt ans, tu es pauvre, je te laisse une rente ; c'est tout ce qu'il te faut de moi. Que t'importe ma gloire ? Que t'importe le postillon criant, le soir, dans la rue : « Voilà la grande motion de Mirabeau ? » Console toi, continue des soins qui me sont doux ; ils te fatiguent, mais cela ne durera pas longtemps [1].

1. La *Chronique de Paris.*

Les Jacobins avaient décidé d'envoyer une députation prendre des nouvelles du malade, qui fut touché de cette marque d'intérêt. Charles de Lameth refusa de faire partie de cette députation :

— Je ne sais pas jouer la comédie, dit-il.

En apprenant ce refus, Mirabeau eut un sourire de mépris :

— Je savais bien que ces frères de Lameth étaient vils et lâches, mais je ne les croyais pas si bêtes [1] !

Le 2 avril, au matin, Mirabeau pria son ami Cabanis d'ouvrir les fenêtres de sa chambre, et lui dit d'une voix ferme :

— Mon ami, je mourrai aujourd'hui ; quand on en est là, il ne reste plus qu'une chose à faire : c'est de se parfumer, de se couronner de fleurs et de s'environner de musique, afin d'entrer agréablement dans le sommeil dont on ne se réveille plus [2].

Puis, appelant son valet de chambre :

— Allons, ordonna-t-il, qu'on se prépare à me raser, à faire ma toilette tout entière.

Il fit pousser son lit près de la fenêtre ouverte « pour contempler, sur les arbres de son petit jardin, les premiers indices de la feuillaison printanière [3] ». Le soleil qui se levait, lui arracha cette exclamation ;

— Si ce n'est pas là Dieu, c'est au moins son cousin germain !

Bientôt après, il perdit la parole ; mais il répondait toujours par signes aux marques d'affection que ses amis lui donnaient ; quand ils penchaient leur visage sur le sien, il faisait des efforts pour les embrasser [4].

1. *La Chronique de Paris.*

2. *Journal de la maladie et de la mort de Mirabeau* par Cabanis.

3. Michelet, t. II, p. 164.

4. Journal de Cabanis.

A ce moment, Cabanis reçut la lettre suivante :

« Monsieur,

« J'ai lu, dans les papiers publics, que la transfusion « du sang avait été exécutée avec succès en Angleterre, « dans les maladies graves ; si, pour sauver M. de « Mirabeau, les médecins la jugeaient utile, j'offre une « partie de mon sang et je l'offre de grand cœur ; l'un « et l'autre sont purs.

« MARAIS,
« Rue Neuve-Saint-Eustache, 52. »

Vers huit heures du matin, les douleurs augmentèrent de façon à effrayer ses intimes ; il essaya, sans y parvenir, de parler à son médecin ; il fit signe qu'il voulait écrire, on lui apporta du papier, et il écrivit : « *Croyez-vous que le sentiment de la mort soit si douloureux ?* »

On fit semblant de ne pas comprendre ; il redemanda du papier et écrivit de nouveau :

« Lorsque l'opium ne (pouvait) être donné sans avancer une destruction incertaine, c'eût été un grand crime que de l'administrer.

« Mais lorsque la nature a abandonné une malheureuse victime, lorsqu'un phénomène seul pourrait le rappeler à la vie, lorsque l'opium même n'empêcherait pas ce phénomène s'il avait à exister, comment peut-on avoir la barbarie de laisser expirer un ami sur la route [1]. »

Mirabeau relut ces quelques lignes, et, comme, dans la première phrase, il avait oublié le mot *pouvait*, il l'ajouta en interligne.

Après que Cabanis eut lu cet écrit, le malade se re-

1. *Chronique de Paris.*

leva brusquement, ressaisit le papier et écrivit sur le revers : « *Dormir*. »

A ce moment, la parole lui revint, et, s'adressant à Cabanis :

— N'étiez-vous pas mon médecin et mon ami ? lui dit-il, n'aviez-vous pas promis de m'épargner les douleurs d'une pareille mort ? Voulez vous que j'emporte le regret de vous avoir donné ma confiance ? Ah ! ces douleurs sont insupportables.

— Voyons, du courage ! fit le médecin.

— J'ai encore pour un siècle de force, et je n'ai pas pour un instant de courage.

Il parla encore dix minutes, une convulsion l'interrompit, il poussa un cri de douleur, et expira en levant les yeux au ciel.

La pendule de la chambre venait de sonner huit heures et demie.

— Il ne souffre plus, dit Petit, un autre médecin qui avait assisté à cette lutte contre la souffrance.

La douleur publique « fut telle que jamais rien de semblable ne s'est vu [1] ». Les théâtres furent fermés, les amusements interdits. On donnait bal dans la maison voisine, le peuple y courut et obligea les danseuses à remonter dans leurs voitures et à regagner leur domicile.

Le doyen des gens de lettres, La Place, exprimait le sentiment général, quand, entrant dans un restaurant du Palais Royal, il répondait au garçon, lui disant qu'il faisait un beau temps :

— Oui, mon ami, il fait bien beau, mais Mirabeau est mort [2] !

Le peuple effaça le nom de la rue de la Chaussée-

1. Louis Blanc, t. V, p. 233.

2. *Histoire parlementaire*, par Buchez et Roux, t. IX, p. 401

d'Antin, que Mirabeau habitait, et écrivit à la place : *Rue de Mirabeau, le Patriote*[1].

***

Les jugements de la presse sont curieux à lire :

M. de Mirabeau est mort. Toutes les passions et tous les partis se sont réunis à donner les mêmes regrets et les mêmes larmes au talent que la patrie a perdu. Son nom est celui que la postérité rencontrera le plus souvent dans les événements, dans les lois et dans les monuments oratoires de la Révolution. Dévoué à la cause de la liberté et de la nation par ces engagements qui lient un homme dans tous les points de son existence, il a pu flotter dans le choix des moyens de faire triompher cette cause, jamais dans la résolution de tout sacrifier au désir et au besoin de lui assurer un triomphe immuable.

(*Journal de Paris.*)

J'ai dit assez librement ma façon de penser sur ce fameux personnage quand il vivait, pour avoir acquis le droit de faire éclater mes sentiments à sa mort. Je me borne aujourd'hui à parler de l'effet qu'à produit dans l'Assemblée cette nouvelle. Une consternation générale a paru peinte sur tous les visages. On dit même que les membres du côté droit se sont vus forcés de cacher leurs larmes, tandis que d'autres du côté gauche s'efforçaient, avec un égal soin, de déguiser leur joie. (*L'Ami du Roi.*)

Nous qui l'avons connu particulièrement et qui chérissions sincèrement son caractère aimant et sensible, en admirant hautement ses talents supérieurs, nous lui devons des larmes et nous en avons versé ! Carra.

(*Annales patriotiques.*)

M. Mirabeau avait de grands torts aux yeux de ses compatriotes ; mais il avait rendu de grands services à la patrie ; et ce qui prouve la rectitude et l'instinct du peuple, c'est la différence d'accueil que l'homme extraordinaire qui nous est ravi obtint pendant sa vie, au lit de mort et dans le cercueil. Sa tombe devint la véritable pierre de touche de son mérite, tous les souvenirs honorables formèrent une garde au grand homme qui achevait de vivre, et ne laissèrent approcher rien de ce qui pouvait les affaiblir ou les contrister. (*Révolution de Paris.*)

1. *Ibid.*

Distinguons deux hommes dans M. Mirabeau ; la seconde partie de sa carrière politique a terni l'éclat de la première. Pourquoi faut-il qu'il n'ait point associé aux talents de Cicéron l'incorruptible probité du consul de Rome ? Pourquoi faut-il que le vil amour de l'or ait desséché en lui les sources pures du patriotisme ? Oh ! c'est alors que son tombeau serait arrosé des larmes de tous les siècles ! On vante son éloquence, et on oublie l'usage perfide qu'il en a fait en faveur du *Veto*, de la loi martiale, etc. On vante son éloquence ! Mais le diable, dans Milton, est éloquent aussi.

(*L'Orateur du Peuple.*)

«... Citoyen éloquent et *vertueux*. Mirabeau lui-même (je l'ai connu assez pour l'affirmer) eût rayé ce mot. Il ne convient pas à des hommes libres de mentir sur sa tombe, et on n'honore point, par un mensonge, un homme célèbre d'ailleurs.

BRISSOT.
(*Le Patriote français.*)

Quoique Mirabeau se soit appelé naïvement *un Achille*, je conclus que tout ce qui s'est fait de bien dans l'Assemblée nationale se serait fait sans lui, et que presque tout ce qui a été fait de mal n'a été fait que par lui, et que la patrie avait plus à craindre qu'à espérer de lui.

CAMILLE-DESMOULINS.
(*Révolutions de France et de Brabant.*)

Peuple, rends grâces aux Dieux ! ton plus redoutable ennemi vient de tomber sous la faulx de la Parque, Riquetti n'est plus ! Il meurt victime de ses nombreuses trahisons, victime de ses trop tardifs scrupules.

MARAT.
(*L'Ami du Peuple.*)

Les bruits d'empoisonnement se répandirent dans Paris ; chaque parti se renvoyait l'accusation [1]. Le bruit de cet empoisonnement courut avec une telle insistance, que l'accusateur public du Ier arrondissement ordonna l'autopsie par des médecins commis à cet effet. On procéda à l'ouverture du corps, et on ne constata aucune trace de poison. D'un autre côté, Cabanis attribue la mort de Mirabeau à une affection du diaphragme, causée par une douleur rhumatismale et

1. *Mémoires de Ferrières*, t. II, liv. IX, p. 310.

goutteuse ; en présence de ces faits, on peut conclure, à peu près sûrement, que le poison fut étranger à la mort du tribun.

A l'Assemblée, la nouvelle de la mort produisit une émotion non moins grande que dans le public.

Le président annonça ainsi la nouvelle :

— J'ai en ce moment une fonction bien douloureuse à remplir...

Un murmure sourd courut dans les différentes parties de la salle ; on entendit ces mots plusieurs fois répétés : « Ah ! il est mort [1] ».

— Je dois vous annoncer, continua le président, la perte prématurée que vous venez de faire de M. Mirabeau, l'aîné. Il est mort, ce matin, à huit heures et demie. Je ne vous rappellerai pas les applaudissements que vous avez donnés si fréquemment à ses talents ; il a des titres bien plus grands à nos regrets et aux larmes que nous versons sur sa tombe.

Le compte rendu du *Moniteur* indique, entre parenthèses, qu'après ces mots, « un morne silence régna dans toute l'Assemblée ».

Le lendemain, 3 avril, une députation de la section de la Grange-Batelière demanda à être admise à la barre, pour proposer à l'Assemblée de décider que Mirabeau serait enterré au Champ de Mars, avec l'autel de la Patrie pour monument.

Peu après, la Commune de Paris vint demander que le corps fût enterré dans l'église Sainte-Geneviève, désormais affectée à recevoir les cendres des grands hommes ; cette proposition fut acceptée, et on décréta en outre qu'on graverait sur le fronton du monument ces mots :

Aux grands hommes, la Patrie reconnaissante.

1. *Histoire parlementaire*, par Buchet et Roux, t. IX, p. 275.

Enfin, l'Assemblée décida qu'elle se rendrait en corps aux funérailles, qui eurent lieu le 4 avril, au milieu de Paris en deuil.

La foule se serrait sur le passage du cortège. Les balcons, les terrasses, les toits, les arbres, étaient chargés de curieux.

Le cortège, précédé d'un détachement de cavalerie, sortit de la maison mortuaire, à cinq heures et demie du soir. Des soldats des soixante bataillons, de l'état-major de la garde nationale, entourant Lafayette, venaient tout d'abord, suivis des Cent-Suisses et du clergé, précédant le corps, porté par douze grenadiers. Le cercueil était recouvert d'une couronne de comte, masquée par les fleurs ; un drapeau flottait sur le cercueil.

L'Assemblée, en corps, marchait immédiatement après le cercueil, suivie de dix-huit cents membres du club des Jacobins ; venaient, immédiatement après, les membres de la Commune. Bailly, alité, n'avait pu assister à l'enterrement. Dans la foule des députés, qui se pressait, se trouvait perdu, et inaperçu, Robespierre, qui ne se doutait pas que c'était lui qui, demain, allait devenir l'homme le plus important de la Révolution.

Un ami intime de Mirabeau, Sieyès, avait eu la généreuse pensée de prendre le bras de Charles Lameth, à qui il ne parlait plus depuis dix-huit mois. Sieyès répondait ainsi à l'odieuse et injuste accusation de ceux qui voulaient voir dans les Lameth les auteurs de l'empoisonnement auquel beaucoup croyaient.

Un seul homme refusa d'assister à ces funérailles : ce fut Pétion.

Sur le boulevard, des élégants se plaignaient de l'excessive poussière, ajoutant que la municipalité aurait bien dû faire aroser ; une poissarde répondit, s'il faut en croire les gazettes :

— Elle a compté sur nos pleurs [1] !

A huit heures seulement, le cortège entra dans l'église Saint-Eustache où Cerutti prononça l'oraison funèbre ; quand la cérémonie fut terminée, il faisait nuit, et le cortège reprit sa marche, à la lueur des torches et au roulement des tambours voilés.

Tout à coup, auprès du char funèbre, un bruit retentissant et prolongé se fit entendre, bruit d'une sonorité inconnue. C'était le tam-tam que, pour la première fois, en France, Gossec introduisait dans la marche funèbre, composée pour cet enterrement. » Par instants, des notes plaintives s'échappaient des hautbois et des clarinettes ; non pas un chant, mais des accords entrecoupés, semblables à des sanglots, puis au sommet du grand *crescendo*, les trombones lançaient, à toute volée, leurs puissantes harmonies [2]. » « Ces notes violemment détachées arrachaient les entrailles et brisaient le cœur [3]. »

A minuit, on descendit le cercueil dans le caveau ; vingt mille gardes nationaux déchargèrent leurs armes ; et Paris retomba dans le silence, jusqu'à des jours prochains de lutte, de fièvre et de tumulte.

1. *Histoire parlementaire*.

2. *La Musique dans les fêtes de la Révolution*, par Julien Tiersot.

3. *Le Moniteur*.

Du 9 au 15 avril 1791.

XVI

LE LENDEMAIN DES FUNÉRAILLES DE MIRABEAU

La consigne du grenadier et la brutalité du chevalier. — Vente considérable de portraits, bustes, médaillons de Mirabeau. — Les services funèbres. — La mort de Mirabeau au théâtre. — Discussion sur le droit de tester. — Le quai Voltaire et la rue J.-J.-Rousseau. — Les égoûts de Paris et les contre-révolutionnaires. — Le frère de Mirabeau en prison. — Agiotage antipatriotique des agents de change. — Un faux évêque. — Agiotage catholique. — Un bref du pape. — Intolérance religieuse. — Les effigies des monnaies. — Les députés ne sont pas ministres. — Le désintéressement forcé.

L'émotion causée par la mort de Mirabeau survécut à ses funérailles, et, la semaine qui suivit, on se racontait les divers incidents passés inaperçus dans cette journée, qui fut véritablement une journée de deuil national.

Ainsi, on disait que, le jour de l'enterrement, une voisine de la maison de Mirabeau, la belle Madame de Montesson, avait offert de recevoir dans son hôtel, pour y attendre le moment du départ du convoi, tous ceux qui devaient composer le cortège officiel : l'Assemblée nationale, les ministres, le département et les représentants de la Commune. Comme la maison pouvait à peine contenir tant de monde, on avait donné l'ordre de ne laisser entrer aucune personne n'appartenant pas au cortège officiel. Un chevalier de Saint-Louis voulut enfreindre la consigne, bouscula et frappa même le grenadier montant la garde à la porte.

— Malheureux ! s'écria le grenadier, pâle et tremblant de colère, bénis le bras invisible qui me retient... Sans le respect que m'inspire la solennité de ce jour et tous ceux que renferme cette maison, tu serais déjà puni de ta brutalité et de ton mépris pour l'autorité publique. Va, tu ne peux être qu'un mauvais citoyen [1] !

Ce trait, que Madame de Montesson répétait, les larmes dans la voix, avec une grande émotion démonstrative [2], prouve bien l'état d'esprit des Parisiens.

Les sculpteurs et les graveurs profitèrent de l'occasion pour vendre un nombre considérable de médaillons et de portraits ; la vente fut telle qu'il n'était guère de maison n'ayant une et même plusieurs de ces images. Les bustes se vendaient dix-huit livres, les gravures trois livres [3]. Ce fut alors que l'on tira cette quantité prodigieuse de gravures représentant le tribun en pied, d'après le portrait de Boze, le peintre du roi, ou bien dans la salle des Etats généraux de Versailles, au moment de sa fameuse réponse au duc de Dreux-Brézé.

La plupart des clubs des Jacobins de province placèrent le portrait de Mirabeau dans la salle de leurs séances.

Le Conseil général de la commune de Paris ordonna que le buste du célèbre orateur fût placé à l'Hôtel de

1. La *Chronique de Paris*.
2. *Mémoires secrets du comte d'Allonville*, t. II, ch. x, p. 192.
3. La *Chronique de Paris*.

Ville, et que la rue de la Chaussée-d'Antin portât désormais le nom de Mirabeau, que le peuple lui avait déjà donné.

Les divers districts firent célébrer, dans les églises, de nombreux services funèbres, et il n'y eut pas jusqu'aux ouvriers ayant démoli la Bastille, qui, conseillés et guidés par l'entrepreneur Palloy, ne fissent dire une messe spéciale pour le repos de l'âme du défunt.

Le théâtre ne resta pas en arrière, et Olympe de Gouges donna, à la Comédie Italienne, une pièce de circonstance : *Mirabeau aux Champs Elysées.*

***

A l'Assemblée, Mirabeau mort prenait encore une fois part aux discussions, par la voix de Talleyrand qui lisait le discours sur le droit de tester, discours que l'évêque d'Autun avait reçu la veille du décès. Mirabeau, combattait la liberté de tester, qui aurait permis de rétablir le droit d'aînesse ; il réclamait la suppression des majorats et des fidéicommis et l'égalité dans les partages entre frères [1]. Robespierre et Tronchet parlèrent dans le même sens ; mais, malgré tous ces efforts, l'Assemblée ajourna la question [2].

Au dehors, la mort de Mirabeau provoquait certains actes qu'il est intéressant de signaler : ainsi, l'ami de Voltaire, Charles Villette, qui avait recueilli dans sa maison le dernier souffle de l'immortel écrivain, Villette, enhardi par l'acte populaire, baptisant rue Mirabeau la rue de la Chaussée-d'Antin, gratta la plaque

1 *Moniteur.*
2. *Histoire Parlementaire* de Buchet et Roux.

de la maison où était mort Voltaire, et qui portait : *Quai des Théatins*, et y inscrivit : *Quai Voltaire* [1].

En même temps, il fit insérer dans les journaux un avis invitant les bons patriotes de la rue Plâtrière à mettre le nom de Jean-Jacques Rousseau aux quatre encoignures de leurs maisons. « Il importe, en traversant cette rue, disait Villette, de savoir que Rousseau y habitait un troisième étage, mais il importe peu de savoir que jadis on y faisait du plâtre. »

Palloy, l'entrepreneur de démolition de la Bastille, ne perdit pas l'occasion de se mettre en scène : il fit graver les mots : « rue Jean-Jacques Rousseau » sur quatre pierres provenant des démolitions de la Bastille, et il demanda à la Commune de les mettre à la place des quatre inscriptions portant rue Plâtrière.

Tandis que la Commune et Villette honoraient ainsi les grands hommes, les habitués du café Procope eurent l'idée de flétrir les contre-révolutionnaires en donnant leurs noms aux différents égoûts, et ils proposèrent de « vouer à l'opprobre universel » les ennemis de la Révolution, en distribuant aux égouts de la ville les noms suivants [1] :

L'égout de la rue de Tournon se serait appelé : égout *Mallet du Pan* ;

Celui de la rue Saint-André des-Arts, égout *abbé Royon* ;

Celui de la barrière des Sergents, égout *Durojoy* ;

Celui au bas du pont Saint-Michel, égout *Gauthier* ;

Celui de la rue Montmartre, égout *Des Monarchieux* ;

Celui de la rue du Temple, égout *Pelletier* ;

Celui de la rue de Seine, égout *Rivarol* :

1. La *Chronique de Paris*.

2. *Id.*

Celui de la rue Saint-Florentin, égout *Guignard* ;
Celui de la rue Jacob, égout *Meunier*.
Celui de la rue des Egouts, égout *Mende-Monpas* ;
Celui de la rue des Cordeliers, égout *Montjoye* ;
Celui de la rue du Ponceau, égout *abbé Maury* ;
Celui de la vieille rue du Temple, égout *Cardinal-Collier*.

Pendant qu'à Paris la mort de Mirabeau provoquait ces divers mouvements d'opinion, on arrêtait momentanément, à Kelh, le frère du tribun, le vicomte de Mirabeau, qui s'était pris de querelle avec son père nourricier, et tirait sur lui, sans l'atteindre, un coup de pistolet [1].

Au milieu de ces incidents, les soixante agents de change privilégiés qui tenaient la Bourse de Paris, jouaient à la baisse des assignats, pour discréditer le papier-monnaie. Le public, s'étant aperçu de cette manœuvre, interrompit les opérations des agents de change par les cris de :

— A bas, les fripons ! à la porte, les coquins !

Les financiers, pris de peur, changèrent, séance tenante, de tactique et continuèrent leur jeu dans un sens contraire, faisant aussitôt remonter les mêmes papiers-monnaie qu'ils s'efforçaient de précipiter à la baisse quelques instants auparavant [2].

Grâce à l'agitation qui régnait de la sorte à Paris, un curé sans scrupule avait essayé de se faire sacrer évêque par fraude.

On procédait, dans l'église Notre-Dame, à la consécration de quinze nouveaux prélats constitutionnels, élus des départements les plus rapprochés de Paris. L'intrigant ecclésiastique, espérant sans doute qu'un

1. La *Chronique de Paris*.
2. *Id*.

des futurs évêques attendus manquerait au rendez-vous, se présenta avec les autres dans la sacristie, en robe et en camail, suivant le rituel : on avait déjà consacré six d'entre eux, quand on s'aperçut qu'il restait encore dix postulants. La cérémonie fut interrompue ; on fut obligé de demander à chacun le procès-verbal de son élection ; neuf le présentèrent, et le fourbe fut arrêté, séance tenante, et conduit en prison [1].

Les évêques réfractaires, remplacés par les nouveaux élus, s'étaient retirés au château de Versailles, où Louis XVI leur avait donné l'hospitalité dans les appartements mêmes autrefois occupés par les personnes attachées au service des tantes du roi [2]. Ces évêques réfractaires profitaient du temps pascal pour organiser l'agitation contre le clergé constitutionnel. Le pape soutenait cette campagne contre-révolutionnaire. Le 13 avril il lança un bref, suspendant tous les prêtres jureurs qui ne se seraient pas rétractés dans le délai de quarante jours. La constitution civile du clergé était qualifiée par le pape de chaos, de schisme et d'hérésie [2].

Le pape déclarait la guerre aux révolutionnaires, qui répondirent en promenant, à travers les rues de Paris, un mannequin représentant Pie VI.

Le bref du pape provoqua des actes de rigueur et d'intolérance de la part du Directoire du département de Paris, qui, pour prévenir les désordres auxquels les réfractaires se préparaient, fit fermer les églises non conservées ; de plus, les religieuses qui voulaient entendre la messe dans leurs couvents devaient appeler un prêtre constitutionnel, ou bien obtenir pour l'officiant

1. *Chronique de Paris.*

2. *Histoire du clergé pendant la Révolution*, par l'abbé Barruel, t. I, p. 94.

non assermenté, l'autorisation du nouvel évêque diocésain. C'était de la réaction antireligieuse et de la tyrannie, car, comme le fait justement remarquer Louis Blanc, « il y avait quelque chose d'étrange à voir les catholiques romains sans églises, là où les catholiques avaient leurs temples, les juifs leurs synagogues, et les Turcs leurs mosquées [1] ».

Cette mesure du district excita naturellement la colère des dévots qui voulurent passer outre, et des scènes de désordre se produisirent ; la foule se laissa même emporter jusqu'à fouetter, sur les marches des églises, les jeunes filles et les femmes se rendant à ces messes non autorisées. Après quoi, des balais furent attachés aux portes des églises en signe de menace [2]. C'était la passion religieuse et le fanatisme aux prises, et qui commençaient ces tristes excès dont nous aurons malheureusement à rapporter de nombreux et sanglants exemples, tant d'un côté que de l'autre.

Le 9 avril, l'Assemblée rendit un décret relatif à l'empreinte des nouvelles monnaies ; toutes devaient porter l'effigie du roi, avec ces mots : *Louis XVI, roi des Français ;* sur le revers des pièces d'or, des écus, on représentait un génie gravant la Constitution sur une table, et un coq et un faisceau, emblèmes, l'un de la vigilance, l'autre de l'union et de la force armée. Ces pièces portaient en exergue ces mots : *Le règne de la loi*, et, sur le tranchant, ceux-ci : *La nation, la loi, le roi.* Sur les pièces de cuivre, le faisceau était traversé dans sa longueur par une pique, surmontée du bonnet de la liberté et entourée d'une couronne civique.

La veille, l'Assemblée, discutant l'organisation des

2. Louis Blanc, t. V, p. 253.

1. *Mémoires de Ferrières*, t. II, liv. IX, p. 269.

ministères, avait fixé les traitements des ministres des Affaires étrangères à 150,000 livres par année, et celui des autres ministres à 100,000 livres. Ces chiffres furent adoptés, malgré Robespierre, qui demandait une réduction de moitié [1].

Le député d'Arras fut plus heureux, en proposant et en faisant voter que, pendant les quatre années qui suivraient la session, aucun député de l'Assemblée actuelle ne pourrait être porté au ministère ; c'était ruiner d'un coup les ambitions de ceux qui se tournaient déjà du côté de la Cour pour recueillir la lucrative succession de Mirabeau. L'entrée du pouvoir fut pour toujours fermée à Duport, à Lameth et à Barnave.

Le député Bouché, renchérissant encore sur Robespierre, fit décréter que les membres de l'Assemblée et ceux des législatures à venir « ne pourraient, pendant quatre ans, après avoir quitté l'exercice de leurs fonctions, recevoir, du pouvoir exécutif ou de ses agents, aucuns emplois, places, gratifications, traitements ou commissions d'aucun genre [2] ».

C'était le désintéressement obligatoire et forcé qui était ainsi décrété.

1. *Histoire parlementaire*, par Bucher et Roux, t. IX, p. 332
2. Michelet, t. II, p. 173.
3. *Précis de l'histoire de la Révolution*, par Hamel, p. 158.

Du 16 au 22 avril 1791.

XVII

LE ROI NE VA PAS A SAINT-CLOUD

Terreurs religieuses de Louis XVI. — Conseils de l'évêque de Clermont. — Le roi fait la communion pascale. — Emotion publique. — Bruits de fuite. — Le peuple empêche le roi de partir. — Lafayette réclame la loi martiale. — Il donne et retire sa démission. — Louis XVI à l'Assemblée. — Louis XVI se dit libre ! — Comédie.

Les pamphlets royalistes et les brefs du Pape, — qui étaient des pamphlets plus violents que les autres — produisaient leur effet, surexcitant les esprits déjà échauffés et jetant le trouble dans les âmes des timorés; Louis XVI n'échappait pas au trouble général des catholiques, et les scrupules de sa conscience de dévot se réveillaient durant la semaine sainte, à l'approche du jour de Pâques, où il avait coutume de faire sa communion pascale.

Le roi se demandait, non sans terreur, s'il lui était permis de recevoir la communion des mains d'un prêtre juré, d'un de ceux qui s'étaient soumis aux lois sanctionnées par Louis XVI et avaient prêté le serment à la Constitution.

Le 15 avril, il écrivait à l'évêque de Clermont, un des chefs du parti contre-révolutionnaire, la lettre suivante :

« Je m'adresse à vous avec confiance, père vénéré, « comme à un des membres du clergé qui a toujours « montré le zele le plus éclairé pour la religion, pour « vous consulter relativement aux dévotions de « Pâques. Puis je et dois-je les faire ? Vous connaissez « la misérable situation où je suis, ayant accepté les « décrets relatifs au clergé. J'ai toujours regardé cette « acceptation comme un acte forcé, n'ayant jamais « hésité, pour ce qui me concerne moi-même, à rester « uni aux pasteurs catholiques, et étant bien résolu, si « jamais je recouvre mon autorité, à rétablir le culte « catholique. J'ai vu un prêtre qui croit que ces senti- « ments peuvent suffire et que je puis faire mes dévo- « tions de Pâques ; mais il vous appartient plus parti- « culièrement de dire ce que l'Eglise pense à cet égard « et d'apprécier les circonstances dans lesquelles je suis « placé, etc...

« Louis »

La réponse de l'évêque de Clermont ne se fit pas attendre.

Le lendemain, 16 avril, le prélat répondait par une lettre, où se retrouve tout l'esprit de l'Eglise, cet esprit de domination qui veut soumettre le pouvoir temporel ou qui lui lance l'anathème.

« Un regret sincère du passé, disait l'évêque, une « ferme résolution pour l'avenir sont nécessaires pour « recevoir l'absolution et nous mettre en état d'appro- « cher de la Sainte Table. Mais ces dispositions doivent « être manifestes quand il y a eu faute commise, et « j'oserais dire à Votre Majesté que l'acceptation ou « sanction accordée à divers décrets, notamment à ceux « qui, dans la constitution civile du clergé, se rapportent « à des objets spirituels, a été suivie des conséquences « les plus désastreuses pour la religion. Je sais que

« Votre Majesté les déplore ; je sais que ce qui a été « arraché à votre main, votre cœur le désavoue, et que « vous avez cru pouvoir céder à la contrainte. Mais, « sire, quand il s'agit de la religion et de la loi de Dieu, « Votre Majesté doit sentir que c'est seulement la résis« tance à la force qui fait les martyrs, et que l'effusion « de leur sang, pour cimenter l'œuvre de notre rédemp« tion, a été le plus puissant moyen de nous trans« mettre ce précieux don du ciel. Je suis donc obligé « de déclarer à Votre Majesté que le plus prudent me « paraît être de suspendre la communion pascale.

« † Evêque de Clermont. »

Cette communion du roi empruntait une réelle importance aux circonstances dans lesquelles elle était faite et à la pompe déployée. Cette cérémonie avait lieu, en effet, dans la chapelle des Tuileries, en présence de la garde nationale, de Lafayette et de tout son état-major. La question était donc de savoir si Louis XVI « communierait avec les amis ou les ennemis de la Révolution [1] »,

Ce furent les contre-révolutionnaires qui l'emportèrent.

Malgré l'avis de l'évêque de Clermont, le roi communia, le 17 avril, des mains d'un prêtre réfractaire, en présense de Bailly et de Lafayette. Le grenadier Dupin refusa de porter les armes au grand aumônier [2].

Ces faits, vivement commentés, jetèrent l'alarme dans Paris ; dans les rues, les vendeurs de journaux criaient :

— La grande trahison du roi des Français, deux sous [3] !

1. Michelet, t. II, p. 282.
2. *Révolutions de France et des Royaumes*, n° 73.
3. *Id*.

Le soir, le club des Cordeliers prit l'arrêté suivant, qu'il fit placarder sur les murs de la ville :

« La Société, sur la dénonciation à elle faite que le premier fonctionnaire public de la nation souffre et permet que des prêtres réfractaires se retirent dans sa maison, et y exercent publiquement, au scandale des Français et de la loi, les fonctions publiques qui leur sont interdites par elle ; qu'il a même reçu aujourd'hui la communion pascale et entendu la messe d'un de ces prêtres réfractaires ;

« A arrêté :

« La vérité de ce fait bien constatée, elle dénonce aux représentants de la nation ce premier fonctionnaire public, ce premier sujet de la loi, comme réfractaire aux lois constitutionnelles qu'il a juré de maintenir, et dont les fonctions lui prescrivent d'en assurer l'exécution et comme autorisant à la désobéissance et à la révolte, préparant ainsi à la nation française les factions que les ennemis des Droits de l'homme voudraient exciter contre nous.

« PIERRE, *Président*.

« VINCENT, *Greffier*. »

La Cour dut être satisfaite de cette agitation qui venait servir ses projets, car, depuis longtemps, elle désirait presque une occasion qui démontrât aux provinces et à l'Europe que le roi n'était pas libre. Cette occasion fut le voyage à Saint-Cloud.

Depuis le mois de mars, la reine s'occupait des préparatifs de départ ; elle réunissait des quantités de linge de corps, malgré les avis de Mme Campan, qui lui faisait observer qu'elle trouverait partout des chemises et des robes [1]. Marie-Antoinette ne tenait nul compte

1. *Mémoires de Mme Campan*, ch. XVIII.

de ces observations : elle voulait avoir un trousseau complet, tant pour elle que pour ses enfants. C'était Mme Campan qui était chargée de ces achats ; elle sortait seule et presque déguisée, pour ne pas éveiller l'attention ; elle commandait six chemises dans une boutique de lingère, six dans une autre. Une grande malle avait été ainsi garnie de ces objets et adressée à une ancienne femme de la reine, veuve du major de la ville d'Arras, où elle se trouvait en congé illimité, afin qu'elle fût prête à partir pour Bruxelles ou pour tout autre lieu, quand elle en recevrait l'ordre [1].

Le voyage à Saint-Cloud fut entrepris le 18 avril, le lundi de Pâques, au milieu des incidents qui suivirent la communion du roi. Des brochures, répandues à profusion, représentaient ce voyage comme la première étape de la fuite du roi ; pour donner plus de vraisemblance à ce récit, plusieurs heures avant celle du départ, on fit stationner, dans la cour des Tuileries, de lourdes berlines, surchargées de malles et de caisses. Il n'est pas possible, disait le peuple, en présence de tous ces préparatifs, que l'on emporte une si grande quantité d'objets, pour aller passer une journée de printemps, à une heure de Paris.

Enfin, quand la foule, excitée par les brochures et par cette mise en scène de voyage, fut suffisamment échauffée, le roi, la reine et sa suite monterent dans les voitures ; mais des hommes et des femmes se jetèrent à la tête des chevaux, s'opposèrent au départ, en criant :

— Non ! Non ! le roi veut fuir !

Le roi se pencha à la portière et insista, en disant :

— Je vous aime trop pour vous quitter, mes enfants !

1, *Id.*

— Nous aussi, nous vous aimons, répondit un grenadier de la garde civique, mais vous seul !

La reine dut sentir tout ce que ce mot contenait de répulsion pour sa personne, puisqu'elle pleura et trépigna de colère.

***

Lafayette arriva, en toute hâte, au moment où le roi se disposait à descendre de voiture ; il le supplia de rester, ajoutant que si Louis XVI allait à Saint-Cloud pour exercer en paix la religion servie par des prêtres non jurés, il pouvait compter sur son appui.

— S'agit-il, dit Lafayette, pour Votre Majesté d'un point de conscience ? nous mourrons, s'il faut, pour le satisfaire [1].

En même temps, confiant dans son pouvoir, il assure le roi qu'il va lui faire ouvrir un passage par la force.

Il se met alors à parcourir les rangs de la garde nationale, employant tour à tour les menaces et les prières, pour qu'on laisse le roi user de son droit, qui lui permet de s'éloigner de Paris de vingt lieues. Mais de tous côtés il reçoit la même réponse :

— Il ne partira pas ; nous ne voulons pas qu'il parte.

Lafayette, ne pouvant rien obtenir par la persuasion, se rend au Directoire, où il demande la proclamation de la hideuse loi martiale et le déploiement du drapeau rouge, à l'ombre duquel la bourgeoisie cossue fusille les humbles citoyens.

1. *Histoire complète de la vie du général Lafayette,* par M. B..

Danton se trouva en face de Lafayette, et il fit repousser cette demande, qui aurait coûté la vie à des centaines de victimes. Lafayette menace de donner sa démission.

— Votre démission ! crie Danton, mais il n'y a qu'un lâche qui puisse déserter son poste dans le péril !

Lafayette, suivi de Bailly, se rend alors à l'Assemblée, où il ne peut rien obtenir : tous deux reviennent aux Tuileries [1], où depuis une heure et demie, le roi attendait dans sa voiture. Lafayette essaya de faire charger le peuple par la cavalerie, les soldats refusèrent de mettre le sabre en main ; ils poussèrent cependant leurs chevaux, mais s'arrêtèrent devant la pointe des baïonnettes des gardes nationaux, qui s'étaient rangés du côté du peuple.

Un officier municipal vint alors conjurer le roi de renoncer à partir, ajoutant que tel était le vœu de la garde nationale.

— On ne m'avait pas dit cela ! dit Louis XVI, descendant de voiture, suivi de sa famille ; et tous rentrèrent au Palais [2].

Cette violence n'était pas faite pour être très sensible au couple royal, qui y vit un motif de légitimer le projet qu'il avait de s'éloigner de Paris [4].

Lafayette courut alors à l'Hôtel de Ville, et donna sa démission, en disant :

— L'opinion publique n'étant plus pour moi, le bon ordre est intéressé à ma retraite. Je rentrerai dans les rangs, en qualité de simple grenadier.

1. *Mémoire de Ferrières*, t. II, liv. IX, p. 273.
2. *Régne de Louis XVI*, t. VI, § 27, p. 471.
3. *Mémoire de Mme Campan*, ch. XVIII.

On décida de consulter les sections sur la question de savoir si l'on engagerait le roi à s'en aller, ou si on le remercierait de n'être point parti. Toutes les sections répondirent qu'il n'y avait pas lieu à délibérer ; quelques unes exprimèrent leur étonnement de ce qu'elles avaient été consultées [1].

Mais la grande majorité de la garde nationale demanda à Lafayette de garder le commandement; et celui-ci, qui le désirait vivement, retira sa démission. Le corps municipal se transporta à pied, à onze heures du soir, auprès du commandant de la garde nationale et supplia Lafayette de se remettre à la tête des bataillons ; plusieurs gardes nationaux, qui étaient allés porter leurs vœux au général, mirent un genou en terre devant lui. Celui-ci ne put retenir l'expression d'un sentiment pénible.

Un des gardes nationaux s'écria :

— Général, ne craignez rien ; nous prenons l'attitude d'hommes libres, mais nous nous mettons à genoux devant la statue de la Liberté [2].

Cette réponse trop théâtrale fit croire à beaucoup qu'elle n'était pas spontanée et que la scène avait été préparée.

Le 19 avril, à l'ouverture de la séance, on reçut un billet en deux lignes, ainsi conçu : « Je vous prie, Monsieur le président, de prévenir l'Assemblée nationale que je vais m'y rendre sur-le-champ [3]. »

Louis.

Le roi entra, et l'Assemblée se leva. Louis XVI se

1. *Récit exact des événements du 18 avril 1791 à l'occasion d'un projet de Voyage de la Famille royale à Saint-Cloud.*

2. *Idem*

3. *Moniteur.*

placa à la droite du président et prononça un discours dans lequel se trouvaient renouvelés les témoignages de sa confiance en l'Assemblée nationale [1] et rappelés les événements de la veille ; il dit : « Il importe à la nation de prouver que je suis libre ; rien n'est plus essentiel pour l'autorité des sanctions et acceptations que j'ai données à vos décrets. » Il termina, en persistant dans son voyage à Saint-Cloud, et en affirmant sa volonté de maintenir la constitution civile du clergé.

L'Assemblée se sépara sans rien décider, ne voulant ni violer les décrets qui reconnaissaient le droit formel du roi d'aller à Saint-Cloud, ni prendre une décision contraire à l'opinion publique surexcitée.

Louis XVI, le 23, veut essayer d'endormir cette vigilance populaire, éveillée plus qu'il n'aurait désiré ; et, afin de pouvoir partir à la première occasion, communique à l'Assemblée une note diplomatique adressée à tous les ambassadeurs, et dans laquelle le roi, cinq jours après qu'on l'avait empêché de quitter les Tuileries, traitait de calomniateurs ceux qui l'accusaient de ne pas être libre. Cette communication était démentie par des rapports particuliers et n'avait d'autre but que d'assoupir les soupçons, de faire croire que le roi se résignait, quand en réalité il ne songeait qu'à fuir.

1. *Histoire parlementaire* de Buchet et Roux, t. IX, p. 411.

Du 23 au 29 avril 1791.

XVIII

LES SUCCESSEURS DE MIRABEAU

Visite de Montmorin à Alexandre Lameth. — Injustice de la municipalité à l'égard des ouvriers. — Le comité de défenses gratuites. — Discussion de la loi organique sur la garde nationale. — Robespierre soutient l'égalité de tous les citoyens. — Il parle deux jours. — L'Assemblée refuse de l'entendre. — Criante injustice.

Devant l'effervescence qui avait gagné la capitale, le roi fut obligé de renvoyer les prêtres réfractaires qui desservaient sa chapelle; et, le jour de Pâques, 24 avril, il assista à la messe dite par le curé de Saint-Germain-l'Auxerrois, qui avait prêté serment.

La royauté, qui ne sut jamais accepter ni comprendre le génie de la Révolution, crut toujours qu'il lui serait possible de dompter les évènements, en s'attachant un des chefs de l'opposition ; elle crut sortir des embarras où l'avaient jetée ses propres fautes, ses imprudences et son esprit de résistance, en détachant du peuple un des hommes en qui le peuple avait eu foi : c'est ainsi qu'elle avait acheté l'appui de Mirabeau. Après le grand tribun, elle essaya de corrompre Alexandre de Lameth.

Quelques jours après la mort de Mirabeau, Alexandre de Lameth étant encore au lit, le jour commençant à poindre à peine, un homme de petite taille, simplement vêtu, se faisait introduire dans la chambre du député.

C'était Montmorin, ministre des Affaires étrangères.

Après avoir flatté Lameth, en médisant de Mirabeau, le ministre ajoutait :

— Nous avons dépensé des sommes considérables pour connaître ce qui se passait aux Jacobins, et nous y sommes parvenus. Tous les soirs, j'avais copie des lettres adressées à la Société par les provinces, et je les lisais au roi qui, souvent, admirait la sagesse de vos réponses [1].

Alexandre Lameth en avait trop entendu sans protester, pour ne pas être fatalement entraîné par le courant auquel il se livrait imprudemment.

Quelques jours plus tard, Mirabeau avait un successeur auprès de la Cour, et le patriote de la veille devenait traître à son parti, en se faisant le conseiller de la Cour.

Pendant qu'Alexandre de Lameth trahissait ainsi les opinions qu'il avait jusque-là défendues, la municipalité de Paris trahissait, une fois de plus, les intérêts des travailleurs, contre lesquels on lançait des menaces, en attendant mieux.

Des compagnons charpentiers et des ouvriers typographes s'étaient réunis pour faire augmenter le prix de leurs journées et empêcher les autres compagnons de travailler à des prix inférieurs aux prix fixés par la majorité [2].

Le corps municipal fit afficher un avis où les mesures prises par les ouvriers étaient qualifiées de coalition, et où il était dit qu'« une pareille coalition serait une violation de la loi, l'anéantissement de l'ordre public ; une atteinte portée à l'intérêt général et le moyen de réduire

1. Michelet. *Histoire de la Révolution française*, t. II, p. 177, 178.

2. *Histoire parlementaire* de Buchez et Roux, t. IX, p. 444.

ceux qui l'auraient faite à l'indigence, par la cessation ou la suspension des travaux qu'elle produirait infailliblement; elle serait, sous tous les points de vue, un véritable délit [1] ».

Enfin, cet avis, signé par Bailly, déclarait qu'on était décidé à « employer contre eux les moyens qui ont été donnés pour assurer l'o dre public et maintenir l'exécution des lois. »

***

Tandis que la municipalité luttait ainsi contre une partie des ouvriers, il se trouvait une société dite des *Jeunes Amis de la Liberté*, qui formait un comité où les indigents trouvaient des défenseurs désintéressés, prêts à soutenir les causes qu'on voulait bien leur confier; ce *comité de défense gratuite*, comme il s'intitulait, était ouvert tous les jours, rue du Bac, 31, depuis six heures du soir jusqu'à neuf. Comme on le voit, c'est là, en germe, le principe de l'assistance judiciaire, qui devait être organisée soixante ans plus tard.

Dans l'Assemblée, Robespierre continuait à lutter pour la cause des déshérités et des petits du peuple, protestant de nouveau contre l'inique division des citoyens en actifs et passifs, à l'occasion de la loi organique sur la garde nationale, loi qui fut portée à la tribune le 27 avril. La flagrante injustice, introduite par la municipalité de Paris dans l'organisation de la garde nationale, se retrouvait tout entière dans la loi présentée au nom du comité de constitution par Rabaud Saint-Étienne.

Le discours prononcé par Robespierre à cette occa-

1. *Procès-verbaux manuscrits de la Commune.*

sion n'était qu'une amplification de la brochure parue vers la fin de 1790 [1].

Selon Robespierre, la garde nationale n'était pas faite pour repousser les armées du dehors : ce soin regardait les armées permanentes ; mais les gardes nationales étaient le contre-poids de ces armées permanentes, façonnées à l'obéissance passive, dociles à la voix d'un prince ; les gardes nationales devaient donc « empêcher le pouvoir exécutif de tourner contre la liberté les forces puissantes dont il dispose ».

A un moment donné, le bruit des conversations particulières couvrait la voix de Maximilien ; le député Montlausier s'écria :

— Ce que dit M. Robespierre vaut sans doute la peine d'être écouté : ainsi, messieurs qui causez, silence [2].

Les voix se turent, et Robespierre réclama que « tous les citoyens domiciliés » eussent le droit d'être inscrits sur les registres des gardes nationales.

Le député d'Arras, qui avait parlé durant toute la séance du 24, continua encore son discours le lendemain. La brièveté n'était pas une des qualités de Robespierre.

Rabaud répondit à Maximilien, dont Pétion et Noailles soutinrent les idées égalitaires. Le député d'Arras remonta une troisième fois à la tribune : l'Assemblée, fatiguée, demanda à aller aux voix, et la clôture fut prononcée. Robespierre voulut parler encore quand même, sa voix fut couverte par les murmures et les violentes interruptions contre lesquelles il essaya

1. *Histoire de Robespierre,* par Ernest Hamel, t. I, liv. V, p. 383.

2. *Histoire Parlementaire* de Buchet et Roux, t. IX, p. 336.

de lutter, mais en vain ; il lança à ses interrupteurs cette phrase :

— Toute violence qui tend à étouffer ma voix est destructive de la liberté.

A ces mots, le tumulte augmenta, et il dut quitter la tribune ; ses idées si justes furent repoussées, et l'Assemblée, en adoptant le projet du comité, consacra une véritable injustice, n'admettant dans les rangs de la garde nationale que les citoyens actifs, établissant ainsi chez ce peuple qui avait si souvent marché uni contre la royauté, une division bien tranchée entre la bourgeoisie et le peuple proprement dit.

Imprudence grave, dont nous ne tarderons pas à voir les conséquences.

Du 30 avril au 6 mai 1791.

XIX

LE PAPE ET LA RÉVOLUTION

Le bataillon des Cordeliers. — Dénonciation de Danton contre Bailly et Lafayette. — Le club des Cordeliers change le lieu de ses séances. — Puissance des clubs. — Les militaires sont autorisés à assister aux séances. — Dénonciation contre le ministre de la marine. Fleurieu donne sa démission. — Sa pauvreté. — Destruction des vieilles barrières. — Sacre de l'abbé Fauchet. — La liberté du culte. — Le mannequin de Pie VI brûlé au Palais-Royal. — La guerre civile dans le Comtat venaissin. — Avignon et Carpentras. — Assassinat de Lavilasse. — L'armée de Vaucluse. — Meurtre de Patrix. — Siège de Carpentras. — Atrocités des deux cotés. — Décision de l'Assemblée. — La guerre civile continue.

Parmi les bataillons de la garde nationale, celui des Cordeliers s'était surtout signalé par son opposition à Lafayette. Quand les amis du général, à la suite de sa démission, furent parvenus à créer un mouvement factice de soumission aveugle au commandant général, la minorité du bataillon des Cordeliers, influencée par les émissaires de Lafayette, comme pour se repentir de son ancienne ardeur, décida que le bataillon, ne voulant rien avoir de commun avec les hommes ou les idées du fameux club des Cordeliers, quitterait ce nom pour prendre le titre de bataillon de l'Observance [1]. La municipalité s'était empressée, le lendemain même de sanc-

1. *L'Orateur du peuple*, t. V, p. 47.

tionner cette décision par un décret. Mais Danton protesta, et, cette semaine, le bataillon reconstitué reprit son nom significatif de Cordeliers. Danton, en même temps, lançait contre Bailly et Lafayette une dénonciation publique « pour avoir réuni et employé tous leurs efforts pour exciter le département de Paris à donner ordre de faire tirer sur le peuple qui s'opposait au départ du roi ».

La municipalité ne se montra pas insensible à ces actes ; le lieu de réunion du club dépendant du couvent des capucins, elle commença par faire mettre les scellés sur les portes de la salle, comme étant comprise dans les biens nationaux. Le club, un moment errant, se réunit d'abord dans le jeu de Paume de la rue Mazarine, et finalement loua, rue Dauphine, une grande salle, ayant autrefois servi de musée, et où se tinrent désormais ses séances.

Les clubs étaient une des puissances redoutables où le peuple tenait ses assemblées, où il faisait entendre haut et ferme sa voix, imposant la plupart du temps ses propositions et ses volontés aux députés, qui les portaient à la tribune de l'Assemblée, où elles étaient sanctionnées par des décrets.

Les clubs étaient un des rouages les plus puissants de la vie politique. Le 1er mai, sur le rapport de Noailles, l'Assemblée décréta que les officiers, sous officiers et soldats de toutes armes, seraient libres, hors le temps de leur service militaire, des appels, des exercices militaires et avant la retraite, d'assister, sans armes, aux séances des clubs, mais ils leur était interditde s'occupèr des questions de discipline ou de règlement intérieur.

***

Les dénonciations ne se restreignaient pas à la municipalité et à Lafayette. Depuis quelques temps, le ministère de la marine était l'objet de nombreuses plaintes publiques, dans lesquelles on dévoilait des déprédations et des gaspillages. Un commis de la marine, nommé Bonjour, alla même jusqu'à dénoncer son ministre à l'Assemblée ; sa lettre fut lue en séance publique, prise en considération, renvoyée au comité de la marine, et Bonjour fut placé sous la sauvegarde de la loi.

Le ministre de la marine, Fleurieu, dut révoquer un des employés supérieurs, et finalement, pris de lassitude, donner sa démission, au commencement de mai. Fleurieu expliqua cette détermination, en disant que, lorsqu'il avait pris le ministère de la marine et des colonies, il avait espéré que le roi voudrait bien séparer les colonies de la marine. Le ministre motivait cette déclaration sur ce que ses capacités, étrangères aux affaires coloniales, lui permettaient seulement de consacrer ses soins à la marine, dont il avait une connaissance approfondie ; mais, l'Assemblée ayant récemment décidé que les deux départements ne seraient pas séparés, il se retira.

Pour répondre aux accusations lancées contre lui, Fleurieu, dans une phrase mélancolique, ajoutait — ce qui était vrai — qu'il se retirait des affaires, pauvre, n'ayant pris nul souci de ses intérêts personnels.

Cette démission passa presque inaperçue au milieu des évènements de cette semaine, qui fut marquée par trois incidents principaux : la démolition des anciennes barrières, le sacre de l'abbé Fauchet, comme évêque du Calvados, et le décret de l'Assemblée sur la liberté du culte.

Voulant pallier les mesures tracassières, prises par la Commune vis à-vis des prêtres réfractaires qui ne pouvaient exércer leur culte qu'avec la permission des curés jurés, l'Assemblée, après le rapport de Talleyrand et sur la proposition de Sieyès, decida que tout prêtre, même réfractaire, pourrait dire librement la messe où et quand cela lui conviendrait ; on décréta seulement que les édifices consacrés au culte religieux seraient fermés « aussitôt qu'il aura été fait quelques discours contre la constitution civile du clergé, et l'auteur du discours sera, à la requête de l'accusateur public, poursuivi criminellement devant les tribunaux, comme perturbateur de l'ordre public ».

La foule s'amusait à brûler un mannequin, représentant le pape Pie VI [1], qui avait lancé contre cette même constitution civile du clergé, un second bref, déclarant nulles les élections des curés et évêques, et leur défendant, sous peine d'excommunication, d'administrer les sacrements.

Le 4 mai, le mannequin représentant le pape était transporté au Palais-Royal, où on se livrait à une sorte de procès public ; finalement, la foule condamnait Pie VI à être brûlé, ce qui était exécuté au milieu des acclamations.

Depuis quelque temps, on jouait une pièce en deux actes, *Le Déménagement au couvent*, dans laquelle le public applaudissait le couplet suivant, chanté par le jardinier du monastère :

Lorsque je fus élu pour remplacer mon père,
Je crois, en jardinier d'honneur,
Avoir rempli mon ministère.
Outre le jardin du couvent,
Qui fleurit en mes mains indubitablement,
Il me fallait soigner celui de chaque mère ;
Il me fallait secrètement,
Dans le silence des offices,
Cultiver les œillets des sœurs,
Les pavots des mères des chœurs,
Avec les roses des novices.
Chacune autour de moi courait d'un pas pressé,
Avec cet air charmant dont la douceur engage
Dans les nombreux travaux que leur zèle partage.
J'étais quelquefois devancé
Et j'avais fini mon ouvrage
Avant de l'avoir commencé.

1. *Les Révolutions de Paris.*

*
* *

Pendant qu'à Paris on brûlait le pape en effigie, les papistes du Comtat d'Avignon continuaient à soutenir la lutte contre les patriotes qui demandaient la réunion du Comtat à la France.

Quelques mois auparavant, cette demande, soutenue par Robespierre, avait été combattue par Mirabeau, qui fit décréter simplement l'envoi d'un régiment. Mais les officiers de ce régiment étaient des royalistes, qui, au lieu d'apaiser les habitants, ne firent qu'envenimer la querelle et soufflèrent sur ce brasier ardent qui ne tarda pas à s'enflammer de nouveau.

Avignon était patriote, Carpentras était papiste. Ces deux villes rivales étaient le siège des deux partis contraires. A Paris, tous les révolutionnaires soutenaient les Avignonnais, qui avaient obligé le vice-légat à prendre la fuite ; les journalistes patriotes poussaient de nouveau l'Assemblée à accepter la réunion demandée par Avignon. Dans les clubs, on réclamait cette réunion, comme le seul moyen d'arrêter la guerre civile dans le Comtat, et le club des Jacobins avait fait de cette réunion un des principaux articles de son programme [1].

Les hostilités recommencèrent bientôt entre Carpentras et Avignon. Un membre du parti patriote, Lavillasse, avait provoqué les papistes, en se montrant en public, à Vaisson où il possédait une maison de campagne, couronné de lauriers et entouré de gardes ; enfin il avait même détourné les eaux des moulins à blé du village de Séguret, qui s'était déclaré pour Carpentras Les papistes envahirent nuitamment la maison de Lavillasse et le tuèrent, ainsi qu'un de ses amis, nommé

1. *Révolutions de France et de Brabant*, n° 64.

d'Anselme. Les deux cadavres furent mis en lambeaux ; et, après cet égorgement, la foule, aussi furieuse que fanatisée, chanta le *Te Deum*, avant de quitter la maison [1].

Avignon, apprenant ce crime, se lève de nouveau ; une armée de huit mille hommes se forme, sous le nom d'*armée de Vaucluse*, commandée par Patrix, et va mettre le siège devant Carpentras. En route, et à propos d'une embuscade, les Avignonnais, se croyant trahis par Patrix, le mettent à mort, séance tenante, et envoient sa tête à Avignon, où elle fut promenée au bout d'une pique, dans les rues de la ville. Le successeur nommé à la place de Patrix fut un muletier du nom de Jourdan [2], homme sanguinaire, qui entra en fonctions en coupant lui-même, avec son sabre, les doigts de Patrix, qu'il plaça dans sa bouche en guise de pipe, et parada ainsi devant le front de son armée.

Le siège fut mis devant Carpentras, qui se défendit vaillamment. Les Avignonnais bombardèrent la ville, à boulets rouges. Moins bien armés, les assiégés attirent les assiégeants par la ruse ; ils placent sur les toits des maisons des vases de goudron, où ils mettent le feu ; les Avignonnais, croyant la ville incendiée, s'approchent ; mais ils sont reçus par des batteries, et des milliers de morts restent devant les portes de Carpentras. Pour enlever les morts, la cavalerie avignonnaise attache une corde à la croupière des chevaux, la corde est armée d'un croc en fer on accroche le cadavre que le cheval traine après lui, en courant au galop. Souvent des blessés sont accrochés avec les morts.

1. *Rapport de l'accusateur public près le tribunal criminel d'Avignon*, p. 36.

2. *Compte rendu à l'Assemblée nationale*, par l'abbé Meriot, p. 13.

Les violences furent féroces des deux côtés :

Les Carpentrassiens fusillèrent, à Carousle, neuf soldats de l'armée de Vaucluse, au bord des fosses qu'ils leur avaient fait creuser ; à Sarrians, ils enterrèrent vif un soldat avignonnais.

Les Avignonnais, à Cavaillon, burent le sang d'un Carpentrassien, qu'ils avaient assassiné.

Ce fut à ce moment que la question de la réunion du Comtat à la France se posa de nouveau devant l'Assemblée.

Les députés consacrèrent dix séances à cette nouvelle discussion ; les uns, comme Liancourt et Clermont-Tonnerre, soutenaient que la réunion ne devait pas être décrétée, parce qu'il était impossible de bien constater le vœu de la majorité des habitants du Comtat, et qu'en outre, en acceptant Avignon, la France alarmerait l'Europe.

Robespierre, Goupil, Pétion, soutenaient la réunion, se basant sur le principe qu'un peuple est toujours maître de ses destinées.

L'Assemblée, sans prendre de décision définitive, déclara que « le Comtat ne faisait pas partie intégrante de la France ».

C'était répondre pour ne rien dire : aussi la guerre civile continua-t-elle, acharnée et terrible, dans le pays avignonnais, jusqu'au moment où, deux mois plus tard, l'Assemblée mit fin à ces sanglantes tueries, en acceptant enfin le don de ce petit peuple, qui faisait à la France don de son indépendance.

Du 7 au 13 mai 1791.

XX

LE DROIT DE PÉTITION ET D'AFFICHE

Le Chapelier demande la suppression de ces droits. — But de cette proposition. — Robespierre et Grégoire soutiennent les droits du peuple. — Un incident de la séance. — L'abbé Maury d'accord avec Robespierre. — Résultat de la discussion. — Demi-victoire. — Robespierre perd un manuscrit dans un fiacre. — Les charges d'avocat du conseil du roi sont remboursées. — Danton touche 130,000 livres. — Le prix des habits. — Paris et Troyes se disputent les cendres de Voltaire.

Les clubs puisaient une partie de leur force et de leur autorité dans la publicité qu'ils donnaient à leurs délibérations ; le club des Jacobins, celui des Cordeliers, et d'autres, à leur exemple, faisaientsouvent afficher, soit le compte rendu de leurs séances, soit leurs délibérations et convocations. Aussi le Directoire du département de Paris, composé de membres de la haute bourgeoisie, voulant atteindre et annihiler cette puissance dont il était jaloux, demanda à l'Assemblée nationale une loi restrictive du droit de pétition et du droit d'affiche.

Le 9 mai, Le Chapelier présenta un rapport dans ce sens, proposant de réserver à l'autorité publique le droit exclusif d'affiche, et, en outre, de défendre à toute réunion d'association de formuler des pétitions, ne le permettant qu'aux citoyens séparément, et encore aux seuls citoyens actifs, à ceux qui paient le cens électoral.

Robespierre, qui ne se lassait jamais de parler, ne laissant passer aucune séance sans monter à la tribune, et dont l'autorité sur l'Assemblée, grâce à l'influence des Jacobins, grandissait, à mesure que la fin de la législature approchait, Robespierre combattit le rapport de Le Chapelier.

— Plus un homme est faible et malheureux, plus il a besoin du droit de pétition ; et c'est parce qu'il est faible et malheureux que vous le lui ôteriez ! Quant aux réunions ou aux Assemblées populaires, leur droit est non moins évident : ce qu'un seul citoyen peut faire en particulier, cinquante citoyens réunis ont droit de le faire en se réunissant, en joignant leurs plaintes et leurs réclamations.

Grégoire, le nouvel évêque de Blois, parla dans le même sens, prenant principalement pour objet de sa discussion le droit d'affiche : le placard étant un des moyens d'exprimer publiquement sa pensée, dit-il, vouloir empêcher un citoyen d'user de ce moyen serait contraire aux Droits de l'homme, qui proclament formellement le droit qu'a tout citoyen de manifester sa pensée d'une façon quelconque.

Robespierre, suivant son habitude, monta encore deux fois à la tribune, dans cette même séance. Cette façon de discuter semblait irriter une grande partie de l'Assemblée ; aussi le député d'Arras, qui se rendait bien compte des mouvements qu'il provoquait, parlait surtout pour le public des tribunes, qui couvrait son discours d'applaudissements. Les députés, au contraire, murmuraient, interrompaient ; plusieurs d'entre eux même entouraient la tribune et lançaient à Maximilien des interpellations et des injures... A un moment donné, ces insultes étaient telles, que le député d'Arras, malgré son flegme et son impassibilité habituelle, ne put s'empêcher de s'écrier :

— Je demande à M. le président, une fois pour toutes, que l'on ne m'insulte pas continuellement autour de moi, lorsque je défends les droits les plus sacrés des citoyens.

— *Le président Dandré.* — Je demande si je ne préside pas bien, et si je ne fais pas tous mes efforts.

Une voix de la gauche. — Non.

Le président. — Je demande que la personne qui a dit non se nomme et prouve.

M. Laborde. — J'ai dit non, parce que je m'aperçois que vous ne mettez pas à obtenir du silence pour M. Robespierre, le même soin que vous en mettiez, lorsque MM. Beaumets et Le Chapelier ont parlé.

Le président. — On doit se rappeler que, pendant tout le temps que M. Robespierre a parlé, je n'ai cessé de faire aller ma sonnette, et de fatiguer mes poumons ; j'ai rappelé à l'ordre nominativement M. Le Chapelier, qui l'interrompait [1].

L'incident clos, le silence rétabli, Robespierre reprit sa discussion.

L'abbé Maury vint défendre la même opinion libérale que Robespierre, mais l'Assemblée fatiguée ne voulut pas l'entendre, demanda la clôture, qui fut mise aux voix ; et, le résultat étant douteux, Maury s'écria ;

— Dans le doute, je dois avoir la parole. Il faut que je sois au moins un peu applaudi des tribunes : cela ne m'arrive pas souvent [2].

Un second vote ferma la discussion, et l'Assemblée

1. *Histoire parlementaire* de Buchet et Roux, t. X, p. 11.
2. *Idem*

décréta que le droit de pétition appartiendrait à tout individu ; mais que ce droit ne pourrait être exercé collectivement par les réunions de citoyens.

C'était vouloir satisfaire tout le monde et ne contenter personne.

En ce qui concerne les affiches, on décréta que tout le monde aurait le droit d'afficher des placard mais ils devaient être signés par une ou plusieurs personnes, nominativement et non pas collectivement ; ainsi une société pouvait faire apposer des affiches, en les signant du nom d'un ou de plusieurs de ses membres, mais pas du nom de la société seulement.

Ces longues discussions, auxquelles Robespierre prenait une si grande part, ne l'empêchaient pas de se préparer aux débats prochains ; ainsi il avait écrit un discours sur la liberté indéfinie de la presse, discours dont il perdit le texte, puisque nous lisons, dans la plupart des journaux, l'avis suivant :

« MANUSCRIT PERDU. — M. Robespierre a laissé, « dans un fiacre qu'il a pris à 9 heures et demie du « soir, jeudi 12 mai, sur le quai des Augustins, un « manuscrit sur « la liberté indéfinie de la presse » et « sur « les sociétés populaires ». Il prie les bons ci- « toyens qui pourraient en avoir entendu parler, de le « lui faire recouvrer. Il donnera une récompense à « ceux qui se seront donné quelque peine pour cela. « On s'adresse chez lui, rue Saintonge, au Marais, « 8, ou bien chez M. F. Lanthenas, rue Guénégaud, « Hôtel britannique, faubourg Saint-Germain. »

Nous ignorons si le manuscrit fut retrouvé ; mais, aux précautions prises, aux récompenses offertes, nous pouvons juger de l'importance que Robespierre y attachait et du soin qu'il avait dû mettre à le composer.

*
* *

Le 7 mai, l'Assemblée décréta que les charges d'avocat au conseil du roi, précédemment supprimées, seraient remboursées au prix du dernier contrat d'acquisition. Danton, qui était pourvu d'une de ces charges, toucha ainsi une somme de cent trente mille livres.

Cette semaine encore, un nommé Gobet demanda que l'on mît en épigraphe, en tête des jugements portant condamnation à mort, ces mots : « Les crimes sont personnels, et le déshonneur du condamné ne rejaillira pas sur sa famille. » C'était le résumé de la loi sur la personnalité des fautes, votée l'année précédente.

C'est cette demande qui donna l'idée à un rédacteur de la *Chronique de Paris* de proposer de faire imprimer sur tous les assignats, ces mots : « La loi punit de mort les fabricants de faux assignats. » Cette proposition avait pour but d'intimider les faussaires, dont l'audace croissante menaçait le crédit des assignats. Cette idée a été mise en pratique, plus tard dans l'impression des billets de banque.

Enfin il nous paraît intéressant de relever quelques prix des habits de demi-saison, au printemps de 1791. Nous trouvons ces prix dans un prospectus de tailleur, inséré dans plusieurs journaux. L'habit de Silésie est porté 36 livres ; l'habit de drap de Louviers, 69 livres ; l'habit de tricot anglais, 112 livres ; l'habit complet de Poignon, 120 livres; l'habit de drap de soie et gros de Naples, première qualité. 120 livres.

Les juges des nouveaux tribunaux étaient aussi prévenus qu'ils pourraient se procurer des manteaux de drap de soie, première qualité, avec parements de moire, à 120 livres ; les mêmes en bourre de soie, 108 livres ; en drap de Saint-Maur, 88 livres ; et en superbe croisé, 69 livres.

Enfin l'ingénieux tailleur, un sieur Quentin, tenant l'hôtel des Etats-Généraux, passage des Petits Pères, termine son avis, en informant les personnes de province qu'il se charge « d'exécuter les habits ci-dessus et tous autres, d'après les mesures et proportions qu'on lui fera parvenir. »

Cette semaine fut aussi occupée par les préparatifs de la translation des cendres de Voltaire, qui devait être faite le 30 mai, jour anniversaire de la mort du grand philosophe.

Déjà, le 30 mai 1790, Villette avait, le premier, demandé cette translation, réclamant pour Voltaire un tombeau à Paris.

L'abbaye de Sellières, près Romilly, département de l'Aube, où reposaient les restes de Voltaire, venait d'être vendue comme bien national. La municipalité de Paris avait déjà décidé la translation de ces cendres, mais la Société des Jacobins de Troyes en réclamait la possession. De son côté, le conseil général de Romilly avait décidé, pour contenter tout le monde, que les restes du célèbre écrivain seraient partagés entre Troyes et Paris.

Pour mettre fin à cette situation, l'Assemblée nationale intervint et décréta que ces restes seraient transférés de l'abbaye de Sellières dans l'église paroissiale de Romilly, jusqu'à ce que l'Assemblée nationale eut statué sur la pétition de translation, faite par la municipalité de Paris.

Le décret fut rendu à temps, car déjà la Société des jacobins de Troyes s'était rendue à l'abbaye de Sellières, et voulait à toute force s'emparer du cercueil, malgré les résistances de la municipalité de Romilly. Au milieu de cette lutte, arriva le décret, et les jacobins de Troyes durent abandonner leurs prétentions. Le 10 mai, à trois heures de l'après-midi, le clergé, les officiers municipaux et la garde nationale de Romilly, se rendirent processionnellement à l'abbaye et procédèrent à l'enlèvement du cercueil de Voltaire; des citoyens s'arrachérent les pioches et les pelles pour ôter la terre de la tombe. Quand on eut découvert le cercueil, un jeune homme jeta au fond de la fosse un papier sur lequel il avait écrit ces vers :

Non, ces lieux désormais ne seront point profanes ;
Ils contenaient ta cendre ; et ce simple tombeau,
Consacré par nos chants, honoré par tes mânes,
Est pour nous un temple nouveau.

Deux chirurgiens et quatre témoins signèrent le procès-verbal de l'état du corps, qui était très bien conservé, Villette ayant fait embaumer le cadavre, au jour du décês. Le clergé chanta les vêpres, puis la garde nationale, les armes renversées, défila autour de la fosse, au son du tambour. On ouvrit le cercueil, on exposa le corps, on posa une couronne de chêne sur sa tête et l'on se mit en marche pour Romilly. La route disparaissait sous des feuilles d'arbres, mêlées aux fleurs jetées par les habitants sous les pas du cortège. Les mères faisaient toucher le sarcophage à leurs enfants; enfin la cérémonie se termina seulement à minuit; on ferma le cercueil, et on en scella les quatre coins. Le dimanche, la municipalité fit célébrer un service religieux, auquel les municipalités voisines assistèrent [1], et c'est ainsi que la petite ville de Romilly préludait aux honneurs du triomphe que la capitale allait rendre à l'implacable ennemi du fanatisme et de l'intolérance.

1. *Lettres de Favreau, maire de Romilly à Ch. Villette.*

XXI

LES COLONIES. — LA RÉÉLECTION

Le nouveau ministre de la marine. — La guerre civile dans le Comtat Venaissin. — Les noirs demandent leur affranchissement. — Les hommes libres de couleur réclament leurs droits. — Périsdant les colonies ! L'Assemblée s'échappe par un faux fuyant. — Robespierre propose la non-réélection. — Discussion. — Vote-Motifs de cette décision.

A la place du ministre démissionnaire, Fleurieu, le roi appela le vice-amiral Thévenard [1], qui n'était pas défavorable aux idées nouvelles. Voici la lettre adressée par Louis XVI à l'Assemblée, et lue par le président, au début de la séance du 17 mai.

« Je vous prie, monsieur le président, de prévenir l'Assemblée que, sur la démission de M. Fleurieu, j'ai nommé, pour le remplacer au département de la marine et des colonies, M. Thévenard. »

Le premier soin du nouveau ministre fut d'écrire, à son tour, à l'Assemblée, pour l'assurer de son dévouement dans l'administration des affaires, où, du reste, il ne fera que passer.

1. L'amiral Thévenard entré dans la marine à quatorze ans, était né à Saint-Malo en 1733 ; il s'appliqua surtout à la construction et ce fut lui qui fit construire les deux premières canonnières fabriquées en France. Il refusa d'émigrer, ne se montra pas hostile aux idées nouvelles. Au bout de quelques mois de ministère, il rentra dans le service actif de la marine, qu'il ne quitta plus. Fait sénateur en 1810, il mourut en 1816, au moment où la Restauration venait de le nommer pair de France.

Pendant ce temps, la guerre civile ne cessait pas de désoler le Comtat Venaissin, et la lutte se poursuivait, sanglante, entre Avignon et Carpentras; les deux armées mettaient les villages à contribution, et Piolenc, par exemple, composé seulement de 206 habitants, est forcé de payer une contribution de 4,000 livres, 800 livres en pain, vin, eau-de-vie, sous peine d'être mis au pillage par l'armée avignonnaise : de leur côté [1], les Carpentrassiens en faisaient autant : on voyait sur les routes de grandes voitures, d'où s'échappaient des cris et des gémissements ; c'étaient des blessés qu'on transportait et que les ennemis achevaient, quand ils surprenaient les convois [2].

L'Assemblée continua la discussion sur les colonies, commencée la semaine précédente ; il s'agissait toujours de savoir si les milliers d'esclaves des colonies bénéficieraient de la liberté proclamée par la métropole. Les noirs avaient réclamé, dès 1789, mais les lenteurs de l'Assemblée à examiner cette question irritèrent les hommes de couleur, qui résolurent aussi de se servir de la force ; et ces troubles sanglants éclatèrent en plusieurs endroits, notamment à Saint-Domingue.

La question se représenta, cette semaine, à l'Assemblée, et les partisans de la cause sainte de la liberté formulèrent leurs réclamations de telle sorte qu'il n'était plus possible d'équivoquer.

Les hommes de couleur libres, qui remplissaient les conditions légales de citoyens actifs, auraient-ils les mêmes droits que les autres citoyens blancs ?

1. *Moniteur.*
2. *Histoire parlementaire* de Buchet et Roux, t. X, p. 156.

Les esclaves seraient-ils affranchis ?.

Ce fut Grégoire, l'évêque de Blois, qui soutint a cause des noirs, de la liberté, de la justice, de l'humanité et du droit. Malouet, Barnave et Maury appuyèrent énergiquement le projet du comité des colonies, qui demandait la réunion d'un congrès colonial, appelé à prononcer sur le sort des hommes de couleur, congrès d'où les noirs étaient soigneusement exclus.

— C'est, dit justement Robespierre, comme si, lorsqu'il s'est agi, en France, de savoir si le Tiers Etat, qui avait une représentation égale en nombre à celle du clergé et de la noblesse, voterait par tête ou par ordre, on eût établi un congrès composé de ces deux ordres, seulement pour donner au gouvernement son avis sur les droits des communes.

Dupont de Nemours prit part aussi à cette discussion, et prononça, en faveur des noirs, un discours qui se termine par cette phrase, généralement, mais à tort, attribuée à Robespierre.

— S'il le fallait, s'écria Dupont, il vaudrait mieux sacrifier l'intérêt a la justice, il vaudrait mieux sacrifier les colonies qu'un principe.

Les paroles de Robespierre, qui ont le même sens, affectent une autre forme et sont celles-ci :

— L'intérêt suprême de la nation et des colonies est que vous demeuriez libres, et que vous ne renversiez pas, de vos propres mains, les bases de la liberté. Périssent les colonies — (à ces mots il fut interrompu par des murmures violents) s'il doit vous en coûter votre bonheur, votre gloire, votre liberté ! je le répète : périssent les colonies ! si les colons veulent, par les menaces, nous forcer à décréter ce qui convient le plus à leurs intérêts ! Je déclare, au nom de l'Assemblée..... au nom de ceux des membres de cette Assemblée qui ne veulent pas renverser la constitution ;

je déclare, au nom de la nation entière qui veut être libre, que nous ne sacrifierons pas aux députés des colonies qui n'ont pas défendu leurs commettants, je déclare, dis-je, que nous ne sacrifierons ni la nation, ni les colonies, ni l'humanité entière. Je conclus et je dis que tout autre parti, quel qu'il soit, est préférable.

L'Assemblée, le 14 mai, adopta un terme moyen, qui violait les principes de Droits de l'Homme, sans satisfaire les cupidités des marchands d'hommes ; elle décida qu'elle ne délibérerait pas sur l'état des gens de couleur, nés de père et mère non-libres, sans le vœu préalable et spontané des colonies ; mais que les gens de couleur, nés de pères et mères libres, seraient admis dans les assemblées, s'ils remplissaient les conditions légales des citoyens actifs.

Quant aux esclaves, on ne s'en occupait même pas ; en fait, on décidait que les hommes de couleur devaient rester sans droits politiques, et les esclaves dans leur servitude, tant qu'il ne plairait pas aux colons — leurs ennemis irréconciliables — de donner aux uns ces droits, aux autres cette liberté.

Cette question ne devait être résolue que par la République de 1848, qui a eu l'immortelle gloire d'accomplir ce grand acte de justice : l'abolition de l'esclavage.

***

Dans le cours de la discussion sur l'organisation du pouvoir législatif, Robespierre, le 15 mai, demanda la parole pour une motion d'ordre.

— Afin que nous puissions voter comme de simples citoyens, et non pas comme des hommes qui pourraient être réélus, je demande que l'Assemblée décrète que les membres de l'Assemblée actuelle ne pourront être réélus à la prochaine législature.

Il faut croire que la question avait déjà été préparée, puisque ces paroles furent applaudies à plusieurs reprises, dans toutes les parties de la salle ; et on demanda, à grands cris, à aller aux voix. Garat, l'aîné, ayant voulu parler contre le projet, on lui coupa la parole, et la grande majorité de l'assemblée se leva, à deux reprises différentes, et demanda plus vivement à passer au vote [1].

Cependant Merlin et Thouret purent combattre la motion ; ce fut Robespierre qui leur répondit. Il réfuta les objections qu'on pouvait adresser à cette proposition.

En composant d'hommes entièrement nouveaux, la législature qui allait suivre, trouverait-on des hommes aussi capables et aussi expérimentés que ceux qui allaient partir ? — Il n'admet pas qu'une nation de 26 millions d'hommes ne puisse trouver 720 nouveaux députés, dignes de la représenter. « Je pense d'ailleurs, ajouta Maximilien, que ce n'est point de la tête de tel ou tel orateur que la constitution est sortie, mais de l'opinion publique qui nous a précédés, qui nous a soutenus. » Quant aux prétendus guides qu'une assemblée pourrait transmettre à celles qui la suivent, je ne crois pas du tout à leur utilité. Ce n'est point dans l'ascendant des orateurs qu'il faut placer l'esprit du bien public, mais dans la lumière et le civisme des assemblées représentatives. L'influence de l'opinion publique et de l'intérêt général diminue en proportion de celle que prennent les orateurs ; et, quand ceux-ci parviennnent à maîtriser les moteurs, il n'y a plus d'assemblée, il n'y a plus qu'un fantôme de représentation. Alors se réalise le mot de Thémistocle, lorsque, montrant son fils enfant, il disait : « Voilà celui qui gouverne la Grèce:

1 *Histoire parlementaire*, de Buchet, t. X, p. 25, 26.

ce marmot gouverne sa mère, sa mère me gouverne, je gouverne les Athéniens et des Athéniens gouvernent la Grèce. » Ainsi une nation de 25 millions d'hommes serait gouvernée par une assemblée représentative, celle-ci par un petit nombre d'orateurs réduits ! et par qui les orateurs seraient-ils gouvernés quelquefois ? je n'ose le dire, mais vous pouvez facilement le deviner. Je n'aime point cette tactique nouvelle, qu'on appelle la tactique des grandes assemblées : elle ressemble trop à l'intrigue.

Quant à l'objection que s'opposer à la non-réélection, c'est violer les droits du peuple, Robespierre la réfute, en prouvant que ce n'est pas violer la liberté que de fixer les règles nécessaires pour que les élections soient utiles à cette liberté.

La cause était gagnée depuis longtemps, et l'Assemblée vota, à la presque unanimité, que ses membres ne pourraient être réélus à la prochaine législature.

Le succès de Robespierre fut d'autant plus grand qu'il marchait à la conquête d'un terrain acquis par avance.

Il faut chercher en dehors de l'Assemblée les raisons de ce succès extraordinaire, d'une proposition qui, en réalité, allait contre les intérêts personnels des membres de l'Assemblée.

La majorité des députés appartenant à la bourgeoisie espérait remplacer, au pouvoir, des hommes qu'elle avait renversés ; cette bourgeoisie avait contre elle deux ennemis : les anciens privilégiés dépouillés, formant la droite de l'Assemblée, et le peuple, les citoyens peu fortunés, les ouvriers et les artisans qui s'étaient rangés derrière le club des Jacobins, dont Robespierre était le grand oracle, depuis que Duport, Barnave et Lameth avaient perdu leur prépondérance.

Ces deux partis avaient un intérêt égal à voter la

non-réélection ; les Jacobins espéraient qu'en écartant du pouvoir les hommes qu'ils détestaient ou qui leur étaient suspects, ils pourraient obtenir les réformes qu'ils ambitionnaient ; les royalistes, la minorité des prêtres et des nobles, pensaient qu'il leur serait plus facile de venir à bout des nouveaux venus, qui n'auraient ni l'expérience, ni le savoir, ni le prestige des services rendus, et qu'ils pourraient les vaincre plus aisément ; quelques membres de la droite pensaient même que le meilleur moyen de ruiner la Révolution était de la pousser en avant, et ceux-là, comme les autres, se rangèrent de l'avis de Robespierre [1].

Tous les ennemis de la bourgeoisie, représentée par Barnave, Bailly, Lameth et Duport, semblaient gagner à ce vote.

Les royalistes annihilaient des hommes qui leur avaient fait éprouver de cruelles défaites ; les Jacobins détruisaient l'influence de leurs anciens chefs, qui avaient trompé leurs espérances et s'opposaient à leurs désirs ; Robespierre, enfin, éloignait de la tribune des adversaires éloquents qu'il réduisait ainsi au silence, tandis que son pouvoir et son influence restaient les mêmes, grâce au club des Jacobins, qu'il dirigeait et dominait.

Il n'est donc pas défendu de dire que Robespierre, tout en soutenant une cause juste, servit bien ses intérêts personnels ; et il n'y eut ni abnégation ni sacrifices de sa part, comme le prétendent ses admirateurs quand même [2].

1. Abbé Montgaillard, *Histoire de France*, t. II, p. 334.
2 Louis Blanc, t. V, p. 283.

Du 21 au 27 mai 1791.

XXII

LES PROLÉTAIRES

Les garçons cordonniers de la ville de Paris. — Les prisonniers pour mois de nourrice. — Les ateliers de bienfaisance congédiés. — Les ouvriers en grève. La question sociale. — Attitude de la municipalité. — La liberté de l'offre et de la demande. — Les pièces de circonstance sur Mirabeau. — Faux miracles. — Indignes comédies religieuses.

Une détente semblait se produire dans la vie fébrile de Paris ; on parlait vaguement de la fuite du roi, mais ces bruits duraient depuis si longtemps, que bien peu les croyaient fondés.

Les ouvriers cordonniers de la ville de Paris s'étaient cotisés pour faire célébrer un service funèbre en l'honneur de Mirabeau ; la cérémonie avait été fixée au 23 mai ; mais la corporation des cordonniers ne comportait pas moins de vingt mille membres ; la municipalité fut effrayée à l'idée de voir se réunir un pareil nombre de citoyens ; et, par des manœuvres habiles, elle arriva à faire renoncer les cordonniers à leur premier projet. Le service fut célébré à Saint-Eustache, mais six cents délégués seulement y assistèrent. Quant aux sommes recueillies par souscription et destinées à payer les frais de la cérémonie grandiose projetée à Notre-Dame, les cordonniers décidèrent qu'elles seraient consacrées à délivrer les ouvriers de la corporation, retenus à la prison pour dettes[1] à cause du non-paiement du prix des mois de nourrice ; car, chose lamentable à dire : plusieurs pères de famille étaient, à cette époque, emprisonnés pour n'avoir pu payer les soins donnés à leurs enfants par des nourrices !

Les agglomérations d'ouvriers inquiétaient les bourgeois de l'Hôtel de Ville, qui s'empressaient de licencier les travailleurs des chantiers de charité ; et, en même temps, on payait, aux ouvriers de province qui voulaient rentrer dans leur pays, le prix de leur voyage.

Cette hostilité, que la municipalité avait si souvent montrée contre les travailleurs, se manifesta une fois encore : les ouvriers du pont Louis XVI demandaient qu'on élevât, de 30 à 36 sous, le prix de leurs journées ; les ouvriers charpentiers, de leur côté, se coalisaient pour demander une augmentation de salaire ; toutes ces plaintes étaient portées au corps municipal, qui, ne comprenant rien à ces revendications légitimes, à ces prolégomènes de la question sociale qui se posait déjà, déclara « que le prix du travail doit être fixé de gré à gré entre les ouvriers et ceux qui les emploient ». En outre, le conseil de la Commune, pour faire cesser les grèves, enjoignit aux commissaires de police de « se transporter, à première réquisition, avec forces suffisantes, dans tous les lieux où quelques désordres seraient commis par les ouvriers attroupés, de faire arrêter et de constituer prisonniers les coupables, et d'envoyer, sans délai, les procès-verbaux d'arrestation à l'accusateur public de l'arrondissement ».

A de nouvelles réclamations, à de si justes demandes, la municipalité répondait que l'action pacifique des ou-

1 Les *Révolutions de Paris*,

vriers, se réunissant pour faire triompher leurs droits, était coupable, « et qu'ils devaient retourner à leur ouvrage [1] ».

En revanche, une députation de patrons, demandant la dissolution de ces réunions d'ouvriers, si calmes pourtant, était favorablement accueillie, et trouvait auprès de la municipalité appui, aide et protection.

La municipalité répondait que le prix du travail doit être fixé de gré à gré entre ceux qu'on emploie et ceux qui emploient ; que les travailleurs n'ont pas le droit d'opposer leur union au despotisme des choses ; que c'est là la liberté [2].

Il n'est pas besoin de faire remarquer l'hérésie économique commise par la Commune.

Quoi ! le malheureux ouvrier, qui ne vit que du faible produit de sa journée, qui a besoin du travail du lendemain, pour empêcher les siens de mourir de faim, est libre de discuter de gré à gré avec le patron qui s'appuie sur un riche capital ! Non, non ! il n'est pas vrai qu'il soit possible d'établir la liberté de l'offre et de la demande entre ouvriers et patrons ; entre travailleurs, réduits à la nécessité du salaire quotidien, et patrons possédant une fortune considérable ; mais cette liberté des pauvres, de mourir de faim, est un leurre et une impiété dont sont victimes les classes prolétariennes ; la coalition même de tous les intérêts des travailleurs, la grève, « cette révolte par l'inaction », comme on l'a appelée, n'est qu'une lutte inégale, où les travailleurs ont une trop grande infériorité, et pourtant ce sont ces coalitions que la municipalité poursuivait et contre lesquelles elle lançait la force armée et les commissaires de police !

1. Procès-verbaux de la Commune.
2. *Ibid.*

***

Ces questions sociales, la bourgeoisie ne les comprenait pas Elle croyait avoir suffisamment payé son tribut à la liberté, quand elle avait rendu hommage aux principes politiques, et quand elle avait applaudi de belles tirades sentimentales, comme celles que débitaient les acteurs, dans deux pièces de circonstance, représentées cette semaine : *l'Ombre de Mirabeau*, aux Italiens, où elle succédait à *Mirabeau aux champs-Elysées*, qui avait peu réussi, et *Mirabeau à son lit de mort*, au théâtre de Monsieur. Dans cette dernière pièce, on représentait Mirabeau dans son lit, avec tous les personnages qui avaient été témoins de sa mort.

Les prêtres ne perdaient pas l'occasion de susciter des troubles, et essayaient par tous les moyens, de frapper les imaginations crédules ; ils avaient recours aux miracles, cette dernière ressource des partis qui n'en ont plus.

A Boulogne-sur-Mer, il y avait une vierge qu'on disait avoir été apportée par un capucin, qui l'avait trouvée à la cime d'un arbre, dans une forêt voisine ; le 22 mai, au milieu d'une cérémonie, pendant une messe du Saint-Esprit, chantée en grande pompe, la statue, qui était placée au-dessus du maître autel, au moment de la consécration, tandis que l'officiant élevait l'hostie et que les fidèles avaient la tête courbée, fit un geste d'indignation, et poussa en même temps un cri terrible. Immédiatement le prêtre tomba sur les marches de l'autel, des femmes s'évanouirent, des hommes crièrent au miracle, ajoutant que la madone avait exprimé son irritation contre les mesures sacrilèges de l'Assemblée.

Mais des assistants, plus incrédules, s'approchent de l'autel, et ils tirent, de derrière la niche dans laquelle est juchée la vierge de bois habillée d'étoffes précieuses, deux prêtres réfractaires, qui tenaient encore la ficelle, artistement attachée pour faire mouvoir le bras de la madone [1].

Cette ridicule comédie, ainsi découverte, empêcha un grand miracle en faveur de Dieu et du roi.

Un fait analogue se produisit dans une paroisse du Limousin.

Un jeune paysan, de dix-huit ans, aimait une jeune fille, et le mariage avait été décidé. On avait choisi le curé constitutionnel, qui devait donner la bénédiction, à onze heures du soir, suivant les vieilles coutumes du pays.

Le mariage a lieu, le prêtre constitutionnel officie. Au moment où il va donner la bénédiction, on entend un grand tumulte au haut de la voûte, et une voix caverneuse, répercutée par l'écho de l'église, se fait entendre :

— Malheureux ! que faites vous ! vous serez damnés !

Les paysans sont effrayés, la jeune mariée s'évanouit, et le désordre est dans la noce.

On monte dans la voûte et on trouve, cachés dans les combles, quelques aristocrates et le curé réfractaire [2].

Voilà quels étaient les moyens ridicules employés par les curés insermentés pour troubler les consciences naïves des paysans.

1. La *Chronique de Paris*.
2. *Les Révolutions de Paris*.

XXIII

DISCUSSION DE LA PEINE DE MORT

Discours de Robespierre et de Duport. — Arguments. — La peine de mort est maintenue — La guillotine est adoptée. — Premières expériences. — Exécution du premier criminel. — Louis XVI perfectionne la guillotine. Décret qui accorde les honneurs funèbres à Voltaire. — Lettre de l'abbé de Raynal. — La maison de campagne de Linguet. — Excuses de la reine. — Le roi envoie trois délégués pour pacifier le Comtat. — Echauffourée des Théatins. — Bruits de fuite du roi.

Le 30 mai, la discussion s'ouvrit sur cette question : la peine de mort serait-elle ou non conservée ?

Robespierre, Pétion et Duport parlaient contre la hideuse et abominable peine capitale.

Robespierre s'efforça de prouver : 1° que la peine de mort est essentiellement injuste ; 2° qu'elle n'est pas la plus répiimante des peines et qu'elle multiplie les crimes, beaucoup plus qu'elle ne les prévient.

— La peine de mort est nécessaire ? s'écria Robespierre. Si cela est, pourquoi plusieurs peuples ont-ils pu s'en passer ? Par quelle fatalité ces peuples ont-ils été les plus sages, les plus heureux et les plus libres ? Si la peine de mort est la plus propre à prévenir de grands crimes, il faut donc qu'ils aient été plus rares chez les peuples qui l'ont adoptée et prodiguée ? Or, c'est précisément tout le contraire. — Ecoutez la voix de la justice et de la raison : elle vous crie que les jugements humains ne sont jamais assez certains pour que la société puisse donner la mort à un homme, condamné par d'autres hommes, sujets à l'erreur. Eussiez-vous imaginé l'ordre judiciaire le plus parfait, eussiez-vous trouvé les juges les plus intègres et les plus éclairés, il restera toujours quelque place à l'erreur et à la prévention. Pourquoi vous interdire les moyens de la réparer ?

Tel est le résumé des arguments développés par Maximilien, et que Duport vint encore appuyer de toute son autorité.

Malgré ces efforts, la peine de mort fut maintenue, et le décret du 3 juin portait que « tout condamné à mort aurait la tête tranchée ». C'était la guillotine, remplaçant la strangulation.

Pour combattre cette peine, Robespierre n'avait pas attendu d'être législateur. Au commencement de sa carrière, étant juge au tribunal de l'évêque d'Arras, obligé de condamner à mort un accusé, il avait immédiatement donné sa démission, tant la peine capitale lui inspirait d'horreur !

— Je sais bien que c'est un scélérat, disait-il, mais faire mourir un homme m'est impossible [1] !

Parmi ceux qui votèrent le maintien de la peine de mort, il en est beaucoup qui devaient, quelques mois plus tard, monter sur l'échafaud.

Tenez, je les vois fermer l'oreille aux irréfutables raisons de Duport et du député d'Arras, et voter cette peine barbare ! ils lèvent la main pour le maintien du dernier supplice. Malheureux, que faites-vous ! vous ne voyez donc pas que vous prononcez votre propre condamnation !

1. *Histoire de Robespierre*, par Hamel.

Il est trop tard pour récriminer, les événements vont marcher, et vous monterez, en grand nombre, sur cette ignominieuse guillotine, que vous venez de dresser par votre décret.

Nous avons dit déjà que la nouvelle machine avait été appelée guillotine d'après le journal *les Actes des apôtres,* lequel avait donné à l'échafaud le nom du docteur Guillotin. Cependant celui-ci ne l'avait pas inventée, mais il l'avait prônée et fait adopter par humanité, le supplice de la décapitation étant plus doux moins barbare et plus court que celui de la strangulation.

Le docteur Guillotin avait fait perfectionner la machine, [1] et la légende veut que Louis XVI ait pris part aux études de ce perfectionnement.

La guillotine fut essayée, pour la première fois, le

1. Les machines à couper le cou des suppliciés fonctionnaient en effet dès le seizième siècle en Allemagne, en Ecosse, où on l'appelait *maïden,* et en Italie, où on l'appelait *mannaïa.* — Elle fonctionna même un moment en France ; et, le 30 octobre 1632, le duc de Montmorency eut la tête tranchée dans la cour Henri IV du Capitole de Toulouse, à l'aide d'une de ces machines, composée d'un lourd couperet glissant dans les rainures de deux longues pièces de bois, plantées verticalement à la plate-forme de l'échafaud 1.

1. I. — Reproduction d'une gravure de 1553, d'Aldgrever, représentant *une exécution en Allemagne* au seizième siècle (*Illustration* du 22 mai 1869) ;

II. — *Le Voyageur français,* par l'abbé de Laporte ;

III. — *Symbolicæ quæstiones,* par Achilles Bochius, 1555.

IV. *Mémoires de Puy-Ségur* (Exécution de Montmorency), 1690 ;

V. — *Voyage en Italie,* par le P. Labat (jésuite), 1692 ;

VI. — *Mémoires de Samson,* t. II ;

VII. — *Chroniques de Jean Guilou,* publiées par le bibliophile Jacob (Paris, Sylvestre, édit., 1835, 4 vol. in-8°), t. IV, p. 55 ;

VIII. — *Mémoires sur la guillotine,* par Dubois, d'Amiens ;

IX. — *Recherches historiques et physiologiques sur la guillotine et détails sur Samson* (Paris, France, édit., 1843) ;

X. — *Etude biographique sur Guillotin.,* par R. P. (Extrait du *Moniteur Universel* des 25 février et 10 mars 1851) ;

XI. — *Monsieur de Paris,* étude de mœurs inconnues, par Léo Lespès ;

XII. — *La Guillotine,* par Frédéric Masson (le *Figaro* du 31 décembre 1854).

XIII. — *La guillotine pendant la Révolution,* par G. Lenôtre. aris 1893. (Perrin édit.).

17 avril suivant, dans une cour de Bicêtre, par Samson, qui exerçait, depuis vingt ans, les fonctions de bourreau de Paris. On apporta trois cadavres envoyés par la direction des hospices, et on renouvela trois fois l'expérience, qui réussit à merveille.

Guillotin poussa un cri de joie, Samson se déclara très satisfait; Guidon, le charpentier qui avait construit *la demoiselle*, toucha cinq mille cinq cents livres ; Cabanis fit un rapport favorable, et, le 25 avril 1792, en place de grève, on guillotina la première personne vivante, Jacques Nicolas Pelletier, condamné comme voleur et comme assassin.

Le couperet de la guillotine était primitivement en forme de croissant, aussi la décapitation éprouvait quelques difficultés.

Louis XVI s'était tenu au courant de ces essais, et on lui avait fait part des défectuosités ; le roi, qui était bon mécanicien, se fit expliquer le mécanisme par son médecin Louis, qui avait assisté aux expériences. Le docteur Louis dessina l'instrument ; le roi l'examina avec attention et arrivé au couperet :

— Le défaut est ici, dit-il; au lieu d'être en forme de croissant, le couperet devrait être triangulaire et taillé en biais comme une scie.

Et, prenant la plume des mains du docteur Louis, le roi corrigea le dessin sur le papier.

***

Dans la séance du 30 mai, l'Assemblée décréta que les cendres de Voltaire seraient transférées de Romilly à Paris, où elles recevraient les honneurs du triomphe, et qu'elles seraient placées dans l'église Sainte-Geneviève. Il y avait, ce jour-là, juste onze ans que la sépulture avait été refusée par la royauté à Voltaire,

La Société des auteurs dramatiques avait décidé d'envoyer au-devant du cercueil de Voltaire une députation de six de ses membres. Durosoy, ayant appris que la Société l'avait désigné comme délégué, écrivit la singulière lettre suivante :

« Votre choix, Messieurs, dont je suis furieusement flatté, va prouver à toute l'Europe que vous ne jugez pas suivant l'opinion publique que j'ai aussi toujours bravée. Le peuple n'osera plus siffler mes tragédies, puisqu'elles me valent ce témoignage flatteur de votre estime. C'est donc avec regret que je refuse des honneurs auxquels je suis peu accoutumé. La *Gazette de Paris*, journal si utile pour la Révolution, que je rédige, ne me permet pas de m'absenter. Vous n'ignorez pas d'ailleurs que mes oreilles ayant été mises à prix, je ne puis me montrer dans une cérémonie publique sans un grand danger pour elles. M. le chevalier du Coudray et M. Fardeau, que vous m'avez donnés pour collègues, occupés de chefs-d'œuvre pour les boulevards, me chargent de vous témoigner également leurs regrets : ils ne peuvent accepter. Je suis, etc. 1 »

« Durosoy. »

De mon grenier, le 28 mai 1791.

Le soir du 20 août, eut lieu, au théâtre de la Nation, la première représentation d'une pièce de circonstance, très applaudie : *Bienfaisance de Voltaire*, pièce dans laquelle Laya mit en scène la réhabilitation de Calas.

Le même jour, fut lue à l'Assemblée la lettre de l'abbé de Raynal, un écrivain que les persécutions de la royauté avaient rendu populaire. Raynal avait signé une *Histoire philosophique des Européens dans les deux*

1 Durosoy fut condamné à mort le 25 août 1792, par le tribunal criminel de Paris, comme auteur d'écrits contre-révolutionnaires : il fut exécuté le même jour aux flambeaux. Il laissa une lettre dans laquelle il déclarait « qu'un royaliste comme lui était digne de mourir pour son roi et sa religion le jour de Saint-Louis ». En sortant de la Conciergerie, il se blessa à la tête et s'évanouit ; on dut le porter sur la charrette où il reprit connaissance ; il fut conduit au supplice et monta les degrés de la guillotine d'un pied ferme et mourut courageusement.

Indes, histoire dont Diderot avait écrit une partie — probablement la meilleure — et qui avait eu l'honneur d'être condamnée au feu par le Parlement. Raynal avait même dû s'exiler, et il ne rentra qu'en 1791, bénéficiant de la réputation de persécuté ; il était âgé de quatre-vingt-huit ans. La réaction crut avoir trouvé une bonne occasion d'être désagréable aux hommes du parti populaire : elle offrit une gratification de vingt-quatre mille francs au vieux Raynal, qui accepta, et on lui fit écrire une lettre dans laquelle le vieillard blâmait la Révolution. Le zèle de Raynal dépassa même le but : sa lettre, lue à l'Assemblée à qui elle était adressée, n'était qu'un libelle et un acte d'accusation contre la Révolution ; en l'entendant, Bentidoux, exaspéré, s'écria :

— Si l'on est d'avis d'entendre de ces insolences-là, je m'en vais [1].

Sur la proposition de Robespierre, l'Assemblée répondit à ces insultes par le dédain, et passa à l'ordre du jour.

Les Jacobins de Marseille avaient, au début de la Révolution, placé le buste de l'abbé de Raynal dans le lieu de leurs séances ; sitôt que la Société eut connaissance de la fameuse lettre, elle fit arrêter que l'effigie du « ci-devant philosophe redevenu prêtre » serait portée à l'hospice Saint-Lazare où étaient détenus les fous, et le buste y fut en effet transporté, dans la voiture affectée aux malades.

Comme incident, nous devons citer aussi celui de la maison de campagne de Linguet, qui avait acheté, près de Saint-Cloud, une propriété ayant appartenu à M. de Brienne. Sous l'ancien propriétaire, les portes

1. *Histoire parlementaire* de Buchet et Roux, t. X.

du parc restaient ouvertes, et la reine, pour abréger le trajet de la forêt au château, passait habituellement dans les allées de ce parc. Linguet ordonna de fermer les portes ; mais les domestiques de la reine voulurent traverser la propriété, comme auparavant ; deux heures avant la sortie de Marie-Antoinette, ils firent sauter les serrures, et la reine passa, comme de coutume, dans son carrosse.

Linguet ne perdit pas une si belle occasion de se mettre en vue : il cria à la violation de sa propriété ; la reine s'empressa de lui envoyer deux officiers de sa maison, pour lui présenter des excuses que Linguet accepta. Deux ans auparavant, pour une plainte analogue, Linguet aurait été enfermé à la Bastille.

Le 2 juin, le roi nomma Lascène, l'abbé Mulot et Verninac, médiateurs pour apaiser les troubles du Comtat Venaissin ; les trois commissaires partirent, le 3 juin, à une heure du matin ; ils furent assez heureux pour faire signer la paix six jours après, pour obtenir la levée du siège de Carpentras et rétablir la tranquillité dans le Comtat.

A Paris, le jour même où des pacificateurs étaient nommés pour Avignon, le 2 juin, une échauffourée eut lieu à l'église des Théatins, où un prélat réfractaire disait la messe. Le peuple, croyant à une manifestation contre-révolutionnaire, entre dans l'église, où il trouve deux ou trois cents dévotes qui baisent les mains de l'évêque non juré [1] ; les patriotes attendent que la cérémonie soit terminée, puis ils brisent les chaises, les bancs, les tables et les gradins. Le surlendemain, l'effervescence augmenta ; l'église fut envahie de nouveau, mais la garde nationale intervint et rétablit l'ordre [2].

1. *Histoire parlementaire* de Buchet et Roux, t. X.
2. *La Chronique de Paris.*

Au milieu de ces événements, on commença à parler, avec une nouvelle persistance de la fuite du roi ; mais il y avait si longtemps que de semblables bruits couraient que bien rares furent ceux qui attachèrent de l'importance à ces rumeurs.

Cependant le *Moniteur* publiait une lettre d'Allemagne, dans laquelle on insistait sur ce nouveau projet du roi de prendre la fuite. Dans la séance du 1er juin, le ministre des Affaires étrangères, Montmorin lui-même, dénonça cette lettre à l'Assemblée, ajoutant que le projet d'évasion était « absurde ».

Plusieurs membres de la droite demandèrent que le rédacteur du *Moniteur* fût immédiatement chassé de la tribune qu'il occupait dans la salle des séances, et que l'Assemblée enjoignît elle-même à l'accusateur public de poursuivre l'éditeur du journal, Panckoucke.

Robespierre combattit ces propositions, exposant que ce n'était pas à l'Assemblée constituante à se charger des vengeances ministérielles. Enfin, en ce qui concernait l'accusation elle-même, savait-on si elle était fausse ou vraie [1] ?

L'Assemblée vota la question préalable ; on était à vingt jours du voyage de Varennes.

Cette semaine, fut publié le tableau de la répartition des contributions foncières et mobilières d'après lesquelles était fixé le nombre des députés dans chaque département. Nous donnons ce tableau complet, comme un curieux document de l'histoire électorale française.

1. *Histoire de la Révolution*, par Hamel.

Noms des départements	Contribution foncière.	Contribution mobilière.	Total des deux contributions.	Nombre des députés
Ain	1,452,500	235,400	1,787,900	6
Aisne	4,757,900	991,700	5,749,600	12
Allier	1,978,800	437,700	2,416,500	7
Hautes-Alpes	728,500	168,800	897,300	5
Basses-Alpes	921,100	213,900	1,135,000	6
Ardèche	1,228,100	276,900	1,505,000	7
Ardennes	2,576,300	572,800	3,149,100	8
Ariège	745,600	157,100	902,700	6
Aube	2,711,600	608,600	3,320,200	9
Aude	2,577,200	552,500	3,129,700	8
Aveyron	3,164,000	668,100	3,832,100	9
B.-du-Rhône	2,226,800	944,600	3,171,400	10
Calvados	5,684,700	1,212,500	6,897,200	12
Cantal	2,640,300	617,900	3,267,200	8
Charente	2,704,400	571,900	3,276,300	9
Charente Inf.	3,606,100	692,400	4,348,500	11
Cher	1,558,900	350,200	1,909,100	6
Corrèze	1,856,700	427,700	2,280,400	7
Corse	223,900	60,900	284,800	6
Côte-d'Or	3,387,400	721,800	4,109,200	10
Côtes-du-Nord	2,163,500	403,200	2,566,700	8
Creuse	1,510,600	374,800	1,885,400	7
Dordogne	2,805,100	585,000	3,390,100	10
Doubs	1,348,800	285,100	1,633,900	6
Drôme	1,681,800	376,500	2,061,300	7
Eure	4,983,000	986,900	5,969,900	11
Eure-et-Loir	3,874,700	929,800	4,804,500	9
Finistère	1,742,900	650,200	2,393,100	8
Gard	2,297,[illegible]00	486,500	2,783,800	8
Haute-Garonne	3,775,900	832,000	4,608,900	12
Gers	2,714,700	580,800	3,295,500	9
Gironde	3,958,900	1,308,400	5,267,300	12
Hérault	3,483,900	766,500	4,250,400	9
Ille-et-Vilaine	2,604,300	542,400	3,146,700	10
Indre	1,399,700	329,100	1,728,800	6
Indre-et-Loire	2,432,000	554,700	2,986,700	8
Isère	3,181,800	735,500	3,917,300	9
Jura	1,725,700	415,600	2,141,300	8
Landes	1,[illegible]51,[illegible]00	267,000	1,518,300	6
Loir-et-Cher	2,262,100	580,200	2,842,300	7
Haute-Loire	1,629,500	351,100	1,980,600	7
Loire-Inf.	2,034,200	946,500	2,980,700	8
Loiret	3,241,500	644,800	3,886,300	9
Lot	3,060,300	611,700	3,672,000	10
Lot-et-Garonne	3,194,800	697,600	3,892,400	9
Lozère	843,900	179,600	1,023,500	5
Maine-et-Loire	3,871,500	884,800	4,756,300	11
Manche	5,051,800	1,093,300	6,145,100	13
Marne	4,151,800	925,800	5,077,600	10
Haute-Marne	2,365,000	514,200	2,879,200	7
Mayenne	3,040,600	707,900	3,748,500	8
Meurthe	2,247,700	336,700	2,584,400	7
A Reporter	132,664,400	30,368,000	163,188,000	436

Noms des départements.	Contribution foncière.	Contribution mobilière.	Total des deux contributions.	Nombre des députés.
Report........	132,664,400	30,368,600	163,188,000	436
Meuse..........	2,159,100	428,400	2,587,500	8
Morbihan.......	1,926,600	403,000	2,529,600	7
Moselle.........	2,448,500	432,600	2,881,100	8
Nièvre..........	1,913,000	411,200	2,324,200	7
Nord	5,175,800	1,033,400	6,259,200	12
Oise	4,898,700	1,046,500	5,945,200	12
Orne............	3,558,600	775,000	4,333,600	10
Paris	12,571,400	8,158,200	20,729,600	24
Pas-de-Calais ..	3,323,500	509,500	3,836,000	11
Puy-de-Dôme ...	3,789,200	849,100	4,638,300	12
Htes-Pyrénées...	752,100	135,400	887,500	6
Basses-Pyrénées.	1,013,800	199,800	1,213,600	6
Pyrénées-Oles...	883,000	159,800	1,042,800	5
Haut-Rhin......	1,855,000	405,600	2,260,600	7
Bas-Rhin.......	2,369,300	503,000	2,872,300	9
Rhône-et Loire..	6,333,000	1,921,100	8,254,100	15
Haute-Saône....	1,765,300	372,000	2,137,300	7
Saône-et-Loire...	3,661,900	751,200	4,413,100	11
Sarthe..........	3,796,100	859,200	4,655,300	6
Seine-et-Oise....	7,312,400	1,611,900	8,954,300	14
Seine-Inf........	7,057,400	2,364,300	9,421,700	16
Seine-et-Marne..	5,450,800	1,200,200	6,651,000	11
Deux-Sèvres.....	2,546,500	555,100	3,101,600	7
Somme.........	5,6[illegible]1,600	1,186,400	6,768,000	13
Tarn	2,621,800	589,300	3,211,100	9
Var............	1,788,800	408,700	2,197,500	8
Vendée.........	2,572,900	565,600	3,056,500	9
Vienne..........	1,718,900	337,600	2,138,500	8
Haute-Vienne...	1,810,100	417,200	2,227,300	7
Vosges.........	1,638,100	315,900	1,954,000	8
Yonne	2,950,400	625,200	3,575,600	9
Totaux...	240,000,000	60,000,000	300,000,000	518

Comme on le voit, ce n'est pas le citoyen qui vote, mais, en quelque sorte, la propriété représentée par la contribution. Tout citoyen qui paie est actif; tout citoyen actif vote pour des électeurs, et ces électeurs, à leur tour, nomment le député.

Du 5 au 11 juin 1791.

XXIV

DANGERS AU DEDANS ET AU DEHORS

Bruits de la fuite du roi. — Le club des Jacobins demande le licenciement des officiers. — Discussion à l'Assemblée. — Le licenciement repoussé. — Moyen adopté. — Le prix des régiments remboursés à leurs colonels. — Duport et Robespierre nommés membres du tribunal criminel. — Duport refuse. — Motif. — Colère de Camille. — La coalition se forme. — Lettre de Marie-Antoinette à Léopold. — La prétendue loyauté et la prétendue franchise de Louis XVI.

Le bruits de la fuite probable du roi recommençant à courir avec plus de persistance que jamais, l'attention des clubs fut naturellement attirée sur les éventualités qui pourraient se produire à la suite d'un pareil événement. On se demanda, notamment, quelle serait, dans cette hypothèse, la conduite de l'armée, dont les cadres étaient composés presque entièrement de membres de l'ancienne noblesse. Poser la question, c'était la résoudre : sans aucun doute. L'armée, ainsi commandée, était une arme toute prête au service de la contre-révolution.

Le club des Jacobins discuta la question et demanda le licenciement des officiers.

Quelques jours plus tard, le 10 juin, le même sujet fut porté devant l'Assemblée nationale ; le rapporteur se contenta de proposer que l'on exigeât, de tous les officiers, un serment de fidélité à la Constitution ; ceux qui se refuseraient seraient congédiés, et on ne eur servirait que le quart de leurs appointements.

Robespierre, dont le rôle devenait tous les jours plus considérable, combattit ces conclusions.

— Que nous proposent les comités ? dit-il, de stimuler l'honneur des officiers, d'accorder un traitement à ceux qui refuseront le serment ? De quel honneur vient-on nous parler ? Quel est cet honneur au-dessus de la vertu et de l'amour de son pays ? Je me fais gloire de ne pas connaître un pareil honneur. On nous propose d'accorder un traitement à ceux qui ne veulent pas jurer de ne pas conspirer contre leur patrie : quel singulier genre de libéralité ! je prétends que le licenciement des officiers est indispensable !

Les membres de la droite votèrent avec le centre, le projet du comité fut adopté ; l'on se borna à exiger des officiers une déclaration, signée, de leur obéissance à la Constitution.

On laissait ainsi l'épée de la Révolution aux mains des officiers attachés à l'ancien régime par leur naissance, leur éducation et leurs idées.

Déjà, la semaine précédente, les officiers généraux avaient été remboursés du prix de leurs régiments, autrefois équipés à leurs frais.

Des propriétaires des régiments, prouvant que leurs hommes étaient arrivés équipés au service de la France, étaient remboursés sur le pied de 200 livres par homme et de 250 livres par cheval. Les colonels, ne pouvant pas prouver que leur régiment était arrivé tout équipé, reçurent une indemnité de 200,000 francs.

Ainsi finit la propriété matérielle que les grands seigneurs de l'ancien régime avaient sur les soldats français.

***

Pendant cs temps, les électeurs procédaient aux élections du tribunal criminel de Paris ; animés de l'esprit démocratique, les parisiens choisirent les deux députés qui venaient, quelques jours auparavant, de combattre la peine de mort, à la tribune de l'Assemblée : Duport et Robespierre.

Duport fut nommé président, et Robespierre, accusateur public, fonctions qui correspondaient assez à celles que nous attribuons aujourd'hui au procureur de la République.

Duport, qui avait fait tous ses efforts pour empêcher l'élection de Maximilien, qu'il n'aimait pas, refusa la place de président, pour ne pas siéger à côté du député d'Arras.

Ce refus fut sévèrement apprécié par les journaux patriotes. Camille Desmoulins, notamment, écrivait :

« Misérable hypocrite, tu repousses de ton tribunal Robespierre, c'est-à-dire la probité même ! et, n'ayant pu réussir à l'écarter, tu désertes le poste où t'avait placé la confiance, ou plutôt l'erreur de tes concitoyens. »

Et plus loin :

« Et pourquoi cette haine irréconciliable ?

« Tu n'ignores pas l'estime universelle dont il jouit ! les couronnes civiques que lui ont décernées des sociétés fraternelles ? Tu as été témoin, cent fois, des applaudissements unanimes qu'ont excités parmi les Jacobins ses discours et sa seule présence.

« Personne n'ignore que tu ne peux pardonner à Robespierre d'avoir écarté, pendant quatre ans, des places du ministère, les membres de la législature.

« Ne te flatte point de faire changer l'opinion de notre Aristide. »

Robespierre, nous l'avons déjà dit, avait été élu, quelques mois auparavant, juge au tribunal de Versailles ; il donna sa démission, avant même d'avoir été siéger une seule fois [1]. « Des circonstances impérieuses, puisées dans l'intérêt public, écrivait-il au procureur-syndic du département de Seine-et-Oise, m'ont forcé d'accepter les fonctions importantes et pénibles d'accusateur public près le tribunal criminel de Paris ; mais le sacrifice auquel elles me condamnent ne fait que redoubler les sentiments de reconnaissance et d'attachement que j'ai voués pour ma vie aux citoyens de la ville et du district de Versailles. »

La haute position à laquelle il venait d'être appelé par le choix des électeurs compensa largement, pour Robespierre, la perte du repos qu'il avait entrevu et désiré dans la modeste place de juge au tribunal civil d'une petite ville de province.

⁂

Louis XVI, résolu à fuir, était entré en correspondance avec le duc de Bouillé, point du tout partisan de cette tentative, qu'il considérait comme très hasardée, trés dangereuse et capable de perdre la monarchie, en cas d'insuccès [2].

Léopold, empereur d'Autriche, frère de Marie-Antoinette, qui venait d'avoir, à Mantoue, une entrevue avec Calonne, représentant et conseiller du comte d'Artois, partageait l'avis de Bouillé [3].

Le roi, décidé maintenant à la fuite, ne devait se

1. Hamel, *Histoire de Robespierre.*

2. Bouillé, *Mémoires*, ch. IX, p. 182.

3. *Mémoires tirés des papiers d'un homme d'État*, t. I, p. 113-114.

laisser arrêter par aucune considération : il faisait remettre aux rois de l'Europe des dépêches confidentielles, déclarant que toute sanction donnée par lui aux décrets de l'Assemblée devait être réputée nulle ; que toute démarche en faveur de la Constitution devait être interprétée dans un sens opposé, et que, plus son adhésion serait éclatante, moins il faudrait y croire [1].

Voilà ce que l'on a appelé si souvent la loyauté d'un honnête homme, victime de son éducation !

Les rois achevaient de former cette formidable coalition qui allait ensanglanter l'Europe, et dans laquelle se trouvaient l'Autriche, la Prusse, la Russie et l'Angleterre ; la Sardaigne, l'Espagne, la Suisse, les petits États de l'Empire avaient donné leur adhésion...

Le plan adopté était fort simple.

Au mois de juillet, on mettait trente-cinq mille hommes en marche du côté du Nord, sur la frontière belge ; quinze mille hommes allemands devaient marcher contre l'Alsace, quinze mille Suisses du coté de Lyon, et autant de Sardes vers Grenoble. Le Roussillon devait être envahi par vingt mille Espagnols, pendant que les Anglais surveilleraient les côtes de l'Océan [2].

Le roi libre, ces diverses armées, accrues et augmentées selon les besoins, se seraient portées dans l'intérieur du pays, et auraient rétabli, par la force des armes, l'autorité absolue du roi de France.

Marie-Antoinette, très au courant de ces divers projets, écrivait à son frère Léopold, en lui parlant de la fuite prochaine :

7 juin 1791

« Il est prudent de ne rien dire de confidentiel au

1. Louis Blanc. t. V, p. 345.

2. *Mémoires tirés des papiers d'un homme d'État*, t. I, p. 3.

« comte d'Artois sur ce que vous savez, car son zèle le « porterait à s'ouvrir à ses entours. Je fonde quelque « espérance sur le projet, et votre ami, une fois en « liberté, pourra faire des conditions au lieu d'en « recevoir ; sa cause est juste et c'est celle de tous « les honnêtes gens qui malheureusement sont trop « timides..... Moi et nos enfants se portent bien et ont « beaucoup de courage au milieu de tous nos maux.

« MARIE-ANTOINETTE. »

Tels étaient les plans de la cour et de l'Europe.

Remarquons qu'au moment où nous sommes arrivés, la cour n'a eu à redouter aucune violence, et la monarchie aucune tentative républicaine. Le peuple n'était pas hostile à Louis XVI, et le plus avancé des Jacobins, comme Robespierre, le plus fougueux des Cordeliers, comme Danton, ne demandaient pas au delà d'une monarchie constitutionelle.

C'est pour empêcher cette monarchie représentative que Louis XVI va fuir, et que l'Europe médite d'écraser la France.

On va mettre la France dans cette cruelle alternative de vaincre ou de périr, et, parce qu'elle aura vaincu, sauvant à la fois son intégrité territoriale et son indépendance, on lui reprochera ses violences et ses efforts, au milieu desquels le sang aura coulé.

A qui la faute ?

1. Cette lettre a été publiée pour la première fois par Louis Blanc (t. V, ch. v, p. 330), qui en a eu le manuscrit original sous les yeux.

Du 12 au 18 juin 1791.

XXV

MENUS FAITS ET PETITS INCIDENTS

Les communiants de la paroisse Notre-Dame. — Ils vont aux Jacobins. — Ils sont reçus à l'assemblée. — La droite s'agite. — Les infortunes de l'avocat Morizot. — Dure réponse de Louis XVI. — Retraite momentanée de Dubois-Crancé. — Mort de sa femme. — Les conditions « d'activité » et d'électorat. — Nombre des électeurs de Paris. — Procès de Santerre contre Lafayette.

Un des caractères de la Révolution et des révolutionnaires fut d'aimer la pompe, l'ostentation et tout ce qui se rapprochait de la mise en scène. Nous avons eu à le constater dans la plupart des circonstances importantes et des graves événements que nous avons racontés.

La première communion, faite par les enfants de la paroisse Notre-Dame, donna lieu à des manifestations théâtrales, auquelles s'associa le clergé, et qui provoquèrent des scènes tumultueuses dans le sein de l'Assemblée, comme nous allons le voir.

Les enfants avaient communié, le 12 juin, des mains de l'évêque Gobel : le lendemain, on les promena en procession dans les rues de Paris ; le 14, le vicaire général de l'évêque de Paris, l'abbé Baudin, les conduisit au club des Jacobins, où ils rendirent hommage aux principes de tolérance qu'on leur enseignait [1].

1. *Chronique de Paris.*

Un des jeunes enfants monta à la tribune et récita une déclaration en style ampoulé, comme celui de toutes les professions de foi du même genre, et qui se terminait par ces paroles, adressées aux membres du club : « C'est à la lumière de votre philosophie que le Français catholique doit le bonheur de reconnaître un frère dans le Français d'un culte différent, et, malgré les efforts des séditieux, intéressés à perpétuer l'erreur, vous avez mis au grand jour cette vérité sublime, répétée tant de fois, mais en vain, par Voltaire, sous le règne des despotes : « La vertu des humains n'est pas dans leur croyance. »

Le 19, les communiants furent admis à la barre de l'Assemblée : un jeune orateur prit, là aussi, la parole, et débita un véritable discours, dû à la plume du vicaire Baudin, et dans lequel il était dit : « A peine sortis des mains de la religion, nous sommes accourus au milieu de vous, pour vous faire l'hommage du patriotisme religieux dont nos âmes sont pénétrées. » — Il terminait en jurant de porter les Droits de l'Homme » jusqu'aux extrémités des deux mondes ». L'enfant finissait, en jurant d'être fidèle à la nation à la loi et au roi

Tous les enfants, imitant ce qu'ils avaient vu si souvent faire par leurs aînés, étendaient la main et s'écriaient ensemble :

— Nous le jurons ?

Le président répondit en félicitant les enfants ; et l'Assemblée, après avoir ordonné l'impression du discours des jeunes communiants et la réponse de son président, accorda aux premiers les honneurs de la séance.

***

Cette décision ne fut pas prise sans soulever les plus

vifs mécontentements de la droite. Le député Folleville, en protestant contre « cette cérémonie enfantine, » demanda qu'on fît imprimer, à la place du discours du président, celui qui avait été prononcé la veille, sur le même sujet, par le président du club des Jacobins.

Maury se mêla à la discussion ; des interpellations violentes partirent à droite et à gauche, cinquante membres de la droite s'élancèrent au milieu de la salle, en menaçant du poing leurs collègues de la gauche. Verthamon alla jusqu'à traiter le royaliste Foucault de *jean-foutre* ! Enfin, après une heure de tumulte indescriptible [1], le calme se rétablit, non sans peine, et l'Assemblée reprit ses discussions sur le Code pénal.

Le lendemain de cette séance orageuse, une autre scène de scandale se produisit dans la chapelle des Tuileries, pendant que le roi et la reine assistaient à la messe.

Au moment où le célébrant entonnait le *Domine salvum fac*, un assistant, l'avocat Morizot, monta sur une chaise, et élevant la voix, s'adressa à Louis XVI, qui était dans la tribune, il cria qu'il demandait justice contre un misérable ministre et sa maîtresse ; en même temps, il priait la reine de s'intéresser à cette affaire [1].

Déjà, avant la messe, Morizot s'était placé sur le chemin du roi, le suppliant de s'occuper de sa réclamation. Louis XVI lui avait répondu :

— Vos affaires ne me regardent pas [2].

Furieux, le malheureux avocat résolut de se livrer à cette scène publique, dont le résultat fut l'arrestation

1. *Révolutions de Paris.*

2. *Révolutions de France et de Brabant.*

de Morizot, qu'on conduisit au poste du commissaire de police [1].

Si Morizot n'obtint pas gain de cause, du moins parvint-il à faire entendre sa réclamation, car les journaux s'occupèrent de lui, et tout le monde sut qu'il avait été réduit à la misère par suite des vengeances de la maîtresse du ministre Delessart, qui, par des calomnies, était parvenue à le faire chasser d'une place de 6.000 livres, qu'il occupait dans les bureaux de la Loterie.

On prit parti pour l'infortuné Morizot contre la courtisane, et les journaux patriotes soulignèrent la fin de non-recevoir, quelque peu brutale, de Louis XVI, qui, en présence d'une injustice, n'avait trouvé à répondre que ces mots : « Vos affaires ne me regardent pas ! » On arrêta ce petit scandale en indemnisant Morizot.

***

Du reste, le public aimait assez pénétrer dans la vie privée, non seulement des maitresses des ministres mais encore des hommes politiques en général ; un des députés populaires, Dubois-Crancé, ayant cessé, depuis quelques jours, de paraître dans les clubs, reçut un nombre considérable de lettres, lui demandant les raisons de sa disparition. Dubois-Crancé répondit par la lettre suivante [2] :

13 juin 1791.

« Dans la position où je me trouve, je n'ai d'autre moyen d'être juste et reconnaissant que de vous prier, Monsieur, d'insérer dans *le Moniteur* la déclarationt suivante :

« J'ai reçu depuis quelques jours nombre de lettres

1. *Chronique de Paris.*
2. *Moniteur*.

auxquelles je me serais empressé de répondre si toutes les facultés de mon âme n'étaient en ce moment dirigées vers un seul point qui la comprime d'une manière bien cruelle.

« Je supplie ceux qui m'ont honoré de leur estime de considérer qu'un homme dont le cœur est abîmé de douleur, dont les yeux sont sans cesse noyés de larmes et qui tient, jour et nuit, expirante dans ses bras, une femme adorée, mérite de la part de ses amis quelque indulgence,

» DUBOIS-CRANCÉ. »

Le motif était vrai : Madame Dubois-Crancé mourut, le surlendemain, dans sa petite maison, située au fond d'un jardin, au numéro 10 du faubourg Montmartre.

Paris s'occupait non seulement des députés dont le mandat allait expirer, mais encore des élections qui se préparaient pour remplacer les membres de l'Assemblée nationale qui avaient voté leur non-réélection.

La municipalité venait de terminer un travail qui portait, pour Paris, le nombre des électeurs remplissant les conditions légales, à 77, 371, soit au dixième, à peu près, de la population.

Les conditions légales requises pour avoir les capacités pour l'électorat étaient :

1° Être Français ;

2° Majeur de vingt-cinq ans ;

3° Domicilié dans la section depuis un an ;

4° Payer une contribution directe de trois journées de travail ;

5° N'être point dans l'état de domesticité ;

6° N'être point banqueroutier ;

7° Avoir payé sa part virile des dettes de son père ;

8° Être enregistré pour le service des gardes nationales ;

9° Avoir payé tout ou partie de sa contribution patriotique.

Quand on remplissait ces neuf conditions, on était citoyen actif, c'est-à-dire que l'on participait à l'élection des électeurs ; les élections avaient lieu, en effet, à deux degrés. Pour Paris, les 77,371 citoyens actifs nommèrent 779 électeurs, qui eux-mêmes élurent les 24 députés de Paris.

Dans ces conditions, on comprend quelle influence devaient exercer dans les scrutins les hommes populaires, ceux qui avaient acquis l'amitié et la confiance du peuple, soit par leur conduite soit par leurs discours dans les clubs et les réunions. De ce nombre était le brasseur Santerre, commandant le bataillon de la garde nationale du faubourg Saint-Antoine, Santerre qui soutint, cette semaine, contre Lafayette et son aide de camp, Desmottes, un procès qui mit en ébullition tout le faubourg.

On se souvient qu'à la suite du mouvement du 28 février sur Vincennes, Santerre eut une altercation avec Lafayette. Celui ci le fit traduire devant le comité de surveillance, qui le renvoya absous [1]. Santerre poursuivit alors à son tour Lafayette, pour dénonciation calomnieuse, devant le tribunal ; les plaidoiries occupèrent, à elles seules, trois audiences, qui furent suivies avec un empressement extraordinaire. Les amis de Lafayette s'attaquèrent à l'avocat du commandant des Enfants-Rouges, Verrière, essayant de discréditer le client en diminuant l'avocat ; ils excitèrent un créancier de Verrière, qui fit mettre en vente les meubles de l'avocat, pour une dette de 100 livres ; le jour où celui-ci devait plaider, on affecta de tapisser les murs du tribunal des affiches de cette vente. Le club des Cordeliers fit cesser les poursuites, en indemnisant le créancier de Verrière, l'avocat

1. *Histoire parlementaire* de Buchet et Roux, vol. X, p. 219.

des patriotes avancés qui avait déjà plaidé pour Marat et Fréron dans l'affaire des mouchards.

Le tribunal se déclara incompétent et renvoya les parties devant les juges militaires. L'affaire fut arrêtée là, mais il resta de ce procès des griefs nouveaux contre la bourgeoisie, qui, pour défendre son général, n'avait pas craint de recourir à de si misérables moyens.

Du 19 au 25 juin 1791.

XXVI

LA FUITE A VARENNES

Précautions prises autour du château. — Préparatifs. — Choix de la route qu'on doit suivre. — Porte par où l'on doit fuir. — Le cocher et les postillons. — Fersen essaie la voiture. — Départ fixé au 19. — Dispositions prises par Bouillé. — Goguelat reconnaît la route. — Ruses pour cacher le départ. — Marat annonce la fuite. — Lafayette est prévenu. — Le départ retardé d'un jour. — La reine sur les boulevards. — Camille et Danton passent devant les Tuileries. — Tout dort ! — En route ! — Les fautes commises. — Les incidents et les accidents de la route. — Le roi est reconnu une première fois, mais pas dénoncé. — Les hussards se retirent à Varennes. — Drouet reconnaît le roi. — L'arrestation racontée par Drouet. — Le comte de Damas veut sauver la famille royale. — Manque d'énergie de Louis XVI. — Marie-Antoinette supplie Madame Sausse. — Départ du roi pour Paris. — Bouillé arrive trop tard. — Physionomie de Paris au matin du 21. — La foule aux Tuileries. — Le lit de la reine. — Le bonnet de nuit de Marie-Antoinette. — Respect populaire pour les livres du dauphin. — Au Palais-Royal. — Les femmes montent la garde. — Séances de l'Assemblée. — Proclamation de Louis XVI. — Marat demande un dictateur. — Aux Jacobins. — Le roi est arrêté. — Assassinat du marquis de Dampierre. — Ovation à Châlons. — Arrivée des trois délégués. — La reine subjugue Barnave. — Froideur de Pétion. — Le Dauphin épelle. — A Meaux. — Générosité de Pétion. — Paris ! — Dignité du peuple parisien. — Les forcenés. — Beau trait du royaliste Guilhermy. — Noble élan de la reine. — La famille royale prisonnière.

Les bruits de la fuite du roi s'étant répandus avec persistance, on avait pris des précautions, qui devaient demeurer inutiles. Six cents gardes nationaux montaient, jour et nuit, la garde autour du château ; des sentinelles étaient placées à chaque porte du jardin, le long de la terrasse, de cent pas en cent pas. Il y avait des factionnaires dans tous les couloirs du palais.

Cette surveillance ne découragea pas le roi qui, au milieu de ses six cents gardes, continua tranquillement ses préparatifs de départ. Il fut convenu que l'on se retirerait à Montmédy, ville fortifiée, à deux pas de l'Autriche et du Luxembourg, ce qui permettrait à l'empereur d'envoyer des renforts au moindre signal, ou au roi de s'enfuir dans le Luxembourg, en cas de danger. Le marquis de Bouillé, commandant les régiments allemands à Metz, s'était chargé de protéger la fuite de la famille royale.

Bouillé avait proposé au roi de gagner Montmédy par la route de Reims, qui était plus facile à couvrir et sur laquelle il y avait très peu de villes à traverser; mais on dut renoncer à cette proposition, Reims étant le lieu où Louis XVI avait été sacré, et sa figure y étant trop connue. On choisit alors la route de Châlons, par Clermont et Varennes. La reine se chargea de tout, depuis Paris jusqu'à Châlons-sur-Marne, et Bouillé promit de tout préparer depuis Châlons, qui était la première ville de son commandement [1].

Il fut convenu qu'on sortirait du château des Tuileries par la porte d'un appartement donnant sur la cour des Princes, et par laquelle avaient coutume de sortir, chaque soir, vers onze heures, les gens du château, leur service terminé. Les sentinelles placées dans cette cour assistaient habituellement à ces sorties, et il y avait peu de danger à craindre de ce côté.

De plus, depuis quelques jours, on faisait sortir M. de Coigny tous les soirs, par cette porte. M. de

1. *Relation du voyage à Varennes*, par un prélat (M. de Fontanges).

Coigny, portait un habit de même couleur que celui que devait revêtir le roi, il avait une perruque semblable, et, comme les tailles de l'ami et du mari de Marie-Antoinnette étaient à peu près égales, on espérait que, le soir de la fuite, Louis XVI passerait ainsi inaperçu, et serait pris pour un domestique ordinaire.

Ce fut encore un des chevaliers passionnés de la reine, un jeune suédois, le comte de Fersen, qui procura les chevaux et la voiture. Trois gardes du corps, MM. de Valory, de Moutier et de Malden, endossèrent la casaque jaune du postillon [1].

Quelques jours auparavant, Fersen avait essayé la voiture qu'il avait fait construire. C'était une énorme berline, traînée par six chevaux, et qui, par ses proportions, attirait forcément l'attention des passants.

Au moment où Fersen essayait la solidité de sa voiture, sur la route de Vincennes, il rencontra le duc d'Orléans, qui se promenait avec sa maîtresse, Madame de Buffon.

Êtes-vous fou, mon cher comte? dit le prince, vous jouez là un jeu à vous casser le cou !

— C'est que je ne veux pas que ma voiture se rompe en route, fit le comte.

— Pourquoi donc est-elle si grande? nous enlèverait-elle tout un chœur de l'Opéra?

— Non, Monseigneur, je vous le laisse.

— Adieu, bon voyage [2] !

Et le comte continua ses expériences.

***

Ces précautions étant prises, le départ fut fixé à la

1. *Relation du voyage à Varennes*, par un prélat.

2. *Mémoires du comte d'Allonville*, t. II. ch. XIII p. 221.

nuit du 19 au 20 juin; Bouillé en fut prévenu, et il plaça des détachements de dragons aux principaux passages, entre Châlons et Montmédy; pour écarter tout soupçon de la part des populations, Bouillé avait fait répandre le bruit que les Autrichiens rassemblaient un corps de troupe à la frontière [1]. Enfin le baron de Goguelat, un officier du corps des ingénieurs, reconnut la route et put s'assurer que toutes les dispositions avaient été bien prises [2]. Le roi n'avait qu'à fuir, le succès était certain, et la guerre civile pouvait commencer, dès que Louis XVI aurait mis le pied à Montmédy.

A Paris, le roi cachait son voyage, et prouvait une fois de plus que son précepteur n'avait pas perdu son temps en lui enseignant le mensonge et la dissimulation : il faisait annoncer qu'il suivrait la procession de la Fête-Dieu de sa paroisse et paierait les frais du reposoir [3]. Il ordonnait, en outre, de placer une pierre de la Bastille sur la table du conseil.

La reine ne demeurait pas en arrière; elle promettait de fournir l'attelage de chevaux blancs pour traîner le char qui devait porter les cendres de Voltaire au Panthéon [4]. Rencontrant, dans la galerie du palais, le ministre des Affaires étrangères, de Montmorin, elle l'arrêta et lui demanda s'il avait vu Madame Elisabeth, et, élevant la voix pour être entendue :

— J'ai fait tout au monde pour la décider à assister à la procession de la Fête à Dieu : elle paraît s'y refuser; il me semble pourtant qu'elle devrait bien faire à son frère le sacrifice de son opinion [5].

1. *Mémoires de Bouillé*, ch. XI p. 236.
2. *Mémoires du baron de Goguelat.*
3. *Chronique de Paris.*
4. *Histoire de France*, par l'abbé de Montgaillard, t. II, p, 369.
5. *Mémoires de Ferrières*, t. II, liv. X, p. 333.

Au milieu de cette comédie, la voix accusatrice de Marat se fit entendre : « Vous êtes assez imbéciles pour ne pas prévenir la fuite de la famille royale. Parisiens, insensés Parisiens, je suis las de vous le répéter : ramenez le roi et le Dauphin dans vos murs ; gardez-les avec soin ; renfermez l'Autrichienne, son beau-frère, le reste de la famille [1]. »

Cette dénonciation de Marat, qui dénonçait toujours, ne fut pas prise au sérieux ; pourtant cette fois le terrible écrivain ne se trompait pas. Il tenait l'annonce du projet d'un nommé Javardin, amant d'une blanchisseuse de la cour, qui avait trouvé dans la poche d'un peignoir d'une dame de service de la reine, une lettre dans laquelle on disait : « Les papiers sont prêts ; on va préparer les voitures pour partir [2]. »

Bailly et Lafayette avaient été aussi prévenus, et ce dernier, s'entretenant avec M. d'Ormesson, lui avait dit, en lui montrant un morceau de drap :

— Voici l'échantillon de l'habit que le roi à fait faire pour partir [3].

Enfin, comme on ne quittait pas Paris sans passeport, le comte de Fersen s'en procura un, qui avait été demandé par une de ses amies, la baronne russe de Korff, pour elle, un valet de chambre, deux enfants et deux femmes [4].

Tout semblait réussir au gré du roi, quand une femme de chambre du Dauphin, très attachée à la famille royale, et qui devait prendre le service le 19, se trouva malade, et ce fut une autre femme de chambre, ayant des relations avec les patriotes, qui la remplaça

1. *L'Ami du peuple.*

2. *Mémoires de Tans* (partie des *Mémoires de Goguelat,* t. III p. 41 et suiv.)

3. *Histoire de France,* par l'abbé Montgaillard. *Ut suprà.*

4. Louis Blanc (et notes), t. V, p. 354.

jusqu'au 20. Comme on n'osait pas se fier à une Jacobine, ni la renvoyer, on résolut d'attendre, et le voyage fut retardé d'un jour.

Un jour de retard pouvait tout entraver ; qu'on songe que les hussards de Lauzum sont dispersés sur la route de Châlons à Montmédy, au milieu d'une population irritable et soupçonneuse ; les ordes sont donnés, et ce jour de retard va tout culbuter, tout mêler, tout compromettre.

***

Pourtant le jour du départ était arrivé ; pour dissiper tous les soupçons, la reine alla se promener en voiture sur les boulevards extérieurs, avec sa sœur et le Dauphin ; elle ne rentra au château qu'à neuf heures [1], le service fut commandé comme à l'ordinaire, la famille royale dîna suivant l'habitude ; tout le monde alla se coucher et les lumières furent éteintes.

A minuit, Paris dormait dans le calme le plus complet.

— A onze heures, dit Camille Desmoulins, je revenais des Jacobins, avec Danton et d'autres patriotes. Nous n'avons vu dans tout le chemin qu'une seule patrouille. Paris me parut cette nuit si abandonné, que je ne pus m'empêcher d'en faire la remarque [2].

A minuit, le perruquier Buselci se transporta chez le sieur Huchet, boulanger, et sapeur du bataillon des Théatins, pour lui communiquer ses craintes sur ce qu'il avait entendu dire de la fuite du roi ; ils coururent éveiller leurs voisins, et bientôt au nombre

1. *Mémoires de Ferrières*, t. II, liv. X, p 335.

2. *Révolutions de France et des Royaumes*, n° 82.

d'une trentaine, tous membres du bataillon, ils se rendirent chez Lafayette, auquel ils annoncèrent que le roi était sur le point de partir ; ils le préssèrent, afin qu'il prît des mesures pour s'y opposer. Lafayette se mit à rire, leur affirmant qu'il n'y avait aucun danger ; ils se retirèrent, rassurés par ces affirmations, mais ils passèrent néanmoins aux Tuileries, où tout était tranquille [1].

Vers une heure moins le quart, la famille royale était prête pour le départ. Madame de Tourzel, gouvernante des princes, avait obtenu de faire partie du voyage, à cause des privilèges de sa charge, qui lui donnaient le droit de ne jamais quitter le enfants de France.

Il n'y avait rien à répondre à cette exigence, et Madame de Tourzel prit, dans la voiture, la place que devait occuper le marquis d'Agoult, un homme sûr, connaissant la route et qui aurait pu rendre de vrais services aux fugitifs.

Enfin, vers une heure, la famille royale quitta le château, en se divisant en trois groupes.

Madame Elisabeth sortit la première avec Madame Royale ; Madame de Tourzel, emmenant le jeune Dauphin, habillé en fille [2], suivait à vingt pas ; un garde du corps les accompagnait.

Dans la grande cour, une des sentinelles se promenait en montant sa faction ; il changea de direction et vint à leur rencontre ; en voyant les deux princesses, la sentinelle s'arrêta.

— O ma tante ! dit la jeune princesse, nous sommes perdues si cet homme nous reconnaît.

1. *Révolutions de France et des royaumes*, p. 82.

2. *Relation du voyage de Varennes*, par la duchesse d'Angoulême.

Madame Élisabeth n'en continua pas moins d'avancer, et la sentinelle tourna le dos; les ayant reconnues ou non, il les laissait passer. Le premier groupe, composé des quatre fugitifs, rejoignit le comte de Fersen, qui attendait dans le petit Carrousel, au coin de la rue de l'Échelle, déguisé en cocher, sur le siège d'une voiture de remise.

Louis XVI, suivi d'un deuxième garde du corps, quitta les Tuileries, un moment après Madame Elisabeth, et suivit le même chemin; en passant dans une des cours, une des boucles de son soulier s'étant cassée, il dut la réparer sous les yeux mêmes d'une sentinelle qui ne le reconnut pas, et le roi rejoignit ainsi la voiture sans autre incident.

La reine ne venait pas, et l'émotion devait être grande parmi les voyageurs.

Un fiacre vide passa; croyant reconnaître un confrère dans M. de Fersen, le cocher entama la conversation, que soutint le comte suédois avec beaucoup d'habileté; puis, voulant rompre cet entretien, M. de Fersen poussa du coude son camarade, comme pour lui faire comprendre que la voiture était destinée à un de ces galants tête à tête auxquels se prêtaient facilement les cochers de l'époque. En même temps, il offrit une prise de tabac, dans une mauvaise tabatière [1] au cocher qui s'en alla en ricanant.

La reine ne venait toujours pas.

Elle était restée la dernière au château, probablement comme la plus intrépide, en compagnie du troisième garde du corps, qui lui donnait le bras; dans la cour du Carrousel, elle rencontra Lafayette, qui dans sa

1. *Relation de l'archevêque de Toulouse.*

voiture, entourée de laquais et de flambeaux [1], rentrait chez lui ; la reine avait, heureusement, un grand chapeau qui lui couvrait le visage : elle se rangea, et Lafayette passa sans la reconnaître.

Mais, Lafayette évité, une autre difficulté se présentait encore ; le garde du corps ne connaissait pas Paris, et la reine pas davantage : ils tournèrent à droite, quand ils auraient dû tourner à gauche, traversèrent les guichets du Louvre, le pont Royal, et errèrent quelque temps dans la rue du Bac et sur les quais.

Ils durent demander leur route à la sentinelle du pont, et rebrousser chemin. Enfin ils arrivèrent à la voiture, où on les attendait dans la plus vive impatience.

Dans la voiture se trouvèrent réunis le roi, la reine, Madame Elisabeth et Madame de Tourzel, la jeune princesse et le Dauphin ; MM. de Fersen et de Moustier prirent place sur le siège, MM. de Valory et de Malden derrière.

Mesdames de Neuville et Brunier étaient déjà parties pour Bondy, où elles devaient attendre Marie-Antoinette.

La famille royale devait aller rejoindre la grande berline de voyage que de Fersen avait fait construire et qui se trouvait à l'hôtel Sullivan. De Fersen n'osa pas prendre le plus court chemin : craignant de se perdre, il laissa la rue de Grammont derrière lui, traversa le boulevard, suivit la rue de la Chaussée-d'Antin, atteignit la rue de Clichy et arriva à l'hôtel Sullivan ; mais la berline était partie depuis une heure et demie, pour aller attendre près les barrières Saint-Martin ; Fersen s'y rendit et la famille royale put enfin quitter la voiture de remise et se mettre vraiment en route. Seulement, le comte céda la place à un vrai cocher ; cependant il

1. *Précis historique du comte de Valory*, p. 262.

tint les guides jusqu'à Bondy, où les deux femmes de chambre attendaient.

Quant au fiacre loué, qui avait amené le roi et ses compagnes du Louvre à la barrière, il fut laissé tout attelé dans la rue, sans personne pour le garder et le ramener à la remise.

La famille royale se mit donc en route, avec deux voitures : l'une où étaient les princes, et l'autre avec les deux femmes de chambre, en tout onze voyageurs et onze chevaux, c'est-à dire, de quoi mettre en éveil toute la population et attirer l'attention des moins soupçonneux.

***

Pendant que la lourde voiture, traînée par six forts chevaux, suivie d'un petit carrosse et de trois gardes du corps à cheval, s'éloigne et fuit de Paris, voyons, en quelques mots, les fautes et les imprudences que les fugitifs avaient accumulées.

D'abord on avait fait construire une immense voiture toute neuve, que l'on surchargea de malles et de caisses, au lieu de se procurer une vieille voiture, moins commode, mais qui aurait moins attiré l'attention ; en exigeant la fuite de toute la famille et dans la même berline, la reine avait rendu la fuite à peu près impossible. Cette voiture, aux couleurs luisantes, était escortée par trois postillons aux vestes jaunes toutes neuves, ne connaissant ni les habitudes des relais, ni le langage des autres cochers. On fit suivre la berline d'une seconde voiture, emmenant deux femmes de la reine, comme si, pendant deux jours, Marie-Antoinette ne pouvait pas se peigner et mettre ses bas elle-même. Enfin, on accoutra le roi d'un costume gris et d'une perruque de laquais, le désignant comme étant un nommé Durand, voyageant en face de sa maîtresse, dans la même voiture, genoux contre genoux. Tout cela était déjà bien invraisemblable, mais avait-on donc oublié que le portrait du roi se trouvait sur toutes les pièces de monnaie?

Enfin, au lieu de prendre dans la voiture le marquis d'Agoult, connaissant les chemins à parcourir, que Bouillé avait recommandé comme étant un homme de tête et de cœur, qui aurait conduit cette expédition, on fit monter Madame de Tourzel, en se soumettant à une sotte et ridicule question d'étiquette.

Mais suivons la voiture emportant le roi de France déguisé en laquais.

A Montmirail, un trait se rompt: il fallut perdre une demi-heure pour le réparer.

A une montée, le roi voulut gravir la côte à pied[1]; la reine, ses enfants, tout le monde l'imita, et on perdit encore une demi-heure.

On arriva à Châlons vers quatre heures et demie. S'adressant à M. de Valory, la reine lui dit:

— François, il me semble que cela va bien[2]!

Pendant que l'on changeait de chevaux, un homme crut reconnaître le roi; mais, sur l'avis du maire, il se tut et la voiture repartit. Le maire était royaliste, il effraya l'homme sur les conséquences que pourrait avoir une pareille attestation pour ceux qui arrêteraient le monarque.

A une demi-lieue de Châlons, un inconnu — peut-être le maire ou un de ses envoyés — passe à cheval, et, s'adressant à Madame de Tourzel, qui se tenait à la portière:

— Vos mesures sont mal prises; vous serez arrêtés.

Puis il pique des deux et repart.

1. *Histoire de France*, de l'abbé Montgaillard.
2. Précis du comte de Valory.

***

Bouillé avait militairement fait ses préparatifs, c'est-à-dire il avait tout réglé à la minute. Le premier détachement attendait le roi à Pont-de-Sommevelle, à midi ; là, à quatre heures, M. de Choiseul, chef du détachement, n'avait rien vu venir ; pendant ce temps, les populations s'effrayaient de la présence de ces hussards de Lauzun, qui étaient détestés parce qu'on les savait sous les ordres du royaliste Bouillé. Troublé de ne voir rien venir, effrayé par les rumeurs de la foule qui grossit autour de lui, Choiseul, à six heures, se décide à se retirer et à aller attendre le roi en arrière, à Varennes, laissant sur sa route Sainte-Menehould, où, la veille, une collision a déjà failli éclater entre les soldats et le peuple.

Une demi-heure après le départ des soldats, Louis XVI arrive, et, très surpris de ne trouver personne, il relaie et continue sa route du côté de Sainte-Menehould, où les paysans rentraient des champs. Au moment où la voiture s'arrêta, Louis XVI eut la mauvaise inspiration de mettre la tête à la portière. Drouet, frappé de la ressemblance du voyageur avec l'effigie d'un assignat de cinquante livres, appela un de ses camarades et lui dit :

— Guillaume, voici le roi !

Drouet et son ami étaient patriotes et au courant des bruits de la fuite de la famille royale ; ils montent à cheval, et ils devancent la berline à Varennes.

Voici du reste comment Drouet lui-même raconta son expédition à la tribune de l'Assemblée, où il fut appelé à déposer :

« Il était onze heures du soir ; il faisait très noir ; tout le monde était couché à Varennes ; les voitures furent arrêtées par une dispute qui eut lieu entre le postillon et le maître de poste du lieu, celui-ci voulant qu'on fit rafraîchir les chevaux suivant l'usage, le roi au contraire voulant accélérer son départ. Je dis alors à mon camarade : « Es-tu bon patriote? — N'en doute pas. — Eh bien, lui dis je, le roi est à Varennes ; il faut l'arrêter. » Alors nous descescendîmes et nous fîmes réflexion que, pourle succès de notre projet, il fallait barricader la rue et le pont par où le roi devait passer.

« En conséquence, nous nous transportâmes, moi et mon camarade, près du pont de Varennes ; il y avait heureusement, tout près, une voiture chargée de meubles ; nous l'amenâmes et la culbutâmes de manière qu'il était impossible de passer. Alors nous courûmes chercher le procureur de la commune, le maire, le commandant de la garde nationale, et, en moins d'un quart d'heure, nous fûmes réunis huit hommes de bonne volonté. Le commandant de la garde nationale, accompagné du procureur de la commune, s'approcha de la voiture et demanda aux voyageurs qui ils étaient et où ils allaient. La reine répondit qu'ils étaient pressés; elle donna enfin son passeport. « Si vous êtes une étrangère, dîmes-nous à la reine, pourquoi avez-vous assez d'influence pour vous faire suivre pas un détachement ? » Il fut décidé que les voyageurs ne partiraient que le lendemain. Ils descendirent dans la maison du procureur de la commune, le citoyen Sausse épicier. Alors, de lui même, le roi nous dit : « Voilà le roi, voilà mon épouse et nos enfants ; nous vous conjurons de nous traiter avec les égards qui les Français ont toujours eus pour leurs rois. » Aussitôt les gardes nationales accoururent en foule et l'on vit, en même temps, arriver les husards, le sabre à la main ; ils essayèrent d'approcher de la maison où était le roi, mais nous leurs criâmes que l'on ne l'arracherait que mort d'entre nos mains. Le commandant de la garde nationale eut, en outre, l'attention de faire venir deux petites pièces d'artillerie qu'il fit mettre à l'embouchure de la rue par en haut et deux autres en bas, de manière que les hussards se trouvèrent entre deux feux. Le roi fut donc constitué prisonnier. Ayant ainsi rempli notre devoir, nous retournâmes chez nous, au milieu des félicitations de nos concitoyens [1]. »

***

Tel est le récit de l'arrestation, fait par Drouet lui-même.

Cependant Choiseul, le comte de Damas et le baron de Goguelat parvinrent jusqu'à la chambre de l'épicier Sausse, dans laquelle se trouvait la famille royale. Louis XVI ayant demandé à boire, on lui apporta une bouteille de Bourgogne et du fromage [2].

Le Dauphin dormait, tout habillé, sur le lit en désordre ; Madame Elisabeth et la sœur du Dauphin étaient immobiles près de la croisée ; dans le fond, les trois gardes du corps, assis sur des chaises ; au milieu de la pièce, le roi et la reine, causant avec Sausse [3].

— Que faire ? demanda Louis XVI.

— Sire, dit le comte de Damas, vous sauver [4].

— J'ai, intervint Choiseul, quarante hussards, je vais en démonter sept. Vous monterez un de mes chevaux, tenant le Dauphin dans vos bras ; la reine

1. Histoire parlementaire de Buchet et Roux, T. X, p. 355.

2. *La Chronique de Paris.*

3. *Mémoires du duc de Choiseul,* p. 93.

4. *Relations du duc de Daumas.*

en montera un, Madame Royale un autre, Madame Tourzel et Madame Elisabeth chacune un, ainsi que Mesdames Neuville et Brunier, que vous ne voulez pas abandonner ; nous vous entourerons avec les trente-trois hu-sards qui restent, et nous nous ferons jour, le sabre à la main. Pas une minute à perdre : dans une heure, nos hussards seront gagnés [1].

Ce parti, capable de sauver le roi de cette tentative hardie et hasardée, qui aurait pu réussir, demandait un homme d'énergie et de résolution virile ; Louis XVI ne sut pas accepter.

— Puis enfin, dit-il au comte de Choiseul, répondez-vous que, dans cette bagarre inégale de trente-trois hommes contre sept à huit cents, un coup de feu ne tuera pas la reine, ou mon fils, ou ma fille, ou ma sœur [2] ?

C'était la réponse d'un bon père de famille, c'était celle qu'aurait pu faire Sausse ; ce n'était pas la réponse qu'on aurait attendue d'un roi de France.

Goguelat se tourna alors vers la reine, et insista auprès d'elle pour tenter ce coup hardi.

— Je ne veux rien prendre sur moi, répondit-elle ; c'est le roi qui s'est décidé à cette démarche ; c'est à lui d'ordonner, et mon devoir est de le suivre [3].

Pendant ce temps, le tocsin, volant de paroisse en paroisse, appelait les populations des campagnes, qui accouraient en armes. Louis XVI espérait encore que Bouillé arriverait et le délivrerait à temps.

Marie-Antoinette, abattue, cessait d'être la fière et orgueilleuse Autrichienne, pour redevenir la mère affectueuse et craintive ; assise sur des ballots de

1. *Memoires du duc de Choiseul.*
2. *Mémoires du duc de Choiseul.*
3. *Mémoires du baron de Goguelat.*

marchandises, parmi des caisses de chandelles et de savon, l'altière fille de Marie-Thérèse cherchait à faire entendre à l'épicière que, si elle pouvait déterminer son mari à faire usage de son pouvoir pour protéger la sortie du roi, elle aurait accompli une tâche glorieuse.

Mais la bourgeoise résistait à ses raisonnements.

— Je suis désolée de ne pouvoir vous être utile, mais vous pensez au roi, moi, je pense à M. Sausse. Ils le feraient périr. Il est responsable, voyez-vous.

A cinq heures et demie, les courriers de Paris arrivèrent, et avec eux Baillon, envoyé par l'Hôtel de Ville, et Romeuf, l'aide de camp de Lafayette.

Baillon entra, le premier, dans le désordre d'une longue course à cheval.

— Sire, tout Paris s'égorge... nos femmes, nos enfants... s'écria-t-il.

La reine l'interrompit, en lui montrant le Dauphin.

— Ne suis-je pas mère aussi ? Enfin, que nous voulez vous ?

Romeuf entra à son tour, humble et tenant à la main un papier : c'était le décret de l'Assemblée.

— Lafayette ! s'ecria la reine, il n'a en tête que sa République américaine ! Il verra ce que c'est qu'une République ! Eh bien, monsieur, ce décret, montrez-le-moi donc !

Elle le prit vivement, y jeta les yeux, et, sans aller jusqu'au bout :

— Les insolents ! s'écria-t-elle [1].

Le roi prit le décret à son tour ; et, l'ayant lu, il murmura :

— Il n'y a plus de roi en France !

Et il posa le décret sur le lit où dormait le Dauphin.

1 *Relation du voyage de Varennes*, par M. de Fontanges.

La reine reprit aussitôt le papier, et, le jetant par terre, s'écria :

— Non ! non ! je ne veux pas qu'il souille le lit de mes enfants.

Romeuf essaya de calmer Marie-Antoinette et lui dit tout bas :

— La reine voudrait-elle qu'un autre que moi fût témoin de ces mouvements ? [1]

A huit heures, le roi reprenait le chemin de Paris.

Une heure après, à la tête du Royal-Allemand, qui avait couru ventre à terre, Bouillé arrivait.

Il était trop tard ; la royauté n'avait plus de roi, mais la Révolution avait son otage.

Sur toute la route conduisant à Paris, les gardes nationaux avaient pris les armes, et on peut évaluer à cinq cent mille le nombre des soldats qui se levèrent au même moment [2].

***

Dès le matin, le bruit de la fuite du roi se répandit dans Paris.

L'émotion fut générale ; la foule se rendit tout d'abord aux alentours des Tuileries et du Palais-Royal ; des orateurs montaient sur les bornes et commentaient avec vivacité l'événement du jour. De temps en temps, des patrouilles de la garde nationale, regagnant leur poste, coupaient ces harangues bientôt reprises :

Dans les rues on chantait la complainte suivante, sur un air populaire :

1 *Relation du voyage de Varennes,* par M. de Fontanges.

2 Discours de M. de Broglie à l'Assemblée nationale.

Not' gros s'en va-t'en guerre,
Mironton, ton-ton, tontaine,
Il part à la légère
Mais il lui en cuira.

J'gagn'rai ma nourriture,
Mironton, ton-ton, tontaine,
Je vous ferai z'une serrure
Dont vous prendrez la clef.

Je m'ennuye d'ma couronne,
Mironton, ton-ton, tontaine,
J'la laisse à qui me donne
Du vin de Malaga.

Dites qu'on m'en apporte,
Mironton, ton-ton tontaine,
Et mettez sur ma porte :
« C'est le dernier des rois [1]. »

Dans les Tuileries on avait affiché ce placard :

On prévient les citoyens qu'on gros cochon s'est enfui des Tuileries ; on prie ceux qui le rencontreraient de le ramener à son gîte ; ils auront une récompense modique [2].

Il était dix heures quand trois coups de canon, tirés par ordre de la municipalité, vinrent annoncer la nouvelle du retour du roi.

Les clubs et les sections s'ouvrirent alors, et la plupart se déclarèrent en permanence.

La foule pénétrait dans les Tuileries, le portrait du roi était décroché et suspendu à la porte du palais. Le public pénétra dans la chambre à coucher de la reine, et une marchande de cerises, s'installant sur le lit de Marie-Antoinette, se mit à débiter sa marchandise, disant :

1 *Bouche de feu*, n° 73.

2. *Histoire parlementaire* de Buchet et Roux, t. X, p. 245.

— C'est aujourd'hui le tour de la nation de se mettre à son aise [1].

On voulut coiffer une jeune fille avec le bonnet de nuit de la reine, mais elle le foula aux pieds, en disant :

— Je suis une honnête fille.

Puis on entra dans les appartements du Dauphin, mais le peuple s'arrêta devant ses livres de classe et ses cartes de géographie, axec une sorte de respect [2].

Dans la ville, l'animation n'était pas moins grande ; on arrachait des boutiques les portraits du roi, et on les déchirait ; en Grève, on brisait le buste de Louis XVI. Sur les murs des Tuileries, on collait des affiches, promettant un assignat de 10 livres en récompense à ceux qui ramèneraient « les animaux immondes, sortis de leur écurie pendant la nuit »

Des crieurs vendent une pancarte rédigée par Fréron, et on y lit : « Il est parti, ce roi imbécile, ce roi parjure ! elle est partie, cette reine scélérate, qui réunit la lubricité de Messaline à la soif du sang des Médicis ? »

Au Palais-Royal, on faisait, en plein vent, la motion, si on ramenait le roi, de l'exposer, pendant trois jours, a la risée publique, et de le renvoyer ensuite avec ignominie.

Les citoyens s'armaient, et ceux qui ne pouvaient se procurer des fusils prenaient des piques; Santerre enrôla à lui seul deux mille piques, dans le faubourg Saint-Antoine. Les malades de l'hôpital du Gros-Caillou enfonçaient les portes, prenaient des armes et

1. *Révolution de Paris.*
2. *Id.*

sortaient avec le costume ordinaire de la maison, pour défendre la patrie [1].

Les femmes disputaient aux hommes la garde des postes de la ville, en leur disant :

— Ce sont les femmes qui ont amené le roi à Paris ; ce sont les hommes qui le laissent évader.

Et les hommes de répliquer :

— Mesdames, ne vous vantez pas tant : vous ne nous aviez pas fait là un grand cadeau [2].

On apprit que le comte de Provence, frère de Louis XVI s'était aussi échappé ; plus habile que son frère, il avait pris la route de Bruxelles, où il était arrivé sans danger. La section du Luxembourg déchira un drapeau que Monsieur lui avait donné, et on en fit la bourre d'un canon [3].

***

A l'Assemblée, l'émotion ne fut pas moins grande que dans la ville ; le président ouvrit la séance par ces paroles, qui furent accueillies par un silence profond :

— J'ai, dit le président, une nouvelle affligeante à vous donner. M. Bailly est venu, il n'y a qu'un instant, chez moi, m'apprendre que le roi et une partie de sa famille ont été enlevés, cette nuit, par les ennemis de la chose publique [4].

Les députés, à l'unanimité, s'empressèrent de décréer que le ministre de l'Intérieur expédierait, à l'instant, des courriers dans tous les départements, avec

1. *Révolutions de Paris.*

2. *Ibid.*, n° 102.

3. *Chronique de Paris*, n° 173.

4. *Moniteur.*

ordre d'arrêter toute personne quelconque sortant du royaume, « et, dans le cas où les courriers joindraient le roi, quelques individus de la famille royale et ceux qui auraient pu concourir à leur *enlèvement* », ils devaient prendre toutes les mesures nécessaires pour « arrêter ledit *enlèvement* ».

Le mot « enlèvement » figure deux fois dans le décret ; cette idée était de Lafayette, qui pensait que la royauté serait à jamais perdue en France si on laissait au roi la responsabilité tout entière de sa fuite ; on inventait donc cette fiction : le roi n'aurait pas fui, il aurait été enlevé par les ennemis du bien public.

Romeuf, le confident de camp de Lafayette, envoyé par le général sur les traces du roi, avait été arrêté par le peuple, qui le conduisit à l'Assemblée.

— On vient de m'annoncer, dit le président, qu'un aide de camp de M. de Lafayette, envoyé à la poursuite des personnes qui enlèvent le roi, a été arrêté par le peuple ; il demande à paraître.

Romeuf, introduit, monte à la tribune.

— Le peuple qui m'a arrêté, dit Romeuf, m'a conduit au comité des Feuillants, et a voulu que je fusse amené devant vous. Je partais pour exécuter les ordres de M. de Lafayette, qui m'avait expédié un ordre par lequel il me chargeait d'avertir les bons citoyens du départ du roi et de les engager à employer tous les moyens pour l'arrêter dans sa route et pour s'opposer aux tentatives des ennemis de l'ordre public. Ce sont les ouvriers du pont Louis XVI qui m'ont arrêté ; ils m'ont maltraité, ainsi que M. Curnoy, mon camarade, dont j'ignore en ce moment, le sort.

Le président contresigna l'ordre de départ donné par Lafayette, et Romeuf put partir pour Varennes [1].

1 *Histoire parlementaire* de Buchet et Roux, t. X.

Sur la proposition de Barnave, l'ennemi personnel de Lafayette, le général conserva son grade de commandant général de la garde nationale.

— L'objet qui doit nous occuper, s'écria Barnave, c'est de rattacher la confiance du peuple à qui elle appartient. Il nous faut un seul but pour agir, quand nous ne devons avoir qu'une tête pour parler.

En même temps, le pouvoir exécutif n'existant plus en fait, pour la première fois l'Assemblée s'empara de ce pouvoir, et décida que ses décrets seraient exécutés par les ministres, sans qu'il fût besoin de sanction ni d'acceptation.

On vint remettre au président une lettre adressée à la reine, et que le peuple avait trouvée aux Tuileries et avait fait parvenir à l'Assemblée, sans vouloir même l'ouvrir.

Les députés, imitant la délicatesse du peuple, refusèrent de décacheter l'enveloppe, désirant, dirent plusieurs membres, donner l'exemple de l'inviolabilité du secret des lettres.

Lafayette fit son entrée dans la salle, en grand uniforme de général, et vint se placer à côté de Camus, qui se leva et s'écria avec chaleur :

— Point d'uniforme ici !

Ce mouvement de vivacité ne fut que passager, et l'Assemblée continua à délibérer.

Laporte, l'intendant de la liste civile, mandé à la barre, remit au président un mémoire laissé par Louis XVI avant son départ.

Ce mémoire était une proclamation aux Français, dans laquelle Louis XVI, rappelant les journées d'octobre et son séjour aux Tuileries, se plaignait que dans ce palais « rien n'était prêt pour le recevoir ; que le roi, bien loin de trouver les commodités auxquelles il était accoutumé dans ses autres demeures, n'y a pas même rencontré les commodités que se procuraient les personnes aisées ». Il se plaignait encore du renvoi des gardes du corps, de la modicité de la liste civile (25 millions !), de la diminution de son pouvoir, de la puissance des clubs, de l'opposition mise au départ des tantes du roi, enfin d'avoir été obligé d'aller à la messe du curé juré de Saint Germain l'Auxerrois. « D'après tous ces motifs, disait Louis XVI en terminant, et l'impossibilité où est le roi d'empêcher le mal, il est naturel qu'il ait cherché à se mettre en sûreté. Français, et vous qu'il appelait habitants de sa bonne ville de Paris, méfiez-vous de la suggestion des factieux, revenez à votre roi, il sera toujours votre ami, quand notre sainte religion sera respectée, quand le gouvernement sera assis sur un pied stable, et sa liberté établie sur des bases inébranlables. »

« Louis »

Voilà donc ce que Louis XVI trouvait à dire, au moment de sa fuite ! il se plaignait de l'incommodité des Tuileries et de la modicité de sa liste civile.

L'Assemblée ne répondit que par le dédain à cette proclamation, indigne de figurer au milieu de si graves événements.

Le ministre des Affaires étrangères fut chargé d'avertir les puissances des intentions pacifiques de la France, et les officiers généraux, membres de l'Assemblée, prêtèrent un nouveau serment à la nation.

Enfin l'Assemblée se déclara en permanence.

***

Marat fit paraître un manifeste, dans lequel il recommandait, comme seul moyen efficace, la nomination d'un dictateur, auquel on obéirait religieusement dans tout ce qu'il commanderait [1].

Au club des Jacobins, on décida que « toutes les divisions étaient oubliées » et que l'on se rangeait autour de l'Assemblée nationale. Pendant la suspension de la séance de l'Assemblée, Robespierre parut à la tribune du club ; il protesta contre le mensonge de l'Assemblée, qui, lorsque le roi, dans son manifeste, déclare qu'il « prend la fuite », le représente comme ayant été enlevé. Il critiqua ensuite vivement les mesures prises par l'Assemblée, comme étant insuffisantes, ajoutant que le peuple ne devait attendre son salut que de lui-même [2].

Ce discours enthousiasma Camille Desmoulins, qui assistait à la séance. « Que ne puis-je rendre cet abandon, écrit Camille, cet accent de patriotisme avec lequel il l'a prononcé ! »

« Il fut écouté avec cette attention religieuse que l'on accorde aux paroles d'un mourant. — J'en fus affecté jusqu'aux larmes, en plus d'un endroit, et, lorsque cet excellent citoyen, au milieu de son discours, parla de la certitude de payer de sa tête les vérités qu'il venait de dire, m'étant écrié : « *Nous mourrons tous avant toi !* » l'impression que son éloquence naturelle et la force de ces discours firent sur l'Assemblée fut telle, que plus de huit cents personnes se levèrent toutes à la fois, et, entraînées comme moi par un mouvement involontaire, firent un serment de se rallier autour de Robespierre, et offrirent un tableau admirable par le feu de leurs paroles, l'action de leurs

1. *L'ami du peuple.*

1. *Histoire parlementaire* de Buchet et Roux, t. X, p. 284.

mains, de leurs chapeaux, de tout leur visage, et par l'inattendu de cette inspiration soudaine [2]. »

L'Assemblée nationale rentra en séance et délibéra pendant une grande partie de la nuit. Le 22, la séance fut un moment interrompue, à neuf heures du soir. Les députés ne s'étaient pas encore dispersés, quand on entendit crier de divers côtés :

— Il est arrêté ! il est arrêté !

Les députés prirent séance, et le président donna lecture d'une lettre de la municipalité de Varennes, annonçant que le roi était prisonnier.

Trois commissaires, Barnave, Pétion et Latour-Maubourg, furent nommés pour aller à la rencontre du roi et le ramener à Paris ; ils partirent immédiatement.

⁂

Pendant que les délégués, Barnave, Pétion et Latour-Maubourg, partaient à la rencontre de Louis XVI, la famille royale, entourée d'une foule immense et de nombreuses gardes nationales accourues de tous les côtés, était ramenée à Paris. Cette foule grouillante, dans la poussière des routes, sous la chaleur d'un soleil de juin, était houleuse ; elle ne ménageait ni ses cris ni ses menaces.

A Sainte-Menehould, un gentilhomme, le marquis de Dampierre, accourut pour présenter ses hommages à son souverain. Le marquis montait un cheval fringant, qui caracola devant cette foule excitée ; peut-être même quelques-uns de ceux qui accompagnaient la voiture furent-ils atteints par les écarts du cheval. Quoi qu'il en soit, les patriotes crurent à une provocation ou à une insulte, ils arrêtèrent le cheval par la

2. *Révolution de France et de Brabant.*

bride : le marquis étant parvenu à se dégager, s'élança dans les terres, en tirant un coup de pistolet ; « poursuivi, comme un cerf l'est à la chasse par les chiens [1] » et « atteint bientôt, enveloppé, il disparut ». Un quart d'heure après, des furieux promenaient au bout d'une pique la tête du malheureux marquis, mort victime de son dévouement à son roi [2].

A Châlons, la famille royale fut l'objet d'une véritable ovation : des dames et des jeunes filles vinrent au-devant des captifs leur offrir des couronnes de fleurs et de magnifiques bouquets ; les prisonniers couchèrent à Châlons, entourés de toutes les prévenances respectueuses que surent inventer les populations royalistes et catholiques de cette contrée. Au matin, on dressa un autel dans la chambre de Louis XVI, et une messe y fut célébrée [3]. L'office allait être terminé, quand des cris de : « A Paris ! à Paris ! » se firent entendre [4]. C'étaient les ouvriers des manufactures de Reims, révolutionnaires ardents, déjà excités par les discussions des clubs, qui étaient accourus et venaient faire escorte au roi ; quand Louis XVI passa devant un groupe pour regagner sa voiture, un des ouvriers, oubliant le respect que l'on doit aux vaincus, lui mit le poing sous la figure ; le roi ne sourcilla pas, et passa calme, résigné, sans prononcer une parole [5].

Les trois délégués rencontrèrent la famille royale entre Dormans et Epernay ; Barnave s'avança et présenta au roi le décret de l'Assemblée.

— Messieurs, dit Louis XVI après l'avoir lu, je suis

1. *Précis historique du comte de Valory*, p. 300.
2. *Ibid.*
3. *Ibid.*
4. *Ibid.*
5. *Ibid.*

bien aise de vous voir, je ne voulais pas sortir du royaume, j'allais à Montmédy, où mon intention était de rester jusqu'à ce que j'eusse examiné et accepté la Constitution.

Barnave, se tournant vers Mathieu Dumas, un député appartenant à l'armée, et qui avait accompagné les délégués, en cas de besoin, lui dit à voix basse:

— Si le roi se souvient de répéter la même chose, nous le sauverons [1] !

Puis il monta sur le siège de la voiture et lut à haute voix le décret de l'Assemblée [2].

Madame de Tourzel quitta la voiture du roi, pour aller avec Latour-Maubourg dans celle qui avait amené les commissaires. Pétion et Barnave montèrent dans la voiture du roi. Marie-Antoinette semblait désirer que M. Maubourg restât dans son carrosse, parce que sa figure ne lui était pas inconnue, mais M. de Latour lui fit comprendre en particulier que Barnave étant un membre très influent de l'Assemblée, il y avait intérêt à le conquérir à la cause royale, que sa vanité serait flattée d'être dans la voiture du roi, que la reine aurait une occasion de le connaître plus particulièrement, qu'il était important pour le service de Sa Majesté qu'il y fût [3].

Les choses furent ainsi arrangées.

Barnave, qui était assez mince, se mit dans le fond de la voiture entre le roi et la reine, Pétion sur le devant entre Madame Elisabeth et la jeune princesse, le Dauphin sur les genoux de sa mère [4].

La reine, dans le premier moment, montra de

1. *Souvenirs de Mathieu Dumas*, t. I, p, 489.

2. *Ibid.*

3. *Relation du voyage de Varennes*, par M. de Fontanges.

4. *Relation du voyage de Varennes*, par M. de Fontanges.

l'humeur : elle laissa tomber son voile sur son visage et résolut de ne pas ouvrir la bouche pendant toute la route, pour adresser la parole aux commissaires.

Barnave commença par jeter les yeux alternativevement sur l'un des gardes du corps qui était sur le siège, et sur la reine en laissant percer un sourire malin, visible pour Marie-Antoinette seule. Comme le bruit s'était répandu que l'un des trois hommes arrêtés était M. de Fersen, et que la reine n'ignorait pas que le bruit de l'amour du comte courait dans le public, elle devina l'intention sardonique de Barnave, elle se hâta de le détromper, en faisant connaître sans affectation quelles étaient les trois personnes qui étaient sur le siège [1].

Peu à peu la glace se rompit et la reine causa avec Barnave, qui montra les manières polies d'un homme qui sait et qui veut plaire : la reine comprit les paroles de Latour-Maubourg, et, par sa grâce troublante dont le malheur rehaussait encore l'éclat, elle captiva le jeune et beau député de Grenoble, qui, à partir de ce jour, se jura à lui-même de sauver la monarchie, reprenant par sentiment le fameux plan que Mirabeau s'était imposé par calcul et par intérêt.

Mirabeau s'était vendu ; Barnave se donna.

Pétion fut sec et froid ; les royalistes lui ont reproché des tracasseries et des insolences qui n'ont été jamais prouvées ! On peut seulement affirmer que Pétion manqua, non pas de convenances, mais de prévenances.

Louis XVI lui ayant demandé quel était son rêve de gouvernement :

— La République, répondit Pétion.

Pétion ne fit pas du sentiment ; il fut le représen-

2. *Ibid.*

tant de la loi, en face d'un roi qui avait voulu amener la guerre civile sur son pays, et qui, pendant deux ans, avait constamment menti à l'Assemblée jusqu'au jour de sa fuite.

Le jeune prince se mit à jouer avec les boutons luisants de l'habit de Barnave et, ayant épelé l'inscription qui était gravée dessus, il s'écria :

— Tiens, maman, vois-tu : Vivre libre ou mourir.

Ayant examiné les autres boutons, il continua :

— O maman, partout, vivre libre ou mourir [1] !

Personne ne répondit, et il se fit un long silence dans la voiture, silence coupé seulement par le bruit de la foule escortant le convoi, obligeant ainsi les chevaux à marcher au pas.

***

Cette marche au pas, au milieu de la poussière et de la chaleur, était pénible pour tout le monde ; aussi Barnave, désirant abréger cette fatigue, fit-il décider par ses deux collègues, dès le deuxième jour, que désormais on n'aurait d'autre escorte qu'un détachement de cavalerie, donnant pour raison qu'on pouvait être poursuivi.

On arriva, à Dormans ; les fenêtres étaient pavoisées et illuminées [2] .

Durant tout le voyage, le roi et la famille royale avaient mangé seuls ; à Dormans, le roi et la reine invitèrent les commissaires à manger avec eux ; Barnave s'en défendit, proposant même, dit-on, de rester debout pour servir le roi, mais un regard de la reine fit faiblir

1. *Mémoires de Ferrières*, t. II, liv. X, p. 378.
2. Louis Blanc, t. V, p. 413.

ses résistances, et, à partir de ce moment, les trois commissaires mangèrent à la table du roi.

Le 24, au matin, le cortège se mit en marche et il n'y eut, dans cette journée, d'autre incident à signaler que celui d'un prêtre, qui, ayant manifesté trop haut son indignation contre les patriotes, faillit payer son imprudence de sa vie. Barnave s'élança à la portière et harangua la foule pour délivrer le prisonnier, et il y parvint.

Barnave avait mis tant de précipitation à se pencher à la portière qu'il avait le haut du corps penché en dehors, et que Madame Élisabeth dût le retenir par les basques de son habit [1].

Le soir, on coucha à Meaux, dans le palais épiscopal, illustré autrefois par Bossuet et qu'habitait maintenant l'évêque constitutionnel Thuin, modeste curé, qui avait apporté à l'évêché les habitudes de son presbytère de village. Pauvre, il vivait pauvrement, pour distribuer aux pauvres une part de son traitement ; il n'occupait qu'une petite partie du palais épiscopal, qui était d'ailleurs à peu près démeublé. Deux officiers municipaux, Bonnard et Guignet, avaient dû emprunter pour la circonstance deux lits confortables au couvent des Ursulines où étaient déposés les meubles de M. de Polignac, le précédent évêque [2].

A l'arrivée du roi, il exprima combien il était honoré de le recevoir dans sa demeure [2].

1. *Mémoires de Madame de Campan*, t. II, ch. XVIII, p. 154.

2. Etude sur Thuin par Th. Lhuillier, dans la revue *la Révolution française*, nº 14, septembre 1885, p. 23. Thuin abdiqua volontairement après le 18 brumaire et se retira dans une petite maison de Meaux, rue de La Chaage, où il vécut dans la pauvreté ; il mourut le 27 janvier 1810, à l'âge de soixante-dix-sept ans, après s'être réconcilié avec le clergé, qui consentit à placer sur sa tombe les insignes de l'épiscopat.

3. Nous empruntons ces détails sur l'attitude du roi vis-à-vis de

— Votre demeure? dit le roi, mais c'est celle de M. de Polignac [1].

Le bon M. de Thuin n'en continua pas moins à s'excuser de recevoir la famille royale dans des appartements nus et dégarnis.

— Je vous approuve, dit le roi, il est bon de ne pas multiplier les dépenses quand on est pas chez soi [2].

A Meaux, Pétion, obéissant à des sentiments d'humanité qui lui font honneur, craignant pour la vie des trois gardes du corps qui voyageaient, toujours déguisés en postillons, sur le siège de devant et exposés par conséquent aux injures de la foule, Pétion proposa de les faire évader à l'aide d'un déguisement, mais Louis XVI refusa ces offres. Pétion demanda alors au roi de leur faire ôter ces vestes jaunes de postillon, pour endosser l'uniforme des grenadiers de la garde nationale, qui les aurait protégés; cette proposition ne fut pas non plus agréée, et Marie-Antoinette répondit :

— Non, le roi doit rentrer à Paris avec sa famille et ses gens, comme il en est sorti [3].

On ne peut s'expliquer cet étrange refus qu'en supposant que le roi ne voulait rien devoir à Pétion, qui lui était antipathique.

C'était le 25 juin que l'on devait rentrer à Paris, que la famille royale avait quitté si calme, et qui bouillonnait maintenant de colère et d'indignation, contenu cependant par ce sentiment de dignité qui a rarement fait défaut au peuple de Paris dans les circonstances importantes de sa vie nationale.

l'évêque constitutionnel à des relations écrites par des royalistes ; nous les aurions peut-être cru exagérés s'ils avaient été puisés à une autre source.

1. *Relation de M. Longperrier-Grimoard* (royaliste).

2. Les *Actes des Apôtres*, relation de M. Oudart-Lucy.

3. *Souvenirs de Mathieu Dumas*, t. I, liv. V, p. 498.

On quitta Meaux de bonne heure à 10 heures, et demie; malgré la décision prise par les trois commissaires de n'être accompagnés que par un détachement de cavalerie, le nombre des gardes nationales accourues sur le passage s'accrut à ce point que l'on dut reprendre la marche au pas: aussi, au lieu d'arriver à Paris à trois heures de l'après-midi, comme il avait été convenu, on n'arriva qu'à sept heures, les voitures étant à chaque instant arrêtées par l'affluence des citoyens.

Ces gardes nationaux ne furent du reste pas inutiles: à Bondy, des exaltés voulurent mettre la voiture en pièces, et, un peu plus loin, ce furent des femmes qui poussèrent des cris épouvantables, voulant faire un mauvais parti à la reine qu'elles couvraient d'insultes grossières [1].

***

Enfin voici le cortège aux portes de Paris.

La foule s'est portée sur le passage, et, depuis la barrière de Pantin jusqu'aux Tuileries, le roi va passer au milieu d'une double haie de têtes humaines; les rues et les boulevards « semblaient deux grandes rivières, gorgées par une pluie abondante qui se dégorgeait dans un vaste bras de mer [2].» A la barrière, Louis XVI demanda un verre de vin, qu'il avala d'un trait [3].

Ce qui frappa la famille royale, ce fut le silence de cette foule innombrable, qui la regardait passer sans pousser un cri. Sur les murs on lisait des écriteaux portant: *Celui qui applaudira le roi aura des coups de bâton, celui qui l'insultera sera pendu* [4].

1. *Souvenirs de Mathieu Dumas.*
2. *Mémoires de Ferrières*, t. II, liv. X, p. 378.
3. *Révolutions de France*, n° 81.
4. La *Bouche de Fer*, n° 74.

La voiture s'avançait au milieu de cette foule silencieuse, calme et recueillie; on aurait dit que ce grand peuple, le chapeau sur la tête, regardait passer le corbillard de la monarchie, roulant sur cette longue avenue des Champs Élysées, entre une double haie de gardes nationaux, tenant le fusil renversé, comme pour les cérémonies funèbres.

En arrivant sur la place, le roi, ayant aperçu Santerre à la tête du bataillon des Enfants Rouges du faubourg Saint-Antoine, voulut lui parler, mais Santerre lui tourna le dos [1].

Derrière la voiture venait une sorte de char de triomphe, fait de branches de lauriers, et sur lequel était placé Drouet et son compagnon Guillaume, qui avaient fait arrêter le roi à Varennes [2].

En passant sur la place Louis XV, le roi vit qu'on avait bandé les yeux à la statue de son aïeul.

— Qu'ont-ils voulu exprimer par là ? demanda-t-il.

— L'aveuglement de la monarchie, répondit Pétion.

A un moment donné, la foule rompit la faible ligne de gardes nationaux formant la haie, et la reine, épouvantée devant ce débordement du peuple, voulut baisser les stores:

— Non! non, cria la foule, laissez ouvert.

— Voyez, messieurs, dit la reine, voyez nos pauvres enfants! dans quel état ils sont! et elle essuya la sueur qui coulait de leurs petits fronts; voyez: ils étouffent.

— Oh! lui répondit une voix, nous t'étoufferons bien autrement, sois tranquille!

Pourtant il y eut des marques de respect, données par des hommes demeurés fidèles à leurs convictions royalistes. Le député Guilhermy se découvrit au

1. *Révolutions de France*.
2. La *Chronique de Paris*. n° 178.

moment où le roi passait ; on voulut l'obliger à remettre son chapeau sur la tête, il le jeta loin de lui disant :

— Qu'on ose me le rapporter !

La voiture avait traversé le jardin des Tuileries ; au moment où la famille royale allaitemettre pied à terre pour entrer dans le château, une formidable poussée se produisit dans la foule, une troupe d'énergumènes rompit le calme si digne que s'était imposé le peuple de Paris et voulut se précipiter vers la voiture ; mais la garde nationale croisa la baïonnette ; il y eut un moment de désordre. Marie-Antoinette qui avait voulu ne descendre de la voiture que la dernière [1], ce qui fait honneur à son courage, eut un beau mouvement de générosité : apercevant Lafayette, elle s'écria :

— Monsieur de Lafayette, avant tout, sauvez les gardes du corps !

Les gardes du corps furent sauvés, mais non sans peine.

Le roi sortit de la voiture, sans trop de danger ; le député de la gauche, Menou [2], emporta dans ses bras le Dauphin, et deux députés populaires que la reine détestait, le duc d'Aiguillon et le vicomte de Noailles, voyant le danger que courait Marie-Antoinette se précipitèrent, l'enlevèrent en quelque sorte malgré elle, lui firent traverser en courant la terrasse et la conduisirent dans ses appartements, où elle retrouva son fils et son mari [1]

La famille royale était, à présent, bien véritablement prisonnière dans ce château qu'elle avait quitté, il y

1. *Relation du voyage de Varennes,* par M. de Fontanges.
2. *Souvenirs de Mathieu Dumas.*

avait cinq jours à peine, par une belle nuit d'été, au milieu de Paris endormi.

1 MENOU (Baron de), député de la noblesse de Touraine aux Etats généraux, fut un des premiers à se rallier au Tiers. Après la session, il reçut le titre de maréchal de camp et commanda dans Paris. En 1793, il commanda en chef en Vendée et fut battu à Saumur par les Vendéens ; il fut alors destitué et renvoyé à Paris. En 1798, il accompagna Bonaparte en Egypte comme général de division ; il s'y fit mahométan, prit le turban et le nom d'Abdallah, et épousa une jeune et riche Egyptienne, fille d'un maître de bains d'Alexandrie. Il resta près de Kléber après le départ de Bonaparte ; et, quand Kléber fut assassiné, il prit le commandement en chef de l'armée, qu'il conserva jusqu'en 1802, et commanda le siège d'Alexandrie, soutenu contre les Anglais. En 1802, Bonaparte l'appela au Tribunat et le nomma gouverneur du Piémont en 1804. Il mourut gouverneur de Venise, le 17 août 1810.

Du 26 au 30 juin 1791.

XXVII

LE ROI PRISONNIER

Députation de la garde nationale de Varennes à l'Assemblée. — Le roi et la reine signent une déclaration. — Lettre de Bouillé. — Discussions aux Jacobins sur les conséquences de la fuite. — Dans la presse. — Le duc d'Orléans repousse l'idée d'une Régence. — Mesures prises dans l'intérieur des Tuileries.

Une députation de la garde nationale de Varennes, qui avait accompagné le roi à Paris, fut admise à la barre de l'Assemblée, et reçut les éloges du président pour avoir montré « tant de courage dans l'arrestation du roi ». Ensuite la séance fut levée; l'Assemblée était en permanence depuis quatre jours et quatre nuits.

L'Assemblée venait d'ordonner, sur les faits relatifs à l'évasion, une instruction qui fut confiée au tribunal de l'arrondissement des Tuileries.

Mais en ce qui concernait les faits personnels au roi et à la reine, l'Assemblée nomma dans son sein trois commissaires, chargés de recevoir les déclarations de Louis XVI et de Marie-Antoinette; ces trois commissaires élus furent Tronchet, Dandré et Duport.

Ainsi, tandis que les personnes qui avaient suivi le roi dans sa fuite étaient arrêtées, et que les magistrats les interrogeaient comme des coupables ordinaires, on déléguait vers Louis XVI et sa femme trois députés pour les interroger.

Le soir même, les trois commissaires se rendirent au château pour recevoir la déclaration du roi, qu'ils connaissaient par avance, puisque tout avait été convenu et préparé [1] ; Danarve avait dicté la réponse qui devait être faite par Louis XVI [2].

Néanmoins Duport, Tronchet et Dandré se livrèrent à cette comédie, qui ne trompa pas grand monde ; après s'être réunis à six heures et demie au comité militaire, ils se rendirent aux Tuileries, où ils furent reçus dans la chambre du roi [3]. La comédie commença.

« Je vois, messieurs, déclara le roi, par la mission qui vous est donnée, qu'il ne s'agit point d'un interrogatoire ; mais je veux bien répondre au décret de l'Assemblée nationale, et je ne craindrai jamais de rendre publics les motifs de ma conduite [4]. »

Puis il affirme qu'il était parti sans avoir jamais eu l'intention de sortir du royaume, ni s'être concerté à ce sujet avec les puissances étrangères.

« Un de mes principaux motifs, en quittant Paris, dit le roi, était de faire tomber l'argument de ma non liberté : ce qui pouvait fournir une occasion de troubles. — Je conservais toujours le désir de retourner à Paris. — La protestation porte, non sur le fond des principes de la Constitution, mais sur la forme des sanctions. — J'ai reconnu dans mon voyage que l'opinion publique était décidée en faveur de la Constitution. Je n'avais pas cru pouvoir connaître cette opinion publique à Paris ; mais, dans les notions que j'ai recueillies personnellement, dans ma route, je me suis convaincu combien il était nécessaire, même pour

1. Louis Blanc, t. V, p. 413.
2. Mémoires de Ferrières, t. II, liv. V, p. 389.
3. Rapport à l'Assemblée nationale.
4. *Histoire parlementaire* de Buchez et Roux, t. X, p. 374.

le soutien de la Constitution, de donner de la force aux pouvoirs établis pour maintenir l'ordre public. — Aussitôt que j'ai reconnu la volonté générale, je n'ai point hésité, comme je n'ai jamais hésité à faire le sacrifice de ce qui m'est personnel, pour le bonheur de mon peuple, qui a toujours été l'objet de mes désirs. — J'oublierai volontiers tous les désagréments que je peux avoir essuyés, pour assurer la paix ou la félicité de la nation. »

Le roi signa ces misérables mensonges inspirés par Barnave, et, en signant, il ne comprit pas que ses nombreux conseillers le déshonoraient encore davantage en voulant le sauver au prix d'un pareil avilissement.

***

En sortant de la chambre du roi, les trois commissaires se rendirent chez la reine ; mais Marie-Antoinette, peu satisfaite sans doute des instructions de Barnave et les trouvant par trop dépourvues de dignité, voulut probalement réfléchir, et fit dire aux députés qu'elle était au bain et qu'elle les recevrait le lendemain. Quand Duport, Tronchet et Dandré revinrent, elle leur dicta une réponse pleine de fierté[1], et qui contrastait avec la pénible déclaration de Louis XVI.

« Je déclare, commença par dire la reine, que le roi désirant partir avec ses enfants, rien dans la nature n'aurait pu m'empêcher de le suivre; j'ai assez prouvé, depuis deux ans dans plusieurs circonstances, que je ne le quitterais jamais. »

Ce fut tout : elle ne donna pas d'autres raisons ; elle s'efforça seulement de disculper les personnes qui

1. Louis Blanc, t. V, p. 432.

avaient pris part à la fuite, ajoutant qu'elles n'avaient fait qu'obéir aux ordres reçus.

C'est pendant que les constitutionnels de l'Assemblée essayaient ainsi, par de grossiers artifices, de sauver le roi et la royauté, que Bouillé, retiré dans le Luxembourg, envoyait au président de l'Assemblée une lettre aussi imprudente qu'impertinente, dans laquelle le général injuriait et le peuple et ses représentants. « Mon attachement pour le roi et pour la patrie m'a donné assez de courage pour supporter l'humiliation de communiquer avec vous », disait il en commençant [1].

Il déclarait avec une crânerie que rendait très explicable la sécurité dont il jouissait à l'étranger, que c'était lui, Bouillé, qui avait conseillé au roi de » sortir et de s'éloigner de la populace, dirigée par la cabale et l'intrigue »

Bouillé parlait ensuite, peu prudemment, des vengeances des puissances étrangères, que, seul, Louis XVI était capable d'apaiser.

La lettre se terminait par ces mots, où l'on retrouve la menace que devait faire plus tard Brunswick dans son trop fameux manifeste :

« N'accusez personne du complot contre votre infernale Constitution ; le roi n'a pas fait exécuter les ordres qu'il a donnés ; c'est moi seul qui ai tout ordonné ; c'est envers moi seul que vous répondez des jours du roi et de la reine, à tous les rois de l'univers ; si on leur ôte un cheveu de la tête, il ne restera pas pierre sur pierre à Paris. Je connais les chemins, je guiderai les armées étrangères. Cette lettre n'est que l'avant-coureur du manifeste des souverains de l'Europe ; ils vous avertiront d'une manière plus

1. *Moniteur.*

prononcée de la guerre que vous avez à craindre. Adieu, Messieurs. »

L'Assemblée passa tout simplement à l'ordre du jour, dédaignant de répondre à ce général français qui menaçait de marcher à la tête des armées étrangères contre la France.

***

Dans les clubs, les discussions n'épargnaient guère le roi, que l'Assemblée mettait tant de soin à ménager. Aux Jacobins, Danton affirmait que « l'individu déclaré roi des Français est criminel ou imbécile. Pouvant choisir, choisissons ce dernier parti ; mais l'individu royal ne saurait continuer d'être roi, dès qu'il est imbécile. Pas de régent non plus, mais un conseil d'interdiction, nommé par les départements [1] ».

Girey-Dupré demande que Louis XVI soit déchu de la couronne, jusqu'à ce que son procès soit fait ; il ajoute : « Deux fois les Anglais vous ont donné un grand exemple : Vous êtes dignes de les imiter [2]. »

D'autres réclament un régent, et plusieurs désignent le duc d'Orléans, qui refuse par avance, par une lettre publié par ses journaux et dans laquelle nous lisons :

« Je suis prêt à servir ma patrie sur terre, sur mer, dans la carrière diplomatique, dans tous les postes qui n'exigent que du zèle et un dévouement sans bornes au bien public ; mais, s'il est question de régence, je renonce, en ce moment et pour toujours, aux droits que la Constitution m'y donne. J'oserai dire qu'après tant

1. *Journal des Amis de la Constitution* n° 15.
2. *Journal des Amis de la Constitution*, n° 15.

de sacrifices à l'intérêt du peuple et à la cause de la liberté, il ne m'est plus permis de sortir de la classe de citoyen, et que l'ambition serait en moi une inconséquence inexcusable.

« *Le 26 juin* 1791.

« L.-P. D'ORLÉANS. »

La presse révolutionnaire était plus énergique encore que les clubs, et la violence des termes dépassait même la mesure.

Pour Camille Desmoulins, « l'orgueil, la gourmandise, la colère, l'avarice, la luxure, les sept péchés capitaux, sont la boue dont Arimane a pétri l'animal roi, mâle ou femelle [1] ». Quant à Marat, il déclare que « Louis XVI est un idiot à destituer ou un monstre à étouffer. La femme de l'ex-monarque, féroce instigatrice de tous les forfaits de la Cour, doit être rasée et enfermée dans une maison de force [2]. » Enfin Fréron va jusqu'à écrire de Marie-Antoinette : « Cette reine scélérate, réunit la lubricité de Messaline à la soif de sang qui dévorait Médicis [3].

Pendant ce temps, aux Tuileries, on prenait toutes les mesures, mille précautions pour empêcher une nouvelle tentative de fuite. Toutes les issues étaient gardées, chaque pièce transformée en corps de garde, et l'on alla même jusqu'à mettre des sentinelles sur les toits des maisons voisines [4].

Le jardin était un véritable camp, avec des tentes et tout l'attirail militaire. Chaque jour on voyait arriver dans le château des députations des sections soupçonneuses, qui venaient s'assurer elles-mêmes des mesures

1. *Révolutions de France*, n° 83.
2. *L'Ami du peuple*, n° 501.
3. *L'Orateur du peuple*, n° 46 (3e série).
4. *Mémoires de Weber*, ch IV.

prises. L'entrée du château fut interdite à tout ce qui n'était pas du service indispensable : plusieurs portes furent murées, et l'accès du palais défendu à qui que ce fût, même aux députés de l'Assemblée [1].

A l'intérieur des appartements, on avait placé des gardes partout ; à côté de la chambre de la reine était une garde-robe si obscure, qu'en tout temps il fallait l'éclairer par des bougies ; elle était précédée d'un petit carré aboutissant à un escalier dérobé, séparé de la garde-robe par une simple porte vitrée. Deux gardes restaient là, jour et nuit [2]. Marie-Antoinette était obligée de se coucher et de se lever en présence des soldats de la garde nationale ; elle obtint seulement que la porte intérieur donnant sur le carré fût fermée quand elle se levait et s'habillait. La reine fit placer le lit de sa première femme de chambre, Mme de Jarjaye, près du sien ; ce lit, roulant et garni de rideaux, la préservait d'être vue par l'officier.

Une nuit, le commandant qui couchait dans le petit vestibule noir, entre les deux portes, voyant que Mme Jarjaye dormait profondément et que la reine veillait, quitta son poste et s'approcha du lit de Marie-Antoinette pour lui donner des avis sur la conduite qu'elle devait tenir ; la première femme de chambre s'étant réveillée, la reine lui dit de ne rien craindre, que la personne qu'elle voyait était un bon Français [3], ayant un véritable attachement pour le roi.

Malgré cette vigilance, le roi et la reine communiquaient assez facilement et entretenaient même une correspondance suivie, durant les jours de captivité

1. *Ibid*

2. *Mémoires de Weber*, ch. IV.

3. *Mémoires de Madame Campan*, ch. XVIII.

très réelle dans laquelle ils étaient tenus, car i's étaient bel et bien prisonniers, quelles que fussent d'ailleurs les hypocrites déclarations des constitutionnels, les représentant comme jouissant de la plus entière liberté.

Du 1er au 6 juillet 1791.

XXVIII

L'IDÉE DE RÉPUBLIQUE SE FAIT JOUR

Quatre partis en présence. — Abdication des aristocrates de l'Assemblée. — Le journal *le Républicain*. — Son programme dénoncé à l'Assemblée — Où est l'affiche ? — Danton et Robespierre ne sont pas encore républicains. — Silence aux ouvriers. — Les aumônes de la municipalité. — Le précepteur du Dauphin. — Liste de candidats. — Louis XVI donne le pain bénit. — Les républicains.

Quatre partis se trouvaient face à face pour résoudre la question qui se posait à la suite de la fuite du roi à Varennes.

Ces quatre partis étaient : les royalistes, les royalistes constitutionnels, les constitutionnels et les républicains.

Les royalistes, abattus mais non désespérés, regardaient par delà les frontières, et se demandaient si les armées coalisées ne viendraient pas rétablir la royauté sur les anciennes bases.

Les royalistes constitutionnels, représentés par la majorité de l'Assemblée, voulaient conserver la monarchie, en lui donnant une Constitution imitée de l'Angleterre, et désiraient en même temps sauver le roi.

Les constitutionnels, qui dominaient aux Jacobins, travaillaient au maintien de la monarchie, mais demandaient la déchéance de Louis XVI.

Enfin, les Cordeliers se prononçaient ouvertement pour la République, dont ils réclamaient dès à présent la proclamation.

Les royalistes, entraînés par l'abbé Maury, signèrent, au nombre de deux cent quatre-vingt-dix, un manifeste dans lequel ils déclaraient que la suppression de l'autorité royale portait atteinte à l'inviolabilité de la personne sacrée du roi. Les députés signataires disaient devoir se borner à assister aux séances sans prendre part aux délibérations, afin, ajoutaient-ils, d'invalider la légalité des décrets [1].

C'était l'abstention érigée en système ; c'était une sorte d'abdication d'un parti se sentant impuissant à la lutte.

Les constitutionnels se trouvaient isolés, dans leur désir de sauver à la fois le roi et leur idée de royauté constitutionnelle.

Les Jacobins demandaient la déchéance du roi, dans leurs discussions, et aidaient ainsi puissamment la faction orléaniste qui s'agitait un peu partout.

Les Cordeliers, de leur côté, réclamaient l'abolition de la royauté ; en même temps, paraissait un journal reflétant leurs idées, et portant ce nom caractéristique : *le Républicain*, qui fit afficher sur les murs de Paris son programme, qui débutait en déclarant que « l'absence d'un roi vaut mieux que sa présence ».

Ensuite, tout ce qui concernait Louis XVI était résumé en quatre points :

« 1° Il a abdiqué : il a déserté son poste dans le gouvernement.

« 2° La nation ne peut jamais rendre sa confiance à qui, infidèle à sa fonction; parjure ses serments, ourdit

1. Le texte complet est contenu dans l'*Histoire parlementaire* de Buchet et Roux, t. X, p. 433.

une fuite clandestine, obtient frauduleusement un passeport, cache un roi de France sous le déguisement d'un domestique, dirige sa fuite vers une frontière plus que suspecte, couverte de transfuges, et médite évidemment de ne rentrer dans nos Etats qu'avec une force capable de nous dicter la loi.

« 3° Sa fuite est-elle son propre fait ou le fait de ceux qui sont partis avec lui ? A-t-il pris sa résolution de lui-même, ou la lui a-t-on inspirée? — Que nous importe ? — Qu'il soit imbécile ou hypocrite, idiot ou fourbe, il est également indigne des fonctions de la royauté.

« 4° Il est par conséquent *libre* de nous, comme nous sommes *libres* de lui : il n'a plus d'autorité, nous ne lui devons plus obéissance. Nous ne le connaissons plus que comme un individu dans la foule, comme M. Louis de Bourbon [1]. »

Malouet, au nom des constitutionnels, dénonça cette publication à la tribune ; il demanda que l'auteur fût poursuivi par l'accusateur public.

— Qu'il soit mis sur-le-champ en arrestation, s'écria un député trop zélé.

Mais Pétion intervint, et froidement :

— Pas tant de précipitation : il faut, avant de condamner l'auteur, lire l'affiche [2].

On demande un modèle du placard dénoncé ; Malouet l'a lu dans la rue, à la porte de l'Assemblée où il est fraîchement apposé, mais il n'en a pas un exemplaire.

Personne ne possède l'écrit séditieux.

Quelques députés sortent pour aller arracher une

1. *Patriote français* du 2 juillet 1791.
2. *Ibid.*

affiche ; pendant qu'ils se livrent à cette besogne, la discussion continue pour savoir si, à la tribune, on lira ou non l'écrit républicain, et si on en poursuivra l'auteur ; après une épreuve douteuse, on vote de nouveau ; et, quand les députés qui sont allés chercher le fameux placard rentrent avec une affiche humide de colle, qu'ils ont arrachée sur le mur même du manège, on vient de décider qu'accueillir la dénonciation de Malouet serait violer la liberté [1].

Durant cette discussion, Robespierre ne prit pas la parole. Etait-il donc absent de l'Assemblée ? C'est possible ; mais nous le retrouverons tout à l'heure au club des Jacobins, et nous l'entendrons se défendre d'être républicain, tout comme Danton, du reste.

Eh quoi ! Robespierre et Danton, vous êtes encore royalistes ? Qu'attendez-vous donc ?

La masse, ceux qui souffraient et qui avaient si puissamment contribué à la Révolution, sans en retirer ni honneur, ni soulagement, ni profit, le peuple enfin, était opposé aux projets de l'Assemblée qui voulait innocenter le roi. Aussi la municipalité, sentant la formidable opposition qui se préparait, tâcha d'endormir les souffrances. Dès le 4 juillet, de concert avec les comités de l'Assemblée, la municipalité pourvut au sort des nombreux ouvriers que la fermeture des ateliers de charité avait mis sur le pavé de la capitale. Quatre-vingt-seize mille livres furent distribuées entre les différentes sections, proportionnellement au nombre des ouvriers sans travail domiciliés dans le périmètre de leur circonscription [2].

1. *Patriote français* du 2 juillet 1791.

2. Procès-verbal de la séance de la Commune du 4 juillet 1791

Quant aux ouvriers du département, on leur délivrait des feuilles de route, on leur mettait dans la poche trois sous par lieue et on les expédiait dans leur pays.

Mais il y avait à ce moment à Paris trente mille ouvriers sans travail [1], et un premier secours ne suffisait pas; la municipalité, qui voulait à tout prix débarrasser l'Assemblée de ces hommes capables de la gêner à un moment donné, consacra un million à l'ouverture de chantiers, tels que : une gare à bateaux à Charenton, un canal à Passy, démolition de la barrière de la Rapée, celle de la porte Saint-Bernard et de la geôle y attenant. On embauchait quatre cents manouvriers pour réparer les quais [2], enfin les vieillards eux mêmes étaient employés au balayage.

Quelques semaines auparavant on avait fermé les ateliers de charité ; mais le roi s'enfuit, on le rattrape, et l'Assemblée veut l'absoudre quand même, et, craignant d'être troublée par ces importuns qui meurent de faim et de misère, la municipalité essaie de leur fermer la bouche avec un morceau de pain.

Du reste, le manifeste du maire de Paris ne laisse aucun doute sur le but de ces mesures : « Mais quand la municipalité étend ainsi sa sollicitude sur l'existence de ses concitoyens, son devoir lui prescrit aussi de veiller exactement à la tranquilité publique ; elle déclare qu'autant elle est sensible en faveur des indigents, autant elle apportera de fermeté contre ceux qui profiteraient des circonstances pour mettre le trouble. »

Ainsi voilà qui est bien compris : on entend, par ces aumônes momentanées, acheter la tranquillité du peuple.

Détournez, prolétaires, vos yeux de l'Assemblée ; la

1. Manifeste de la municipalité aux citoyens.
2. *Ibid.*

bourgeoisie est en train de se faire une royauté à sa taille, à sa mesure, pour ses besoins ; cela ne vous regarde pas ; allez, dispersez-vous dans les nouveaux chantiers provisoirement ouverts, demeurez silencieux, vos maîtres se créent des privilèges et vous font des lois.

***

Les députés n'abordèrent pas immédiatement la question de la culpabilité ou de l'innocence de Louis XVI, il fallait calculer et réfléchir ; oh ! non pas qu'il y eût la moindre incertitude dans l'esprit des constitutionnels ; mais, avant de pardonner à ce roi qui était le prisonnier de la bourgeoisie, la bourgeoisie voulait l'avilir et le dégrader, en lui enlevant un à un, pour s'en emparer, ses droits et ses prérogatives. Ils commencèrent par décréter qu'un précepteur serait donné au Dauphin.

Ce décret devait être plus tard abandonné, et on devait épargner à Louis XVI cette humiliation de se voir arracher le droit imprescriptible de tout père d'avoir la conduite de l'éducation de son enfant. L'Assemblée décida qu'aucun de ses membres ne pourrait être désigné pour l'emploi de précepteur ; mais elle dressa, à l'élection, une liste de candicats où l'on remarque beaucoup de noms obscurs, ceux de quelques célébrités, mais au milieu desquels se détache surtout le nom de cet homme de graud esprit : Condorcet.

Nous donnons complète cette liste, que nous n'avons encore trouvée dans aucune des histoires de la Révolution, pourtant écrites par nos maîtres avec tant d'autorité, de science et de savoir.

AGIER, président d'un tribunal de district de Paris.

ALLONVILLE, ci-devant chevalier.

ARMAND D'AUPELET DE BRETEUIL.

AUGER (l'abbé), de l'Académie des inscriptions.

Bacon, électeur.
Barberin, colonel d'artillerie.
Baudin, maire de Sedan.
Béranger, auteur de l'*Esprit de Mably*.
Bernardin-de-Saint-Pierre, auteur des *Etudes de la nature*.
Berquin, auteur de l'*Ami des enfants*.
Beugnot, procureur-syndic du département de l'Aube.
Bigot de Préameneu.
Bochard de Sarron.
Bossu (l'abbé).
Bouchage, officier d'artillerie de la marine.
Bougainville.
Bourbon-Conté.
Bret, place des Victoires.
Broussonnet, secrétaire de la Société d'agriculture.
Callet, principal du collège de Vannes.
Cérutti.
Charrost-Béthune (ci-devant duc).
Chateaugiron.
Coadjuteur de Sens (M. de Brienne).
Coetlogon (Emmanuel de).
Condorcet.
Coste, maire de Versailles.
Croi (ci-devant duc de).
Dacier, secrétaire perpétuel de l'Académie des belles-lettres.
Desmares de Gacey, du département de l'Orne.
Despaulx, directeur en chef de la ci-devant école militaire de Sorrèze.
Devon de Forbonnais.
Ducastel, homme de loi à Rouen.
Ducis.
Duduit de Romainville, ci-devant gouverneur des pages.
Duménil.
Duport du Tertre, ministre de la justice.
Du Verger.
Duverryer, secrétaire du sceau.
Fleurieu.
François de Neufchateau.
Garrau de Coulon.
Geres-Vaguey, du département de la Gironde.
Guyton-Monceau, procureur général syndic du département de la Côte-d'Or.
Harcourt.
Hérault de Sécelles.
Herbouville, président du département de Rouen.
Hoin, homme de loi.
Jourdan, ci-devant président du district des Petits-Augustins.
Kersaint, de Brest.
Lacépède, administrateur du département de Paris.
Lacretelle.
Lafond, médecin.
Lametherie, frère du député.
Leger ou Legier, juge de paix de la section des postes.
Lehoc, commandant de bataillon de la garde nationale de Paris.
Lerou, de l'Académie des sciences.
Mailhe, procureur-général syndic de la Haute-Garonne.
Malesherbes, ancien ministre.
Mariette, caissier des ponts et chaussées.
Mayot, membre du département de Paris
Mollien, rue de la Michodière.
Monge, de l'Académie des sciences.
Montbel.
Montciel, maire de Dôle.
Montmorin, ministre.
Morel de Vindé, juge d'un tribunal de district de Paris.
Necker.

Noel, rédacteur de la *Chronique*.
Ormesson, ci-devant contrôleur général.
Pastoret, procureur général syndic du département de Paris.
Perron, officier municipal de Paris.
Pieyres, de Nîmes, auteur de l'*Ecole des Pères*.
Pujet, colonel d'artillerie.
Quatremère de Quincy.
Quesnay de Saint-Germain.
Roucher, président de la section de Saint-Etienne-du-Mont.
Sainte-Croix, ministre en Pologne.
Saint-Martin, auteur du livre des *Erreurs et de la vérité*.
Séguin, évêque de la Métropole de l'Est.
Ségur, ambassadeur à Rome.
Servan, ancien avocat général.
Sicard (abbé).
Terrede, médecin à l'Aigle, département de l'Orne.
Tremblay, administrateur du département de Paris.
Valence.
Valfort.
Vandœuvre.
Vauvilliers.
Vergennes, commandant de bataillon.
Villes, ancien fermier général.

Nous le répétons : le décret ne fut pas appliqué, et le roi put choisir un homme de son choix, M, de Fleurieu, dont le nom figure parmi ceux qui sont indiqués dans le décret.

Pendant ce temps, Louis XVI envoyait, comme tout gros bourgeois avait coutume de le faire à cette époque, un pain bénit à sa paroisse, pour y être distribué à la grand'messe.

Tandis que l'Assemblée était occupée de ses discussions sur l'inviolabilité du roi, l'idée républicaine se faisait jour au milieu de la foule qui essayait de discerner, parmi les hommes en vue, ceux qui accepteraient la forme de gouvernement démocratique : Sieyès, Robespierre et Danton furent successivement accusés d'être républicains.

Sieyès se défendit et écrivit : « Je préfère la monarchie. Je la préfère, parce qu'il m'est démontré que pour le citoyen il y a plus de liberté dans la monarchie que dans la république [1]. »

1. *Moniteur*, 6 juillet.

Robespierre, à la tribune des Jacobins, fit la déclaration suivante :

« On m'a accusé, au sein de l'Assemblée, d'être républicain ; on m'a trop fait d'honneur : je ne le suis pas. Si l'on m'eût accusé d'être monarchiste, on m'eût déshonoré : je ne le suis pas non plus [1]. »

Ces paroles manquent de netteté, et, pour les expliquer, on est forcé de recourir à une interprétation.

Ce qu'il y a de bien certain, c'est que Robespierre, à ce moment, n'est pas républicain ; il ne saurait y avoir aucun doute en face de sa déclaration si catégorique ; d'un autre côté, il se croirait déshonoré, si on l'accusait d'être monarchiste.

Qu'est-il alors ?

Évidemment Robespierre a voulu dire qu'il n'était point pour la République, et encore moins pour la Monarchie telle qu'elle était constituée à ce moment ; entre les deux il y a une place pour une forme moyenne de gouvernement, qui est la royauté avec un roi soumis à des lois spéciales ; de telle sorte qu'on peut très bien induire que le duc d'Orléans n'aurait pas eu alors Robespierre comme adversaire.

C'est la seule façon raisonnable d'expliquer les paroles de Robespierre.

Danton fut tout aussi vague.

Il ne se prononça ni pour la Royauté ni pour la République, et il se contenta de tonner contre l'inviolabilité royale [2], bien sûr que, dans cet ordre d'idées, les applaudissements ne lui feraient pas défaut [3].

Le parti républicain était soutenu, seulement, mais

1. *Journal des débats de la Société des Amis de la Constitution*, n° 26.

2. *Journal des débats et des Amis de la Constitution*, n° 26.

3. Louis Blanc, vol. V, p. 462.

d'une façon catégorique par quatre hommes : Bonneville, Thomas Payne, Brissot et Condorcet.

Quatre journalistes, dont un publiciste anglais, représentaient, à ce moment, le grand principe de la République, pour lequel ils ne craignaient pas de provoquer les hommes à la controverse.

Du 7 au 13 juillet 1791.

XXIX

APOTHEOSE DE VOLTAIRE [1]

Contre-temps. — La pluie aristocrate. — Le cercueil de Voltaire passe la nuit à la Bastille. — Le cortège. — Le char. — Le parcours. — Cri de rage d'un prêtre. — Stations. — Chœur. — Au Panthéon.

La cérémonie avait d'abord été fixée au dimanche 10 juillet, mais une pluie torrentielle, qui ne cessa de tomber, obligea de remettre la cérémonie au lendemain lundi.

« Ablution expiatoire, dit Camille toujours prêt à railler, satisfaction que saint Denis avait exigée pour quelques endroits de la *Pucelle* [2]. »

Le dimanche soir, le procureur syndic du département et une députation du corps municipal se rendirent aux limites du département pour recevoir le corps de Voltaire, qui venait d'arriver sur un char d'une simplicité antique, ombragé de laurier, de chêne entrelacés de roses, de myrthes et de fleurs.

1. Les journaux de l'époque, accaparés par les discussions de l'Assemblée, donnent très peu de renseignements sur cette importante cérémonie. Nous en empruntons les détails au *Moniteur* et à l'*Histoire parlementaire* de Buchet et Roux, t. X, p. 455.

2. *Révolutions de France et des Royaumes*, n° 85.

Sur un côté du char on lisait :

Si l'homme est créé libre, il doit se gouverner.

Sur l'autre côté :

Si l'homme a des tyrans, il doit les détrôner.

Le cercueil était accompagné de députations et de gardes nationales des villes qu'il avait travsersées pour venir de l'abbaye de Sellières, près de Troyes.

De nombreuses délégations parisiennes des diverses sociétés patriotiques vinrent au devant du cortège, qui fut conduit, à la nuit tombante, sur les ruines de la Bastille, où il passa la nuit, pendant que les gardes nationaux de Paris montèrent la garde.

Sur l'emplacement occupé par la tour dans laquelle Voltaire avait été enfermé, on avait élevé une plate-forme où on déposa le cercueil, au milieu des applaudissements d'une foule immense. Des bosquets garnis de verdure couvraient l'ancien emplacement de la Bastille ; avec des pierres provenant de la démolition de cette forteresse, on avait formé un rocher, sur le sommet et autour duquel on voyait divers attributs et allégories. Sur une de ces pierres, on lisait :

Reçois en ce lieu

OU T'ENCHAINA LE DESPOTISME

VOLTAIRE

LES HONNEURS QUE TE REND TA PATRIE

Il plut encore une partie de la nuit et on allait remettre une fois encore la translation, quand le mauvais temps cessa et la cérémonie commença, « en dépit de la basse jalousie du ciel aristocrate qui, pour retarder le triomphe du grand homme rival et vainqueur de la Divinité, versait des torrents de pluie [1] ».

o*•

Voici quel fut l'ordre du cortège :

Un détachement de cavalerie, les sapeurs, les tambours, les canonniers et les jeunes élèves de la garde nationale, la députation des collèges, les sociétés patriotiques avec diverses devises, les bataillons de la garde nationale, un groupe armé de forts de la Halle. Les portraits en relief de Voltaire, de J.-J. Rousseau et de Desilles entouraient le buste de Mirabeau, porté par les camarades de d'Assas, des citoyens de Varennes et de Nancy.

Les ouvriers employés à la démolition de la Bastille, ayant à leur tête l'inévitable Palloy, l'entrepreneur de la démolition, s'étaient chargés des chaînes, des cuirasses et des boulets trouvés lors de la prise de cette forteresse.

Sur un baldaquin était le procès-verbal des électeurs de 1789 ; les citoyens du faubourg Saint-Antoine portaient le drapeau de la Bastille et un plan en relief de la forteresse. Une femme qui avait pris une part active à la prise de la citadelle, figurait dans le cortège, en amazone.

Un groupe de citoyens armés de piques venait ensuite ; une pique était surmontée d'un bonnet phrygien et de cette inscription : *De ce fer naquit la Liberté.*

Palloy, avec les pierres de la Bastille, avait fait exécuter quatre-vingt-trois réductions de la Bastille et en avait expédié une à chaque département ; la quatre-

1. Lettre du procureur syndic du département à l'Assemblée, d'après le témoignage suspect de l'*Ami du Roi*.

vingt-troisième, destinée au département de Paris, était portée par les anciens gardes françaises, revêtus de l'habit de ce régiment.

Puis marchaient les membres du club des Jacobins, qui n'avaient pas voulu se joindre aux autres sociétés patriotiques.

Ensuite venaient les électeurs de 1789 et 1790, représentant les notables, ceux — en très petit nombre — qui, choisis par les citoyens actifs, nommaient à leur tour les députés et les fonctionnaires.

La députation des théâtres précédait la statue de Voltaire, avec des espèces de pyramides sur lesquelles étaient gravés les titres des principaux ouvrages de l'illustre écrivain.

Enfin des hommes habillés à l'antique promenaient sur leurs épaules la belle statue due au ciseau de Houdon.

Les académies, les auteurs dramatiques, les gens de lettres environnaient un coffre d'or renfermant les soixante-dix volumes des œuvres de Voltaire sur papier de Chine, éditées par Beaumarchais et offertes par ce dernier, à cette occasion, à la Bibliothèque nationale.

Nous mentionnons ensemble les nombreuses députations des sections de jeunes artistes de Paris, des municipalités et des sociétés des départements.

Devant le char, marchait un corps nombreux de musique vocale et instrumentale ; on remarquait dans ces orchestres le tuba, espèce de trompette crosse, de forme antique, longue et recourbée.

***

Enfin venait le magnifique char, traîné par douze chevaux blancs, dessiné par David et portant à son sommet un sarcophage renfermant le cercueil.

Le haut était surmonté d'un lit funèbre, sur lequel on voyait le philosophe étendu et la Renommée lui posant une couronne d'or sur la tête. Le sarcophage portait ces inscriptions : « Il vengea Calas. La Barre, « Sirven et Montbailly ; — Poète, philosophe, il a fait « prendre un grand essort à l'esprit humain et nous a « préparés à devenir libres. »

Immédiatement après le char, marchaient la députation de l'Assemblée nationale, le département, la municipalité, la Cour de cassation, les juges des tribunaux de Paris, les juges de paix et le bataillon des vétérans; un corps de cavalerie fermait la marche.

Le cortège suivit les boulevards depuis la Bastille jusqu'à la place Louis XV (aujourd'hui place de la Concorde), puis se rendit au Panthéon, en passant par le quai de la Conférence, le Pont Royal et le quai Voltaire. Le cortège s'arrêta d'abord devant l'Opéra transformé en *temple de Melpomène* (sur l'emplacement actuel du théâtre de la Porte Saint-Martin [1].) « A chaque station de la marche, dit un narrateur du temps [2], s'élevait, dans les airs qu'elle remplissait, une musique d'un caractère aussi nouveau que le triomphe et qui faisait retentir, dans un hymne de Voltaire même, ces mots si chers à tous les cœurs : *Liberté ! Liberté !* » C'était un chœur de Gossec composé sur des vers de Voltaire : *Peuple, éveille-toi, romps tes fers !* Paroles énergiques, musique brillante, aux chaudes sonorités, au rythme nerveux et entraînant [3]. Le buste de Voltaire ornait le frontispice de l'Opéra ; des festons et des guirlandes de

1. *La Musique et les Fêtes de la Révolution*, par Julien Tiersot.

2. *Journal de Paris.*

3. *La Musique et les Fêtes de la Révolution*, par Julien Tiersot.

fleurs entouraient des médaillons, sur lesquels on lisait les titres des principales pièces de théâtre.

Dans la foule un prêtre s'écria :

— Dieu, tu seras vengé [1] !

Le char s'arrêta devant la maison de Villette, dans laquelle Voltaire avait rendu le dernier soupir et où était conservé son cœur ; devant cette maison on avait planté quatre peupliers très élevés, réunis par des guirlandes de feuilles formant une voûte de verdure, au milieu de laquelle il y avait une couronne de roses que l'on descendit sur le sarcophage au moment du passage ; sur la façade de la maison on lisait : « Son « esprit est partout et son cœur est ici. »

Mme Villette, vêtue en Iphigénie, descendit d'une estrade occupée par des jeunes filles vêtues de blanc et elle posa une couronne sur la tête de Houdon [2]. En même temps, ayant aperçu Lafayette dans le cortège, elle lui jeta une autre couronne, que le général ramassa en rougissant [3]. A ce moment, les deux filles de Calas prirent place dans le cortège, et des masses chorales chantèrent un chœur de circonstance, composé par Chénier.

Le cortège fit une dernière station devant le théâtre de la Nation où un nouveau chœur fut chanté, et le cercueil fut déposé au Panthéon à dix heures du soir.

Cette fête nationale excita l'enthousiasme des Parisiens, qui oublièrent pour un jour les graves événements du moment pour rendre hommage au génie du dix huitième siècle dont le cercueil, quelques années auparavant, avait dû quitter Paris, presque en se cachant, pour éviter les persécutions d'un clergé tracassier qui lui refusait un tombeau.

1. *Révolutions de Paris*, n° 105.
2. *La Feuille villageoise*, 43e semaine.
3. *Révolutions de Paris*, n° 104.

XXX

DEUXIÈME ANNIVERSAIRE DE LA PRISE DE LA BASTILLE

Débats à l'Assemblée. — Tactique des constitutionnels. — Discours de Robespierre. — Honnêteté et logique. — La messe de l'évêque au Champ de Mars. — Une cantate sacropatriotique de Désaugiers. — Le cortège officiel. — En province. — Un curé royaliste.

Les fêtes de la translation des cendres de Voltaire avaient fatigué les Parisiens et lassé d'avance l'activité pour la célébration du deuxième anniversaire de la prise de la Bastille.

Les discussions de l'Assemblée préoccupaient du reste beaucoup la population parisienne.

Le 14 juillet, le débat continua sur la fuite du roi à Varennes.

Les constitutionnels soutenaient l'inviolabilité du roi, demandant la mise en accusation des serviteurs subalternes qui avaient obéi aux ordres de Louis XVI. Ainsi, en suivant la théorie de Lameth et de Barnave, on devait punir les malheureux gardes du corps et la gouvernante du Dauphin, pour avoir enlevé le roi comme on enlève une femme. La séance du 14 fut occupée en grande partie par un long discours de Robespierre, où, après avoir très justement attaqué la tactique des constitutionnels qui voulaient innocenter le vrai coupable et punir ses complices, il concluait en disant : « Il faut déclarer que tous ceux qui ont pris part au voyage à Varennes sont coupables ou que tous sont innocents ; il faut les condamner tous, ou les absoudre tous. »

Pendant ce temps, Gobel, évêque de Paris, célébrait la messe au Champ de Mars, sur l'autel de la Patrie, et un corps nombreux de musiciens exécutait un *Te Deum*. La veille, on avait chanté dans l'église Notre-Dame *la prise de la Bastille*, œuvre de Désaugiers, le père du chansonnier, dont la première audition avait eu lieu en 1789.

Ce hiérodrame lyrique « tiré des livres saints » était une sorte de cantate, où le récit de la prise de la Bastille était fait avec des fragments de strophes, empruntés aux auteurs sacrés [1].

Au début, un citoyen venait annoncer au peuple « l'exil d'un ministre qui avait sa confiance ».

LE CITOYEN

Populi lugete... et gaudium vestrum convertatur in mœrorem. (Jac. IV. 9.)
Peuples, gémissez, et que votre joie se change en tristesse.

LE PEUPLE

Quare ?
Pourquoi ?

LE CITOYEN

Protector noster abest.
Notre protecteur est éloigné.

LE PEUPLE

Heu nobis miseris ! (Psal. CXIX, 5.)
Malheureux que nous sommes !

Le tocsin se fait entendre.

1. *Description fidèle de tout ce qui a précédé, accompagné et suivi la cérémonie de la confédération nationale du 14 juillet* 1790.

LES FEMMES

Deus, respice super nos et super filios nostros. (Psal. CXIII, 13.)
Dieu, jetez un regard compatissant sur nous et nos enfants !

TOUS ENSEMBLE

O Deus, adjuva nos ! (Ps. LXXVIII, 9.)
O Dieu, secourez-nous.

Le chœur chantait alors un chant d'invocation. Puis venait l'attaque de la forteresse, le canon tonnait, les clairons sonnaient la charge [1], et, après une explosion de mélodie par tout l'orchestre, le peuple remportait la victoire, le *Citoyen* chantait :

Expulsi sunt inimici, nec potuerunt stare. Et erunt opprobrium in gentibus.
Populi, laudate Deum.
Nos ennemis sont en déroute, ils n'ont pu nous résister ; et ils seront en opprobre parmi les nations.
Peuples, louez Dieu !

Et tous les assistants entonnaient le *Te Deum.*

La cérémonie se termina par un sermon patriotique, prêché par le vicaire général Hervier.

*
* *

Le corps administratif, les juges, les députés des sections et une députation de vingt-quatre membres de l'Assemblée nationale se rendirent sur l'emplacement de la Bastille, et, de là, allèrent au Champ de Mars, où ils prêtèrent le serment traditionnel [2].

Le temps était superbe et une foule considérable se pressait, tant à l'aller qu'au retour, sur le passage du cortège.

1. *La Musique dans les fêtes de la Révolution,* par Julien Tiersot.
2. *Moniteur.*

Le soir, Paris illumina les façades de ses maisons et de ses monuments.

Dans le reste de la France, où les agitations de la place publique prenaient moins de place, les fédérés, qui étaient venus à Paris l'année précédente et qui avaient vu la pompe avec laquelle les Parisiens avaient célébré le 14 Juillet, organisèrent des fêtes, où il y avait de nombreuses imitations de la fédération parisienne.

Un seul incident marqua, en province, cette célébration.

Le curé de la paroisse de Saint-Hilaire, district de Decize (Nièvre), n'avait consenti qu'avec peine à célébrer la messe du 14 Juillet ; cependant, à l'heure dite, il se rendit à l'église, où il commença par déclarer que c'était le jour de l'anniversaire de la victoire des brigands, puis il alla revêtir les ornements noirs et chanta la messe de deuil [1].

Ce fait isolé passa inaperçu au milieu des réjouissances qui eurent lieu sur tous les points de la France.

1. *La prise de la Bastille et ses anniversaires*, par G. Lecoq, p. 220.

Du 15 au 21 juillet 1791.

XXXI

MASSACRE DU CHAMP DE MARS

Date mémorable. — L'Assemblée met le roi hors de cause — Emotion populaire. — Proposition et pétition aux Jacobins. — Le perruquier libertin et l'invalide à la jambe de bois. — Ils se cachent sous l'autel de la Patrie. — Pourquoi ? — Ils sont découverts. — Ils sont égorgés. — Qui a commis ce meurtre ? — Innocence du peuple — La situation à l'Assemblée. — A la municipalité. — Trois commissaires envoyés au Champ de Mars. — Le calme de la population. — Les Jacobins retirent leur pétition. — On en rédige une autre. — Quelques détails. — Arrivée des trois commissaires municipaux. — Accueil cordial qui leur est fait. — Leur contentement. — Ils se retirent. — Bailly proclame la loi martiale. Le drapeau rouge à l'Hotel de Ville. — Les trois commissaires de retour à la municipalité. — Ils protestent contre les mesures prises. — Ils ne sont pas écoutés. — Bailly au Champ de Mars. — Le massacre. — Le nombre des morts. — Mesures de la bourgeoisie. — Y avait-il complot ? — Pourquoi Danton n'était-il pas là ? — Robespierre chez le menuisier Duplay. — Le roi prend médecine.

Nous arrivons à une des dates les plus importantes de la Révolution.

Jusqu'ici les attroupements populaires n'ont pas coûté une seule goutte de sang ; jusqu'ici le peuple n'a paru sur la place publique, n'est descendu dans la rue, que pour remporter des victoires dont la bourgeoisie a toujours profité. Aujourd'hui cette même bourgeoisie va donner l'ordre de tirer sur le peuple, réuni pacifiquement et sans armes au Champ de Mars pour signer une pétition contre un vote de l'Assemblée.

Voici le texte de cette pétition :

Représentants de la Nation,

Vous touchiez au terme de vos travaux ; bientôt des successeurs, tous nommés par le peuple, allaient marcher sur vos traces sans rencontrer les obstacles que nous ont présentés les députés des deux ordres privilégiés, ennemis nécessaires de tous les principes de la sainte Egalité. Un grand crime se commet ; Louis XVI fuit ; il abandonna indignement son poste ; l'empire est à deux doigts de l'anarchie. Des citoyens l'arrêtent à Varennes, il est ramené à Paris.

Le peuple de cette capitale vous demande de ne rien prononcer sur le sort du coupable sans avoir entendu l'expression du vœu des quatre-vingt-trois autres départements.

Vous différez !

Une foule d'adresses arrivent à l'Assemblée ; toutes les sections de l'empire demandent simultanément que Louis soit jugé. Vous, Messieurs, avez préjugé qu'il était innocent et inviolable, en déclarant que la Charte constitutionnelle lui sera présentée, alors que la Constitution sera achevée.

Législateurs ! ce n'était pas là la voix du peuple, et nous avions pensé que votre grande gloire, que votre devoir même, consistait à être les organes de la volonté publique. Sans doute, Messieurs, que vous avez été entraînés à cette décision par la foule de ces députés réfractaires, qui ont fait d'avance leur protestation contre toute espèce de Constitution ; mais, Messieurs, mais, représentants d'un peuple généreux et confiant, rappelez-vous que ces deux cent trente protestants n'avaient plus de voix à l'Assemblée nationale ; que le décret est donc nul et dans la forme et dans le fond : nul au fond, parce qu'il est contraire au vœu du *souverain* ; nul en la forme, parce qu'il est porté par deux cent quatre-vingt-dix individus sans qualité.

Ces considérations, toutes en vue du bien général, le désir impérieux d'éviter l'anarchie, à laquelle nous exposerait le défaut d'harmonie entre les représentants et les représentés, tout nous fait la loi de vous demander, au nom de la France entière, de revenir sur ce décret, de prendre en considération que le délit de Louis XVI est prouvé, que *ce roi a abdiqué* ; de recevoir son abdication et de convoquer un nouveau Pouvoir constituant pour procéder, d'une manière vraiment nationale, au jugement du coupable et surtout au remplacement et à l'organisation d'un nouveau pouvoir exécutif.

Le 17 juillet 1791, Bailly écrit son nom au bas de son arrêt de mort.

On a souvent accusé Danton de s'être caché au moment des incidents du Champ du Mars, et cette accusation sera reprise plus tard par Robespierre, qui se fera de cette prétendue fuite une arme terrible pour le frapper devant le tribunal revolutionnaire.

Mais il est aujourd'hui démontré que cette accusation est injuste ; Danton ne se cacha ni avant, ni pendant le 17 juillet[1], et, après les événements du Champ de Mars, il dut fuir en Angleterre pour échapper aux assassins mis à sa poursuite [2].

Pendant les quelques jours de fièvre qui suivirent la tentative d'évasion de la famille royale, il se rendit aux Jacobins et aux Cordeliers, soutenant la responsabilité du roi et demandant sa déchéance, et, le 16 juillet, aux Cordeliers, on repousse le projet de pétition rédigé par Laclos et adopté par les Jacobins, pour lui substituer un autre texte, qui « fut lu par Danton à la voix de stentor [3] ». La pétition rédigée, le lendemain, en plein vent, se rapproche beaucoup de celle-ci.

Après trois jours de discussion, l'Assemblée décida

1. *Procès des Dantonistes*, par le docteur Robinet. — *Danton homme d'Etat*, par le docteur Robinet, p. 81. — *Danton*, par Alfred Bougeard.

2. *L'Orateur du peuple*, n° 44. — *Danton homme d'Etat*, par le docteur Robinet.

3. *Esquisses historiques des principaux événements de la Révolution française*, par Dulaure, t. I. — *Révolutions de Paris*, n° 106.

de mettre Louis XVI hors de cause, attendu qu'en fuyant il avait cédé à la contrainte, que le délit n'était pas constitutionnel, que d'ailleurs le roi était inviolable. Quant à Bouillé et à ces malheureux comparses qui avaient joué un rôle dans la fuite du roi, on les renvoyait devant la haute cour nationale.

Un pareil vote fut accueilli par les protestations indignées de tous les patriotes et causa une effervescence extraordinaire dans Paris ; le soir, le peuple fit lui-même fermer les théâtres, fermeture qui, du reste, s'était, en quelque sorte, faite de gré à gré ; la garde nationale n'avait eu à réprimer aucun désordre, et, si la police municipale était restée spectatrice, c'est que pas un délit contre la tranquillité publique n'avait été commis [1].

Au club des Jacobins, une créature du duc d'Orléans, Choderlos de Laclos, proposa d'envoyer à l'Assemblée une adresse au nom de toutes les associations patriotiques ; chaque société devait signer non comme société, ce qui était interdit, mais comme rassemblement de tous les bons citoyens : cette distinction était faite pour éluder complètement la loi sur les pétitions.

Danton appuya énergiquement cette proposition, que l'on allait voter, lorsque quatre mille personnes, venues du Palais-Royal, la firent changer en celle d'une pétition qu'on porterait, le 16, au Champ de Mars, où le peuple la signerait sur l'autel même de la Patrie. Cette motion fut adoptée malgré l'opposition de Robespierre [2], et la rédaction en fut confiée à Brissot. — Ce ne fut pas cette pétition qui fut déposée le lendemain sur l'autel de la Patrie.

Au moment où elle allait être signée, le club la

1. *Histoire parlementaire*, de Buchet et Roux, t. XI, p. 104.
2. *Moniteur*.

retira, se disposant à la remplacer par une autre d'une rédaction différente. Le peuple n'attendit pas que le club se fût décidé sur cette nouvelle formule; quatre citoyens qui se trouvaient sur l'autel en rédigèrent en plein vent une nouvelle dont nous donnons plus haut le texte. C'est cette pétition qui fut couverte de signatures.

Si la rédaction des Jacobins ne servit pas au pétitionnement, ce n'en est pas moins ce club qui jeta cette idée dans le peuple, et ce fait émut fort l'Assemblée, qui s'empressa de prendre des mesures répressives, ordonnant aux accusateurs publics, mandés à sa barre, de poursuivre les auteurs des désordres, avec toute la sévérité des lois [1].

Bailly, de son côté, ordonnait de placarder un arrêté sévère de la municipalité, et Lafayette convoquait la garde nationale [2].

Le peuple se disposait à user du droit de pétition, rien ne faisait prévoir des intentions tumultueuses; il s'agissait tout simplement de demander la déchéance, et l'Assemblée, comme la municipalité, ne voulant pas admettre que le peuple protestât contre le vote qui innocentait Louis XVI, faisait charger les armes pour répondre à une manifestation pacifique.

***

Le samedi soir, un perruquier eut l'idée bizarre d'aller s'installer sous l'autel de la Patrie. Les femmes devaient venir le lendemain en même temps que les hommes, et le perruquier s'était dit qu'en pratiquant

1. *Moniteur.*

2. *Registre des délibérations du conseil général de la Commune de Paris* (séance du samedi 16 juillet 1791.)

des trous dans les planches de l'autel et en se plaçant sous les planches, il pourrait jouir d'un spectacle qui satisferait ses instincts libertins [1].

Notre homme connaissait un vieil invalide chez qui les années n'avaient pas éteint le goût de l'amour ; il alla lui proposer de l'accompagner dans sa bizarre partie de plaisir ; l'invalide accepta, et, comme on ne se nourrit pas avec les yeux, les deux compagnons prirent avec eux des vivres, deux bouteilles de vin et un baril d'eau [2].

Dimanche, une heure avant le jour, le perruquier et l'invalide se rendent au Champ de Mars, lèvent une planche de l'autel de la Patrie, s'introduisent dans l'intérieur, replacent habilement la planche, s'installent, et à l'aide d'une vrille, se mettent en devoir de pratiquer les trous qui doivent leur permettre de satisfaire leur obscène curiosité.

Pendant qu'ils se livrent à ce travail, un jeune homme de seize ans vient pour copier les inscriptions qui se trouvaient autour de l'autel ; il entend au-dessous de lui du bruit et sent une vrille qui perce sous ses pieds ; il court en prévenir le corps de garde du Gros-Caillou, qui, trop faible pour se dégarnir, envoie chercher cent hommes à l'Hôtel de Ville [3].

L'escorte arrive au Champ de Mars, on pénètre sous les marches de l'autel, et on découvre les deux libertins qui, pris de frayeur, font semblant de dormir.

On s'empare du perruquier et de l'invalide à la jambe de bois, et tous deux sont conduits à la section. Pendant qu'on les interrogeait, la foule commentait cette arrestation.

1. *Révolutions de Paris*, n° 106.

2. Récit de Santerre au club des Jacobins (*Journal des débats de la Société des Amis de la Constitution*).

3. *Idem*

— Ils voulaient voir les jambes des femmes ! crient les uns[1].

— Pas du tout, répondirent les autres, ce sont des stipendiés de l'aristocratie.

Cette dernière version se répand, altérée en passant de bouche en bouche, de telle sorte qu'au bout de quelques instants, personne ne peut admettre que les deux hommes ont été guidés par des désirs de polissons, et tout le monde les considère comme des agents payés pour faire sauter l'autel au moment du pétitionnement. On a vu un baril, le petit baril d'eau, nul doute que ce ne soit un baril de poudre pour aider à l'exécution de leur criminel projet.

Quelques-uns, voulant paraître mieux informés que les autres, affirment que le perruquier et l'invalide ont déclaré qu'on leur avait promis vingt-cinq livres de rente pour accomplir leur besogne.

Pendant ce temps, les deux hommes avouaient la vérité, disant que la curiosité lubrique les avait, seule, poussés là. Le commissaire les remit en liberté ; mais en les voyant paraître, la foule, déjà excitée et furieuse, peut être poussée par des misérables « chargés de la hideuse mission d'exciter au désordre[2] », comme il s'en trouve trop souvent dans les émeutes, s'empara des deux malheureux, qui furent égorgés ; leurs têtes furent portées au Palais-Royal par une bande de quinze ou vingt de ces sinistres gamins[3] comme en renferment le bas-fonds des quartiers de Paris et que dispersera une patrouille de la garde nationale.

Ainsi donc, ce meurtre accompli, non pas au Champ de Mars, mais au Gros-Caillou, non par les pétition-

1. *Histoire parlementaire* de Buchet et Roux, t. XI, p. 105.
2. Louis Blanc, t. V, p. 481.
3. *Histoire parlementaire*, de Buchet et Roux, t. XI, p. 105.

naires qui n'arrivèrent que cinq ou six heures plus tard, mais par une bande de quelques misérables inconnus, fut le premier acte de cette journée sanglante, dans laquelle des massacres prémédités vont être commis par la municipalité.

⁂

Après la mort du perruquier et de l'invalide, la situation, le matin du dimanche 17 juillet, était donc celle-ci :

Les constitutionnels, très excités contre la pétition des Jacobins, qui était le blâme de leur vote ;

La municipalité, ayant réuni la garde nationale prête à fusiller les pétitionnaires ;

Le club des Jacobins ayant retiré sa proposition, la jugeant illégale, après examen ;

Le plus grand nombre des citoyens ne sachant pas que la pétition était retirée et qui se disposait à aller la signer [1]. Comme les pétitionnaires ne voulaient rien faire d'illégal, comme ils avaient le désir de se conformer à la loi, qui dit : « Les citoyens qui veulent user du droit de pétition doivent être sans armes et avoir annoncé leur réunion vint-quatre heures à l'avance », douze délégués se sont rendus la veille, à l'Hôtel de Ville, pour faire leur déclaration, dont le procureur-syndic, Demousseaux, leur a donné un récépissé, disant :

— La loi vous couvre de son inviolabilité !

Les citoyens sont donc en règle et se rendent, de divers côtés, au Champ de Mars, au moment où le président lui apprend le meurtre du matin, en ces termes :

1. Louis Blanc, t. V, p. 480.

— Le bruit se répand en ce moment que deux bons citoyens viennent d'être victimes de leur zèle. Ils étaient au champ de Fédération et disaient au peuple rassemblé qu'il fallait exécuter la loi. Ils ont été pendus sur-le-champ [1].

Immédiatement Regnault de Saint-Jean-d'Angély réclame la mise à exécution de la loi martiale, ajoutant que « ces victimes sont deux gardes nationaux qui ont réclamé l'application de la loi ».

La municipalité apprit, à onze heures, l'affaire du Gros-Caillou. Devant ces bruits contradictoires, elle décida d'envoyer trois commissaires au Champ de Mars, pour se rendre un compte exact de la situation.

Les trois commissaires partirent immédiatement et, en arrivant sur le lieu de la fédération, au lieu de trouver une foule séditieuse, ils virent une population calme et très décidée à ne pas provoquer de désordre.

Il était midi.

Sa foule commençait à se réunir et les troupes arrivaient au Champ de Mars ; l'Américain Fournier tira un coup de pistolet sur Lafayette et le manqua ; la garde arrêta Fournier, et Lafayette le fit relâcher [2]. Cette générosité du général, étrange dans un pareil moment, cette générosité hâtive, fit supposer que cet attentat impuni n'était qu'une comédie pour exciter la garde nationale [3].

Excepté cet incident, le calme le plus complet ne cessa de régner.

A une heure, la garde, qui était venue avec des canons, se retira paisiblement. Quelques arrestations pour querelles particulières furent effectuées, comme

1. *Moniteur.*
2. Weber, *Mémoires* (notes, ch. v), p. 373, édit. Didot.
3. *Révolutions de France et des Royaumes.*

un simple fait de police. Quant aux fameuses barricades qu'auraitenlevées d'assaut Lafayette, elles n'ont jamais existé que dans le livre de M. Thiers et dans un livre romanesque d'Alexandre Dumas [1].

La foule grandissait, et, comme on ne savait pas encore bien ce qui avait été décidé par les Jacobins à l'égard de leur pétition, on attendait, pour signer, qu'elle fût apportée. La garde nationale achevait de se retirer lorsqu'arriva à l'autel de la Patrie un commissaire des Jacobins, envoyé sur la motion de Robespierre [2]. Le commissaire déclara que la pétition qui avait été lue la veille ne pouvait servir le dimanche, que cette pétition supposait que l'Assemblée n'avait pas prononcé sur le sort de Louis XVI, mais que l'Assemblée, ayant implicitement décrété son innocence, dans la séance du samedi soir, le club des Jacobins allait s'occuper d'une nouvelle rédaction, qu'elle présenterait incessamment à la signature [3].

Robert propose alors de rédiger, séance tenante, une nouvelle pétition. Cette proposition fut unanimement adoptée. On nomma quatre commissaires ; l'un d'eux Robert, croit-on, prit la plume; les citoyens impatients se rangèrent autour de lui et il écrivit, demandant, au nom de la France tout entière, de « revenir sur le décret », de considérer Louis XVI comme ayant abdiqué par le fait de sa fuite et « de pourvoir à son remplacement ».

Signé : *Peyre, Vachart, Robert, Domoy* [4].

Cette dernière signature n'est pas très lisible, parce que le fil qui attache les cahiers passe au milieu.

1. *Le Drame de* 93, t. II, p. 236.
2. *Journal des débats* (p. XXVIII).
3. *Révolutions de Paris* (CVI, p. 60).
4. Pétition dont l'original est aux Archives nationales.

Plus de deux mille gardes nationaux de tous les bataillons de Paris et des environs, quantité d'officiers municipaux des villages voisins, ainsi que beaucoup d'électeurs de la ville de Paris et des départements, la signèrent aussi.

Les signatures, conservées aux Archives, remplissent dix-huit ou vingt cahiers séparés, qui furent ensuite grossièrement attachés ; quant au nombre, il dépasse certainement six mille.

La masse des signatures est de gens qui savaient à peine signer ; la qualité de garde national y foisonne ; il y a une multitude de croix entourées d'un cercle attestant que bon nombre de gens ne sachant pas écrire avaient donné leur adhésion. Quelquefois la page est divisée en trois colonnes ; d'énormes taches d'encre en couvrent plusieurs ; beaucoup de noms sont au crayon. Des femmes et des enfants signèrent en très grand nombre ; quelques-uns ont fait précéder leur signature d'un commentaire comme celui-ci : « Je re-« nonce au roy, je ne le veux plus conettre pour le roy, « je suis citoiien Fransay pour la patry du bataillon de « Boulogne, Louis Magloire, l'aîné, à Boulogne. »

On relève la signature de *Chaumette*, étudiant en médecine ; d'*Hébert*, d'*Henriot*, *Santerre*, *Brune*, alors simple sergent, et qui devait devenir maréchal de France. Tout cela se passait de la façon la plus calme, et Fabre d'Eglantine, qui était présent, raconte que les jeunes gens s'amusaient à des danses [1] » ; parmi les cinquante mille personnes qui couvraient la plaine, il y avait beaucoup « de mères de famille » venues au bras de leurs maris ou de leurs frères : « C'était une

1. *Révolutions de Paris*, n° 106.

de ces assemblées majestueuses et touchantes, telles qu'on en voyait à Athènes ou à Rome [1]. »

Les signataires qui sont placés sur l'autel et qui, de là, dominent le terrain, voient un cortège qui vient de se faire jour à travers la foule ; ils délèguent une députation au-devant de lui, pour lui faciliter l'accès. Ce sont les trois officiers municipaux envoyés comme commissaires par la municipalité, et qui arrivent escortés de nombreux gardes nationaux. Ils sont surpris à la fois et enchantés de la tranquillité qui règne là où ils s'attendaient à trouver le désordre ; ils ne peuvent dissimuler leur satisfaction.

— Messieurs, dirent-ils, nous sommes charmés de connaître vos dispositions. On nous avait dit qu'il y avait ici du tumulte, on nous avait trompés. Nous ne manquerons pas de rendre compte de ce que nous avons vu, et, loin de vous empêcher de faire votre pétition, si l'on vous troublait, nous vous aiderions de la force publique [2].

On leur lut la pétition, ils la trouvèrent conforme aux principes et assurèrent qu'ils la signeraient eux-mêmes, s'ils n'étaient en fonctions.

Deux citoyens avaient été arrêtés dans une rixe qui s'était élevée entre eux et l'aide de camp du général Lafayette ; on représenta aux commissaires municipaux que les prisonniers étaient innocents ; cent personnes répondirent pour eux et demandèrent leur mise en liberté.

— C'est bien, répondirent les municipaux, nommez une députation ; elle viendra avec nous à l'Hôtel de Ville et justice sera faite.

On nomme douze délégués qui partent pour l'Hôtel

1. *Révolutions de Paris*, n° 106.
2. *Ibid.*

de Ville avec les trois municipaux, qui font retirer les troupes, et le Champ de Mars est libre une seconde fois.

L'Assemblée apprend ces événements au fur et à mesure ; ce n'est pas ce qu'elle désire, les signataires doivent être à tout prix des factieux ; à la fin de la journée, si on laisse faire, la pétition sera couverte de cinquante mille signatures, et il sera démontré que l'opinion publique blâme le décret innocentant Louis XVI. Il faut donc que la pétition disparaisse.

Déjà, à une heure de l'après-midi, Bailly avait reçu de Charles Lameth, président de l'Assemblée, un message pressant ; on répandait des bruits pleins d'alarmes [1] ; par une meurtrière confusion, on mêlait ensemble le double assassinat du matin, la pétition et la tentative de l'Américain Fournier sur Lafayette [2].

Vers cinq heures, la municipalité proclame la hideuse loi martiale : on bat la générale, on tire le canon d'alarme, et, à cinq heures et demie, le sanglant drapeau rouge flotte à l'Hôtel de Ville [3].

La garde nationale apercevant le drapeau rouge — signe menaçant pour les malheureux — ne se tient plus de contentement ; elle agite ses armes et pousse des cris de joie [4].

La municipalité, conduite par Bailly, se met en marche pour aller au Champ de Mars faire les trois sommations légales. Mais au même moment, les trois commissaires municipaux, accompagnés de douze délégués des pétitionnaires, montent l'escalier à travers les baïonnettes ; ils se font jour jusqu'à la salle d'au-

1. Procès-verbal de la municipalité.
2. Louis Blanc, t. V, p. 488.
3. Procès-verbal de la municipalité.
4. *Révolutions de Paris*, n° 106.

dience, où ils racontent ce qu'ils ont vu : le calme de la population et la tranquillité des pétitionnaires ; ils protestent contre la proclamation de la loi martiale ; ils déclarent que si le drapeau rouge est déployé en dépit des assurances pacifiques qu'ils ont données, on les regardera comme des gens sans foi [1].

Ces généreux efforts sont inutiles ; la municipalité sort pour conduire la garde nationale au massacre de paisibles Parisiens.

Les douze délégués restés dans les couloirs, voyant Bailly à la tête de la municipalité, vont à lui, lui parlent des deux prisonniers qu'ils viennent réclamer, des promesses qui leur ont été faites.

— Ces promesses ne me regardent pas, répond Bailly, je vais marcher au Champ de la Fédération et y mettre la paix [2].

Un incident se produit entre un des membres de la municipalité et un des douze délégués, décoré de l'ordre de Saint-Louis.

— Quelle est cette croix ? demande le municipal au chevalier, et à quel ordre appartient le ruban qui la supporte ?

— Cette croix, c'est la croix de Saint-Louis ; quant au ruban qui la supporte, c'est un ruban tricolore. On m'a décoré de cette croix, je l'ai décorée du ruban national. Si vous doutez que j'aie le droit de la porter, allons au Pouvoir exécutif, et vous verrez si je l'ai gagnée.

— C'est bien, intervient Bailly, je connais monsieur : c'est un bon citoyen, c'est pourquoi je le prie, ainsi que ceux qui l'accompagnent, de se retirer.

1. *Biographie de Sylvain Bailly*, p. 216.
2. *Révolutions de Paris*.

La municipalité descend sur la place de Grève, les gardes nationaux la suivent et la bourgeoisie, armée de la légalité et de fusils, se rend au Champ de Mars, où elle va tirer sur le peuple sous la conduite de Bailly et pour obéir aux ordres des constitutionnels de l'Assemblée nationale.

*
* *

Au Champ de Mars, en attendant le retour des douze délégués, on continue de signer la pétition ; tout autour de l'autel de la Patrie, il se forme des rondes et on danse en chantant des airs à la mode.

Tout ce peuple parisien usait légalement de son droit, consacré par la Constitution, de signer une pétition demandant respectueusement à l'Assemblée de revenir sur un décret par elle rendu. Toutes les conditions exigées par la loi pour pétitionner avaient été remplies : la veille, on avait prévenu la municipalité et on avait retiré des mains du syndic le récépissé de cette déclaration ; enfin aucun des pétitionnaires ne portait des armes.

On pouvait donc signer en toute sécurité, et, les signatures apposées, le peuple pouvait danser et chanter à son aise : il était le droit, et avait pour lui la loi [1].

Les quatre angles de l'autel de la Patrie représentaient quatre massifs gigantesques, reliés entre eux par des escaliers si larges que quatre bataillons eussent pu monter à la fois, chacun par une de ses faces. Tous ces escaliers étaient chargés de curieux auxquels chaque marche offrait une cinquantaine de sièges.

Tout à coup retentit le bruit du tambour. Il est sept heures et demie. Les bataillons arrivent sur le Champ

1. Louis Blanc, t. V, p. 491.

de Mars par toutes les issues, du côté du fleuve, du côté de l'Ecole militaire et par le chemin qui conduit au Gros-Caillou. La foule est tellement confiante qu'elle accourt au-devant des troupes, mais elle est repoussée par l'infanterie, et, en même temps, la cavalerie, en courant occuper les ailes, enveloppe le Champ de la Fédération d'un nuage de poussière [1].

Bailly arrive avec la municipalité, entouré d'un bataillon portant le drapeau rouge et va se placer au bout de la plaine, au bas des glacis sur lesquels s'étaient étagés les Parisiens le jour de la grande Fédération.

Alors des hommes placés sur les glacis, et qui ne faisaient nullement partie des paisibles pétitionnaires réunis dans le Champ de Mars, se mirent à crier :

— A bas les baïonnettes [2] !

Bailly donne le signal de la halte et se dispose à faire les trois sommations ordonnées par la loi, mais les hommes perchés sur les glacis lancent des cailloux à la garde nationale et un cavalier est blessé d'un coup de pistolet. La garde nationale tire une première fois en l'air ; la foule ne pouvant s'imaginer qu'on vient la massacrer ainsi sans provocation, parce qu'elle accomplit un acte légal, ne bouge pas.

Plusieurs voix crient :

— Ne bougeons pas ! on tire à blanc, il faut qu'on vienne ici publier la loi [3] !

Il fallait faire les trois sommations même pour fusiller sans motif cette foule inoffensive composée de citoyens sans armes, de femmes et d'enfants ; ces trois sommations, Bailly ne les fit pas : une seconde détonation déchira l'air, et, quand la fumée se dissipa, on vit l'autel

1. Michelet, t. III, p. 151.

2. Procès-verbal de la Municipalité de Paris.

3. *Révolutions de Paris*, n° 106.

de la Patrie ruisselant de sang ; des cadavres de femmes et d'enfants gisaient sur les escaliers.

La foule apeurée, prise de panique, se met à fuir dans toutes les directions, poursuivie par la cavalerie qui se lance au galop après les fuyards ; des gardes nationaux courent aussi après les malheureux, et, quand ils ne peuvent les atteindre, ils leurs lancent leurs sabres dans les jambes [1].

Les artilleurs ne veulent pas être venus pour rien et l'un d'eux va tirer, quand Lafayette, effrayé du carnage qui va suivre, par un mouvement d'une héroïque générosité, pousse son cheval devant la gueule du canon, et évite une boucherie plus abominable encore [2].

Ces troupes déployées devant l'École militaire étaient composées de bataillons du Marais, du faubourg Saint-Antoine et de la garde soldée — les anciens gardes françaises — qui se montrèrent « admirables de patriotisme et d'humanité » [3] ; ils ouvrirent leurs rangs à la foule poursuivie [4] et sauvèrent la vie à des milliers de Parisiens [5].

Des citoyens, au milieu du massacre, emportèrent la pétition.

On ne sut pas exactement le nombre des cadavres ; la municipalité le porta à vingt-cinq, d'autres prétendirent qu'il était de deux mille ; il y a probablement exagération des deux côtés. Quoi qu'il en soit, les morts furent nombreux, et, après ce massacre, Bailly courut recevoir les félicitations de l'Assemblée.

1. *Révolutions de Paris*, n° 106.
2. *Mémoires de Lafayette*, t. III, ch. XVII, p. 109.
3. Louis Blanc, t. V, p. 494.
4. *Révolutions de Paris*, n° 108.
5. *Biographie de Sylvain Bailly*, p. 222.

L'assemblée, du reste, ne s'en tint pas là ; elle fit procéder à de nombreuses arrestations. La prétention des constitutionnels était qu'ils avaient sauvé Paris des dangers d'une redoutable émeute ; il fallait donc à tout prix qu'il y eût des émeutiers. C'est ainsi qu'on arrêta l'avocat Verrières qui avait défendu Santerre contre Lafayette ; on saisit *l'Ami du Peuple*, de Marat, et on conduisit en prison l'imprimeur, une demoiselle Colombe [1]. On vit passer sur les boulevards plusieurs voitures de prisonniers [2].

Nous savons que les auteurs du mouvement de pétitionnement furent les Jacobins, et, parmi eux, surtout Danton, qui avait énergiquement appuyé l'idée d'une pétition combattue par Robespierre.

Le lendemain du massacre, Bailly vint rendre compte de la manière dont la municipalité avait exécuté les ordres de l'Assemblée, et il travestit ainsi la vérité :

— Le corps municipal, dit-il, se présente devant vous, profondément affligé des événements qui viennent de se passer. Des crimes ont été commis et la justice de la loi a été exercée. Nous pouvons vous assurer qu'elle était nécessaire. L'ordre public était détruit ; des ligues et des conjurations avaient été formées ; nous avons publié la loi vengeresse ; les séditieux ont provoqué la force ; ils ont fait feu sur les magistrats et sur la garde nationale ; mais le châtiment du crime est retombé sur leurs têtes coupables [3].

Jamais on ne mentit plus impudemment.

Bailly accusait de crime l'action paisible de citoyens

1. *Moniteur*.
2. Le *Patriote français* (du 22 juillet 1791).
3. *Histoire parlementaire*, vol. XI, p. 119.

sans armes, qui exerçaient un droit de pétitionnement garanti par une loi !

Bailly reçut les félicitations de l'Assemblée, qui se sépara après avoir voté une loi, punissant des galères les provocateurs à la désobéissance [1].

Les gardes nationaux, sûrs de l'impunité, devinrent menaçants ; le soir du 17, en passant devant le club des Jacobins, ils proférèrent des menaces contre les membres principaux ; quelques-uns de ceux-ci craignirent un moment pour leur vie, et de ce nombre était Robespierre.

« On parlait effectivement, écrit Madame Roland [2], de lui faire son procès, probablement pour l'intimider ; on disait qu'il s'ourdissait une trame aux Feuillants contre lui. Nous nous inquiétâmes véritablement sur son compte, Roland et moi ; nous nous fîmes conduire chez lui, au fond du Marais, à onze heures du soir, pour lui offrir un asile ; mais il avait déjà quitté son domicile. »

Maximilien n'avait pas quitté son domicile, mais la vérité est qu'il n'était pas rentré rue Saintonge [3] ; à l'issue de la séance des Jacobins, un des membres du club, son admirateur passionné, craignant quelques excès de la réaction, l'emmena passer la nuit chez lui.

C'était un riche menuisier qui avait gagné 15,000 livres de rente dans d'heureuses entreprises, un nommé Maurice Duplay, alors âgé de soixante ans et qui logeait dans un enclos situé en face la rue Saint-Florentin, près la rue Saint-Honoré [4]. Robespierre vint coucher là, et quand il voulut partir, son hôte le retint

1. *Histoire parlementaire*, vol. XI, p. 119.
2. *Mémoires de Madame Roland* (p. 258, édit. Didot).
3. *Histoire de la Révolution*, par Hamel, p. 185.
4. *Histoire de Robespierre*, par E. Hamel, t. I, p. 406.

encore, lui montrant la véritable terreur qui s'était abattue sur Paris.

Tandis que se passaient ces événements, Louis XVI consignait sur son registre personnel, sur le cahier où il incrivait ses dépenses, ses impressions et les principaux événements de sa vie : « Rien d'important, j'ai été obligé de prendre médecine [1]. »

Ainsi, le massacre des Parisiens ne tenait aucune place dans les préoccupations de ce roi qui, tandis qu'on fusillait des femmes et des enfants, conservait à la postérité la date exacte de ses purgations.

3 Le *Journal de Louis XVI*, par Nicolardot, p. 27.

Du 22 au 28 juillet 1791.

XXXII

APRÈS LE MASSACRE

Exploits de la garde nationale. — Invasion des bureaux de l'*Ami du Roi*. — Robespierre en danger. — Les Cordeliers protègent sa vie. — Robespierre chez Duplay. — Fut-il l'amant ou le fiancé d'Eléonore ? — Hospitalité de la famille Duplay. — Religieuses de Dijon abandonnant l'hôpital. — Les royalistes faussaires. — Les costumes contre-révolutionnaires. — Les premiers volontaires partent pour la frontière. — Le roi a une fluxion.

« La garde nationale, après les exploits du Champ de Mars, ne manqua pas de commettre de nombreux attentats contre la liberté individuelle : elle arrêta les citoyens par centaines et opéra, sans mandat, des visites domiciliaires. Un détachement se rendit notamment rue Saint-André-des Arts, aux bureaux du journal royaliste *l'Ami du roi*, de Royou. L'écrivain réactionnaire n'était pas là, et bien lui en prit ; mais, pour n'être pas venus pour rien, les gardes nationaux saisirent tous les papiers et les emportèrent dans une voiture [1]. »

Ces vexations et ces injustices se renouvelèrent surtout contre les patriotes, dont la sécurité fut vraiment en danger durant cette semaine où la ville entière fut en proie à une sorte de tristesse morne.

1. La *Chronique de Paris*.

Le club des Feuillants ne parlait de rien moins que d'obliger Robespierre à renoncer à l'Assemblée [1], et Madame Roland écrivait à Bancal des Essarts : « Il serait possible, avec tant d'assassins d'une part, et de l'autre, tant de vils agents prêts à se vendre, qu'on fabriquât un crime pour immoler, en le déshonorant, le plus vigoureux défenseur de la Liberté. » Des menaces étaient publiquement proférées ; on allait même jusqu'à dire que sa tête avait été mise à prix. Le club des Cordeliers décida que des commissaires seraient nommés pour veiller à la sécurité de Robespierre et pour le défendre, même au péril de leur vie [2].

Ces faits peuvent donner une idée de l'émotion de Paris durant les sombres journées qui suivirent les massacres du Champ de Mars.

En présence du danger que courait Maximilien, le menuisier Duplay le força presque à rester encore quelque temps dans la vaste maison du rempart de la Madeleine. Le jeune député d'Arras s'y décida sans peine, après avoir exigé qu'il lui serait permis de payer le prix de sa pension [3], condition posée par Robespierre, seulement par délicatesse, car Duplay vivait dans une large aisance et pouvait, sans aucune gêne, se procurer l'honneur d'être l'hôte d'un des hommes illustres de Paris, dont les discours aux Jacobins l'avaient enthousiasmé. Robespierre demeura chez son admirateur jusqu'au moment où Charlotte vint d'Arras à Paris, en 1792, pour habiter avec son frère.

Robespierre fut logé dans une petite chambre isolée, où il pouvait travailler tranquille, entrer et sortir sans déranger personne.

1. *Memoires de Madame Roland.*
2. *Histoire de Robespierre,* par Hamel, t. I, liv. V, p. 404.
3. *Ibid.*

La famille Duplay se composait du père, de la mère et de cinq enfants : un jeune garçon d'une douzaine d'années et quatre filles, dont l'une, la seconde, était mariée à un avocat d'Issoire, nommé Auzat ; une autre épousa le conventionnel Lebas, et la plus jeune se maria à un ex-constituant.

On a dit que l'aînée des jeunes filles, Eléonore, qui se faisait appeler Cornélie, avait été la maîtresse de Robespierre, ou tout au moins sa fiancée, et qu'il avait dû l'épouser, lorsque arriva le 9 thermidor.

Que M. Duplay ait songé à avoir Robespiere pour gendre, c'est très possible ; que Maximilien lui-même se soit arrêté à ce projet — sans que nous ayons aucune preuve pour l'affirmer — il n'y a rien que de vraisemblable. Ce qu'il y a de certain, s'il faut en croire la propre sœur de Robespierre, c'est que Mme Duplay eût vivement désiré cette union et qu'elle n'oublia ni caresses ni séductions pour faire épouser Eléonore, qui eût été, de son côté, très ambitieuse de s'appeler la citoyenne Robespierre [1].

Si Maximilien pensa à ce mariage, il dut se promettre d'attendre que le calme lui permît de rentrer dans son foyer, lui dont les jours et les nuits étaient pris par ses fonctions ; mais le 9 thermidor ne lui laissa pas le temps de connaître ce calme qu'il avait toujours ésiré.

Donc si Robespierre désira Eléonore, ce fut, sans aucun doute, pour en faire sa femme, et, dès lors, il n'est nullement téméraire de penser qu'il n'en fit pas sa maitresse, comme quelques-uns l'ont prétendu sans preuves. Les hommes comme Maximilien — qui ne fut pas le garçon froid et insensible à l'amour que l'on

1. *Mémoires de Charlotte Robespierre*, publiés par Lapommeraye, ch. III, p. 423.

croit généralement[1] — n'abusent pas des femmes dont ils veulent faire leurs épouses, et Robespierre, qui allait souvent en bonne fortune, respectait trop cet intérieur où il était considéré comme un fils, pour commettre la vilenie de prendre pour maîtresse la fille de son hôte et de vivre en concubinage sous les yeux mêmes des parents.

Non, il y a là impossibilité matérielle et morale.

C'eût été bien mal reconnaître l'hospitalité charmante qu'il reçut de la part de Mme Duplay et de ses filles, qui entourèrent de soins et de prévenances ce jeune député, célèbre dans toute la France, et auquel les dangers dont on le menaçait, donnaient encore un je ne sais quoi de romanesque.

Maximilien retrouva dans cet intérieur les mille attentions délicates auxquelles sa sœur et sa tante l'avaient habitué quand il était avec elles à Arras, et dont il avait senti tout le prix depuis qu'il en était privé à Paris, vivant en garçon et mangeant au restaurant[2].

Maximilien fut heureux de retrouver là, chez de braves gens, une famille qui sut s'effacer durant les jours de gloire, et lui demeurer fidèle dans le malheur.

Pendant que ces faits se passaient à Paris, les royalistes et les curés continuaient leur propagande en province, essayant de jeter le trouble et de semer la division ; c'est ainsi que les religieuses de l'hospice de

1. Voir notre *Etude sur quelques poésies de Robespierre* (1 vol., Paris, Maurice, édit., 1890).

2. *Mémoires de Charlotte Robespierre.*

Dijon, poussées à bout par les prêtres, abandonnèrent les malades ; des dames patriotes de la ville se dévouèrent et se mirent à soigner les malheureux du chevet desquels, poussées par le fanatisme et les passions politiques, les religieuses s'étaient éloignées [1].

Cette passion politique ne reculait du reste devant rien ; après avoir essayé de ruiner le crédit créé par les assignats, les royalistes tentèrent de ruiner la valeur des assignats eux-mêmes, en répandant de nombreux billets faux dans la circulation ; cette semaine, plusieurs arrestations furent opérées pour ce fait. Les fonctionnaires chargés de veiller à l'application des lois, montraient sur cette matière une certaine mollesse ; aussi, pour donner un exemple, l'Assemblée suspendit de ses fonctions Polverel, accusateur public du sixième arrondissement, qui avait négligé de poursuivre contre les fabricateurs de faux assignats, et cette révocation ne fut levée qu'après que l'accusateur fut venu à la barre justifier de sa conduite [2].

Les réactionnaires non seulement agitaient la province, mais, voyant les fondateurs de la Révolution se diviser et se massacrer, ils relevaient la tête à Paris même, où ils se montraient arrogants dans les lieux publics. Ils avaient du reste adopté une mode spéciale qui les faisait reconnaître rien qu'à leur costume. Cette espèce d'uniforme contre-révolutionnaire se composait d'un habit bleu à revers de parements jaunes, veste rouge, pantalon chamois et bottines à la hussarde [3] : ces jeunes élégants royalistes traînaient en outre un sabre et ils affectaient de paraître en public avec quatre gros pistolets passés à la ceinture ; enfin les boutons de leurs

1. *Chronique de Paris.*
2. *Histoire parlementaire,* vol. XI, p. 195.
3. *Chronique de Paris.*

habits ne portaient que trois fleurs de lys, au lieu de boutons très à la mode, sur lesquels on lisait en exergue: *Vivre libre ou mourir*.

Cette devise, que les patriotes plaçaient sur leurs boutons, était mise en pratique par plusieurs citoyens, qui, en présence des bruits répandus sur le prochain envahissement des frontières par les Autrichiens conduits par les émigrés, s'étaient engagés ; et, le 24 juillet, Lafayette passa en revue le premier bataillon des premiers volontaires du département de Paris, qui, après avoir campé quelques jours dans la plaine de Grenelle, partirent, le 30 juillet, pour la frontière.

C'était là l'avant-garde de cette merveilleuse armée de volontaires, qui allait se lever au cri de la patrie en danger, et qui, commandée par des généraux imberbes, par des colonels de vingt ans, allait faire reculer quatorze corps d'armées, aguerris, dirigés par de vieux généraux, les plus célèbres de l'Europe.

Louis XVI continue à demeurer étranger à ce qui se passe autour de lui ; tandis que ces jeunes héros vont se faire tuer pour combattre les ennemis suscités et armés en quelque sorte par lui, il se plaint, dans son cahier, d'une fluxion qui l'incommode, le 28 ; cette fluxion le préoccupe plus que tous les événements de France [1].

Misère !

1. Le *Cahier de Louis XVI*, publié par Nicolardot, p. 26.

Du 29 juillet au 4 août 1791.

XXXIII

AGITATIONS INTÉRIEURES, DANGERS EXTERIEURS

Abattement de Paris. — Camille Desmoulins cesse la publication de son journal. — Décret supprimant les décorations. — Les Feuillants. — Agitations à l'extérieur. — 97,000 fusils à la frontière. — Patriotisme des négociants de Toulouse. — L'émigration s'organise. — Les rois se concertent. — Bouillé au service de la Suède. — Ordre du roi au comte d'Artois de rentrer.

Les royalistes relevèrent un moment la tête, devant l'abattement de Paris.

Les clubs se taisaient, la place publique fut quelques jours désertée, et le Palais-Royal, délaissé par la foule bruyante qui l'encombrait d'ordinaire, était abandonné aux seuls habitués des tripots ou aux filles publiques rôdant sous les galeries de bois. Enfin, quand on se décida à enlever le drapeau rouge qui, pendant plusieurs jours, avait flotté sur l'Hôtel de Ville, on le remplaça, non par le drapeau tricolore acclamé quelques jours auparavant, mais par le drapeau blanc [1].

La semaine précédente, comme nous l'avons raconté, la garde nationale avait opéré à domicile des perquisi-

1. *Histoire parlementaire*, de Buchet et Roux, t. XI, p. 108.

tions et des saisies illégales. Hébert, rédacteur du *Père Duchesne*, avait même été mis en prison, mais on le relâcha [1]. Des mandats d'arrêt contre Danton, Fréron, Desmoulins et Legendre [2], qui étaient en fuite, avaient été lancés, mais on n'alla pas jusqu'à les poursuivre.

Plusieurs des écrivains de l'avant-garde se cachèrent ou prirent la fuite : Fréron se fit remplacer par un journaliste obscur, Labenette ; Marat changea de cave ; Étienne Dumont ne continua plus, de Londres, ses articles au *Républicain* [3], enfin Camille Desmoulins cessa de publier les *Révolutions de France et de Brabant*.

Le quatre-vingt-sixième et dernier numéro, daté du 4 août 1791, se terminait par une déclaration de Camille, dans laquelle, adressant un adieu à ses lecteurs, il essaye de cacher les motifs vrais de sa retraite :

« Il faut, dit-il, que le journaliste vive du journal ; du moins, n'est il pas obligé de s'y ruiner. Les infidélités de la poste, mon inexpérience et mon peu de loisir pour diriger un journal, avaient rendu l'expédition du septième trimestre si onéreuse pour moi, que je voyais mon ci-devant *pécule*, lequel je puis bien appeler *castrense*, s'engloutir ès mains de l'imprimeur, graveur, brocheuses, et, malgré les florins de la Prusse et les guinées de l'Angleterre et les ducats de la Hollande, que j'avais touchés pour médire du cheval blanc (Lafayette), je courais aussi rapidement que Louis XVI à l'insolvabilité et à l'inégibilité. »

Prudomme, qui venait de faire le serment de ne

1. *Révolutions de Paris*, n° 107.
2. *Moniteur* du 22 juillet.
3. Louis Blanc, t. VI, p. 4.

cesser son journal des *Révolutions de Paris* que lorsque la patrie serait libre, servit les abonnés qui restaient à courir, et ainsi finit un des recueils les plus étincelants de l'esprit français, ainsi finit un des journaux les plus célèbres, dans lequel Camille dépensa un esprit, une verve, une ironie incroyables.

*
* *

Le 30 juillet, sur la proposition de Camus, un décret fut rendu, supprimant les décorations. Ce décret contenait un paragraphe assez singulier, ainsi conçu : « Tout Français qui demanderait ou obtiendrait l'admission ou qui conserverait l'affiliation à aucun ordre de chevalerie ou autre, ou corporation établie en pays étranger, fondé sur les distinctions de naissance, perdra les droits et la qualité de citoyen en France, mais il pourra être employé au service de la France, en qualité d'étranger. »

La publication de ce décret passa inaperçue au milieu de l'émotion qui avait gagné Paris, émotion dont essayèrent de profiter les constitutionnels, qui avaient quitté le club des Jacobins pour fonder un autre club rue Saint-Honoré, en face la place Vendôme, dans l'ancien couvent connu sous le nom des Feuillants, qui donna du reste son nom au club nouveau.

Après avoir refusé de revenir aux Jacobins, dont les membres avaient fait auprès d'eux une démarche amicale [1], les Feuillants en appelèrent aux nombreuses sociétés de province, qui se prononcèrent à une grande majorité contre les dissidents.

Les Feuillants, pour bien marquer leur intention,

1. *Journal des débats de la Société des Amis de la Constitution*. n° 35.

adoptèrent un règlement excluant « tous ceux qui n'étaient pas citoyens actifs ou fils de citoyens actifs. » Dès lors il fut bien avéré que la bourgeoisie se réfugiait aux Feuillants rendus impuissants, tandis que le peuple restait aux Jacobins, où n'allait pas tarder à gronder de nouveau l'orage, et dont la tribune, un moment muette, allait retentir des accents de la colère et de la passion.

Pendant que le silence s'était fait au dedans, les agitations des émigrés continuaient à l'étranger, d'où venaient des menaces et des bruits sinistres.

Le ministre de l'intérieur, pour obéir à l'Assemblée, annonça à la tribune que quatre-vingt-dix-sept mille fusils avaient été rejoindre à la frontière les volontaires déjà partis ; en même temps une souscription était ouverte dans tous les départements pour subvenir à l'entretien des troupes [1].

Roussillon, député de Toulouse, apprit à l'Assemblée que les négociants de la ville dont il était le représentant s'étaient engagés à continuer de payer les appointements de ceux de leurs commis qui étaient partis pour l'armée ; ceux qui n'avaient pas de commis avaient formé entre eux une souscription pour entretenir un certain nombre de soldats [2].

***

Pendant ce temps, à l'étranger, les deux frères du roi organisaient l'émigration en système, appelant à eux le plus grand nombre possible de gentilshommes, donnant six chefs principaux aux émigrés : MM. les

1. *Moniteur*.
2. *Ibid.*

ducs d'Uzès, de Villequier, les marquis de Laqueille, de Frondeville, de Robin et de Jaucourt.

L'empereur d'Autriche, avant de se lancer dans une guerre contre la France, consulta les autres roi et leur proposa de déclarer par un manifeste qu'ils considéraient tous la cause du roi de France comme la leur propre, qu'ils se réuniraient pour venger, avec le plus grand éclat, tous les attentats qu'on pourrait commettre contre le roi ou sa famille [1].

Le roi de Prusse, Frédéric-Guillaume, fut le premier qui adhéra à ces propositions.

Bouillé était passé au service du roi de Suède, le chevaleresque Gustave ; le général français usait de tout son pouvoir et de toute son autorité pour engager le roi de Suède à conquérir la France, s'offrant à le conduire dans une campagne au bout de laquelle il représentait une victoire facile et un triomphe inévitable [2].

Les constitutionnels, de leur côté, dirigés par Barnave, agirent sur l'esprit de Louis XVI et de Marie-Antoinette, pour leur représenter que, si l'Europe faisait seulement mine de se diriger du côté des frontières de France, c'en était fait de la monarchie. Ils décidèrent le roi à envoyer au comte d'Artois un mémoire l'engageant à rentrer en France. Ce mémoire fut porté, le 31 juillet, au comte d'Artois par le chevalier de Coigny [3].

On le voit, la situation devenait plus grave de jour en jour. Les constitutionnels tâchaient de s'emparer du pouvoir, répudiant désormais toute la politique des

1. *Mémoires tirés des papiers d'un homme d'Etat,* t. I, p. 116 et 117.

2. *Mémoires de Bouillé,* t. XII, p. 276.

3. *Mémoires secrets de d'Allonville,* t. II, ch. XIV, p. 233.

Jacobins, pendant qu'au dehors, les émigrés, toujours plus nombreux, s'organisaient sous les ordres des frères du roi et sous la protection des nations étrangères, prêtes à envahir la France.

XXXIV

RÉVISION DE LA CONSTITUTION

Cabales des prêtres non assermentés. — Le curé d'Espagnac. — Le curé de Fau. — Pétition de l'évêque constitutionnel de Mende. — Le chat noir du vicaire. — Lassitude de l'Assemblée. — En quoi consistait la revision. — Tentative des constitutionnels. — Indigne comédie. — Le buste de Barnave enlevé. — La question du marc d'argent revient en discussion. — Les droits des princes. — Sortie du duc d'Orléans. — La Constitution sera-t-elle immuable ?

Les prêtres aristocrates continuaient, dans les départements, à agiter les esprits; ils s'appuyaient surtout sur les femmes qui, excitées par d'habiles manœuvres, ne connaissaient plus de mesure.

A Espagnac, dans la Lozère, on ne put procéder à l'installation du curé constitutionnel Richard, à cause des huées des femmes et des enfants, et des menaces faites par les royalistes, qui disaient : « Il faut le tuer, il faut l'étrangler ; c'est un protestant, il est marié, il a des enfants [1]. »

Pourtant huit jours plus tard, avec beaucoup de précautions et de prudence, on put procéder à l'installation, malgré une troupe de dévotes fanatisées qui s'étaient réunies dans un coin de l'église, où elles poussaient de hauts cris et des gémissements entremêlés de

1, Procès-verbal du commissaire du département (Arch. nationales), f° 7, 3236.

plaintes perçantes. Au retour de la cérémonie dans les rues, un grand nombre de ces bigotes, à l'aspect du curé constitutionnel qui gagnait tranquillement son presbytère, détournaient la figure, se couvraient le visage avec leurs chapeaux, et se jetaient par terre en se roulant sur le sol.

La semaine après, le clerc ne voulant plus servir la messe, ni le sacristain sonner les cloches, le curé Richard ayant voulu les sonner lui-même, les mêmes femmes faillirent le mettre en pièces.

Dans ce même département, quelques semaines plus tard, le curé constitutionnel de Fau écrivait : « Cette nuit j'ai été à deux doigts de la mort par une troupe de bandits qui ont dévalisé la cure, après avoir fracassé les portes et les vitres [1]. »

Un autre curé, qui vient prendre possession de sa cure, est assailli à coups de pierres par soixante femmes et poursuivi ainsi jusqu'aux limites de la paroisse [2].

Le 6 août 1791, l'évêque constitutionnel de Mende et ses quatre vicaires adressent une pétition dans laquelle ils déclarent : « Il ne se passe pas de jour que nous ne soyons insultés dans nos fonctions ; nous ne pouvons faire un pas sans entendre les huées [3]. Si nous résistons, nous sommes menacés d'être assassinés lâchement, d'être assommés à coups de bâton. »

Voilà quelles étaient les brutalités auxquelles les prêtres non assermentés poussaient les dévotes qui

1. Procès-verbal du commissaire du département (Arch. nationales, f° 7, 3226).

2 Les *Origines de la France contemporaine*, par Taine, t. II, p. 438

3. Lettres du Directoire du département (Arch. Nationales, f° 7,3253.)

leur étaient restées fidèles, contre leurs successeurs, les curés patriotes.

La ruse vint souvent se joindre à la violence.

Il n'y avait point de petits moyens qui ne fussent employés pour échauffer l'esprit du peuple.

Ainsi, dans une paroisse des environs de Châtillon, le vicaire inconstitutionnel avait juré d'épouvanter son curé assermenté. Ce bon prêtre allait donner la bénédiction ; il ouvrit le tabernacle ; il en sortit un chat noir qui bondit sur l'autel et toutes les dévotes de crier, en se signant :

— C'est le diable ! on a bien raison de dire que ces prêtres assermentés sont à lui.

Le pauvre curé effrayé fuyait lui même, quand la gouvernante du vicaire s'écria :

— Ah ! c'est notre chat. Minet, minet, minet !

Et minet, radouci, de venir à elle en faisant le gros dos [1].

Ces farces scandaleuses tournaient, on le comprend sans peine, au détriment de la religion ; elles donnaient lieu aux railleries des incrédules. On en jugera par le conte qui se débitait alors.

Un malade, confessé et communié par un prêtre constitutionnel, reçoit chez lui des prêtres réfractaires qui le tourmentent et le remplissent de terreurs. On le décide à recevoir la communion non assermentée. Il s'y résout, et dit en mourant :

— Ce serait bien le diable s'il n'y en avait pas une des deux de bonne [2].

L'Assemblée prit diverses mesures [3], qui furent im-

1. La *Chronique de Paris.*

2. La *Chronique de Paris.*

3. Voyez l'*Histoire parlementaire* de Buchet et Roux, t. XI, p. 470.

puissantes à arrêter les troubles dans les paroisses agitées par les curés aristocrates.

***

Du reste, l'Assemblée nationale, arrivée à la fin de sa course, était fatiguée et réunissait ses dernières forces pour faire ce qu'on appelait très improprement la revision de la Constitution, ce qui n'était, à vrai dire, que la mise en ordre de la Constitution.

Tous les articles de la Constitution avaient été votés un peu au hasard, suivant les circonstances et le caprice des événements ; il restait à coordonner les divers articles, à les classer méthodiquement, de manière à en former un tout homogène. C'était là le but de ce qu'on appelait la revision.

Les constitutionnels, qui se rangeaient autour de Barnave tout à fait converti à la royauté depuis le voyage de Varennes, voulaient essayer de profiter de cette revision pour altérer la Constitution, la modifier dans un sens favorable à la cour.

Sous prétexte d'un travail de classification, on essaya de revenir sur plusieurs points importants et de faire une plus large part à la puissance et aux prérogatives royales.

Le royaliste Malouet passa une sorte de compromis avec les députés constitutionnels :

— Je me charge, leur dit-il, de démontrer tous les vices de la Constitution. Vous, messieurs, répondez-moi : accablez-moi d'abord de votre indignation, défendez votre ouvrage avec avantage sur les articles les moins dangereux, même sur la pluralité des points auxquels s'adressera ma censure, et, quant à ceux que j'aurai signalés comme antimonarchiques, comme empêchant l'action du gouvernement, dites alors que ni l'Assemblée ni le Comité n'avaient besoin de nos observations à cet égard ; que vous entendez bien proposer la réforme, et sur-le-champ proposez-la [1].

Barnave, Chapelier et les Lameth acceptèrent le plan de cette comédie, et se distribuèrent les rôles. Malouet devait attaquer la Constitution, Barnave devait la défendre ; la revision aurait ainsi dégénéré en une transaction au bénéfice de la royauté.

Pour que cette intrigue pût réussir, il aurait fallu le concours du côté droit, qui ne voulait se prêter en aucune façon à cette compromission et qui continua à s'abstenir, comme il le faisait depuis quelque temps ; tous les plans si péniblement ourdis échouèrent donc.

Mais l'impopularité de Barnave, dont on commençait dans le public, à deviner les projets, n'y perdit rien, et, dans une ville du Dauphiné où le jeune député était si populaire auparavant, où on avait mis le buste de Barnave dans la salle de la mairie, on l'enleva à la suite de cet incident, et, à la place, on écrivit ces deux vers :

Arrière ceux dont la bouche
Souffle le chaud et le froid [2] !

La revision commença le 5 août, anniversaire du jour où la Constitution avait été entreprise l'année précédente ; neuf séances furent consacrées à ces travaux de revision qui ne changèrent rien au fond de la

1. Lettre du comte de Gouvernet à Bouillé, *Mémoires de Bouillé*, ch. XII, p. 286.
2. *Chronique de Paris*.

Constitution elle-même et dont les discussions se cantonnèrent sur des sujets déjà traités et qui ne donnèrent lieu qu'à deux incidents méritant d'être rapportés.

La question du marc d'argent, qui avait excité de si justes récriminations, souleva le premier de ces incidents.

Le comité de revision, tout en maintenant la distinction des citoyens en actifs et inactifs, l'élection à deux degrés, faisait disparaître toutes les conditions à l'éligibilité ; mais, pour être électeur, on proposait d'exiger des citoyens une contribution directe de quarante journées de travail, ce qui supposait 240 livres de revenu.

Robespierre combattit cette proposition.

— Les comités, dit-il, vous proposent de substituer à une condition mauvaise, une condition plus mauvaise encore. Vous avez reconnu que tous les citoyens étaient admissibles à toutes les fonctions, sans autre distinction que celle des vertus et des talents, et voilà que vous violez ce grand principe ! Que m'importe à moi qu'il n'y ait plus d'armoiries, si je vois naître une nouvelle classe d'hommes à laquelle je serai exclusivement obligé de donner ma confiance ? Les hommes vraiment indépendants sont ceux dont les besoins sont plus bornés que la fortune : cherchez là vos garanties, s'il vous en faut. — Quelle est la garantie d'Aristide, lorsqu'il subjugua les suffrages de la Grèce ? ce grand homme qui, après avoir administré les deniers publics, ne laissa pas de quoi se faire enterrer, n'aurait pas eu accès dans vos Assemblées électorales. Que ne rougissons-nous d'avoir élevé une statue à Jean-Jacques Rousseau ! Il était pauvre : apprenez donc à reconnaître la dignité de l'homme. Il n'est pas vrai qu'il faille être riche pour tenir à son pays, et la loi est faite pour protéger les faibles. Ceux qui vous ont envoyés ici payaient-ils, pour le droit de vous élire, un marc ou un demi-marc ? Nous ne sommes donc pas purs, puisque nous avons été choisis par des électeurs qui ne payaient rien ?

On finit par décider que nul ne pourrait être électeur, s'il ne réunissait les conditions nécessaires pour être citoyen actif, conditions qui pouvaient être résumées dans l'obligation de jouir d'un revenu à peu près égal à cent cinquante journées de travail.

La discussion se continua calme jusqu'au moment où on lut l'article portant que les « membres de la famille royale ne pourraient exercer aucun des droits des citoyens actifs ».

Le duc d'Orléans se précipita à la tribune et prononça un discours éloquent, se terminant ainsi :

— Si vous adoptez cet article, je déclare que je déposerai sur le bureau ma renonciation formelle aux droits de membre de la dynastie régnante, pour m'en tenir à ceux de citoyen francais.

Après des débats vifs et tumultueux, auxquels Robespierre prit part avec sa fécondité habituelle, il fut interrompu par une voix qui lui cria :

— Il y a une heure que vous parlez, concluez [1] !

L'Assemblée décida que les membres de la famille royale pourraient exercer les droits de citoyens actifs.

La dernière question qui se présenta fut celle de savoir si la Constitution de 1791 enchaînerait, pour toujours ou pour un temps, la volonté de la France.

Après de longs débats, le principe de la possibilité de la revision fut admis, mais l'Assemblée déclara que l'in-

1. *Histoire parlementaire*, t. XI, p. 340.

térêt de la France était de ne point toucher à l'œuvre nouvelle pendant vingt ans [1].

Étrange illusion de toutes les assemblées, composées de la mesquinerie et de l'égoïsme de nombreux députés qui s'imaginent enchaîner pendant de longues années leur pays à l'œuvre législative par eux accomplie !

1. Louis Blanc, t. VI, p. 82.

13 au 19 août 1791.

XXXV

LA RÉVOLUTION A SAINT DOMINGUE

Les colonies. — Les noirs, les mulâtres et les petits-blancs. — Divers décrets de l'Assemblée. — Empiètements de l'Assemblée coloniale. — Les pompons blancs et les pompons rouges. — Réclamations égoïstes des mulâtres. — Ogé. — Assassinat de Mauduit. — Héroïque fidélité d'un mulâtre. — Barbarie des colons. — Atrocités.

Le bruit des discussions de l'Assemblée traversait les mers, et les clameurs de la ville de Paris passaient, en quelque sorte, les océans et venaient retentir dans ces îles peuplées de milliers d'esclaves qui travaillaient courbés sous le bâton, et, véritables bêtes de somme, n'avaient de l'homme que la forme, attachés à la terre qu'ils fécondaient de leurs sueurs, considérés comme meubles par destination par le Code noir, seule loi de ces pays, où régnaient l'injustice et la barbarie des planteurs enrichis par l'exploitation de ce bétail humain, au milieu duquel éclatait tout à coup cette devise, proclamée à Paris par les députés de l'Assemblée: Liberté, Égalité, Fraternité.

Quelle amère dérision pour ces pauvres nègres, dont le dos était meurtri par la gourbache, que d'entendre ces trois mots sublimes retentir à leurs oreilles, quand ils étaient la personnification de la violation de toutes les lois de la liberté humaine! Quant à l'égalité, en avaient-ils même une notion exacte, ces nègres, dans un pays où on les considérait et où on les traitait comme des brutes, comme des animaux dont on leur appliquait les traitements cruels. Le mot si beau de Fraternité n'avait pas plus de sens pour ces misérables.

A côté des nègres, il y avait d'autres hommes plus heureux, plus instruits, mais qui avaient appris, dans des situations inférieures, à haïr les grands planteurs qui les tenaient dans leur dépendance par leur fortune et leur puissance; c'étaient les petits colons, qui ne possédaient qu'un petit nombre d'esclaves, et les mulâtres, qui avaient tous les appétits des blancs, sans la possibilité de jouir d'aucun de leurs droits.

Voilà donc quelle était la situation des colonies, au moment où l'Assemblée constituante terminait ses travaux.

Les nègres avaient de vagues désirs de liberté [1], e ils étaient prêts à la revendiquer, avec cette âpre et farouche volonté que tous les hommes opprimés sentent bouillonner au fond de leur cœur. Les mulâtres voulaient jouir de leurs droits politiques et sortir de cet état d'infériorité dans lequel les tenaient impitoyablement les blancs. Mais les mulâtres, tout en réclamant leurs droits politiques, ne se prononçaient nullement pour l'émancipation des nègres; bien au contraire, possesseurs d'esclaves, ils désiraient les conserver. Les petits-blancs, comme on les appelait, les petits propriétaires, qui n'avaient que peu d'esclaves et de très petites plantations, aux prises avec les difficultés de la vie, aspiraient, eux, après une plus juste répartition de la propriété, et enviaient les immenses fortunes des grands colons, leurs voisins. Quant à ces colons, chefs des riches et importantes

1. Schœlcher. *Colonies étrangères*, t. II, p. 98.

sucreries, ils supportaient difficilement le joug de la France [1], ce pays en révolution, qui menaçait par ses lois de ruiner à tout jamais leur fortune ; aussi aspiraient-ils à leur indépendance et à l'autonomie de leur colonie, où ils avaient été jusque-là et où ils entendaient rester jusqu'au bout les maîtres absolus.

***

L'Assemblée nationale, sous l'influence des deux clubs ennemis, le club Massiac, protecteur des planteurs, et le club de l'Ami des noirs, défenseur de l'émancipation, avait rendu divers décrets qui, sans contenter ces derniers, à la tête desquels se trouvaient Brissot et l'abbé Grégoire, avaient mis en fureur les colons.

Par un premier décret, du 8 mars 1790, chaque colonie était autorisée à faire « connaître son vœu sur la Constitution législative et administrative qui lui convenait le mieux, en se conformant aux principes généraux qui liaient les colonies à la métropole ».

Ce décret, tout en faveur des grands colons, ne répondait ni aux désirs des petits-blancs, ni aux revendications des mulâtres ; il étouffait enfin les aspirations des nègres.

Un second décret, du 18 mars 1790, fut rendu, établissant l'égalité entre les blancs et les mulâtres ; ce décret portait que « toutes personnes, âgées de vingt-cinq ans, possesseurs d'immeubles ou, à défaut d'une telle propriété, domiciliées depuis deux ans et payant une contribution, se réuniraient pour former une assemblée coloniale ».

L'esprit du décret, tendant à mettre sur le même rang « toutes les personnes », sans distinction de cou-

1. Louis Blanc, t. VI, p. 66.

leur, était bien évident. Mais, quand le décret arriva à Saint Domingue, les colons soutinrent que les hommes de couleur libres n'étant pas désignés en propres termes dans la loi, le décret ne devait s'appliquer qu'aux blancs [1].

L'Assemblée coloniale se réunit donc, composée seulement de blancs, et résolut de s'opposer à toutes les décisions de l'Assemblée nationale, qui viendraient modifier, dans la colonie, l'ancien état de choses. Elle commença par déclarer que les décrets de la Constituante de France, touchant au régime intérieur de la colonie, ne seraient appliqués qu'après avoir été approuvés par l'Assemblée coloniale [2].

Le gouverneur dut s'opposer à ces empiètements ; mais les membres de l'Assemblée coloniale résistèrent énergiquement, et, dès lors, il se trouva dans l'île deux partis : ceux qui soutenaient les droits de la France, de la métropole, qui furent appelés les *Pompons blancs*, et ceux qui s'étaient rangés du côté des membres de l'Assemblée coloniale, auxquels on donna le surnom de *Pompons rouges* [3].

Le gouverneur dut prononcer la dissolution de l'Assemblée coloniale ; cette mesure fut approuvée par un troisième décret de l'Assemblée nationale, qui déclara nuls, comme entachés de rébellion, les actes de l'Assemblée coloniale, et prescrivit l'exécution des deux précédents décrets du mois de mars, par conséquent, l'admission des hommes de couleur libres aux Assemblées coloniales [4].

1. Schœlcher. *Colonies étrangères*, t. II, p. 93.

2. Procès-verbaux de l'Assemblée coloniale de Saint-Domingue, du 28 mai 1790.

3. *Histoire de France*, par l'abbé de Montgaillard, t. II, p. 223 et suiv.

4. Louis Blanc, t. VI, p. 54.

Ce décret causa des troubles un peu partout dans nos colonies, à la Martinique, à l'Ile-de-France, mais surtout à Saint-Domingue.

***

Dans cette dernière colonie, les mulâtres s'étaient soulevés à la voix d'un des leurs, Ogé, revenu de France au Cap avec une instruction reçue en Europe, et réclamant, non certes l'affranchissement des nègres, mais les droits politiques des mulâtres [1].

De nombreux mulâtres se rangèrent, dès la fin de 1789, sous le commandement d'Ogé, contre lequel marcha l'Assemblée coloniale, qui le mit en déroute, l'obligeant à chercher un refuge dans la partie espagnole de l'île, où on le fit prendre [2], au mépris de tout droit, puisqu'il était sur le territoire espagnol ; on le condamna à mort, lui et ses compagnons, les accusant de meurtres, de pillages, de vols, d'assassinats, quoiqu'en réalité ils n'eussent fait que demander l'application des deux décrets du mois de mai 1790 [3].

Treize des compagnons d'Ogé furent condamnés aux galères à perpétuité ; vingt-deux à être pendus, et Ogé à être rompu vif sur la roue. L'Assemblée coloniale assista en corps à cette exécution, et pour maintenir, jusque devant le supplice, la différence entre les deux races, les blancs qui avaient pris part à l'exécution d'Ogé furent exécutés sur un échafaud et les hommes de couleur sur un autre [4].

1. *Moniteur*, 29 décembre 1790.
2. *Moniteur*, 14 février 1791.
3. Les *Colonies étrangeres*, t. II, p. 96.
4. Débats sur les colonies (16 pluviôse).

Les pompons rouges ou grands colons ne se trouvèrent pas satisfaits ; ils gagnèrent deux bataillons envoyés par l'Assemblée pour les combattre, les bataillons d'Artois et de Normandie ; à l'aide de corruptions de toutes sortes, ils poussèrent les soldats à la révolte, tant et si bien que le commandant de ces bataillons, Mauduit, fut égorgé par ses propres soldats qui, dans leur rage et leur effarement, dépécèrent le corps et tuèrent même les chevaux dans les écuries.

Mauduit avait pour domestique un mulâtre qui, dévoué à son maître, rassembla les lambeaux du cadavre de l'infortuné commandant, les ensevelit et se brûla ensuite la cervelle sur place, ne voulant pas survivre à son maître [1].

Le gouverneur, ne se voyant plus en sécurité, fut obligé de prendre la fuite, et les pompons rouges furent désormais les maîtres [2].

C'est dans ces circonstances que l'Assemblée rendit le quatrième décret du 15 mai 1791, dont nous avons déjà parlé et qui reconnaissait les droits des mulâtres, mais abandonnait la cause des noirs esclaves.

Les colons, les pompons rouges, quand ils reçurent ce décret, entrèrent en fureur et résolurent de résister. Les mots de *la Nation, la Loi, le Roi*, furent effacés des monuments publics et remplacés par ceux-ci : *Saint-Domingue* [3]; en même temps, l'Assemblée coloniale, durant cette même semaine qui va du 13 au 19 août 1791, tout en reconnaissant, pour la forme, la dépendance vis-à-vis de la métropole, se séparait d'elle de fait en établissant des impôts, taxant les sucres et les

1. *Histoire abrégée de la Révolution*, t, I, liv. VIII, p. 246.
2. Louis Blanc, t. VI, p. 60.
3. Discours de Brissot, *Moniteur*, du 3 décembre 1791.

cafés en partance pour la France, interdisant l'entrée des écrits français [1].

En même temps, les pompons blancs se montraient plus barbares que jamais, inventant de nouveaux supplices et prodiguant aux nègres les mauvais traitements.

Des nègres ayant osé écouter les propositions que leur faisaient les mulâtres, les engageant à se révolter et à conquérir leur liberté par un effort commun, on les conduisit dans une savane près du Cap, on les obligea à creuser de larges fosses pouvant contenir une vingtaine de cadavres, puis on les fusilla presqu'à bout portant [2].

Ces monstruosités jetèrent la consternation dans les ateliers, où passa un esprit de révolte qui allait déchaîner la colère de ces esclaves que la soif de la vengeance va rendre terrible.

4. *Histoire abrégée*, t. I, liv. VIII, p. 256.

1. *Histoire abrégée de la Révolution française, t. 1 liv. VIII, p. 278.*

Du 20 au 26 août 1791.

XXXVI

SAUVAGERIE DANS LES COLONIES

Effervescence parmi les esclaves. — Le prophète noir. — Révolte des nègres. — Massacres et incendies. — Un héros. — Abominable délation d'un colon. — Revanche des blancs. — Du sang partout ! — Abus de pouvoir de quelques sociétés jacobines. — La Saint-Louis n'est pas célébrée. — Convocation des électeurs.

Nous l'avons vu, les colons s'étant révoltés contre les décrets de l'Assemblée, ce devait être un exemple qui devait leur porter malheur. Pourquoi, se dirent les noirs, puisque les colons refusent d'obéir aux ordres de ceux à qui jusqu'alors ils avaient obéi, pourquoi ne les imiterions-nous pas et ne refuserions nous pas, à notre tour, de nous soumettre aux ordres de ces maîtres dont les provocations et les cruautés ont dépassé, dans ces derniers temps, tout ce que la barbarie a jamais pu imaginer ?

Ces ferments de révolte ne devaient pas tarder à germer sous l'influence de la parole des mulâtres.

Les mulâtres se font les missionnaires de la révolte ; ils parcourent les ateliers, excitant les noirs, et leur font entrevoir cette terre promise de la liberté, après laquelle ces misérables soupirent depuis leur naissance, au milieu des souffrances et de l'abrutissement sous lequel on les a pliés.

Une grande réunion est organisée et a lieu dans la nuit du 23 au 24 août, au milieu d'une forêt, où se tient, à la lueur des torches, la première assemblée composée surtout de nègres du Nord. Le hasard voulut que, cette nuit-là éclatât un orage épouvantable, de telle façon que l'Assemblée eut lieu au bruit du tonnerre et à la lueur des éclairs, ce qui dut vivement impressionner ces pauvres natures fanatiques, qui virent là une preuve de l'intervention de leurs divinités, manifestant leur colère contre les récentes cruautés des colons [1].

Un vieux nègre, considéré par ses pareils comme sorcier et qui avait sur eux une grande influence, après avoir invoqué les puissances surnaturelles, chanta, sur un air du désert, cette prophétie :

Bon Dié qui fait soleil, qui clairé nous en haut
Qui souleve la mer, qui fait grondé l'orage
Bon Dié, la zot tende, caché dans yout nuage,
Et la li gardé nous. Il vouait tout çà blancs fait.
Bon Dié blancs mandé crime, et par nous vlé benfets :
Mais Dié là qui si bon ordonnin nous vengeance,
Li va condui bras nous, li ba nous assistance.
Jetté portrait Dié blancs qui soif dlo dans gié nous.
Toute la liberté qui parlé cœur nous tous.

Voici la traduction de cette prière, farouche dans sa simplicité.

« Le bon Dieu qui a fait le soleil qui nous éclaire d'en haut, qui soulève la mer, qui fait gronder l'orage, le bon Dieu, entendez-vous, nous garde, caché dans un nuage. Il voit tout ce que font les blancs. Le bon Dieu des blancs leur a commandé le crime, en récompense

1. Les *Colonies étrangères*, par Schœlcher, t. II.

des bienfaits que nous leur prodiguons ; mais notre Dieu, qui est si bon, nous ordonne de nous venger ; il va conduire nos bras, il va nous prêcher son secours. Renversez le Dieu des blancs, qui mit dans nos yeux tant de larmes ! Écoutez la liberté qui parle au cœur de nous tous [1] ! »

Les nègres, excités et transportés, poussés par l'espérance de la liberté et par le désir de se venger de deux siècles de souffrances et de martyre, jurent de mettre à mort les blancs qui ont été si longtemps leurs bourreaux.

***

Le lendemain toute l'île était en feu.

Toute cette race nègre retrouvait maintenant ses instincts sauvages, incendiant les fermes et les plantations, massacrant les colons et accumulant les ruines. Deux cents fabriques de sucre et six cents manufactures de café furent détruites.

Les colons qui purent s'échapper se refugièrent au Cap, sur les navires qui mouillaient dans la rade.

Au milieu de ces épouvantables représailles, la nature humaine reprenait pourtant, de temps à autre, ses droits, et, dans son ouvrage sur les *Colonies étrangères*, M. Schœlcher nous cite l'exemple d'un héros noir, un esclave nommé Bartholo, qui avait été choisi par les siens comme un des chefs de l'insurrection. Il fit cacher son maître, un colon du nom de Mongin, et, au risque d'être massacré comme traître par ceux de sa race, il le conduisit au Cap et revint se mettre à la tête de ceux qui l'avaient pris pour chef.

1. *Voyage au nord de Haïti*, par Herad-Dumesle.

Quelques mois plus tard, Bartholo fut dénoncé comme complice du soulèvement, condamné à mort et exécuté.

Le dénonciateur de Bartholo était son maître, ce Mongin que le nègre avait sauvé au péril de sa vie.

Les blancs, revenus de leur épouvante, organisèrent une garde nationale, encadrée dans les troupes régulières, et ils marchèrent contre les noirs révoltés, qu'ils défirent et sur lesquels ils prirent de sanglantes revanches. Les noirs avaient été sauvages dans leur vengeance ; les colons les dépassèrent dans leurs représailles. On dressa trois échafauds sur la place du Cap ; on planta au haut des piques, au coin des rues, les têtes des principaux chefs de l'insurrection. Certains chemins étaient bordés de ces piques, au bout desquelles grimaçaient des têtes de nègres [1].

Souvent, quand les échafauds avaient trop à faire, on attachait les nègres sur des échelles et on les fusillait ; tout nègre appartenait à celui qui, le rencontrant, le fusillait impitoyablement.

Ces boucheries ne devaient terminer ni les massacres ni la révolte ; un grand nombre d'esclaves se retirèrent dans le cœur des forêts, d'où ils reviendront dans quelques mois, pour venger ces milliers des leurs sacrifiés dans toutes les villes de Saint-Domingue.

***

A Paris, on continuait la revision de la Constitution dont nous avons déjà parlé. Cette revision fut interrompue par la venue à la tribune du ministre de la

1 Débats dans l'affaire des colonies (séance du 14 pluviôse).

justice, qui se plaignit, dans la séance du 21 août, des abus de pouvoir commis par certaines sociétés de Jacobins de province. Dans plusieurs villes, en effet, les sociétés avaient empiété sur les pouvoirs publics, essayant d'organiser à leur profit un véritable pouvoir arbitraire.

Celle d'Orléans, notamment, avait voulu exiger une place à part, derrière les sièges des magistrats, et le conflit était né de là.

La société des Jacobins d'Albi avait été plus loin.

Il y avait, sur une des places de la ville, une statue de Louis XIV, que la foule renversa. Les auteurs de ce fait furent poursuivis, mais la société des Jacobins décida que les juges arrêteraient les poursuites, et que les pièces de la procédure lui seraient livrées. Le tribunal se refusa à cette dernière exigence, accordant seulement que les poursuites seraient abandonnées. Mais le club maintint sa décision, et on dut lui livrer la procédure, qui fut brûlée publiquement, après qu'on eut brisé, à coups de pierres, les vitres de la maison de l'accusateur.

L'Assemblée autorisa le ministère à prendre des mesures contre de pareils abus, provenant le plus souvent des manœuvres des royalistes contre lesquelles on était obligé de réagir ; mais, dans ces luttes quelquefois, il est vrai, les patriotes ne s'arrêtaient pas aux limites raisonnables, comme dans les deux cas que nous venons de citer.

Le 22 août était la Saint-Louis. Il y avait une vieille coutume populaire qui voulait que la fête commençât la veille par un concert dans le jardin des Tuileries, quand le roi se trouvait à Paris ; on tirait ensuite un feu d'artifice. Les corps administratifs allaient débiter des harangues au roi, les dames de la Halle lui portaient des bouquets et égayaient la fête par quelques couplets de circonstance. C'est ainsi qu'on avait procédé l'année précédente.

Il n'y eut rien de tel, cette semaine. Le concert n'eut pas lieu, le feu d'artifice ne fut pas tiré : quatre ou cinq femmes de la Halle se présentèrent seulement pour adresser leur compliment, mais on leur refusa la porte du palais.

Du reste peu de personnes firent attention à ce manquement aux anciennes habitudes ; les esprits étaient occupés ailleurs et par des sujets autrement importants, car les électeurs avaient été convoqués, le 25 août, pour nommer des délégués devant choisir à leur tour les députés à l'Assemblée qui allait succéder à la Constituante qui agonisait, car elle avait à peine un mois à vivre.

XXXVII

DE LA REVISION DE LA CONSTITUTION

Les honneurs du Panthéon décrétés pour Jean-Jacques Rousseau. — Pourrait-on reviser la Constitution ? — Longs débats à ce sujet. — Divers systèmes. — Solution adoptée. — Comment Louis XVI devait-il accepter ? — Discours de Robespierre. — Un artifice oratoire. — Apostrophe à Duport. — L'Assemblée envoie une députation au roi.

L'Assemblée avait précédemment décrété qu'une statue serait élevée à Jean-Jacques Rousseau et qu'une pension serait servie à sa veuve ; cela ne devait pas satisfaire les disciples du philosophe de Genève. Le Panthéon était consacré au culte des grands hommes. Le cercueil de Mirabeau y ayant été déposé par une population enthousiaste, les restes de Voltaire venant d'y être transportés en grande pompe, au milieu d'une apothéose nationale, il était tout naturel que l'on réclamât des honneurs analogues pour l'auteur du *Contrat social.*

Dans la séance du 27 août, on lut une pétition, signée en grande partie par les gens de lettres, demandant pour J.-J. Rousseau les honneurs dus aux grands hommes.

La commune de Montmorency, sur le territoire de laquelle était enseveli le grand philosophe, exprima le vœu de conserver ses restes. Deux vieillards, Bazile et Gustin, qui avaient vécu à côté de Jean-Jacques, vinrent devant l'Assemblée soutenir la demande de la ville de Montmorency ; cette touchante démarche décida les députés à laisser les cendres de Jean-Jacques à Ermenonville et à décréter que sa statue se dresserait dans le Panthéon.

Voltaire et Rousseau, ces deux grands penseurs du dix-huitième siècle, si longtemps ennemis et qui avaient tant fait pour la Révolution, allaient être réunis dans la même tombe triomphale qu'ils devaient à ce peuple reconnaissant de leurs communs efforts pour son émancipation.

Cet hommage rendu à la mémoire de ce grand génie, l'Assemblée, ayant terminé de coordonner les divers articles de la Constitution, aborda une dernière question : celle de la revision de cette Constitution de 1791.

Les avis étaient partagés.

Les uns voulaient que la revision ne pût être jamais possible, espérant enchaîner pour toujours la volonté du peuple à l'œuvre que l'on terminait. Les autres demandaient qu'une assemblée spéciale fût nommée, pour opérer cette revision après un laps de temps déterminé ; on parlait de vingt, trente, et même cinquante ans. Il en était qui soutenaient la convocation périodique d'une assemblée chargée de la révision. Enfin d'autres, en proscrivant l'idée de cette assemblée de revision à une époque fixe, étaient partisans d'accorder aux citoyens le droit de la demander à l'aide de pétitions.

Le plus petit nombre aurait voulu seulement accorder aux pouvoirs constitués, c'est-à-dire au corps législatif et au roi, la faculté de réclamer la revision.

Après de longs débats, on adopta le principe de la possibilité de la revision par le peuple ; mais, à l'unanimité, il fut décrété que l'intérêt de la nation exigeait que ce droit fût suspendu pendant trente ans.

Étrange illusion, commune à tous les législateurs de toutes les époques, qui s'imaginent construire un édifice immuable, indestructible, contre lequel ne pourront rien ni le temps, ni le progrès, ni les mouvements des idées !

*
* *

Le député Beaumetz fit la motion d'aller proposer au roi d'accepter l'acte constitutionnel, en le priant d'indiquer un jour et de régler les formes dans lesquelles il consentirait cette acceptation d'une monarchie constitutionnelle remplaçant la monarchie absolue de droit divin.

Robespierre combattit cette idée.

Suivant lui, le sort de la Constitution est indépendant de la volonté de Louis XVI ; il ajouta qu'il était convaincu que Louis XVI accepterait cette Constitution avec transport. — « On ne refuse pas, dit-il, le pouvoir exécutif tout entier, assuré comme un patrimoine à soi et à sa race : le droit d'arrêter les opérations de plusieurs Assemblées nationales consécutives ; la faculté de les diriger par la proposition des lois qu'il peut rejeter à son gré ; un empire absolu sur tous les corps administratifs, le pouvoir de régler les rapports de la nation avec les puissances étrangères ; des armées innombrables dont il dispose ; 40,000 millions destinés à son entretien et à ses plaisirs personnels. »

Pour Robespierre, il ne pouvait y avoir ni procédure ni délai ; on devait seulement se contenter de dire au roi :

« La nation vous offre le trône le plus puissant de l'univers : voulez-vous l'accepter ? »

Et la réponse ne pouvait être que celle-ci :

« Je le veux » ou « je ne le veux pas ».

Comme le bruit avait couru que les Feuillants — Duport en tête — voulaient profiter de la discussion pour introduire dans la Constitution des articles favorisant davantage la puissance royale, Robespierre résolut de flétrir ces menées, et il prépara contre Duport une violente sortie dans laquelle il dénonçait les menées feuillantines.

Maximilien avait espéré que Duport l'interromprait suivant sa coutume, et qu'il pourrait ainsi lancer une apostrophe soigneusement préparée. Mais, contrairement à son habitude, Duport n'interrompit pas, et déjà Robespierre était arrivé sans encombre à la fin de son discours. Usant alors d'un stratagème oratoire un peu grossier, Maximilien profita, pour s'arrêter, du moment où Duport était venu causer, au bas de la tribune, avec le député Lavie, et, se tournant vers le président :

— Je vous prie, monsieur le président, d'ordonner à M. Duport de ne pas m'insulter.

Lavie protesta au nom de son ami :

— Je jure, s'écria ce député, que M. Duport n'a pas dit un seul mot à M. Robespierre.

Protestations vaines : Maximilien avait fait naître l'occasion tant souhaitée : il commença son apostrophe qu'il avait failli courir le risque de ne pas placer.

Regardant alors Duport bien en face et le visant du geste :

— Je ne présume pas, dit-il, qu'il existe dans cette Assemblée un homme assez lâche pour transiger avec la cour sur aucun article de notre Code constitutionnel, assez perfide pour faire proposer par elle des changements nouveaux que la pudeur ne lui permettrait pas de proposer lui-même, assez ennemi de la patrie pour chercher à discréditer la Constitution, parce qu'elle mettrait quelques bornes à son ambition ou à sa cupidité, assez impudent pour avouer aux yeux de la nation qu'il n'a cherché dans la Révolution qu'un moyen de s'agrandir et de s'élever. Je demande que quiconque osera composer avec le pouvoir exécutif soit déclaré traître à la patrie.

Chacun avait compris le sens de ces paroles ; les tribunes éclatèrent en applaudissements ; Duport pour ne pas donner à Robespierre l'occasion d'une réplique, que devait avoir, sans nul doute, préparée l'orateur jacobin, se tut.

L'Assemblée, revenant à sa discussion, décida qu'une députation irait présenter l'acte constitutionnel à l'acceptation du roi.

Pendant ce temps, du 1er au 5 septembre, Paris et la province procédaient aux élections de la nouvelle assemblée devant remplacer celle qui achevait son œuvre, après vingt-huit mois de travaux ayant eu pour résultat le bouleversement de l'ancienne France et la création d'un monde nouveau.

XXXVIII

LE ROI ACCEPTE LA CONSTITUTION

Une députation va présenter la Constitution au roi. — Réponse de Louis XVI. — Les consignes levées aux Tuileries. — Hésitation de la cour. — Quel parti prendre ? — Entrevue de la reine et de Barnave. — Le roi accepte.

Le 3 septembre au soir, à neuf heures, la députation de soixante membres, nommée pour aller présenter au roi l'acte constitutionnel, partait de l'Assemblée et se rendait au château des Tuileries ; elle était accompagnée d'une escorte d'honneur composée d'un nombreux détachement de la garde nationale parisienne et de la gendarmerie, portant des torches.

La foule se pressait sur le passage de la députation et applaudissait, en poussant de nombreux cris de « Vive la Constitution ! »

Le roi, entouré de ses ministres et de tous les nobles qui ne l'avaient pas encore abandonné, attendait dans la salle du conseil.

Thouret s'adressa immédiatement au roi :

« Sire,

« Les représentants de la nation viennent présenter à Votre Majesté l'acte constitutionnel qui consacre les droits imprescritibles du peuple français, rend au trône sa vraie dignité et régénère le gouvernement de l'empire. »

Le roi avait le visage souriant et se montrait très satisfait [1] ; il répondit à Thouret :

« Je reçois la Constitution que me présente l'Assemblée nationale. Je lui ferai part de ma résolution dans le plus court délai qu'exige l'examen d'un objet si important. Je me suis décidé à rester à Paris. Je donnerai mes ordres au commandant général de la garde nationale parisienne pour le service de ma garde. »

Louis XVI, en terminant, remit à Thouret une déclaration signée, contenant textuellement les paroles qu'il venait de prononcer.

Les soixante députés retournèrent dans la salle des séances, observant le même ordre dans lequel ils étaient partis, et donnèrent aux nombreux citoyens qui les attendaient, connaissance de ce qui venait de se passer.

Le lendemain, toutes les consignes furent levées aux Tuileries, et les sentinelles nombreuses préposées à la garde du roi furent retirées : le roi redevenait le maître chez lui.

Une foule considérable se rendit aux alentours de la chapelle du château, et, quand parut le roi, se rendant à la messe, il fut accueilli par de nombreux cris de : « Vive la nation ! vive la Constitution ! »

Louis XVI, péniblement impressionné, ne put retenir sa douleur et se mit à pleurer.

Émus de cette affliction, les citoyens poussèrent le cri de : « Vive le roi ! » auquel répondit de toutes parts le cri de : « Vive la liberté [2] ! »

***

Le roi avait reçu la Constitution des mains des députés, mais il ne l'avait pas encore acceptée.

1. *Compte rendu de Thouret à l'Assemblée.*

2. *Histoire de la Révolution,* par deux amis de la Liberté.

La cour ne savait que décider à ce sujet, et les avis étaient diversement partagés.

Accepterait-on la Constitution ?

Dans quelle mesure ?

De quelle manière l'accepterait-on ?

Telles étaient les questions discutées aux Tuileries.

Accepter sans motifs, d'un seul mot, c'était laisser des doutes sur les intentions du roi, perpétuer l'inquiétude et perdre toute confiance.

Donner des motifs, c'était se jeter dans des difficultés inextricables.

Louer la Constitution était impossible pour Louis XVI, qui en avait combattu la plupart des articles au fur et à mesure de leur discussion.

Ne présenter aucune observation, après la critique qu'on en avait fait au moment du voyage de Varennes, c'était s'humilier par trop.

Proposer des changements, c'était s'exposer à les voir rejeter sûrement par l'Assemblée, qui à aucun prix ne voulait entendre parler de modifications.

Donner des motifs plausibles pour montrer que l'on avait changé d'avis depuis la fuite de Varennes était le parti le plus raisonnable ; mais quels pouvaient être ces motifs ?

Louis XVI flottait, très indécis, entre les avis contradictoires qui lui venaient de tous les côtés.

Maury fit savoir au roi que, selon lui, sanctionner la Constitution, c'était sanctionner tous les empiètements et tous les crimes de la Révolution.

Malesherbes et l'ambassadeur d'Autriche, le prince de Kaunitz, conseillaient énergiquement l'acceptation [1].

1. *Annales de Bertrand de Molleville.*

Marie-Antoinette, qui devait, comme toujours, faire pencher la balance, voulut, avant de prendre une détermination, avoir une entrevue avec Barnave, qu'elle avait captivé et dont elle avait su conquérir le dévouement, pendant le retour de Varennes à Paris.

Le jeune député fut prévenu, et il fut convenu qu'il se rendrait au château pendant la nuit et après l'extinction des feux ; on devait l'introduire par une petite porte dérobée des entresols du palais.

Madame Campan avait été placée en faction derrière la porte ; la main sur la serrure, elle devait ouvrir au signal convenu. Barnave devait frapper d'une manière particulière et qui lui avait été indiquée.

Cependant la dame de compagnie de Marie-Antoinette attendait l'arrivée du jeune maire de Grenoble.

Le roi vint la visiter plusieurs fois et toujours pour lui parler de l'inquiétude que lui donnait un garçon du château, patriote, qui pourrait, s'il s'apercevait de quoi que ce soit, divulguer le secret du mystérieux rendez-vous.

Le roi revint, à un moment donné, avec Marie-Antoinette elle-même.

— Donnez-moi votre poste, dit la reine à Madame Campan, je vais l'attendre moi-même [1].

Et là, derrière une porte de service, l'oreille aux aguets, la main sur la clef de la serrure, le cœur troublé, tremblante et craintive, ayant à côté d'elle le roi de France, plus troublé encore, l'altière fille de Marie-Thérèse attendait un député du tiers état, dont elle sollicitait les conseils, pour diriger la marche de la vieille monarchie française.

1. *Mémoires de Madame Campan.*

***

Barnave arriva enfin.

L'entretien fut long et tenu secret.

Mais on peut facilement deviner les conseils qui furent donnés par l'ami des Lameth et de Duport.

Il dut représenter les dangers d'un refus même partiel : opposer un refus, c'était ruiner le crédit des constitutionnels, de ceux qui, dans la Révolution, soutenaient seuls la puissance de Louis XVI ; c'était les désigner à la méfiance publique, les livrer aux haines des Jacobins, dont Robespierre avait traduit les sentiments, dans sa virulente apostrophe à Duport.

La monarchie ne pouvait plus maintenant s'appuyer que sur les constitutionnels, et refuser la Constitution, c'était détruire à tout jamais leur influence, c'était donc détruire le trône lui-même.

Telle fut assurément la thèse que dut soutenir Barnave, dans cette entrevue où il s'agissait de convaincre une reine séduisante par les charmes de la femme, et un roi irrité, aigri par les événements qu'il venait de traverser, et au milieu desquels avaient sombré ses anciennes prérogatives et sa puissance absolue.

La lutte fut longue et se prolongea fort avant dans la nuit ; mais, quand, le matin, au moment où l'aube commençait à poindre, Barnave se retira, il avait remporté la victoire. Marie-Antoinette avait pris une détermination, et Louis XVI, cédant, comme toujours, devant la volonté de sa femme, acceptait la Constitution sans récriminations ni réserves.

5 septembre 1791.

XXXIX

LES ÉLECTIONS

Les élections à Paris. — Attaques contre Condorcet et contre Brissot. — Accusation de vol contre Brissot. — Origine du mot *brissoter*. — Bataille des colleurs d'affiches. — Un trait de mœurs électorales à Caen. — Le clergé constitutionnel et les élections. — Les 24 députés de Paris. — Diverses célébrités futures. — Les Girondins. — Les députés inscrits aux Jacobins. — Opinion de Marat. — Les jeunes.

Les débats de l'Assemblée sur la revision de la Constitution passaient inaperçus, au milieu de l'agitation soulevée dans Paris par les élections.

Parmi les candidats dont les noms causaient les plus vives discussions, nous voyons Condorcet et Brissot.

A Condorcet on reproche surtout de n'avoir pas toujours suivi la même ligne de conduite et — lui qui se déclarait franchement républicain, à une époque où Robespierre repoussait cette qualification — d'avoir autrefois accepté à la trésorerie une place de commissaire rapportant 20,000 livres par an.

Un journal, qu'on affichait tous les matins sur les murs de Paris et qui n'avait pas d'autre mode de publication, donnait ce portrait du philosophe [1] :

1. Le *Babillard*, septembre 1791.

Jadis mathématicien,
Marquis, académicien,
Sous d'Alembert panégyriste,
Sous Pankouke encyclopédiste,
Puis, sous Turgot économiste,
Puis, sous Brionne royaliste,
Puis, sous Brissot républiciste.
Puis, du trésor public gardien.
Puis, citoyen soldat ; — puis, rien.

Ces attaques étaient bien bénignes, comparées aux outrages dont on ne cessait d'accabler Brissot.

La vie de Brissot donnait malheureusement prise à plus que de simples critiques ; fils d'un pâtissier de Chartres, il avait reçu une excellente éducation, et, tout jeune, il avait voulu entrer chez les bénédictins ; un supérieur prévoyant et sage le détourna de ce projet.

Il fut mêlé à la vie littéraire de son époque, où tant de pamphelts et de livres obscènes étaient écrits pour le plaisir des grands et pour leur confusion ; lui-même écrivit un ces livres [1], ce qui ne l'empêcha pas de se livrer à des études plus sérieuses et de composer des volumes d'économie politique, dont l'un portait pour titre: *La propriété, c'est le vol.*

Tous ces livres lui furent cruellement reprochés ; on alla beaucoup plus loin : on l'accusa d'avoir volé différentes sommes et notamment 15,000 livres à un nommé Desforges, qu'il aurait associé dans une entreprise frauduleuse [2].

Le *Chant du Coq* imprima même que Brissot avait oublié dans sa bourse, pendant plus de six mois, une somme de 580 livres, qu'il avait puisée dans la caisse du district des Filles-Saint-Thomas, dont il était président.

1. *Le diable dans un bénitier.*
2. *Lettre aux électeurs de Paris,* par Morande.

***

Brissot dut se défendre.

Il choisit le mode de publication adopté par ses ennemis : il fit afficher sa défense à côté de l'attaque ; il dut produire des certificats réduisant à néant les accusations de ses adversaires, surtout en ce qui concerne le prétendu « oubli dans sa bourse » de 580 livres Brissot se justifia, mais il est de ces tristes querelles politiques dont les traces ne s'effacent jamais, même après que le malheureux qu'on essaie d'accabler a prouvé sa complète innocence.

Ce fut à cette occasion qu'on mit à la mode, dans les feuilles royalistes, le mot « brissoter », dont on voulait faire remonter l'origine à Camille Desmoulins, un moment à l'écart des luttes politiques, depuis sa retraite, en compagnie de Danton, à la veille des massacres du Champ de Mars. On disait « brissoter » pour escroquer.

Le journal-affiche qui attaquait ainsi Brissot était royaliste constitutionnel ; la garde nationale l'avait adopté, et elle veillait à ce qu'il ne fût pas déchiré ; il portait pour épigraphe : « *Gallus cantat, gallus cantabit.* »

Cet affichage donnait souvent lieu à des scènes comiques entre colleurs ; voici le récit d'une de ces batailles, racontée par un témoin oculaire.

A l'un des angles des rues Saint-Lazare et du Mont-Blanc, un afficheur, chargé de placarder une lettre que Pétion adressait à ses commettants, guettait l'afficheur du *Chant du Coq* et attendait qu'il fût parti pour ouvrir immédiatement le journal par le placard de Pétion. Le colleur du *Chant du Coq* avait remarqué son antagoniste et deviné son projet ; en conséquence, il colla son journal et fit semblant de s'en aller. Quelques instants après, il revient sur ses pas et trouve sur son « coq » la lettre de Pétion ; il la couvre à son tour. Nouvelle lettre collée, nouveau journal placardé, et ainsi de suite, tant et si bien que les deux afficheurs en viennent aux mains et se barbouillent réciproquement, pour la plus grande joie des badauds, qui rient de « ce pauvre Pétion, collé entre deux coqs ».

***

Les détails manquent à peu près complètement en ce qui touche les élections de la province. Les correspondances des sociétés et des clubs pourraient seules nous fournir des détails, mais ces pièces ont péri pour la plupart, ou ont été détruites sous la terreur blanche.

Presque partout, le clergé constitutionnel apporta son concours aux idées de la Révolution.

A Caen, au moment où l'assemblée électorale ouvrait la première séance, le curé de Somervieu proposa de ne pas commencer les opérations, sans que M. Fauchet ne se fût rendu à son poste d'électeur. Cette motion, vivement applaudie, ne trouva pas un seul opposant ; un mouvement d'enthousiasme s'empara de l'assemblée : tous les membres se rendirent en corps à l'évêché, et le prélat constitutionnel fut conduit à la salle du corps électoral. Le cortège était précédé des tambours et de la musique de la garde nationale [1].

Le clergé constitutionnel n'eut, du reste, pas à se plaindre de l'appui qu'il donnait aux idées auxquelles il devait son existence, car il fut représenté, dans la nouvelle Assemblée, par de nombreux membres, entre autres par les évêques suivants. Font (Ariège), Huguet (Creuse), Pontard (Dordogne), Lefessier (Orne), Fauchet (Calvados), Lamourette (Lyon), et enfin par le capucin Chabot, destiné à la réputation que l'on sait.

1. *L'Orateur du Peuple,* septembre 1791.

Paris élut les vingt-quatre députés suivants :

Garan de Coulon, président du tribunal de cassation ;
Lacépède, le continuateur de Buffon ;
Pastoret ;
Cerutti, rédacteur de la *Feuille villageoise* ;
Beauvais, médecin ;
Bigot de Préameneu, juge ;
Gouvion, major général de la garde nationale ;
Broussonet, secrétaire de la Société d'agriculture ;
Cretté, cultivateur ;
Dugny, administrateur du département ;
Gorguereau, juge ;
Thorillon, ancien procureur au Châtelet ;
Brissot ;
Filassier ;
Hérault de Séchelles ;
Mulot ;
Godard, homme de loi ;
Quatremère-Quincy ;
Ramon ;
Rob n, juge ;
Debry, administrateur du département ;
Condorcet ;
Treilh-Pardailhan, administrateur du département ;
Monneron, négociant.

Parmi les hommes qui devaient laisser un nom célèbre dans les annales de la Révolution, citons les deux Carnot, élus par le Pas-de-Calais, Cambon de l'Hérault, Merlin de Thionville, de la Moselle ; Couthon, du Puy-de-Dôme ; Arena et Pozzo-di Borgo, de la Corse.

La Gironde envoya douze députés encore ignorés, qui allaient devenir célèbres et donner le nom de leur département au parti fameux qui, pendant longtemps, eut la prépondérance dans la marche des affaires.

Ces douze députés étaient :

Barennes, homme de loi.
Ducos, négociant ;
Servière, juge ;
Vergniaud, administrateur du département ;
Guadet, président du tribunal criminel ;
Journu-Aubert, négociant ;
Lacombe, curé de Saint-Paul de Bordeaux ;

Gensonné, membre du tribunal de cassation ;
Sers, négociant ;
Jay, administrateur du département ;
Laffont-Ladebat, cultivateur ;
Grangeneuve, substitut du procureur de la commune de Bordeaux.

Les députés de Paris ou de la province qui se firent recevoir membres du club des Jacobins sont au nombre de cent trente-quatre. Ce chiffre [1] est peu élevé, si on considère surtout que les sociétés des Jacobins de province jouent un grand rôle dans les élections des départements. C'est ce que disait un journal royaliste : « Les Jacobins l'ont emporté dans les élections, parce que les électeurs ont été nommés par les clubs [2]. »

Marat se déclara peu satisfait : « Partout, écrit-il, on ne voit nommer pour députés que des procureurs généraux et des administrateurs de districts, des maréchaux de camp et des commandants de gardes nationaux et des colonels de régiments des membres du directoire, des maires, des juges de tribunaux, des commissaires de guerre, etc., c'est-à-dire des suppôts de l'ancien régime et des créatures de la cour, que les intrigues d'agents ministériels avaient portés aux places du nouveau régime, pour arrêter le triomphe de la liberté et favoriser la contre-révolution [3]. »

Marat est encore plus sévère pour les élections de Paris :

« Le choix du corps électoral parisien est indigne, honteux, alarmant ; mais ce corps est si indignement composé lui-même, que ce serait folie d'entreprendre de le rappeler à ses devoirs : son parti est pris, il ne

1. *Journal des débats de la Société des Jacobins.*
2. *L'Ami du Roi*, septembre 1791.
3. *L'Ami du Peuple*, septembre 1791.

nommera à la prochaine législature que des ennemis de la Révolution [1]. »

Marat, comme toujours, exagérait, mais nous avons tenu à donner cette appréciation, qui montre avec quelles appréhensions furent reçus les nouveaux députés, parmi lesquels on remarquait de nombreux jeunes gens, ayant à peine atteint la majorité électorale et apportant cette fougue, cette ardeur, cette âpreté au travail, dont nous aurons souvent à constater les résultats.

Parmi les membres de l'Assemblée législative, les jeunes hommes furent en majorité et firent souvent preuve de cette expérience politique indispensable pour présider aux destinées d'un pays.

Nous sommes de ceux qui pensent que si un parlement a besoin d'hommes mûrs, d'esprits exercés, cette maturité et cette facilité intellectuelles ne sont pas l'apanage de l'âge ; nous sommes de ceux qui prétendent que l'expérience politique est indépendante de la vieillesse.

Qu'appelez-vous en effet expérience en politique ?

Est-ce l'habitude que vous avez de gérer et de discuter les affaires publiques ? Mais cette habitude, vous n'avez pu la prendre qu'au pouvoir ; par conséquent, quand vous avez été nommé pour la première fois à une charge élective, quel qu'ait été votre âge, auriez-vous eu quatre-vingts ans, vous en étiez au même point que n'importe quel jeune homme de vingt-cinq ans, et celui qui, comme vous, aura exercé une législature, en saura tout autant [2].

Donnez-vous, au contraire, au mot expérience la

1. *L'Ami du Peuple*, septembre 1791.

2. *Paroles Républicaines*, par Jean-Bernard. Paris, 1885, Messager, édit., 1 vol.

signification de connaissance de la politique elle-même?

Ici je vous arrête encore. Un jeune homme instruit en sait tout autant que vous, car la politique est une science, comme toutes les autres sciences; elle est basée sur les principes du raisonnement, sur les faits qui se sont passés dans tous les siècles et dans tous les pays ; il faut connaître non seulement les annales écrites, mais encore les principes philosophiques et sociaux dont l'application doit tourner sans cesse à l'amélioration des intérêts moraux et économiques des gouvernés. Ajoutez à cela un grand fonds d'honnêteté et de justice, et vous aurez tout ce qui est nécessaire pour faire un homme politique, et des meilleurs.

Croyez-vous qu'un jeune homme de vingt-cinq à trente ans, instruit, intelligent, ne puisse pas, autant que tout autre, connaître ces faits historiques, ces principes sociaux, ces données philosophiques et économiques? Un jeune homme qui sait est bien supérieur à un vieillard qui ignore, et, dans tous les cas, à savoir égal, il n'y a aucune différence ; et la sénilité ne saurait accorder aucun avantage : nos pères de la Révolution nous en ont donné d'irréfutables exemples.

Du 10 au 16 septembre 1791.

XL

LE ROI PRÊTE SERMENT A LA CONSTITUTION

Hébert. — *Le Père Duchêne.* — Hébert commence par être modéré. — Il demande que tout le monde se tutoie. — Calomnies contre Danton. — Le rapport financier de Montesquiou. — Avignon est incorporé à la France. — Message du roi à l'Assemblée. — Amnistie générale. — Députation auprès du roi. — Manque de franchise de Marie-Antoinette. — Séance du 14. — Le roi à l'Assemblée. — L'étiquette disparue. — Le roi prête serment. — Discours du président. — Acclamations populaires. — Larmes et sanglots.

Parmi les hommes que les événements commençaient à mettre en vue, nous devons signaler, dès à présent, Hébert, qui fonda au commencement de 1791, ce fameux *Père Duchêne*, dont l'influence dans les élections fut considérable. Hébert est une des figures originales de la Révolution, un de ces personnages que nous allons voir jouer un rôle dans toutes les grandes occasions. Ecrivain de grand talent, il affectait, pour parler aux masses, un cynisme et une crudité d'expression, des jurons qui rendent aujourd'hui pénible et difficile la lecture de ces belles satires qui firent alors une partie de la vogue de ce journal toujours en colère — jamais à demi — contre les aristocrates. Hébert, qui devint plus tard un des exagérés parmi les immodérés, commença par suivre, avec une grande souplesse, le parti dominant [1]. Tout d'abord partisan de Lafayette et de Louis XVI, il flatte les Feuillants, après la fuite à Varennes; signataire de la pétition du Champ de Mars, il n'en continue pas moins à soutenir Lafayette et va même jusqu'à faire l'éloge du journal affiche *le Chant du Coq* rédigé par les royalistes constitutionnels et qu'il appelle : « un bel oiseau, un joli oiseau, ayant bon bec, bons et solides ergots, haute et claire voix. » Les candidats soutenus par Hébert furent principalement Manuel, Condorcet, Mercier et Charles Villette, l'ami de Voltaire.

Cette semaine, il demande que tous les Français indistinctement se tutoient. Cette mesure ne devait être adoptée que plus tard, en signe d'égalité absolue entre tous les citoyens ; puérilité de la forme et qu'explique seule l'enfance d'une république encore mal habituée aux vraies mœurs de la liberté.

Ce fut encore cette semaine que fut lancée contre Danton la première accusation de corruption [2] ; accusation fausse, disons-le tout de suite, car tout se bornait pour le fougueux tribun à un simple achat de biens nationaux, fait en compagnie de son beau-père, M. Charpentier, et payé, moitié entre eux 80,000 livres. Or, on s'en souvient, on venait de rembourser à Danton le prix de sa charge d'avocat au conseil du roi, et ces achats s'expliquent tout naturellement, sans qu'on ait à ajouter la moindre croyance à ces calomnies auxquelles les circonstances donnèrent des ailes. C'était le moment où les questions de finances étaient quelque peu à l'ordre du jour et où l'on en parlait un peu partout, dans les cafés, à la suite du dépôt, fait par Montesquiou, du rapport général des finances.

1. *Histoire parlementaire*, t. XII, p. 28.
2. *L'Orateur du Peuple*, t. VI, vol. XLIV.

Ce mémoire était ainsi divisé : 1° état des finances avant l'Assemblée nationale ; 2° état des finances durant l'Assemblée nationale ; 3° état des finances, tel que l'Assemblée nationale devait le remettre à la prochaine législature.

Les États généraux avaient trouvé 58 millions dans la caisse nationale, et 56 millions de déficit, sans compter les remboursements. Montesquiou montrait que la situation financière, pour 1792, allait se solder par des excédents.

Les séances suivantes de l'Assemblée, 11, 12, 13 et 14 septembre, furent consacrées aux affaires d'Avignon. Verninac-Saint-Maur et Lasene des Maisons, envoyés en qualité de commissaires médiateurs, rendirent compte de leur mission, et, malgré les efforts désespérés de l'abbé Maury, l'Assemblée, le 14, prononça, au milieu des applaudissements, l'incorporation d'Avignon au territoire français.

⁂

Le 13, le président lut le message par lequel le roi acceptait la Constitution.

Le message se terminait par ce *post-scriptum :*

« J'ai pensé, Messieurs, que c'était dans le lieu même où la Constitution a été formée que je devais en prononcer l'acceptation solennelle : je me rendrai, en conséquence, demain, à midi, à l'Assemblée nationale. »

Louis XVI avait demandé que les personnes détenues à raison de l'affaire de Varennes fussent mises en liberté, et que toutes les procédures relatives aux événements de la Révolution fussent abolies. Sur la proposition de Lafayette, cette demande fut accueillie à l'unanimité par l'Assemblée.

Une nouvelle députation de soixante membres fut nommée, pour se rendre sur-le-champ chez le roi, afin de lui présenter le décret qui venait d'être rendu.

Le roi, en apprenant cette amnistie générale, parut très satisfait et répondit qu'il désirait que ce décret mît fin aux discordes.

Comme, le matin même, l'Assemblée avait supprimé l'ordre du Saint-Esprit, le roi informa la députation qu'il s'était décidé à quitter le cordon bleu, en la priant de faire part de sa résolution aux députés.

La reine et les enfants de France se tenaient à l'entrée de la chambre du conseil où la députation était reçue. Le roi dit :

— Voilà ma femme et mes enfants qui partagent mes sentiments.

La reine s'avança, et prit la parole à son tour.

— Nous accourons tous, dit-elle, mes enfants et moi, et nous partageons tous les sentiments du roi [1].

En parlant ainsi, Marie-Antoinette devait obéir aux conseils de prudence donnés par Barnave, dans l'entrevue nocturne dont nous avons raconté les détails dans notre précédent entretien, mais ses conversations dans l'intimité démentaient ces assurances de concours loyal. C'est ainsi que le jour même où elle promettait publiquement de seconder les efforts de l'Assemblée, elle disait, en petit comité, devant Madame Campan :

— Ces gens-là ne veulent point de souverains. Nous succomberons à leur tactique perfide et très bien suivie. Ils démolissent la monarchie pierre par pierre [2].

1. Compte rendu à l'Asssemblée, par Le Chapelier.

2. *Mémoires de Madame Campan*, ch. XIX.

***

Le 14 septembre, au matin, la foule envahit les tribunes de l'Assemblée ; le roi devait venir prêter serment à la Constitution.

Quelques instants avant l'ouverture de la séance, l'abbé Gouttes fit enlever un dais que le maître des cérémonies avait fait installer [1]. A côté du fauteuil du président on en plaça un autre, absolument semblable, destiné au roi.

La séance fut ouverte à onze heure du matin.

Le président prit la parole :

— Le roi est en marche pour se rendre à l'Assemblée ; je n'ai pas besoin de rappeler le décret qui interdit à tous les membres de prendre la parole, tant qu'il sera dans cette enceinte. Dans le moment où le roi prêtera son serment, l'Assemblée doit être assise.

A midi précis, un huissier annonça :

— Voilà le roi !

Louis XVI entra dans la salle, accompagné de tous ses ministres ; il portait tout simplement l'habit, et nulle autre décoration que celle de Saint-Louis ; il n'avait plus, comme pour les Etats généraux, le grand manteau doublé d'hermine et le sceptre.

La reine assistait à la séance dans une loge particulière.

L'entrée du monarque fut accueillie par un profond silence.

Louis XVI, embarrassé et inquiet, monta lentement les degrés de la tribune, cherchant son trône ; un huissier lui indiqua un fauteuil à la gauche du président. Le roi hésita un moment, se décida pourtant,

1. *Souvenirs de la Terreur*, par G. Duval, t, I, ch. XIII.

posa son chapeau sur le fauteuil, et, se tournant vers l'Assemblée, debout, il commença :

— Messieurs, dit-il, je viens consacrer ici solennellement l'acceptation que j'ai donnée à l'acte constitutionnel. En conséquence je jure...

A ces mots, les députés s'assirent et Louis XVI continua :

— Je jure d'être fidèle à la nation et à la loi, d'employer tout le pouvoir qui m'est délégué à maintenir la Constitution décrétée par l'Assemblée nationale constituante et à faire exécuter les lois.

Arrivé là, raconte un témoin oculaire, Louis XVI s'aperçoit qu'il est resté seul debout et découvert ; la parole lui manque ; pâle, il s'assied à son tour et achève avec un accent de tristesse indignée [1].

— Puisse cette grande et mémorable époque être celle du rétablissement de la paix, de l'union, et devenir le gage du bonheur du peuple et de la prospérité de l'empire !

La salle retentit, pendant plusieurs minutes, d'applaudissements et des cris de : « Vive le roi ! »

Le président, assis comme le roi, répondit par un discours où il promettait l'attachement des Français et le bonheur de la patrie.

Le discours fut couvert encore des mêmes applaudisdissements, et le roi sortit de l'Assemblée, accompagné par l'Assemblée en corps jusqu'au château des Tuileries, au milieu des cris enthousiastes de la foule, pendant qu'une musique militaire jouait et qu'on entendait retentir des salves d'artillerie.

Il était une heure quand Louis XVI rentra au château, vaincu, brisé par cette scène qui lui avait

1. *Souvenirs de la Terreur*, par G. Duval, t. I, ch. XIII.

fait cruellement comprendre que la puissance royale était soumise désormais aux représentants de la bourgeoisie qui prenaient leur revanche.

Le roi se rendit dans les appartements de la reine qui venait de rentrer ; quand il l'aperçut, il se laissa tomber sur un fauteuil et, essuyant avec son mouchoir les larmes qu'il ne pouvait retenir, il s'écria :

— Tout est perdu ! Ah ! Madame, et vous avez été témoin de cette humiliation ! Quoi ! vous êtes venue en France pour voir [1]...

Les sanglots lui coupèrent la parole, et la reine elle-même, ordinairement si courageuse et si forte, ne put que tomber à genoux devant son mari, et tous deux pleurèrent longuement la puissance royale à jamais perdue.

1. *Mémoires de Madame Campan*, ch. XIX.

Du 17 au 23 septembre 1791.

XLI

LA CONSTITUTION PROCLAMÉE

Création des officiers de paix. — Un prix de 600 livres à l'*Almanach du Père Gérard*. — *Le retour du Père Gérard à sa ferme*, comédie en deux actes. — Le journal de Tallien. — Paris en fête. — La proclamation. — Joie universelle. — Quelques visages inquiets. — A l'Opéra. — Sombres pressentiments de Madame Staël. — Fête aux Champs-Elysées. — Acclamations populaires. — L'esclave antique.

Depuis longtemps, le département et la municipalité de Paris demandaient à l'Assemblée de créer, ou plutôt de réorganiser le service de la police, trop souvent abandonné aux caprices des patrouilles de la garde nationale. Le 21 septembre, sur la proposition de Duport, un décret fut rendu, créant pour la ville de Paris vingt-quatre officiers de paix, chargés de veiller à la tranquillité publique. Leur nomination appartenait au corps municipal, ils devaient porter pour marque distinctive un bâton blanc à la main ; leur formule d'arrestation était : « Je vous ordonne, au nom de la loi, de me suivre devant le juge de paix. » Leur traitement, fixé à trois mille livres, devait être payé par la commune [1].

Pendant que l'Assemblée créait des officiers de paix, les Jacobins proposaient un prix de six cents livres

1. *Histoire parlementaire*, t. XI.

pour le meilleur almanach dans lequel on adresserait au peuple une instruction conforme au nouvel état social. Ce fut l'*Almanach du Père Gérard*, composé par Collot d'Herbois, qui fut choisi par le club.

On sait que le député Gérard, ou, comme on l'appelait familièrement, le père Gérard avait été envoyé aux Etats généraux par la Bretagne. C'était un véritable agriculteur, qui était venu aux Etats avec le costume des paysans bretons, et, malgré les résistances du grand maître des cérémonies, M le duc de Dreux-Brézé, s'était refusé à endosser l'habit noir réglementaire et avait figuré à l'église du Saint-Esprit, dans la procession des députés. Devenu vite populaire, il intervint quelquefois dans les discussions et se fit remarquer par son bon sens et son patriotisme. En prenant pour titre le nom de ce député, Collot d'Herbois indiquait qu'il entendait parler aux paysans le langage simple et sans grandes phrases qui peut leur convenir. Le succès de cette publication fut du reste très grand, et nous aurons plusieurs fois à constater l'heureuse influence de cet almanach populaire.

Quelques jours plus tard, le théâtre Molière devait représenter une pièce de circonstance : *le Retour du Père Gérard à sa ferme*, comédie en deux actes, où l'on donnait à l'agriculteur-législateur un rôle des plus sympathiques, cela va de soi. Après la dissolution de la Constituante, le Père Gérard retourne dans son village, où il est fêté par tous les habitants. Il retrouve sa fille Brigitte, toujours aimée par le jeune Kéramont, gentilhomme breton, dont Madame Gérard a été la nourrice non « par prix d'argent, mais par pure bienveillance ». Le Père Gérard, avant la Révolution, ne voulait pas entendre parler d'un noble dans sa famille ;

1. Voir notre premier volume, ch. IV.

mais, après l'abolition des titres, il ne voit plus aucun inconvénient à marier les deux jeunes gens. Le père de Kéramont, royaliste fougueux, prêt à partir pour Coblentz, est d'un avis différent et veut mener son fils à l'étranger. Mais le bon sens du Père Gérard et les larmes des amoureux parviennent à venir à bout des résistances du royaliste; comme dans toute comédie, on marie les jeunes gens, le gentilhomme renonce à émigrer, tout le village assiste à la noce en célébrant l'amour et la liberté [1].

Les Jacobins favorisèrent aussi, par une souscription très productive, un journal entrepris par Tallien et intitulé : *l'Ami du Citoyen*. Il était principalement destiné à combattre *le Chant du Coq*.

Mais ces petits incidents de la vie révolutionnaire passèrent inaperçus au milieu des fêtes données à l'occasion de la proclamation de la Constitution, proclamation qui se fit le 18 septembre, au milieu des réjouissances publiques et avec une pompe extraordinaire.

***

Le 18 au matin, Paris fut réveillé par des salves d'artillerie.

A dix heures, la municipalité sortit de l'Hôtel de Ville, accompagnée par des bataillons de la garde nationale à pied et à cheval.

Trois proclamations successives furent faites par Bailly : à l'Hôtel de Ville, au Carrousel, place Vendôme. Des autels avaient été dressés sur ces divers points ; Bailly montait sur la plate-forme, tenant à la main le cahier sur lequel était écrit l'original de la

1. *Moniteur*, novembre 1791.

Constitution ; le maire de Paris étendait la main sur le livre, prêtait le serment de fidélité, que répétait la foule, au milieu de mille cris de joie, pendant que le canon tonnait et que des chœurs de musiciens chantaient des hymnes patriotiques de circonstance ; les gardes nationaux agitaient leurs bonnets et leurs shakos au bout des baïonnettes, le vent faisait claquer la soie des drapeaux tricolores qui semblaient mêler leurs tressaillements aux applaudissements des citoyens, pendant que les officiers saluaient de l'épée, et ces glaives baissés, sur lesquels venaient se refléter les rayons d'un beau soleil de septembre, mettaient au milieu de cette foule mille éclairs qui illuminaient ce magnifique tableau.

Ce fut un vrai jour de fête pour tous.

Le peuple croyait avoir enfin conquis sa liberté.

Le roi put s'imaginer un moment qu'il avait reconquis son peuple.

Dans l'immense cohue qui, semblable aux flots de la mer, battait les murs de Paris, émergeaient, de temps à autre, comme de sombres épaves, des visages inquiets, se demandant, pour ainsi parler, ce que le lendemain réservait à la France.

C'étaient les membres de l'Assemblée nationale, dont les travaux étaient terminés, et qui semblaient interroger de tous côtés, cherchant à deviner quel sort leurs successeurs, déjà nommés, déjà en route pour la capitale, réservaient à cette Constitution acclamée par Paris.

Suivant la forte expression de Madame de Staël, on aurait dit des « souverains détrônés [1], » et ces monarques passagers sondaient l'avenir, lui demandant ce que leurs héritiers feraient de cette œuvre constitu-

1. *Considérations sur la Révolution française.*

tionnelle, si péniblement édifiée durant les vingt-huit mois qu'avait duré leur courte royauté.

Mais rien ne répondait.

Partout on entendait des cris de joie et des acclamations enthousiastes.

Le soir, on donnait à l'Opéra le ballet de *Psyché* ; le roi et la reine assistèrent à la représentation, et leur entrée dans la salle fut accueillie par d'unanimes applaudissements. L'allégresse était partout, on voulait oublier les mauvais jours, pour ne penser qu'au bonheur qu'on se promettait pour le lendemain.

Pourtant, écrit Madame de Staël qui assistait à la soirée, « au moment où les furies dansaient en secouant leurs flambeaux, et où cet éclat d'incendie se répandait dans toute la salle, je vis le visage du roi et de la reine à la pâle lueur de cette imitation des enfers, et des pressentiments funestes me saisirent [1]. »

Ces pressentiments furent isolés.

Tout le monde ne voulait songer qu'au bonheur que chacun se promettait du nouvel ordre des choses.

La reine paraissait heureuse, et le roi montrait sa grosse figure contente des jours de prospérité.

Après le spectacle, la famille royale remonta, en voiture découverte, les Champs-Elysées, illuminés depuis la place Louis XV jusqu'à l'Arc de l'Etoile ; sur tout le parcours on entendit les cris mille fois répétés de :

« Vive le roi ! Vive le roi ! »

Mais, comme dans les triomphes antiques, où un esclave se tenait derrière le char du vainqueur, en lui criant : « Souviens-toi que tu es un homme, » de même on raconte qu'un inconnu se tint constamment à la portière de la voiture, et, chaque fois que les ovations

1. *Considérations sur la Révolution française.*

cessaient, cet étranger criait, d'une voix tonnante, aux oreilles de la reine, saisie d'effroi :

« Non, ne les croyez pas : Vive la nation [1] ! »

1. Madame Campan, *Mémoires*, ch. XIX.

Du 24 au 30 septembre 1791.

XLII

FIN DE LA CONSTITUANTE

Les droits de citoyens actifs accordés aux juifs. — Décret contre les clubs. — Désordre et tumulte dans l'Assemblée. — La clôture. — Pétion et Robespierre portés en triomphe. — Situation des Feuillants. — Sourdes rumeurs.

L'un des derniers décrets de l'Assemblée fut un grand acte de tolérance : le 27 septembre, les députés accordèrent aux juifs les droits de citoyens actifs. C'était là un acte hardi de justice dont malheureusement quelques-uns de ceux qui en profitèrent, — ne se sont pas toujours montrés dignes.

Mais qu'importe ! la Révolution s'honora par ce décret, effaçant ainsi à tout jamais les différences de races et de caste, voulant oublier même jusqu'au souvenir des vieilles haines religieuses, soigneusement entretenues jusque-là par le fanatisme.

L'Assemblée ne fut pas toujours aussi bien inspirée. Ainsi, le 23 septembre, sur le rapport de Chapelier, et suivant l'influence des Feuillants, elle vota un décret interdisant aux clubs le droit de faire des pétitions en nom collectif et de communiquer entre eux par des correspondances ou par des délégués, et de s'affilier les uns aux autres.

C'était là une prohibition injuste, contre laquelle s'éleva, mais en vain, Robespierre.

Les modérés, après s'être servis de ce puissant instrument, les clubs, pour faire la révolution, essayaient de le briser, maintenant qu'ils le sentaient s'échapper de leurs mains.

L'Assemblée subit là, à son dernier jour, l'influence d'un mauvais mouvement.

Du reste, les députés qui reprochaient aux clubs leurs violences auraient bien dû se surveiller eux-mêmes, car, la veille du jour où le décret contre les clubs fut rendu, le 28 septembre, à propos de la discussion du rapport de Montesquiou sur les finances, l'Assemblée fut le théâtre d'une scène de désordre, où la haine, l'injure, la rage, firent descendre les représentants à un degré de grossièreté que l'on ne trouva jamais dans aucun des clubs, même aux jours les plus orageux de leurs colères.

Les royalistes attaquèrent avec la dernière violence le décret de Montesquiou : Maury conduisait le tumulte.

Un ecclésiastique traita l'abbé Maury d'insolent.

Le fougueux abbé bondit sous l'insulte.

— Monsieur le président, s'écria-t-il, faites taire tous ces aboyeurs-là. Rappelez à l'ordre cet ecclésiastique, qui a l'impudence de m'appeler insolent [1].

Un député de la gauche, Lavie, devant les provocations de la droite, lui cria :

— Nous vous recommanderons dans nos départements !

Immédiatement plusieurs membres de la droite se levèrent et menacèrent Lavie du poing.

D'Esprémenil criait à tue-tête :

— Justice de l'infâme propos tenu par M. Lavie !

1. *Histoire parlementaire*, vol. XI, p. 47.

Celui-ci ne se laissa pas intimider par ces vociférations :

— Il n'y a d'infâmes dans l'Assemblée, dit-il, que ceux qui me parlent.

Et le fougueux royaliste Guillermy, qui n'était jamais en reste d'insolence, de lancer, d'un ton méprisant, cette provocation :

— Qu'est-ce qu'un gueux comme cela [1] ?

Le tumulte continua ainsi pendant une demi-heure.

Ce furent dans de pareils termes que se séparèrent les diverses fractions de l'Assemblée constituante, dont la clôture fût prononcée le 30 septembre.

Le roi se rendit dans la salle des séances et prit congé des députés.

Quand Louis XVI fut sorti, Thouret, qui présidait, prononça ces seules paroles :

— L'Assemblée nationale déclare que sa mission est finie.

Les députés se séparèrent.

La Constituante était terminée.

Sur cette assemblée, une des plus laborieuses qu'on ait jamais vues on composa, au sujet de son activité, l'épigramme suivante [2] :

Or, savez-vous pourquoi cette Assemblée,
Si digne en tout de notre amour,
Et toutes fois peu respectée,
Sans prendre de repos, exerce chaque jour
La puissance suprême ?
Elle veut dans sa vanité
Surpasser la divinité
Qui se reposa le septième.

1. *Histoire parlementaire*, vol. XI, p. 447.
2. Les *Sottises de la semaine*, n° 29.

***

Au dehors, la foule était accourue, et beaucoup, portant des branches de chêne à la main, attendirent Pétion et Robespierre qui furent portés en triomphe.

Pétion, tout heureux de cette ovation, montrait sa joie, saluant la foule à droite et à gauche ; Robespierre, au contraire, restait froid, contrarié presque, regardant de son regard sombre et énigmatique [1] les citoyens qui se pressaient autour de lui.

Ces hommages et ces manifestations populaires durent remplir d'aigreur et de colère le cœur des royalistes constitutionnels, Duport, Lameth, Barnave et leurs amis, qui, uniquement préoccupés de leurs propres intérêts, considéraient maintenant cette Révolution, dont ils étaient sortis, qui les avait fait ce qu'ils étaient, comme un obstacle, les empêchant d'atteindre les places et les faveurs que leur ambition convoitait. Les Feuillants avaient tout essayé pour accaparer la Révolution, pour en confisquer les résultats à leur profit, et ils avaient rencontré sur leur route Pétion, Robespierre, les autres Jacobins, qui leur enlevaient une à une les ressources sur lesquelles leur cupidité basait leur fortune future, et c'était à ces pires ennemis que le peuple prodiguait ses faveurs ; bien plus, au dernier jour de la législature, quand le vide se faisait autour d'eux, la foule tressait des couronnes à Pétion et à Robespierre.

Cet enthousiasme pour les Jacobins était la condamnation sévère du modérantisme ; car ces hommes, que la multitude fêtait, avaient fait repousser la rééligibilité, qui éloignait les constitutionnels de la prochaine

1. Georges Duval. *Souvenirs de la Terreur*, t. I, p. 353.

Assemblée ; ils avaient fermé aux Feuillants la porte des ministères et c'étaient ces hommes-là que Paris portait en triomphe.

Au milieu de ces acclamations, on aurait pu pourtant entendre gronder, lointaines, mais déjà distintes, les sourdes rumeurs des classes prolétariennes, excitées par la cherté toujours croissante du pain, et qui allaient former demain cette terrible armée de la misère, si prompte à la colère et si facile aux emportements.

L'Assemblée constituante terminait en effet ses travaux au milieu d'événements présageant de tristes et lugubres lendemains. Le prix du blé augmentait sans cesse et le travail diminuait de jour en jour ; en province, la circulation des grains était entravée, l'exportation du numéraire prenait des proportions scandaleuses qu'avivait encore l'agiotage, et, au milieu de toutes ces causes de désastres prochains, on entendait les menaces de cette guerre civile que réclamaient les députés du côté droit.

Au dedans, les prêtres non jurés soufflaient la discorde ; les nobles, se divisant en deux portions, allaient, les uns soulever la Vendée, les autres passer la frontière, pour ameuter les coalisés contre leur patrie, espérant ramener l'ancienne autorité de leur roi à l'aide des armées étrangères, ne reculant pas contre le plus abominable des crimes pour reconquérir les privilèges que la Révolution avait abolis.

Cette Révolution, ils voulaient l'écraser ; et ils ne s'apercevaient pas, les malheureux ! que la Révolution, c'était la France !

XLIII

L'ŒUVRE DE LA CONSTITUANTE

Le président Thouret a quitté le fauteuil depuis une demi-heure déjà : au dehors, on entend le bruit des acclamations que la foule prodigue à Pétion et à Robespierre, portés en triomphe.

Au moment où les huissiers vont fermer les portes, un groupe de députés, attardés à causer, attend encore, quittant avec peine cette salle, théâtre de tant de luttes, et sur laquelle ces hommes, qui semblent partir à regret, jettent un dernier regard. Imitons-les, avant de laisser fermer les portes de cette enceinte, où viennent de se terminer les travaux les plus extraordinaires que jamais réunion d'hommes ait osé entreprendre ; jetons un dernier coup d'œil sur l'œuvre gigantesque de cette Assemblée qui voulut, jusqu'à son dernier jour, garder le nom de Nationale, et à laquelle ses contemporains, l'histoire et l'habitude ont imposé celui de Constituante.

L'œuvre est gigantesque, disons-nous.

Mais aussi, combien sont robustes et vaillants les ouvriers qui l'ont accomplie !

A droite, ce sont Maury et Cazalès.

Au centre, Mirabeau, Sieyès, Dupont, Barnave, les deux Lameth, Thouret.

A gauche, Grégoire, Rabaud-Saint-Etienne, Rœderer, Dubois-Crancé, Pétion et Robespierre.

Les députés commencent à délibérer au milieu d'un véritable camp de trente mille soldats, étrangers pour la plupart : ce péril augmente leur courage ; ils n'hésitent pas à jeter bas la vieille France monarchique et féodale. Sous leurs coups hardis, les anciens privilèges disparaissent, des abus séculaires sont détruits, deux castes sont supprimées, une nouvelle classe monte, qui, par la vente des biens du clergé, devenus biens nationaux, s'empare de la fortune territoriale. Les vœux ecclésiastiques sont brisés, les couvents ouverts, la main morte anéantie. Les vieux et insolents parlements font place à une magistrature élue, et le jury est institué. Le déficit est réparé par la création des assignats ; on mobilise le sol, on comble le gouffre creusé par les dilapidations de l'ancienne cour. L'impôt, soumis désormais au vote et au contrôle, est enlevé à l'arbitraire d'ordonnateurs irresponsables. Les barrières de province à province, les douanes, les péages, les anciens impôts locaux, s'effacent devant la division nouvelle en départements qui réalise enfin l'unité française.

L'agriculture se débarrasse des corvées, et l'industrie, des corporations et des maîtrises.

Tant de travaux arrachent un cri d'admiration à celui qui parcourt l'histoire de ces vingt-huit derniers mois.

Malheureusement, le philosophe, le penseur, sont obligés de faire des réserves, quand, après avoir considéré le bien, ils envisagent le mauvais côté de cette œuvre, remplie de criantes injustices.

Cette Assemblée constituante fut révolutionnaire, mais elle ne fut pas populaire.

Expliquons-nous :

La majorité, composée de bourgeois, c'est à-dire de membres appartenant à la portion riche, aisée, du tiers état, ne sut pas comprendre qu'elle représentait, non pas seulement les intérêts d'une classe, mais les aspirations de tout un peuple : elle créa une caste spéciale, voulut implanter au pouvoir l'influence de cette classe à laquelle elle appartenait ; divisant pour cela les citoyens en actifs et en inactifs, elle limita la souveraineté nationale aux électeurs jouissant d'un revenu de deux cent cinquante francs ; les autres, ceux qui ne possédaient ni terre, ni maison, ni revenus, ni rentes, étaient impitoyablement chassés des comices, rayés de la vie politique.

La bourgeoisie, après avoir supprimé les privilèges de la noblesse, pour la mettre sur un même pied d'égalité, lui imposa des noms roturiers sans particule en abolissant les titres de noblesse ; pour dompter le clergé, qui était la puissance spirituelle et territoriale redoutée, on lui enleva les biens immenses dont il avait eu jusque-là l'administration, et on lui imposa le serment de fidélité à la Constitution.

Mais la bourgeoisie, ayant assuré sa domination sur les prêtres et sur les nobles, voulut encore régner sur la partie la plus nombreuse de la population, celle qu'elle avait parquée dans l'incapacité politique, celle des citoyens inactifs. Contre ceux qui n'ont aucuns droits et qu'on redoute quand même, on prend de terribles mesures.

L'Assemblée nationale ne voulut pas voir la question sociale.

Pourtant l'Assemblée, à ce moment où elle tenait en main une grande partie de la fortune immobilière de la France, aurait pu, jusqu'à un certain point, résoudre cette terrible question sociale qui se pose aujourd'hui inéluctable et menaçante, si grosse d'orages, et qu'il faudra aborder demain si on veut prévenir des violences aveugles et économiser une révolution sanglante, dont nul ne peut prévoir les conséquences. L'Assemblée aurait pu ordonner une distribution équitable, au lieu de se lancer dans des adjudications souvent faites à vil prix et de constituer une nouvelle aristocratie terrienne, mettant les immenses domaines nationaux, pour des prix infimes, dans les mains de quelques-uns. On ne peut même pas objecter le besoin qu'avait l'État de trouver des ressources immédiates, pour justifier cette adjudication de vastes domaines ; car, en établissant la division mieux proportionnée de la propriété, en adoptant un système financier différent, on serait arrivé à créer des ressources encore plus considérables que celles qui furent inventées. Mais c'eût été appeler à la propriété toute une classe nouvelle, et la Constituante ne le voulut pas ; fidèle à son programme de protection de la bourgeoisie, elle alla jusqu'au bout. La bourgeoisie avait le numéraire et le crédit, et elle s'empara du sol après avoir accaparé tous les droits politiques qu'elle refusait à ceux qui n'ayant ni capital ni crédit, ne possédaient que leur activité, que leurs bras, ces premiers instruments du travail.

Pour la Constituante, le prolétariat fut le danger contre lequel elle s'arma.

On peut le dire sans exagération : l'Assemblée nationale, après avoir détruit la noblesse, le clergé et la royauté absolue, ne songea nullement à défendre la Constitution contre ces trois puissances qu'elle croyait désormais impuissantes ; mais tous ses efforts tendirent à préserver la Constitution contre la multitude, et c'est ainsi qu'elle vota la hideuse loi martiale et la loi inquisitoriale de la sûreté publique. Une contre-révolution royaliste avait l'attaque facile, cette attaque était impossible du côté du peuple, qu'on écrasait par avance sous les lois barbares qui firent couler le sang au Champ de Mars.

Cette Assemblée n'aurait pas dû oublier, cependant, que, si elle remporta ces belles victoires contre l'ancien régime, c'était non seulement parce que les philosophes, les écrivains, les penseurs du XVIIIe siècle avaient déjà tracé les voies, mais encore parce que le peuple avait soutenu les députés, les encourageant, les excitant à la lutte ; elle n'aurait pas dû oublier que si la royauté, le clergé, la noblesse avaient été toujours vaincus, reculant sans cesse, c'est parce que le peuple, cette multitude sacrifiée, marchait derrière la bourgeoisie, prêt à la défendre, prêt à la devancer, même les armes à la main, comme au 14 juillet et aux jours d'octobre notamment.

La Révolution a été faite, ne l'oublions pas, non seulement parce que les idées avaient mûri au feu de la discussion des encyclopédistes, mais encore parce que le peuple était là, bouillonnant, fougueux, disposé à briser tout ce qui ferait obstacle à la volonté des représentants. L'Assemblée devait triompher, parce qu'elle avait pour elle la force et le droit. Le droit résidait dans les idées qu'elle appliqua en partie ; la force résidait dans le peuple qu'elle sacrifiait si injustement.

Résumons-nous.

La Constituante, après avoir détruit la noblesse, soumis le clergé, annihilé la royauté, voulut conserver la monarchie, afin de la gouverner à sa guise ; elle proclama la Liberté, l'Egalité et la Fraternité, mais en limitant l'action de cette devise à ceux-là seuls qui possédaient, éloignant la masse des humbles, des petits et des travailleurs, des prolétaires.

Voilà pourquoi son œuvre si grandiose est incomplète, pourquoi cette Constitution, à laquelle nous devons tant, a duré si peu.

Elle portait en elle les germes de sa ruine prochaine.

Nous devons admirer, avec réserve, cette œuvre gigantesque, d'où malheureusement on n'avait pas arraché l'egoïsme bourgeois, et d'où on avait écarté la Fraternité humaine.

La Constituante proclama la Liberté, et elle négligea les devoirs sociaux d'un Etat vis-à-vis de tous les citoyens, vis-à-vis de ceux qui sont sans ressources, ne possédant ni fortune, ni crédit ; elle oublia surtout qu'il ne peut pas y avoir de vraie liberté pour un peuple qui manque de pain.

Du 1er au 7 octobre 1791.

XLIV

OUVERTURE DE L'ASSEMBLÉE LÉGISLATIVE

Ouverture de l'Assemblée. — Députation au roi. — Impertinence de Louis XVI. — Impolitesse pour impolitesse. — L'Assemblée se rétracte. — Louis XVI à l'Assemblée. — La famille royale au théâtre. — Premières impressions sur la Législative. — La pauvreté des députés. — L'ère de la liberté. — L'éternel Palloy.

Les députés étaient arrivés à Paris, au nombre de sept cent trente ; ils se réunirent pour la première fois, le 1er octobre, sous la présidence du doyen d'âge, Batault.

L'ouverture publique de l'Assemblée législative eut lieu le 4 octobre.

La loi portait que l'Assemblée commencerait par prêter serment ; le président devait en prononcer la formule, et tous les membres monter successivement à la tribune et dire : « Je le jure. »

Cette manière de procéder n'était pas faite pour satisfaire les nouveaux députés, qui décidèrent de donner à cette prestation de serment toute la pompe et la solennité possible. Une commission, composée de douze députés les plus âgés, fut nommée pour aller aux Archives chercher l'orignal de la Constitution, sur lequel chaque membre de l'Assemblée devait prêter le serment individuel, Pendant que la commission se rendait aux Archives, l'Assemblée occupa ses instants à prêter un autre serment collectif, jurant, au nom du peuple français, de vivre libres ou de mourir ; tous les membres s'étaient levés, et, dans une acclamation unanime, jurèrent en chœur, au milieu des applaudissements prolongés des tribunes.

Les douze vieillards étaient revenus des Archives ; un huissier, comme à l'approche du roi, annonça :

— Messieurs, j'annonce à l'Assemblée nationale l'acte constitutionnel.

La députation entra, entourant l'archiviste Camus, qui portait la Constitution ; tous les membres se levèrent, restèrent debout et découverts, pendant que Camus montait à la tribune pour y apporter le manuscrit précieux.

Un député, dont l'histoire n'a pas conservé le nom, et que le compte rendu indique simplement par la lettre N, se tourna vers les tribunes, adressant aux spectateurs ce petit discours, dans le style ampoulé de l'époque :

— Peuple français, citoyens de Paris, Français généreux, et vous, citoyennes vertueuses et savantes, qui apportez dans le sanctuaire des lois la plus douce influence, voilà le gage de la paix que la législature vous prépare. Nous allons jurer, sur ce dépôt de la volonté du peuple, de mourir libres et de défendre la Constitution.

On fit retirer la force armée.

Les douzes vieillards s'approchèrent de la tribune, et l'un deux s'écria :

— Français ! citoyens ! Voilà l'acte constitutionnel que nous vous apportons; voici le gage de la paix ! nous allons jurer de mourir libres...

La langue de l'orateur s'était embrouillée ; il mettait la mort avant la vie, dans l'émotion d'une semblable cérémonie.

— Dites donc vivre, lui cria-t-on [1].

— Oui, reprit l'ancêtre, de vivre libres ou de mourir, et de défendre la Constitution au prix de...

Les applaudissements interrompirent la voix cassée du député.

A ce moment, Camus parut à la tribune, portant le nouvel évangile ; il y avait assurément des francs-maçons dans la salle, car on s'écria :

— A l'ordre ! à l'ordre !

Ce qui, en style maçonnique, signifie que l'on doit mettre la main droite en équerre sur la poitrine. — Camus obéit, et la cérémonie du serment commença.

Le président monta, le premier, à la tribune ; et là, étendant la main sur le livre de la loi nouvelle, il prononça la formule. Ensuite, un secrétaire fit l'appel de tous les membres, qui montaient successivement à la tribune et prêtaient tout au long le serment, avec la même mimique employée par le président.

Durant ce défilé, on remarqua beaucoup le costume de deux députés bretons, qui, comme le père Gérard autrefois aux États généraux, étaient venus avec l'habit de leur pays. Un des jureurs parut, décoré du ruban rouge [2] de Rose-croix, avec le bijou maçonnique représentant le phénix qui se perce le cœur pour nourrir ses enfants.

La nouvelle Assemblée et le roi allaient se trouver face à face.

Suivant la Constitution, une députation, présidée par Ducastel, alla informer le roi que l'Assemblée était

1. *L'ami du roi*, octobre 1791.

2. *Ibid.*

constituée. La députation se présenta, à six heures du soir, au château des Tuileries. Le roi lui fit dire par le ministre de la justice qu'il la recevrait le lendemain à une heure. La députation insista, et la réception fut retardée seulement de trois heures.

Cette raideur et l'attitude de Louis XVI durant la première entrevue étaient des plus maladroites, des plus imprudentes.

A neuf heures du soir, la députation fut enfin reçue ; à quatre pas du roi, Ducastel salua et prononça ces quelques mots :

— Sire, l'Assemblée nationale législative est définitivement constituée ; elle nous a délégués pour en instruire Votre Majesté.

Louis XVI ajouta encore une impertinence à l'imprudence qu'il avait commise ; montrant les députés accompagnant Ducastel, il demanda à ce dernier, comme il avait coutume de le faire envers les valets présentés à la cour [1] :

— Quels sont les noms de ces messieurs ?

Ducastel comprenant l'injure, répondit qu'il ne connaissait pas leurs noms, mais qu'ils représentaient la nation française ; il salua de nouveau et se disposa à se retirer. Au moment où Ducastel allait franchir la porte, le roi lui dit [2] :

— Je ne pourrai vous voir que vendredi.

Dans cette singulière entrevue, où Louis XVI avait accumulé les maladresses et les sottises, il était entouré de son ministère, alors composé de la façon suivante :

JUSTICE, Duport-Dutertre; AFFAIRES ÉTRANGÈRES,

1. *Révolutions de Paris*, n° 117.
2. *Histoire parlementaire*, t. XII, p. 53.

Montmorin ; INTÉRIEUR, Dellessart ; GUERRE, Duportail ; MARINE, Bertrand-Molleville ; CONTRIBUTIONS, Tarbé.

Dutertre et Duportail étaient deux constitutionnels, Montmorin au contraire était un royaliste exalté ; Delessart, homme habile, d'une santé délicate, manquait de décision ; le ministre des finances, Tarbé, honnête, consciencieux, conciliant, se distinguait surtout par un attachement profond pour la personne du roi. Quant à Bertrand- Molleville, il avait le royalisme exagéré et imprudent de son collègue de l'intérieur, Montmorin.

La singulière réception faite aux délégués de l'Assemblée fut racontée, du haut de la tribune, par Ducastel, qui y avait joué le principal rôle. Les députés se sentirent pris d'une sorte de mépris et de colère ; ils résolurent de rendre au roi impolitesse pour impolitesse.

La séance du 5 octobre fut consacrée à la discussion de l'étiquette que l'Assemblée entendait suivre-vis à-vis de Louis XVI.

Elle décida qu'au moment où le roi entrerait dans la salle, tous les membres se tiendraient debout et découverts ; chacun pourrait s'asseoir dès que le roi serait arrivé au bureau.

On décida également que le fauteuil d'or, dont se servait le roi, serait exclu de l'Assemblée ; il y aurait au bureau, et sur la même ligne, deux fauteuils semblables ; l'un pour le président, l'autre pour le roi. On supprimait les qualifications de « Sire » et de « Majesté », ne devant donner à Louis XVI d'autre titre que celui de « roi des Français ».

Les royalistes et les constitutionnels furent surpris de cette raideur ; elle effraya les anciens membres de la Constituante, étonnés de voir leurs successeurs brisant, dès les premiers jours, les lisières qu'ils avaient entendu leur imposer.

Enfin le roi déclara que, si le décret n'était pas rapporté, il n'irait pas faire en personne l'ouverture de la séance.

*
* *

Pendant la nuit, on se livra à de nombreuses intrigues pour faire rapporter le décret, intrigues que menèrent surtout les anciens constituants, dont quelques-uns se répandirent dans les groupes du Palais-Royal, où ils créaient une sorte d'agitation, semant les bruits les plus alarmants sur les conséquences du décret. Le roi s'éloignerait sûrement de Paris, disaient-ils, la confiance publique serait ébranlée, le prix de l'argent hausserait, faisant baisser les fonds publics. Lameth, à l'ouverture de la séance, glissait aux députés des notes ainsi conçues : « Les actions ont baissé « et la Bourse n'était pas encore ouverte [1].

Malgré les efforts de Chabot, de Lamourette et de Vergniaud, tous trois encore inconnus, le décret fut rapporté, aux applaudissements des anciens constituants qui avaient mené toute cette campagne.

La séance royale du lendemain 7 octobre fut un vrai triomphe pour la cour [2]. Avant l'ouverture, le fameux fauteuil d'or, qu'on avait voulu proscrire d'abord, brillait sur l'estrade, et Louis XVI alla s'y asseoir, au milieu des applaudissements et des cris de « Vive le roi ! » Le monarque prononça, sur l'utilité des pouvoirs publics, un discours, sans grande portée, auquel le président répondit par quelques lieux communs dans le même goût.

1. Louis Blanc, t. VI, p. 127.
2. *Ibid.*, p. 128.

Le soir, la famille royale se rendit au théâtre Italien, où se donnait *le Chasseur et la laitière;* elle y fut accueillie par des manifestations enthousiastes. Pendant la représentation, le jeune prince royal parut s'amuser beaucoup à singer le jeu d'un acteur, ce qui excita les applaudissements faciles d'une partie de la salle, qui se mit à crier de plus belle : « Vive le roi ! vive le prince royal. »

La rétractation du décret avait redonné au roi une sorte de popularité ; beaucoup se disaient que la cour n'aurait pas grand'peine à se rendre maîtresse d'une Assemblée sans volonté, qui se contredisait du jour au lendemain. Mais elle ne devait pas tarder à venger sa première indécision et à prendre sa revanche. Dans la nouvelle formation, l'orientation avait changé, et les démocrates de la Constituante eussent été les aristocrates de la Législative. Sur sept cent trente députés, le parti royaliste constitutionnel comptait à peine cent soixante membres. A gauche, nous voyons Vergniaud, Guadet, Isnard, Gensonné, Condorcet, et, sur les derniers bancs de la gauche, trinité soupçonneuse et quelque peu farouche : Merlin de Thionville, le capucin Chabot et Bazire. La composition de la droite n'avait aucune analogie avec celle de la même partie de la Constituante. Dans la séance du 4 octobre, un député fut rappelé à l'ordre pour avoir traité de « partie droite » la fraction des députés se trouvant à droite du président [1] ; cette expression fut considérée comme une injure par ceux à qui on l'appliquait. Le député fut obligé de se justifier, disant qu'en parlant du côté droit, il n'avait pas entendu « comparer les membres qui y étaient aujourd'hui à ceux qui y siégeaient dans le corps constituant. »

Aucun de ces hommes n'avait eu encore le temps de

1. *Moniteur.*

se révéler, et on entendait répéter, de tous côtés, que « la pièce n'était plus jouée que par des comparses » ; aussi, les tribunes furent-elles vite désertes. Marat jugeait ainsi la Législative à ses débuts : « Jusqu'à présent la nouvelle législature ne s'est annoncée que comme un corps d'hommes bornés, inconséquents, versatiles, ineptes, que quelques fripons mènent par le nez [1]. »

La première faiblesse de l'Assemblée n'était pas faite pour donner de la considération aux nouveaux représentants ; ainsi un officier de la garde nationale, Dermigni, dans la matinée du 7 octobre, un peu avant la séance royale, s'avança vers un groupe de députés, en train de discuter, en se chauffant autour d'un poêle, dans les couloirs de l'Assemblée, et, avec des gestes menaçants, il s'écria :

— Nous vous connaissons bien ; si vous continuez dans de tels sentiments, je vous ferai hacher avec mes baïonnettes[2] .

L'officier en fut quitte, quelques jours plus tard, pour venir présenter des excuses à la tribune.

Tandis que les constitutionnels reprochaient aux députés la froideur de leurs sentiments pour le roi, la cour se moquait de leur pauvreté et de leur triste mine. Le comte de la Mark écrivait au comte de Mercy-Argenteau :

« Plus des dix-neuf vingtièmes de cette législature n'ont d'autres équipages que des galoches et des parapluies. On a calculé que tous ces nouveaux députés ensemble n'ont pas en bien fonds 300,000 livres de revenus. Une telle Assemblée, qui n'en imposera pas par la décence, puisque la généralité des personnes qui

1. *L'Ami du Peuple*, octobre 1791

2 Discours de Goupilleau aux Jacobins.

la composent n'a reçu aucune éducation, qui n'annonce que des talents médiocres, qui n'a plus rien à sacrifier au peuple, sans achever de consommer la dissolution totale de la société et sans donner le signal du sauve-qui-peut, une telle Assemblée, dis je, ne peut obtenir ni la confiance, ni la considération du public [1]. »

L'Assemblée devait donner un fier démenti à ces prédictions.

La semaine se termina par une proposition du club des Jacobins, consistant à dater, à l'avenir, les actes du Corps législatif, de l'année de la liberté française. Ce nouveau millésime avait été adopté, pour la première fois, par le *Moniteur* du 14 juillet 1790. Le jour de la prise de la Bastille servit de point de départ jusqu'au 2 Janvier 1792, où la proposition du club des Jacobins fut reprise par Ramond, et l'Assemblée décréta alors que l'ère de la liberté commençait au 1er janvier 1789 ; ce décret fut, à son tour, remplacé par celui de la Convention, faisant commencer l'ère nouvelle au 22 septembre 1792, jour de la proclamation de la République, et qui se rencontrait précisément être le jour de l'équinoxe d'automne.

L'insipide Palloy, le démolisseur de la Bastille, ne pouvait laisser arriver la nouvelle Assemblée sans se mettre en relations avec elle par une de ces manifestations théâtrales qui lui étaient familières ; il déposa dans la salle une pierre de la Bastille, sur laquelle il avait fait graver les effigies du roi et de Bailly, maire de Paris.

Mais l'Assemblée, trop occupée, ne fit même pas attention à cette nouvelle réclame de Palloy, qui dut songer à une autre invention.

1. *Correspondance de la Marck et Mirabeau*, t. III, p. 246.

Du 8 au 14 octobre 1791.

XLV

DÉPART DE LAFAYETTE

Les tribunes réservées aux anciens constituants. — Leur rôle. — Elles sont supprimées. — Lafayette quitte le commandement de la garde nationale. — Honneurs qui lui sont rendus. — Une épée d'honneur. — Présents qui lui sont offerts. — Un commandant révoqué. — Critiques. — Opinion de Marat. — Le procès de Lafayette.

Nous venons de voir que si l'Assemblée législative commença à se déjuger, c'est surtout à la suite de l'influence des anciens constituants, qui, n'ayant pu établir en droit le système des deux Chambres, essayaient de le réaliser en fait. Ils avaient fait préparer, dans le lieu des séances de la nouvelle Assemblée, des tribunes qui leur étaient exclusivement réservées, d'où ils communiquaient avec leurs successeurs, et d'où nous avons vu Lameth faire passer des notes, annonçant mensongèrement que la Bourse baissait.

Des plaintes nombreuses ne tardèrent pas à s'élever contre ces deux tribunes, et l'Assemblée législative, par un décret du 9 octobre, en ordonna la suppression, au grand mécontentement des constitutionnels, qui s'étaient promis, du haut de la tribune, comme d'un observatoire, de diriger les débats, soufflant à celui-ci un amendement, à celui-là un sophisme, ou même la question préalable.

Du reste, la saison de la puissance des constitutionnels semble passée.

Le samedi 8 octobre, Lafayette se rendit au conseil général de la Commune, pour lui annoncer la cessation absolue de ses fonctions de commandant général de l'armée parisienne, conformément au décret du 12 septembre précédent, donnant à tour de rôle, pendant un mois, le commandement à chacun des six chefs de légion de la garde nationale de Paris.

Le lendemain, Lafayette adressa à la garde nationale une longue lettre d'adieu, dans laquelle il développait cette pensée « que, pour qu'une nation soit libre, il suffit qu'elle le veuille ».

Le 10, toutes les compagnies de l'armée parisienne députèrent un membre à l'Hôtel de Ville, pour s'y occuper des moyens de témoigner à Lafayette la reconnaissance de la garde nationale, et il fut arrêté :

Qu'il serait envoyé une réponse, dans laquelle l'armée témoignerait au général son affection et ses regrets ;

Qu'il serait fait une pétition à l'Assemblée nationale, pour la supplier de prendre en considération les sacrifices de tous genres faits par Lafayette, et de lui accorder en conséquence une indemnité.

Enfin on lui offrit une épée à garde d'or ; cette épée fut confiée aux soins d'un sculpteur alors en réputation, nommé Auguste [1].

Sur la poignée, tableau VI, on voyait *Lafayette rentrant dans la classe des simples citoyens* (8 octobre 1791).

Sur le premier côté de la grande branche, ces mots :

« *Ignoravit nudatos nequisquam serviat enses.* »

1. *Chronique de Paris,* novembre 1791.

Sur l'autre côté de la branche :

A Lafayette, l'armée parisienne reconnaissante.

Sur la branche transversale, d'un côté :

L'an III de la Liberté française.

De l'autre, la devise du général :

Cur... Non?

Le deuxième côté était partagé en cinq tableaux :

I. *La Révolution.* Pour allégorie, une tour en ruines, portant un étendard aux armes de France, aux trois couleurs, surmontée du bonnet de la Liberté. Sur le premier plan, un lion ayant brisé sa chaîne, et au-dessous : 14 juillet 1789.

II. *Déclaration des Droits de l'homme*, présentée par Lafayette à l'Assemblée nationale.

III. *Lafayette sauvant un homme de la fureur d'un peuple égaré* (24 mai 1790).

IV. *La Fédération* (14 juillet 1790).

V. *Lafayette proclamé défenseur du peuple* (15 juillet 1789).

La lame triangulaire fut forgée avec le produit de quatre verrous du trésor de Henri IV à la Bastille, fournis par Palloy ; sur cette lame on lisait ces trois inscriptions :

1re face : *Elle épargna le sang.*

2e face : *Elle fut le salut du peuple.*

3e face : *Elle fit respecter la loi.*

Le conseil général de la Commune ne voulut pas rester en arrière : le 12, il arrêta qu'il serait frappé en l'honneur de Lafayette, une médaille dont l'Académie serait priée de fournir les emblèmes et les inscriptions. Le conseil décida, en outre, que la statue de Washington, en marbre, par Houdon, serait donnée à Lafayette

« pour être placée dans celui de ses domaines qu'il habite le plus, afin qu'il ait toujours devant les yeux son ami, et celui qui lui a appris à servir si glorieusement sa patrie ».

Enfin, comme si tout cela ne suffisait pas, le Conseil général alla jusqu'à ordonner que l'arrêté contenant ces dispositions serait gravé sur une plaque de marbre, placée sous le buste de Lafayette offert, il y avait douze ans, à la ville de Paris, par les États-Unis d'Amérique.

⁂

Lafayette quitta Paris, le 9 octobre, et se retira dans ses terres de Chavagneux. Son voyage fut une sorte de triomphe officiel : les gardes nationales accoururent sur son passage, mais cet empressement était de commande plus qu'il n'était sincère, car lorsque les gardes nationaux ne se levaient pas spontanément, on les y forçait ; ainsi, le commandant de la garde nationale de Saint-Pourçain, n'ayant pas voulu prendre les armes pour célébrer le passage du général, fut destitué [1].

Le départ de Lafayette fut accueilli, à Paris, par des critiques amères, passionnées et souvent justes, de sa conduite depuis l'ouverture des États généraux.

Marat exagéra la note, suivant son habitude, accusant l'ancien commandant général de n'être « qu'un valet de la cour, traître à la patrie », complice de Bouillé, de Condé et des émigrés [2].

Plus mesurées, mais aussi plus sévères, furent les critiques des *Révolutions de Paris ;* après avoir blâmé l'obstination de Lafayette à porter son nom de terre,

1. *Histoire parlementaire,* t. XII, p. 311.
2. *L'Ami du Peuple,* novembre 1791.

proscrit par les décrets, le journal examine la question de savoir si l'ex-général a fait plus de bien que de mal à la Révolution.

Dans ce procès rétrospectif, le journal de Prud'homme lui reproche d'avoir commencé par demander au roi la permission d'accepter le généralat dont le peuple l'avait revêtu.

Et ainsi de suite pour tous les actes de la Révolution auxquels il fut mêlé.

Au 5 octobre 1789, il avait pâli à la vue des gardes nationaux en route pour Versailles; voulant se ménager à la fois et la cour et la ville, il avait dit au roi :

— Je ne vous amène pas l'armée parisienne, c'est elle qui m'amène à vous.

Au moment du vote de la loi martiale, il s'était concerté avec Mirabeau pour faire passer cet abominable décret.

Sa conduite irrégulière et toute en faveur des soldats de Bouillé, au moment des massacres de Nancy, était aussi rappelée.

La composition de son-état-major, dans lequel on comptait de nombreux nobles et même un prince, M. de Paulm, figurait au nombre des griefs :

N'avait-il pas composé cet état-major d'offiiciers tous ramassés dans les îles, et n'avait-il pas choisi, pour aides de camp, les flatteurs dont il pût au besoin faire ses mouchards et ses recors ?

Les attentats contre la liberté de la presse n'étaient pas non plus oubliés.

Devançant tout décret, il avait ordonné, de son autorité privée, de faire main basse sur les imprimés et les imprimeries, de violer le domicile des écrivains, les ateliers de typographes.

« Tu as limé les dents au lion, » disait en terminant l'article, s'adressant à Lafayette ; « dans notre solitude, nous nous félicitons du départ de Marc-Antoine. »

Toutes ces critiques étaient fondées ; elles résument très bien le rôle joué par Lafayette, qui fut l'incarnation de la nouvelle bourgeoisie, se servant du peuple pour arriver au pouvoir, mais ne voulant renverser ni le trône ni les abus, désirant seulement profiter de l'un et des autres.

XLVI

LA GLACIÈRE D'AVIGNON

Le mot « honorable » supprimé. — Députation d'artistes. Les dames de la Halle à la barre. — Mirabeau mort insolvable. — A Avignon. — Les deux fractions du parti patriote. — Jourdan Coupe-Tête. — Les frères Mainvielle et Duprat. — Lescuyer. — La paie des soldats. — La municipalité emprisonnée. — La malle d'argenterie. — Faux bruits répandus par les papistes. — La Vierge qui pleure des larmes de sang. — Assassinat de Lescuyer. — Atrocités. — Les soldats de Jourdan apparaissent. — La cloche d'argent. — Enterrement de Lescuyer. — Un simulacre de jugement. — Il faut venger Lescuyer ! — Massacres. — Un assassin de quinze ans. — La Glacière.

Dans le langage nouveau, employé dans la précédente Assemblée, s'étaient glissés des mots empruntés par les avocats à la rhétorique du palais, comme celui « d'honorable » par exemple, pour désigner un adversaire ; dans la séance du 15 un député demanda qu'on supprimât dans les procès-verbaux les expressions « d'honorable membre, » parce que, dit-il, cela supposerait que tous les membres de l'Assemblée ne sont pas également estimables. L'Assemblée décréta cette suppression [1], mais l'usage fut plus fort que le décret, et le mot survécut dans toutes les discussions.

Le 19, l'Assemblée reçut une députation d'artistes, ayant exposé des tableaux ou des sculptures au Salon

1. *Moniteur*.

qui avait lieu tous les deux ans, durant les mois de septembre et d'octobre, dans la galerie du Louvre. Un précédent décret de la Constituante décidait que les récompenses seraient distribuées par quarante artistes appartenant à l'Académie : les artistes venaient réclamer contre ce décret, demandant que le jury se composât de vingt membres nommés parmi les académiciens, par le ministre, et de vingt autres membres choisis par les artistes eux-mêmes, en dehors de l'Académie. L'Assemblée renvoya cette pétition au comité d'instruction publique et, en attendant la solution de la question, la distribution des récompenses fut suspendue [1].

Après la députation des artistes, fut admise à la barre celle des dames de la Halle et de tous les marchés de Paris. L'une d'elles prit la parole ; après avoir, au nom de ses compagnes, témoigné son amour pour la patrie, elle termina ainsi :

— Oui, nous souffrirons la mort plutôt que de cesser d'obéir à la loi. Vous ferez le bonheur de la France. Vos prédécesseurs l'avaient ébauché : il vous était réservé de l'achever. Quelle joie pour chacune de nous de dire à son enfant : « Voilà celui qui a sauvé la patrie [2] ! »

C'était la réponse aux bruits répandus avec opiniâtreté par les royalistes, représentant les dames de la Halle comme acquises aux idées contre-révolutionnaires.

Le président remercia la députation de son dévouement à la Révolution, et les honneurs de la séance lui furent accordés.

Enfin, le Frochot, exécuteur testamentaire de Mirabeau, vint à la barre demander, au nom des créanciers du grand tribun, mort insolvable, disait-il, que les

1. *Moniteur.*
2. *Journal des Débats et des Décrets.*

frais de son pompeux enterrement fussent payés sur le trésor public. Cette demande fut renvoyée à l'examen de quelques membres.

***

Pendant que ces menus faits occupaient l'attention de l'Assemblée, la ville d'Avignon était le théâtre de scènes de carnage et de cruauté, devant lesquelles on demeure épouvanté et pris d'une sorte de terreur en face d'hommes, capables, à un moment donné, de devenir des bêtes féroces.

Dans nos précédents chapitres, nous avons vu la ville d'Avignon divisée en deux partis : les papistes et les patriotes ; ces derniers avaient fini par demeurer vainqueurs, et la réunion d'Avignon à la France avait été votée. Pendant ce temps, les patriotes se partageaient en deux fractions : l'armée et la municipalité, fractions également attachées à la France, mais que les ambitions locales, les querelles personnelles armaient l'une contre l'autre. A côté, le parti vaincu, les papistes, essayaient de venger leur défaite, en excitant les deux fractions patriotes et en les poussant à en venir aux mains.

L'armée, après la réunion du Comtat à la France, devait disparaître, et faire place à la municipalité ; pour maintenir leur influence, les chefs de l'armée envoyée quelques mois auparavant contre Carpentras entrèrent dans l'état-major de la garde nationale en formation.

Le parti de l'armée reconnaissait pour chef Jourdan *Coupe-Tête*, dont le nom, dans l'histoire, est suivi d'une sorte de lueur sanglante. Jourdan — Jouve de son vrai nom — après avoir été charretier, soldat, puis cabaretier à Paris, s'était établi marchand de garance à Avignon, où l'avaient amené les hasards de l'existence. Il aimait à se vanter, devant les grossiers et les simples, d'avoir coupé, le 14 juillet. la tête de Delaunay, gouverneur de la Bastille, ce qui était faux; le peuple avait cru à cette sinistre fanfaronnade; de là, ce surnom de *Coupe-Tête*, donné au général qui commandait l'armée [1], mais qui obéissait lui même à quatre jeunes gens intelligents, raffinés, riches, lettrés, véritables chefs du parti, et qui s'appelaient les frères Mainvielle et les frères Duprat.

Les frères Mainvielle, fils d'un riche marchand de soie, étaient sincères, convaincus, mais ardents et passionnés, pleins de cette ardeur et de cette passion, surchauffées par le brûlant soleil de Provence, auxquelles les événements révolutionnaires allaient offrir de continuelles et terribles excitations. Ces deux jeunes gens, de vingt-cinq et vingt-huit ans, étaient de ces hommes du Midi, prompts à l'enthousiasme, que rien ne saurait arrêter quand ils sont partis pour atteindre un but, et qui, d'une figure agréable, recueillaient partout de nombreuses sympathies; « d'une molle figure de femme [2] », laissant voir sur leurs visages toutes les agitations qui dévoraient leur âme ambitieuse.

Les deux Duprat appartenaient aussi à la bourgeoisie; ils apportaient à la Révolution une prodigieuse activité et un désir de parvenir quand même.

Jourdan était la tête sans cervelle pour laquelle pensaient ces quatre esprits distingués.

***

La municipalité avait pour secrétaire un jeune

1. Michelet, t. III, p. 51.
2. Michelet, t. III, p. 47.

homme enthousiaste des idées de la Révolution, pour lesquelles il avait sacrifié sa fortune [1], assez considérable : c'était Lescuyer, la première victime du drame abominable qui va ensanglanter la ville d'Avignon.

L'armée, avons-nous dit, pour conserver son influence, se fondit avec la garde nationale. Les soldats de l'armée de Carpentras endossèrent le costume bleu des miliciens; ils élurent Duprat comme colonel. On demanda, pour les gardes nationaux, une paye de quarante sous par jour ; les soldats consentirent même à ne recevoir que quinze sous.

La municipalité entre alors en scène, et répond que les caisses sont vides.

Qu'importe ! répondent les chefs de l'armée, vous avez des ornements d'église d'une grande richesse, vendez-les; vous avez des cloches, fondez-les pour payer la solde. En même temps, comme la municipalité résiste, les soldats envahissent la mairie, arrêtent les officiers municipaux et vingt-deux autres citoyens, qui sont jetés en prison. La municipalité est remplacée par soixante administrateurs dont un seul sait à peu près lire et écrire. Le premier soin de ces administrateurs est de laisser transporter chez l'argentier de la ville une malle pleine d'argenterie qu'on donne ordre de fondre, et que l'ancienne municipalité avait confiée au Mont-de-Piétié ; en même temps les cloches étaient descendues, et les ornements mis en vente.

Les papistes ne perdirent pas une si belle occasion d'ameuter contre leurs adversaires la population ignorante ; les pauvres du peuple, par suite des événements de la guerre et de la misère, avaient dû mettre en gage au Mont-de Piété les quelques bijoux et les objets précieux qu'ils pouvaient posséder. Les papistes firent

1. Louis Blanc, t. VI, p. 156.

afficher et répandre le bruit que le Mont-de-Piété avait été forcé et pillé [1]. D'un autre côté, ils employèrent la supercherie religieuse : une Vierge, dans l'église des Cordeliers, se mit à pleurer des larmes de sang ; la statue pleurait ses rouges larmes, la nuit et le matin ; la foule pouvait voir la trace laissée par cette douleur divine sur la blanche bavette de dentelles.

Le dimanche 16, la foule encombre la vaste église des Cordeliers, réclamant à grands cris que le secrétaire de l'ancienne municipalité, Lescuyer, qui a livré, dit-on, les clefs du Mont-de-Piété, pour permettre de le piller, soit puni. Lescuyer est arrêté, amené aux Cordeliers ; il monte en chaire et veut se justifier.

— Mes frères, dit-il d'une voix ferme, j'ai cru la Révolution nécessaire ; j'ai agi de tout mon pouvoir...

Sa voix est couverte par des cris ; on l'arrache de la chaire, on va le mettre en pièces, mais il parvient à se dégager et se réfugie dans le chœur, où il s'assied dans une stalle. Pour calmer cette populace en fureur, pour empêcher la fameuse Vierge de continuer à verser ses larmes de sang, Lescuyer prend sur lui d'écrire l'ordre de suspendre la rupture des cloches et d'ouvrir le Mont-de-Piété ; il veut lire son ordre, mais des huées l'empêchent.

— Il faut tuer ce brigand ! crie une voix.

***

Un voyageur, un gentilhomme breton, M. de Rosily, qui, en se rendant à Marseille, s'était arrêté à Avignon et avait assisté à cette scène sauvage, emporté par un

1. *Rapport et conclusions de l'accusateur public près le tribunal criminel d'Avignon.*

élan d'humanité, s'élance au-devant de Lescuyer et veut lui faire un rempart de son corps.

— Messieurs, au nom de la loi !

Les forcenés écartent le gentilhomme et se ruent sur leur victime.

— Au nom de l'honneur, au nom de l'humanité, continue en vain M. de Rosily.

L'honneur et l'humanité n'avaient rien à faire dans cette église, où une foule, voyant rouge, réclamait du sang.

Lescuyer se précipite vers le maître-autel, et un ouvrier taffetassier lui assène un coup de bâton sur la tête ; le bâton fut brisé en deux et le sang s'échappa en un jet qui monta un moment au-dessus de cette foule hurlante, pendant que le malheureux secrétaire de la municipalité tombait sur les escaliers de marbre de l'autel.

Ce n'est pas fini.

Les hommes entourent la victime, lui écrasent le ventre à coups de pieds. Les femmes s'approchent à leur tour et commencent par insulter Lescuyer, pantelant et qui réunit toutes ses forces pour demander, comme une grâce suprême, qu'on l'achève.

Comment ! il parle encore, ce rénégat, cet impie ! quel scandale !

Les femmes n'ont pas eu leur part dans le supplice : elles vont la prendre.

Ah ! il parle ! quoi, cette bouche qui se plaint et qui râle est la même qui, par ses impiétés, a fait pleurer la Vierge ! Vite, que l'on venge les larmes de sang répandues par la bonne mère du petit Jésus ! Et avec des briques et des pierres, les femmes brisent les dents de Lescuyer.

Ce n'est pas encore assez.

Elles lui percent la langue avec des ciseaux et on taille

en haut et en bas, les lèvres [1] qui ne forment plus qu'une frange de chair sanguinolente, d'où s'échappent, pendant plusieurs heures, les cris de douleur du martyr.

Lescuyer respirait encore, quand Jourdan, à la tête de cent cinquante soldats, arriva aux Cordeliers. Les hommes de Jourdan tirèrent au hasard, blessèrent et tuèrent pêle-mêle les derniers badauds ou les forcenés qui s'étaient attardés dans l'église, acharnés après leur victime. Mainvielle, pendant ce temps, fait sonner la fameuse cloche d'argent, qu'on ne mettait jamais en branle qu'à la mort d'un pape, ou pour la nomination de son successeur, ce qui jeta l'émoi dans la ville.

Lescuyer, à demi évanoui, fut placé sur un brancard et promené en procession à travers Avignon On procéda à l'enterrement du malheureux à visage découvert. L'Abbé Savournin, apportant à la Révolution les violences d'un fanatique, officiait en lançant des anathèmes et des cris de vengeance à travers les prières des morts. Mainvielle conduisait le deuil, soulevant, chaque fois que le cortège s'arrêtait, la tête de Lescuyer, et la montrait à la foule accourue sur le passage du cortège.

Le lendemain, on s'occupa d'arrêter ceux qui étaient censés avoir pris part, de près ou de loin, au meurtre de Lescuyer; tous les prisonniers étaient enfermés dans les prisons du Château des papes, avec les anciens administrateurs de la municipalité. On hésita d'abord pour savoir si on massacrerait tout en bloc ou si on aurait recours à un semblant de jugement; ce fut ce dernier parti qui l'emporta. On institua un simulacre de tribunal présidé par l'abbé Savournin et composé de quatre administrateurs : un boulanger, un charcutier

1. *Pétition de Duprat jeune à l'Assemblée nationale*, p. 22.

et deux autres artisans. Jourdan envoyait à ces juges les personnes arrêtées.

Le premier accusé qui fut amené était une femme, nommé Auberte, qu'on renvoya dans son cachot, sans prononcer de condamnation ; mais Duprat, qui voulait du sang pour effrayer ses ennemis, s'écria, en frappant sur la table, du pommeau de son épée :

— Il ne faut pas qu'il s'en sauve un seul : le sang doit couler ; mon ami Lescuyer est mort ; toute cette canaille mourra et, si quelqu'un s'y oppose, nous ferons feu sur lui !

Jourdan répéta :

— Oui, il nous faut venger la mort de notre ami Lescuyer.

Le tribunal de hasard, improvisé, n'allait pas assez vite. On laissa quelques forcenés pénétrer dans la prison ; dans la cour, on commença par fusiller un prisonnier appelé Delmas, et l'assassin s'écria :

— En voilà un de mort, il faut que tous y passent [1] !

A mesure que les sbires de Jourdan amenaient un prisonnier, on l'assommait à coups de bâtons, et on lardait son corps de coups de baïonnettes.

Pour exciter les meurtriers, un apothicaire. Mende, le beau-frère de Duprat, leur versait à boire d'une liqueur excitante [2]. Le fils de Lescuyer, un adolescent d'une quinzaine d'années, donnait le signal des massacres, se montrant le plus cruel et le plus terrible, voulant, criait-il, venger la mort de son père.

A un moment donné, on ne sut plus que faire des cadavres, sur lesquels les assassins trébuchaient sans cesse dans la nuit, en courant après de nouvelles victimes.

1. *Information sur les événements d'Avignon*, 3e témoin.
2. *Rapports et conclusions de l'accusateur public*, p. 64.

Il y avait dans le Château des papes, une grande tour appelée *la Tourrias*, ou *la Glacière*, ayant autrefois servi aux monstruosités de l'inquisition : c'est dans cette tour qu'on résolut de jeter les cadavres pour s'en débarrasser. Quelquefois les victimes n'étaient pas tout à fait achevées, mais on les jetait vivantes, comme le portefaix Rey, qui, un quart d'heure après avoir été précipité dans la tour, appelait chacun de ses meurtriers par leurs noms [1].

L'horrible carnage dura toute la nuit du 16 et une grande partie de la journée du 17 octobre ; les anciens administrateurs arrêtés furent massacrés comme les autres.

Rien ne fut épargné, ni les enfants ni les femmes : une des plus jolies Avignonnaises, la dame Crouzet, se traîne aux genoux de ses bourreaux, les suppliant de l'épargner, parce qu'elle est enceinte ; on l'égorge comme les autres, puis on la jette sur un escalier rapide, où on la fait servir à d'incroyables scènes de lubricité [2].

Une centaine de victimes périrent. Jourdan, pour étouffer l'odeur qui s'échappait de ce charnier, fit verser dans la tour plusieurs tonneaux de chaux vive, mais il ne put pas empêcher les émanations fétides de s'échapper quand même. Quelques malheureux avaient essayé de s'échapper par un égoût; Jourdan le fit boucher en s'écriant :

— Qu'ils y crèvent [3].

Les auteurs de ces abominables assassinats furent arrêtés quelque temps après, mais les événements leur firent la grâce d'une amnistie.

1. *Information*, 4e et 28e témoins.

2. Louis Blanc. t. VI. p. 164.

3. *Rapport et conclusions de l'accusateur public*, p. 59. Ce fait fut avoué par Jourdan lui-même.

Plus tard, le sort les frappa tous, pourtant, d'une mort violente. Joudan, Mainvielle aîné et Duprat jeune montèrent sur l'échafaud, ce dernier dénoncé par son propre frère, qui mourut sur le champ de bataille d'Essling. Mainvielle jeune se brûla la cervelle.

Tel est le récit de cette tuerie, commise par un peuple qu'aveugle la rage de la vengeance et obéissant à des chefs qui croyaient anéantir la contre-révolution en l'étouffant dans le sang.

Du 22 au 28 octobre 1791.

XLVII

SCÈNES DE LA VIE PRIVÉE

Encore l'insolvabilité de Mirabeau. — Lieux réservés aux affiches officielles. — Le jeu à Paris. — Les scapulaires royalistes. — Attaques contre Cerutti. — Injure rimée contre Condorcet. — Les portraits de Robespierre au Salon. — Hommages à l'incorruptible. — Robespierre à Arras.

A la séance du 27, revint la question de l'insolvabilité de Mirabeau, au sujet du paiement des funérailles dont les créanciers avaient demandé à la nation de se charger. Depuis que Frochot, l'exécuteur testamentaire du grand tribun, s'était présenté à la barre de l'Assemblée, la sœur de Mirabeau avait écrit dans les journaux pour affirmer que son frère possédait plus qu'il n'était nécessaire pour payer ses créanciers.

Frochot répondit à la sœur du grand tribun : « Si Mirabeau n'est pas insolvable, vous êtes sa sœur et son héritière ; portez-vous caution de toutes ses dettes, et prenez possesion des biens qu'il a laissés [1]. »

Les créanciers, du reste peu satisfaits des belles paroles et des belles lettres envoyées aux journaux par Madame de Saillant, parlaient de mettre en vente, aux enchères, les lettres d'amour manuscrites de Mirabeau avec Sophie [2].

1. La *Chronique de Paris*, novembre 1791.

2. La *Chronique de Paris*, novembre 1791.

Les députés, après une courte discussion, remirent à plus tard leur décision sur ce point, peu important.

Ensuite l'Assemblée s'occupa de la publication de ses décrets. Précédemment, afin de donner une publicité plus grande à ses décisions, la Constituante avait ordonné de faire afficher les textes des lois dans les principaux carrefours ; mais de nombreux placards, émanant des particuliers, n'avaient pas tardé à couvrir des affiches officielles, de telle sorte que les citoyens ne pouvaient guère profiter de la mesure prise par l'Assemblée. Pour remédier à cet inconvénient, la Législative décréta que des endroits spéciaux seraient réservés pour les actes émanant de l'autorité, et qu'aucun particulier n'y pourrait afficher, sous peine d'une amende de 100 livres.

La municipalité s'empressa aussitôt de choisir les emplacements pour l'affichage officiel ; elle fit poser de grandes plaques de marbre noir, en tête desquelles elle fit graver en lettres d'or : *Actes et lois de l'autorité publique ;* sur ces plaques de marbre, placées dans les endroits les plus fréquentés de Paris, on afficha les décisions de l'Assemblée. Ce luxe, déployé pour assurer la publicité des actes des députés, contrastait avec la négligence de la municipalité pour la voirie, négligence dont on se plaignait beaucoup à ce moment ; on faisait éteindre les réverbères à onze heures du soir, ce qui rendait les rues difficiles à une époque où de nombreux citoyens rentraient tard des clubs et des réunions publiques ; ajoutez à cela que les rues étaient mal pavées, boueuses ; que les commerçants ne se gênaient guère pour les encombrer de caisses devant leurs boutiques, ne se donnant même pas la peine de les rentrer le soir ; enfin de nombreux pots de fleurs s'étageaient en liberté sur le bord des croisées, menaçant les promeneurs et tombant de temps à autre, quand le vent était trop fort, aucune ordonnance de police ne réglementant les amateurs de ces jardins portatifs [1].

La police était du reste insuffisante : il y avait seulement quarante gardiens municipaux pour maintenir l'ordre dans tout Paris.

***

Le dévouement des Parisiens ne se ralentissait pas, Condorcet, dans la séance du 22, annonça qu'un citoyen, désirant garder l'anonyme, offrait un assignat de 50 livres pour entretenir un garde national à la frontière [2].

Le lendemain, Louis XVI eut une conférence avec Bailly sur les moyens de faire cesser la passion du jeu, qui était devenue un vrai fléau, sévissant sur toutes les classes de la société [3]. Nous avons vu les joueurs tenter les passants sur les places publiques, dessinant leurs jeux sur les pierres des parapets des quais, et s'enfuyant à l'approche de la police. Dans l'intérieur des maisons on jouait aussi fiévreusement, et on publiait une liste des tripots de Paris, qui était une sorte de guide pour le novice. Rue Richelieu, 18, pénétrez dans un cabaret borgne où l'on monte par un escalier obscur, en se guidant à l'aide d'une corde grasse, et vous verrez des joueurs assis sur des bancs de bois, jouant la partie à six liards, dînant avec des haricots et de la charcuterie. Là, les bancs servent aux perdants de lits pour la nuit [4].

Le centre du jeu était le Palais-Royal. Les numéros 14, 18, 26, 29, 33, 36, 40, 44, 50, 55, 65, 80, 101, 113,

1 *Chronique de Paris*, novembre 1791.

2. *Moniteur*, novembre 1791.

3. *Feuille du jour*, n° 297,

4. *Dénonciation faite au public sur les dangers du jeu.*

121, 123, 127, 145, 167, 190, 191, 192, 193, 200, 201, 203, 209, 210, 232, 233, 259, étaient des maisons de jeu [1]. Il y avait, à ce moment, environ quatre mille tripots, plus ou moins mal famés, à Paris. Une des principales maisons était celle du 35, rue Saint-Honoré, où l'on voyait une longue file de carrosses stationner à la porte; 10, rue Vivienne, la banque n'était jamais moindre de 2,000 louis. La baronne de Monmory, rue de Cléry, lui faisait concurrence ; les étrangers se réunissaient d'habitude chez Madame de Linières, rue des Petit-Pères [2].

Les anciens constituants Cazalès, Malouet, Chapelier, d'André sont les habitués des salons de Madame Chateauminois, rue Richelieu. Chez Madame Lacour, place des Petits-Pères, on interrompt le jeu pour souper joyeusement, en compagnie de jeunes et jolies impures qui versent les vins des crûs les plus renommés. Chez Madame Saint-Romain, au Palais-Royal, on se trouve en famille, et la maîtresse de la maison n'admet que ses nièces à l'honneur de distraire ses invités de l'émotion de la rouge et de la noire [3]. Rue Chabannais, Madame Villier a installé une maison célèbre, où le jeu est entrecoupé de stations prolongées en joyeuse compagnie, dans de petits appartements capitonnés, imitant à s'y méprendre ceux du duc d'Orléans [4].

Un joueur de condition, dans la gêne, aura encore la consolation d'aller risquer un écu chez *Chocolat*, ancien chocolatier ruiné, en compagnie des laquais et des chevaliers d'industrie [5]; si la mauvaise fortune ne lui

1 *Renonciation faite au public sur les dangers du jeu.*

2 *L'Ami du Peuple*, février 1791.

3 *Liste des maisons de jeu, académies, tripots.*

4 *Dénonciation faite*, etc.

5 *La Société française pendant la Révolution*, par de Goncourt, p. 22.

laisse qu'une seule livre, il en aura encore assez pour faire sa mise au café Didier, le marchand d'argent, au coin de la rue Vivienne, ou bien chez Verdun, à la porte Saint-Martin, en face l'opéra ; enfin si, décavé jusqu'aux doublures, il veut encore risquer deux ou trois sols, il pourra monter, avec les rôdeurs de nuit et les loqueteux, au biribi des *vertus*, quai de la Ferraille.

Louis XVI a beau s'enfermer avec Bailly pour chercher un remède, peine perdue : c'est un vice qui date de loin, qui a carié le XVIe siècle jusque dans ses moelles, et on n'en guérira pas la société de si tôt.

***

Tout le monde joue, depuis l'ouvrier, qui s'arrête sur la place publique, autour du tabouret à pliant sur lequel s'étalent des cartes grasses, jusqu'au jeune homme riche, élégant et contre-révolutionnaire, qui, sous son frac de drap bleu-de-roi, orné de boutons d'acier d'Angleterre, porte, par-dessous la fine chemise de batiste, un de ces scapulaires royalistes qu'on tenait à montrer, les soirs de bonne fortune, à la femme aristocrate aimée qui savait déboutonner, de ses doigts fiévreux, le gilet de soie noire, tout en faisant pleuvoir sur le front de l'amant une pluie de baisers gourmands.

Ces scapulaires étaient devenus fort à la mode ; ils se composaient de deux morceaux de taffetas reliés par deux rubans de soie ; d'un côté on voyait les portraits du roi et la reine, de l'autre, on lisait la prière suivante [1] :

1. 170e *Lettre B...*, *Patriotique*,

O Louis
O mon Roi
Notre amour t'environne;
Pour notre cœur c'est une loi
D'être fidèle à ta personne;
Aux yeux de l'univers,
Nous briserons tes fers
Et nous te rendrons ta couronne
O Louis, etc.

Reine infortunée, ah! que ton cœur
Ne soit plus navré de douleur!
Qu'il ne soit plus navré de douleur!...
Il vous reste encor, encor des amis.
Couvert des lauriers de la gloire,
Ornés des myrtes favoris
Qu'offrent les filles de mémoire.

Qu'en votre cour
Tout soit amour,
Fidélité, constance,
Vous servir est sa récompense.
O Louis, etc.

Les vers n'étaient pas d'une grande éloquence, mais ils étaient bien intentionnés, puis ils étaient à la mode; ces vers sortaient assurément de la même officine que ceux que l'on écrivait contre les députés. Rien ne répugnait aux royalistes: ni les menaces, ni les accusations injurieuses.

Cerutti, le nouveau député de Paris, pourtant bien doux et peu exalté, doit se hâter de disparaître, sinon, qu'il redoute la vengeance royaliste.

Cérut... matois, ex-jésuite
Est bien malade, à ce qu'on dit.
Il n'a pas tort d'aller si vite
Il mourra du moins dans son lit [1].

1. *Journal de la Cour et de la Ville*, t. V, n° 56.

Quant à Condorcet, on ne recule pas devant l'insulte la plus grossière, et l'on se venge sur le mari du patriotisme du député.

Condorcet, ce mauvais génie,
N'est pourtant pas sans bonhomie ;
Quand on lui dit qu'il est cocu,
Il répond sans hypocrisie :
C'est ma femme qui l'a voulu 1.

C'est un sujet qui plaît à la verve méchante des pamphlétaires royalistes, qui publient encore cette autre vilaine pièce:

AUX GALANTS DE LA DAME CONDORSIX

Petits galantins de province,
Qui vous morfondez tout le jour.
Pour avoir un succès très mince,
Près CONDORSIX, sur son retour,
Lancez le trait avec courage :
Quel risque avez-vous à courir ?
Madame est au fait du plaisir,
Et monsieur l'est du cocuage 2.

***

Le vieil esprit français, si fin, si délicat, perdait ses droits dans ces plates satires royalistes ; les auteurs de ces méchancetés mal rimées et mal conçues, n'en raillaient pas moins leurs adversaires qui se piquaient de rimer, manie fort commune à l'époque. A ce point qu'au salon de peinture où étaient exposés deux portraits de Robespierre, on avait dû mettre, sous chacun, un rouleau de papier sur lequel les visiteurs venaient

1. *Journal de la Cour et de la Ville*, t. V, n° 56.
2. *La feuille du jour*, n° 298.

écrire des vers en l'honneur de l'Incorruptible, comme on l'appelait déjà ; mais bientôt le rouleau avait été trop court, et on avait été obligé de l'allonger, tant les Parisiens s'amusaient à ce jeu [1] auquel prenaient part de temps à autre les contemporains de Maximilien, et l'un d'eux avait écrit, parmi ses éloges hyperboliques, ces deux vers de Boileau :

Il n'est point de serpent ni de monstre odieux
Qui, par l'art imité, ne puisse plaire aux yeux.

Du reste, Robespierre n'assistait pas, comme on l'a prétendu, à ces débauches d'improvisation poétique ; il se trouvait, depuis une quinzaine de jours, à Arras, où il était allé se reposer auprès de ses sœurs et de son frère.

A son arrivée à Arras, la garde nationale lui offrit une couronne civique [2]. La foule, très nombreuse, alla même jusqu'à dételer les chevaux de la voiture pour la traîner elle-même [3]. Il était déjà nuit quand Robespierre entra dans la ville; un grand nombre de maisons étaient illuminées, et l'enthousiasme était tel, que les modérés ne pouvaient s'empêcher de s'écrier :

— Quand ce serait le roi, on n'en ferait pas davantage [4] !

1. La *Feuille du jour*, n° 297.
2. *Annales politiques et littéraires de la France*, octobre 1791.
3. *Histoire de Robespierre*, par Hamel, vol. I, p. 443.
4. *Ibid.*

Du 29 octobre au 4 novembre 1791.

XLVIII

LES PRÊTRES ET LES EMIGRÉS

Modération des curés constitutionnels. — Fanatisme des prêtres non jurés. — Les femmes de Caen. — Les furieux de la Mayenne. — Embrigadement des émigrés. — Les quenouilles. — A Coblentz, — Les luthiers Français de la foire de Francfort. — Sommation à Monsieur. — Réponse. — Correspondances secrètes de Louis XVI et de Marie-Antoinette. — La famille royale a peur d'être empoisonné. — Brissot et les quémandeurs de places.

Les prêtres à l'intérieur, les émigrés à l'extérieur, tels étaient les ennemis de la Révolution, contre lesquels l'Assemblée armait la France, pour essayer de les combattre.

Les curés insermentés portaient la guerre partout, et la dissension jusque dans les plus petits villages. Pourtant, ce n'étaient pas les idées de modération qui manquaient au clergé constitutionnel. Ainsi, un curé assermenté, du Haut-Rhin, essaya un moyen original pour contenter tout le monde et les fanatiques royalistes. Il choisit comme vicaire un prêtre non juré, partageant avec lui les fonctions du culte ; les patriotes s'adressaient au curé, les royalistes au vicaire [1].

Ces mesures de pacification n'étaient pas possibles, en face des excitations des insermentés ; dans le dépar-

1 *Chronique de Paris*, 31 octobre 1791.

tement de la Loire-Inférieure, par exemple, des processions de cinq à six cents paysans, réunis et conduits par des prêtres non jurés, parcouraient la campagne, pendant la nuit, chantant des litanies et d'autres prières, s'arrêtant devant chaque croix plantée aux bords des routes [1]. Le dimanche, les curés réfractaires réunissaient plusieurs paroisses, annonçant à ces pauvres gens fanatisés l'entrée prochaine en France des armées étrangères qui devaient délivrer le roi, représenté comme prisonnier et couchant sur la paille humide des cachots. Les coalisés, sous les ordres du frère du roi, venaient aussi, disaient ils, pour rétablir la religion détruite par l'Assemblée nationale.

A Caen, deux à trois cents femmes, excitées par les prêtres non conformistes, poursuivirent le curé constitutionnel, lui jetèrent des pierres et l'obligèrent à chercher un refuge dans l'église, où elles pénétrèrent après lui ; elles descendirent le lustre du chœur, voulant y pendre le malheureux prêtre ; elles ne s'arrêtèrent dans leur cruel dessein qu'à l'arrivée de la garde nationale [2].

Dans le Maine-et-Loire, les curés rebelles forment des rassemblements de trois à quatre mille hommes armés, se livrant à tous les excès que produit le délire de la superstition. Des pèlerinages, des processions nocturnes, sont le prétexte de ces attroupements. Partout les curés constitutionnels sont maltraités : dans plusieurs villages ils sont assassinés par ces fanatiques. Les églises de campagne, fermées comme inutiles, par la Constituante, sont ouvertes à coups de hache, et les prêtres non assermentés y reprennent leurs fonctions [3].

1. *Rapport à l'Assemblée.*
2. *Discours de l'évêque Fauchet,* 3 novembre 1791.
3. *Rapport à l'Assemblée du directoire de Maine-et-Loire.*

C'est ainsi que les curés préparaient la guerre civile.

***

Pendant que les prêtres insermentés soulevaient les campagnes, les émigrés s'organisaient à Coblentz, appelant à eux tous les nobles demeurés en France. Monsieur, frère du roi, prenant le titre de Régent du royaume, ordonnait aux gentilshommes de venir le rejoindre ; s'ils n'obéissaient pas, on les considérait comme déshonorés, dans le milieu aristocratique ; aussi beaucoup vendaient le peu de bien qui leur restait et partaient pour Coblentz [1]. Ceux qui résistaient encore aux appels et aux ordres de Monsieur étaient menacés d'être inscrits sur une liste de félons et de lâches ; enfin, quand un noble ne cédait pas à toutes ces manœuvres, on le ridiculisait, en lui envoyant une quenouille, injure renouvelée des croisades, où, quand un seigneur ne prenait pas la croix, il recevait aussi une quenouille de la part des croisés, injure grave faite à un homme à qui on remettait ainsi les attributs de la femme et de la pusillanimité.

Voici le modèle des ordres de l'émigration, envoyés de Coblentz :

« M

« Il vous est enjoint, de la part de Monsieur, Régent « du royaume, de vous rendre à.... pour le 30 de ce « mois. Si vous n'avez pas de fonds nécessaires pour « entreprendre ce voyage, vous vous présenterez chez « M..., qui vous délivera 100 livres.

« Je dois vous prévenir que, si vous n'êtes pas rendu « à l'endroit indiqué, à l'époque susdite, vous serez « déchu de tous les privilèges que la noblesse française « va conquérir. »

1. *Mémoires secrets* du comte d'Allonville, t. II, ch. XVI.

A Coblentz, les émigrés avaient sans cesse la provocation à la bouche ; ils menaçaient de tout massacrer quand ils auraient conquis la France. Un jour, le bruit se répandit qu'un certain abbé Louis était venu, de la part des principaux révolutionnaires, pour traiter avec les princes ; immédiatement on protesta contre de semblables projets.

— Point d'accommodement ! Point d'accommodement ! s'écria-t-on de tous côtés.

Les émigrés faisaient paraître le *Journal des princes*, rédigé par Suleau, le plus ardent écrivain royaliste, arrivé depuis peu de Paris Ils s'excitaient, du reste, les uns les autres, leur inaction leur pesait ; venus pour combattre, ils ne comprenaient pas pourquoi on ne les menait pas tout de suite à la frontière, où ils brûlaient de marcher. Ils s'emportaient surtout contre Léopold, empereur d'Autriche, qu'ils accusaient d'obéir « aux inspirations d'une terreur panique » ou aux « ambiguïtés, fruit de quelque dose de machiavélisme [1]. »

Il était évident que, lorsque des Français rencontraient quelques-uns de ces forcenés sur le territoire étranger, des scènes de violence devaient se produire, et les exemples qu'on en pourrait citer sont nombreux. Les émigrés étaient l'objet de la haine et du mépris des patriotes avec lesquels le hasard les mettait en rapport.

Ainsi, à la foire de Francfort, des luthiers français, qui tenaient, sur la place, des magasins de serinettes et d'orgues portatifs, imaginèrent un moyen fort innocent de montrer leurs sentiments aux émigrés qui venaient tous les jours se promener sur la place. Ils s'entendirent pour monter leurs instruments sur le même air. Aussitôt que les nobles parurent, cinq ou six serinettes firent entendre le fameux : *Ça ira !* Les

1. *Mémoires secrets* du comte d'Allonville, t. II, ch. XVI.

émigrés, furieux, tirent leurs épées, voulant fondre sur les luthiers; mais la foule s'assemble et met en déroute les descendants des preux. Le lendemain, les magistrats de Francfort, pour éviter de nouveaux désordres, rendirent une ordonnance, défendant à tout particulier « de faire aucun signe, de dire aucune parole, de chanter aucun air qui pût réveiller la haine des Français et troubler la tranquilité publique[1] ».

Le 31 octobre, au cours de la discussion sur les émigrés, un jeune député de trente ans monta à la tribune pour la première fois ; immédiatement le bruit des conversations qui emplit d'ordinaire les Assemblées cessa, et on écouta ce jeune homme qui apportait cette éloquence fiévreuse, un peu déclamatoire peut-être, mais assurément puissante, remuant les fibres et faisant vibrer les sentiments.

Il réclama des mesures sévères contre les émigrés.

— Je demande à cette Assemblée, à la France entière..... dit-il, en se tournant vers la gauche.

— Ne demandez qu'à la moitié, car c'est à elle que vous parlez, interrompit un député.

— Je demande à la France entière, continua Isnard[2], à vous, monsieur, dit-il en désignant son interrupteur, s'il est quelqu'un qui, de bonne foi et dans l'aveu secret de sa conscience, veuille soutenir que les princes émigrés ne conspirent pas contre la patrie? je demande en second lieu, s'il est quelqu'un, dans cette Assemblée, qui ose soutenir que tout homme qui conspire ne doive pas être au plus tôt accusé, poursuivi et puni? — S'il en est quelqu'un, qu'il se lève et réponde...

1. *Chronique de Paris*, octobre 1791.

2. ISNARD était né à Grasse en 1751 ; fils d'un riche négociant, il vint siéger à la Gironde; réélu à la Convention, il échappa à la Terreur; fit partie des Cinq-Cents : au 18 brumaire, il se retira à Grasse où il mourut en 1830.

La salle éclate en applaudissements, et le président, Vergniaud, non encore habitué à ces mouvements d'éloquence et à ces élans de passion, affectant une forme interrogative, interrompt Isnard, qui n'en continue pas moins, violent, ardent, demandant que la loi foudroyante « retentisse dans le palais du grand comme dans la chaumière du pauvre, et qu'aussi inexorable que la mort quand elle tombe sur sa proie, elle ne distingue ni les rangs ni les titres [1]. »

***

L'Assemblée, entraînée, lassée de toutes ces menées contre-révolutionnaires, dont elle connaissait tous les détails, commença par sommer Monsieur d'avoir à rentrer dans le royaume.

Voici le texte de cette sommation :

« Louis-Stanislas-Xavier, prince français, l'Assemblée nationale vous requiert, en vertu de la Constitution française, titre III, chapitre II, section 3, nombre 2, de rentrer dans le royaume dans le délai de deux mois, faute de quoi vous serez censé avoir abdiqué votre droit éventuel à la régence. »

Le prince répondit par cette plate parole :

« Gens de l'Assemblée se disant nationale, la saine raison vous requiert, en vertu du titre Ier, chapitre Ier, section 1re des lois imprescritibles du sens commun, de rentrer en vous-même dans le délai de deux mois, à compter de ce jour, faute de quoi vous serez censés avoir abdiqué votre droit à la qualité d'êtres raisonnables et ne serez plus considérés que comme les envoyés dignes des Petites-Maisons. »

Louis XVI, lui, restait fidèle à son système de dupli-

1. *Histoire parlementaire*, vol. XII, p. 201.

cité. Publiquement il engageait son frère à rentrer ; ce à quoi Monsieur répondait que le roi de France n'étant libre ni de corps, ni d'esprit, il considérait ses ordres comme non avenus.

Mais le roi entretenait avec ses frères une double correspondance secrète, qui fut découverte, après la prise des Tuileries, par les commissaires chargés de rechercher les papiers.

Marie-Antoinette, de son côté, correspondait avec l'étranger à l'aide de chiffres ; il fallait une patience extrême pour en faire usage, mais aussi il était impossible, à ceux qui n'étaient pas dans le secret, de rien deviner. Chaque correspondant avait un exemplaire du même ouvrage : *Paul et Virginie* avait été choisi. On indiquait par des chiffres convenus la page, la ligne où se trouvaient les lettres que l'on cherchait et quelquefois un mot entier, mais d'une seule syllabe. Madame Campan l'aidait dans ce travail à chercher les lettres ; très souvent elle copiait exactement tout ce qu'elle avait chiffré, sans savoir un mot de ce qui avait été écrit [1].

La famille royale, du reste, vivait maintenant dans la crainte non seulement de ceux qui auraient pu lire ses correspondances mais encore de ceux qui auraient pu l'empoisonner.

Le roi et la reine ne mangeaient plus que du rôti ; leur pain était apporté par l'intendant des petits appartements, M. Thierry, qui se chargeait aussi de fournir le vin. Comme Louis XVI aimait beaucoup la pâtisserie, Madame Campan eut l'ordre d'en commander de temps en temps, comme pour elle, tantôt chez un pâtissier, tantôt chez un autre. Le sucre râpé était placé en réserve dans l'appartement de la même Madame Campan. D'habitude, le roi, la reine et Madame Élisa-

1. Madame Campan. *Mémoires*, ch. XIX.

beth mangeaient ensemble, et il ne restait personne du service. Aussitôt que la famille royale était a table, Madame Campan apportait le pain, le vin et la pâtisserie ; et, quand une servante entrait, on serrait le tout sous la table.

Les princesses ne buvaient que de l'eau, par habitude; comme le roi ne buvait jamais une bouteille de vin entière à ses repas, il remplissait celle dont il avait bu à peu près la moitié avec la bouteille servie par les officiers du gobelet, afin qu'on ne s'aperçût de rien [1].

Ces craintes d'empoisonnement avaient été inspirées par des rapports aussi alarmants qu'exagérés, faits par Laporte, l'intendant de la liste civile, chargé en même temps des fonctions de chef de la police secrète de Marie-Antoinette ; comme on le voit, Laporte employait bien son temps et l'argent de la cour.

Terminons le récit de cette semaine par un trait de mœurs politiques, prouvant une fois de plus que ce n'est pas d'aujourd'hui que bon nombre de Français ont eu pour rêve et pour ambition de trouver à leur naissance une petite place avec une petite able dans un petit bureau de l'administration pour toucher un petit traitement. Il y avait à peine un mois que Brissot était nommé, que déjà il était accablé de demandes et de sollicitations. Voici la réponse qu'il inséra dans son journal [2] :

« Avis aux patriotes. — Je suis accablé de personnes qui me demandent soit des places, soit des recommandations, soit des consultations. Je me suis obligé de leur faire réponse à toutes à la fois. Les places sont à la disposition du pouvoir exécutif ou de ses agents,

1. Madame Campan. *Mémoires*, ch. XIX.
2. *Patriote français*, 2 novembre 1791.

et la résolution inébranlable de conserver l'indépendance de nos opinions, m'ôte toute communication avec eux; ma recommandation, souvent, nuirait plus qu'elle ne servirait. Enfin, tout mon temps est aux affaires politiques, c'est-à-dire à l'examen des questions générales et à la surveillance du ministère et de ses opérations, et je ne puis distraire un mois pour des opérations particulières. Je lis avec la plus grande attention les lettres qui ont trait aux affaires publiques, j'en profite, et c'est la meilleure réponse qu'on puisse faire.

« Brissot. »

Voilà qui s'appelle ne pas flatter ses électeurs... et comme Brissot avait raison!

Du 5 au 11 novembre 1791.

XLIX

DÉCRET CONTRE LES ÉMIGRÉS

Mort de Potemkim. — Les Jacobins en Pologne. — Mort du député Godard. — Ordonnance du Pape contre les culottes étroites. — Fauchet prêche l'avent à Notre-Dame. — Vers royalistes contre Fauchet. — Calommies contre Chabot. — Les chansons royalistes aux Tuileries. — Un évêque constitutionnel rappelé à l'ordre. — Décret contre les émigrés. — Embarras du roi.

Tout servait à combattre la monarchie absolue et le pouvoir de droit divin : on prenait des armes partout où on les rencontrait. Ainsi, la mort de Potemkin, arrivée le 16 octobre précédent, et dont le courrier de Russie n'apporta la nouvelle à Paris que cette semaine-là, fut l'occasion, pour les écrivains patriotes, d'avilir ce pouvoir absolu qui soumettait tout un peuple aux caprices de ce général qu'une fantaisie de la czarine Catherine avait fait son amant.

Potemkin était né aux environs de Smolensk, en 1736 ; la czarine le remarqua à une revue qu'elle passait, et elle prit pour amant ce simple officier subalterne. Quand il eut cessé de plaire à la libidineuse impératrice, il sut encore conserver sa faveur, en procurant à son ancienne maîtresse, dont il resta toujours le conseiller, des amants qu'il choisissait lui-même et dont il se servait comme d'instruments de sa puissance. Potemkin, en 1770, fut chargé du ministère des affaires étrangères. Pour flatter Catherine, Potemkin avait recours aux moyens les plus bizarres. Ainsi, en 1787, l'impératrice ayant voulu faire un voyage en Tauride, il fit élever tout le long de la route des villages factices, faisant placer des bandes de figurants chargés de jouer le rôle de populations agricoles se livrant aux travaux des champs.

Potemkin était pensionné en même temps par l'empereur d'Autriche et le roi de Prusse. Il mourut durant un voyage qu'il faisait en Bessarabie.

Le même courrier apprit, au club des Jacobins, la fondation, en Pologne, de sociétés des Amis de la Constitution, dont une, celle de Varsovie [1], écrivit au club de Paris pour le féliciter et se mettre avec lui en communion d'idées. Ainsi continuait le rayonnement des idées de la Révolution, qui semblait devoir donner bientôt raison au poète qui avait écrit :

Et le grand Turc lui-même, en dépit du prophète,
Se fera jacobin.

La mort de Potemkin préoccupa la population parisienne beaucoup moins que la mort de Godard, le plus jeune des députés de Paris; il avait vingt-huit ans. Godard était de Semur (Côte-d'Or) et il avait dû son élection au zèle par lui déployé dans la présidence du district des Blancs-Manteaux. Godard fut remplacé à l'Assemblée législative par de Lacretelle, le premier suppléant du département ; car la loi, pour éviter des élections trop fréquentes, faisait élire un certain nombre de suppléants qui remplaçaient, de droit, les députés décédés ou démissionnaires. Excellente mesure qui ne

1. *Journal des Débats des Amis de la Constitution*, novembre 1791.

laissait jamais les électeurs, durant le cours de la législature, sans représentant.

Les journaux révolutionnaires consacrèrent quelques lignes à Godard, qui n'avait pas encore eu le temps de prendre la place que lui aurait certainement conquise son talent précoce ; les journaux royalistes passèrent ce décès sous silence, mais en revanche ils publièrent une longue ordonnance du Pape, défendant à tous les catholiques l'usage des culottes étroites « à cause de l'honnêteté publique ».

L'ordonnance fut accueillie par des éclats de rire, même par des croyants, qui pensaient qu'il y avait autre chose à faire, dans ces journées de troubles religieux, qu'à s'occuper de la coupe et de la forme des culottes. Gobel, évêque de Paris, ne dut pas se soucier de cette consultation papale sur la mode, car il ne la fit ni publier ni afficher. En revanche, il désigna Fauchet, évêque et député du Calvados, pour prêcher l'avent et le carême à Notre-Dame [1].

Fauchet, avait rêvé l'accord de la liberté et de la religion. Il avait quarante-cinq ans, au début de la Révolution. Ancien grand vicaire de Bourges, puis prédicateur du roi jusqu'au jour où il fut remercié, à la suite de son fameux sermon de l'abbaye de Longchamps. En présence d'une princesse, belle-sœur de Louis XVI, il traça un tableau des misères publiques, présage de prochaines catastrophes, et il termina son exorde par ces paroles adressées à la princesse : « Pardonnez-moi, madame, je vais remuer la boue du cœur humain. »

Fauchet prit une part active à la journée du 14 juillet 1789, et trois fois il ramena, dit-on, vers la

1. La *Feuille du jour*, novembre 1791.

Bastille le peuple qui reculait. Il fut nommé évêque constitutionnel du Calvados et député de ce département à la Législative.

Quand Gobel l'eut désigné, cette semaine, pour prêcher à Notre-Dame, les écrivains royalistes en profitèrent pour renouveler contre Fauchet des attaques qu'ils prodiguaient, sans mesure et sans retenue, aux députés patriotes. Ils chansonnèrent le prélat constitutionnel, sur l'air : *Il n'y a pas de mal à ça, Colinette !*

Frère par ci, frère par là,
Honneur à Claude que voilà,
La la deridera, la la deridera.
Moitié guerrier, moitié prélat
Joyeux enfant de Barrabat,
La la deridera, la la deridera ;
Grand orateur et cœtera.
Pour les mœurs, on n'en parle pas,
C'est une misère !
La la la deridera, la la la la la deridera
Il sait s'en passer, notre frère :
N'y a pas de mal à ça [1] !

C'était la continuation du mot d'ordre donné par les prélats réfractaires. A Paris, on essayait de déshonorer les prêtres et les évêques constitutionnels par la colomnie et le ridicule ; en province, on ameutait les populations contre les assermentés, et on lançait contre eux des bandes armées de fourches, qui les poursuivaient jusque dans les églises, et quelquefois les assassinaient.

Personne n'échappait à cette persécution qui, dans quelque temps, devait se retourner contre ceux qui l'avaient provoquée. Ainsi, parmi les membres de la Législative, se trouvait un ancien capucin, Chabot, qui

1. *Journal de la Cour et de la Ville.* Supplément, novembre 1791.

voulait réprimer les odieuses et sanguinaires curées organisées contre le clergé constitutionnel. Vite, sus à Chabot ! et l'on imprime, dans le journal subventionné par la Cour :

SUR L'EX-CAPUCIN CHAB...

Ce défroqué, quelle leçon profonde !
Des saints autels autrefois desservant,
Des noirs forfaits s'est fait l'organe immonde.
Faute de morve, il écume souvent.
De Lucifer cet apôtre fervent,
Son roi, son Dieu calomnie à la ronde ;
Et ses discours empoisonnent le monde,
Comme son souffle infectait son couvent [1].

Les vers ne suffisent pas ; on souligne ces méchancetés par de la prose venimeuse dont on essaie d'éclabousser les adversaires de la Cour, qui cependant réclament pour elle le respect et revendiquent la retenue du langage dans les appréciations de sa conduite.

Pour faire suite à la satire que nous venons de lire, on ajoute la lettre suivante :

« Aux rédacteurs du journal,

« Je vous préviens, Messieurs, que M. Chabot est curieux de ce que, dans un de vos numéros, vous avez gratifié le public de son portrait. Il était sur le point d'épouser une jolie demoiselle de quinze ans, que son éloquence avait rendue amoureuse de lui, et à laquelle il ne voulait se faire voir de près que lorsque tout serait arrêté entre lui et ses parents ; point du tout, voilà que votre indiscrétion a tout gâté ; la demoiselle, qui ne l'avait jamais vu qu'à la tribune, a tellement été effrayée du portrait que vous en avez donné, que

1. *Journal de la Cour et de la Ville*, novembre 1791.

non seulement elle ne veut plus en entendre parler, mais encore qu'elle tombe dans des convulsions affreuses au seul souvenir de sa figure ; tout cela est d'autant plus malheureux pour le pauvre délaissé qu'il était amoureux fou de la demoiselle [1]. »

Tout cela est mis en chansons, et les royalistes répètent ces refrains jusque dans les Tuileries, affectant de chanter ces couplets aux oreilles de Bailly, qui est, un jour, obligé d'ajourner sa visite au roi et de se retirer [2] devant ces injures chantées en vers de mirliton.

*
* *

Les députés patriotes répondaient à ces provocations par un excès de sévérité dans leur langage, ainsi, dans la discussion sur les émigrés, on rappelait à l'ordre l'évêque Lecoz qui ayant voulu protester contre des attaques des ministres, avait dit : « On se trompe beaucoup quand on croit donner des preuves de son patriotisme en aboyant contre un ministre. »

« Aboyer » souleva de violentes protestations et nécessita un rappel à l'ordre.

Cette discussion sur les émigrés, commencée depuis près d'un mois, touchait à sa fin, après des séances orageuses, et, le 8 novembre, l'Assemblée rendait le décret contre les émigrés qui ne cessent au « dehors de tramer contre la Constitution » . Il leur était ordonné de rentrer d'ici au 1er janvier ; les revenus des contumaces étaient, après ce délai, perçus au profit de la nation, « sauf les droits des femmes, des enfants et des

1. *Journal de la Cour et de la Ville*, novembre 1791.
2. La *Feuille du jour*, novembre 1791.

créanciers ». Les officiers devaient être punis comme de simples soldats déserteurs ; l'embauchage comportait la peine de mort. Enfin, la réunion de la Haute Cour martiale était fixée aux quinze premiers jours de janvier.

Le jour même, le décret fut porté à la sanction du roi.

Profonde dut être la stupeur de Louis XVI en face de ce décret qu'on lui demandait d'approuver, et qui condamnait à mort tous les officiers émigrés pour sa cause ; qui vouait à la misère, à la ruine, toute sa noblesse partie à l'étranger pour aller y lever des armées étrangères, et pour rétablir en France le pouvoir absolu.

Le conseil des ministres fut convoqué pour le lendemain matin, et on discuta la question du *veto*.

Allait-on protéger la Constitution solennellement jurée, ou favoriser la résistance des coalisés contre cette Révolution tant haïe ?

Du 12 au 18 novembre 1791.

L

LE VETO DU ROI

Le ministre de la justice annonce le *veto* de Louis XVI. — Fière attitude de l'Assemblée. — Proclamation du roi. — Mécontentement populaire. — Elections municipales. — Pétion, maire de Paris. — Son installation. — Les élections de Strasbourg. — Dietrich. — Plaisanteries royalistes. — Les *pieds de cochon*. — La mode. — Manifestation des élégants au théâtre de la Nation. — Fermeture du *Salon* de 1791.

La discussion ne fut pas longue.

On se décida pour la résistance : Louis XVI refusa sa sanction au décret contre les émigrés ; le ministre de la justice en apporta la nouvelle à l'Assemblée dans la séance du 12, l'après-midi, déclarant que « Sa Majesté accorderait la sanction si elle était indivisible ; elle eût volontiers adopté quelques dispositions de la loi... »

L'Assemblée ne laisse pas continuer le ministre, et un violent tumulte, dans lequel plusieurs motions d'ordre essaient de se produire, lui coupe la parole. C'est en vain que, par deux fois, le président veut maintenir le ministre à la tribune : peine inutile, efforts perdus ! les députés refusent d'en entendre davantage, et le roi est obligé de lancer une proclamation pour faire connaître les motifs de son refus.

Dans cette proclamation, le roi disait « que les

moyens de la persuasion et de la douceur seraient les plus propres à ramener dans leur patrie des hommes que les divisions politiques et les querelles d'opinion en avaient principalement écartés. »

Il ajoutait que l'émigration « s'était ralentie » ; — c'est le contraire qui était vrai ; que plusieurs « des Français expatriés étaient rentrés dans le royaume. » Plusieurs gentilshommes vendéens étaient en effet rentrés et ils étaient allés en Vendée organiser les révoltes, les séditions et la guerre civile. — « Oui, quelques Français étaient déjà rentrés, pour venir vendre leurs biens, débaucher les soldats, exciter les prêtres fanatiques, ranimer l'aristocratie intérieure, assurer le fil de la correspondance, communiquer avec le cabinet des Tuileries et composer la troupe de janissaires chargés d'escorter le départ de Louis XVI et de sa digne épouse [1]. »

Au même moment, Bertrand de Molleville favorisait secrètement l'émigration des oficiers de marine : tandis que ce ministre affirmait à l'Assemblée qu'ils étaient tous à leur poste, le conseil général du Finistère découvrait que cent officiers étaient à l'étranger, absents par congé, et trois cents sans congé.

La proclamation du roi fut affichée sur les murs de Paris, et des groupes nombreux la commentaient, ne cachant ni leur colère ni leur ressentiment, ajoutant que « le décret n'avait pas besoin de sanction, qu'il fallait réunir au plus tôt une haute cour martiale, pour juger si les conspirateurs d'Outre-Rhin et les conspirateurs de la Cour devaient rester impunis et si les séditieux et si les contre-révolutionnaires pouvaient

1. *Révolutions de Paris.*

agir audacieusement et sans frein, à l'ombre du *veto* royal [1]. »

Le journal de Prudhomme faisait entendre de sévères paroles, écho des rumeurs de la rue et des motions des clubs.

« Mais, dira-t-on, le roi, en opposant son *veto*, a fait un acte de liberté ; il a fermé la bouche, il a ôté tout prétexte aux puissances étrangères, et la France ne peut que s'en applaudir. Vils esclaves ! Un homme qui, passant à côté de moi dans la rue, me tire un coup de pistolet, prouve ainsi qu'il est libre. Dois-je aimer cette liberté ? ne vaudrait-il pas mieux pour moi qu'il eût eu les bras liés ? Appelle-t-on liberté la faculté de nuire ? Les rois sont-ils institués pour eux ? Et les nations qui les souffrent, ne les souffrent-elles pas pour elles, et parce qu'on leur a dit qu'elles y trouveraient un avantage ?

Le journaliste termine ainsi son article :

« On voit que la prétendue sincérité du roi n'est qu'une dérision. Mais si nous sommes attaqués, mettons-nous peu en peine de Louis XVI et de son *veto* ; défendons-nous avec le courage des peuples qui ont le bonheur de n'avoir plus de rois. »

***

Ce fut au milieu de cette agitation que Paris procéda aux élections municipales.

Plusieurs concurrents ambitionnaient la place de maire, laissée vacante par la démission de Bailly qui partait, effrayé de n'avoir plus son fidèle Lafayette pour le soutenir et l'appuyer. Parmi les principaux compé-

1. *Révolutions de Paris.*

titeurs, nous trouvons d'André, Fretau, Desmeuniers, Camus, Lafayette et Pétion ; la lutte fut ardente surtout entre ces deux derniers et — bizarrerie des intrigues politiques — c'est Pétion que soutint le parti de la Cour, en même temps que les républicains et les patriotes les plus avancés. Marie-Antoinette, en effet, en haine de Lafayette qu'elle désirait voir échouer à tout prix, fit voter ses amis pour Pétion, qui l'emporta [1].

Il faut ajouter, pour être exact, qu'un très grand nombre d'électeurs s'abstinrent, ce qui permit à Pellenc d'écrire avec raison au comte de la Marck : « Il y a eu dix mille votants et quatre-vingt mille qui ont laissé faire. Or, à coup sûr, les absents n'étaient pas pour Pétion. On a donc manqué l'élection parce qu'on l'a voulu, et nos prétendus meneurs ne mènent rien. Les Lameth ne se mettent pas en avant: ils croient tout mener par quelques fils plus ou moins embrouillés. La duchesse de Devonshire, à l'époque de la nomination de Fox à Westminster, ne se tenait pas dans son boudoir, mais dans la rue, et se laissait baiser sur la bouche [2]. »

Immédiatement après, eut lieu l'élection du procureur de la Commune ; Manuel fut nommé, avec Danton comme substitut. La candidature de Danton avait été appuyée par la Société des *Droits de l'homme*, qui avait envoyé une délégation au club des Jacobins, pour l'inviter à faire agir les influences du club dans ce sens [3].

Pétion fut installé, le 18 novembre, dans la salle des

Souvenirs de Mathieu Dumas. t. II, liv. VI, p. 7.

2. *Correspondance entre le comte de la Marck et Mirabeau*, t. III, p. 668.

3. *Journal des Débats de la société des Amis de la Constitution*, n° 95.

séances du conseil général de la Commune. Les tribunes regorgeaient de monde et firent un accueil enthousiaste au nouveau maire, que le conseil général accueillit, au contraire, « avec une indifférence extrême [1]. » Avant qu'on l'installât, un membre du conseil général ayant demandé la parole, interpella Pétion, le sommant de déclarer comment il avait acquis le droit de citoyen actif, depuis un an.

Bailly mit fin à l'incident, en déclarant que, puisque les sections avaient jugé Pétion digne d'être maire de Paris, elles savaient bien ce qu'elles faisaient, et lui reconnaissaient les qualités requises.

Puis Bailly procéda à l'installation et prononça un petit discours pincé, aigre-doux, se terminant par ces paroles : « Dans le moment où il me remplace, je forme un vœu sincère : c'est qu'il fasse mieux que moi, et que par lui ma patrie soit heureuse. »

Pétion, dans sa réponse, se dispensa de faire l'éloge de son prédécesseur, « l'opinion publique, ce juge suprême, devant attribuer le blâme ou l'estime ». Il traça ainsi le programme qu'il entendait suivre : « Défendre les intérêts du peuple et conserver ses droits. »

En sortant du conseil général, le nouveau maire se rend aux Jacobins, où il est reçu par de véritables ovations.

Un vieux patriote, Dussault, monte à la tribune pour féliciter le nouveau magistrat, et termine en disant :

— Je regarde M. Pétion comme mon fils ! c'est bien hardi, sans doute !

Le vieillard descend de la tribune, Pétion se jette

1. *Journal des Débats de la Société des Amis de la Constitution*, nº 95.

dans ses bras, et l'Assemblée applaudit cette scène sentimentale [1] du genre de celles qu'on aimait à l'époque.

Le départ de Bailly fut naturellement chansonné : Madame Bailly, à son retour de l'installation de Pétion, était censée lui tenir le langage suivant :

Coco, prends ta lunette.
Ne vois-tu pas, dis-moi,
L'orage qui s'apprête
Et qui gronde sur toi ?
Abandonnons Paris
Et gagnons le pays ;
Mettons notre ménage
A l'abri de l'orage
Dans un petit village,
Ou dans quelque hameau.
Coco, Coco,
Sauvons-nous, sauvons-nous au plus tôt
Je vais serrer les nippes ;
Toi, serre le magot.
Des charges municipes
Laissons-là le tripot.
Quittons notre palais
Et tous nos grands laquais ;
Abandonnons encore
L'écharpe tricolore,
Qui si bien te décore,
Et ton petit manteau.
Coco, Coco,
Sauvons-nous, sauvons-nous au plus tôt.

En entrant en fonction, Pétion trouva la municipalité dans un état qu'il est intéressant de connaître [2].

Le maire était secondé par trois bureaux particuliers :

1. *Histoire parlementaire*, t. XII, p. 334.

2. *Coup d'œil rapide sur l'état dans lequel se trouve la place de maire de Paris*, par Pétion.

1° bureau de correspondance, 2° bureau des renvois, 3° bureau de comptabilité.

Le bureau de correspondance était dans le plus grand ordre : aucune correspondance n'était en arrière ; mais il n'en était pas de même des bureaux des renvois, où un grand nombre de pièces étaient restées sans enregistrement et beaucoup d'autres étaient amoncelées, pêle-mêle, sans être enliassées et serrées dans des cartons. » Le bureau de comptabilité était à peu près à jour; Pétion le supprima et le réunit à celui des renvois.

Le bureau de la comptabilité était divisé en cinq départements : 1° subsistance, 2° police, 3° domaine et finances, 4° établissements publics, 5° travaux publics. Il existait en outre plusieurs commissions pour les impositions, les biens nationaux, la garde nationale, l'assistance publique.

Les subsistances intéressaient surtout les citoyens : elles touchaient à la tranquillité et à l'existence matérielle même. Pétion s'empressa de rassurer la ville en ce qui concernait les subsistances. Les farines en magasins, celles qu'on attendait d'Irlande, les blés distribués dans différents moulins, et ceux qui tous les jours arrivaient d'Amsterdam, formaient un bon approvisionnement ; en outre, 40,000 sacs de farines étaient attendus d'Amérique, pour les mois de mars et d'avril. Le riz abondait dans les magasins de l'Ecole militaire ; les provisions de bois et de charbon étaient suffisantes.

Quant à la police, les détails donnés par Pétion ne sont pas aussi favorables que pour les subsistances. Les rues étaient sales et pleines de décombres ; cela résultait de l'indulgence des commissaires de police, nommés à temps par ceux qu'ils étaient chargés de surveiller et craignant d'inquiéter ceux dont ils recherchaient les suffrages. Les entrepreneurs des boues montraient aussi de la mauvaise volonté ; depuis leur traité conclu, Paris s'était considérablement accru, et les entrepreneurs n'avaient pas un nombre de tombereaux suffisants.

« Les vols et les délits de toute espèce, écrit le nouveau maire, se multiplient d'une manière effrayante. » Plusieurs raisons étaient données : d'abord le mauvais éclairage de la ville, par suite d'un mauvais marché contracté avec une compagnie pour l'entretien des réverbères. Le bail n'obligeait la compagnie à éclairer que depuis la chute du jour jusqu'à trois heures du matin ; enfin, la plupart du temps, les réverbères des quais et des places publiques n'étaient même pas allumés.

Une des premières réformes de voirie, réclamées depuis longtemps, fut opérée par Pétion : il obligea tous les fiacres à avoir un numéro d'ordre, et les cochers à donner leur nom à la municipalité.

En terminant son exposé, le nouveau maire annonçait à ses administrés qu'aucune lettre signée ne resterait sans réponse, que les lettres portant la mention *à M. le maire seul* ne passeraient point par l'intermédiaire des bureaux, qu'aucune demande d'audience motivée ne serait refusée.

Et Pétion sut tenir parole et ne pas manquer à ces engagements écrasants, qui exigeaient quatorze heures de travail par jour.

A Strasbourg, on procéda également à l'élection du maire, et ce fut Diétrich, qui exerçait les fonctions depuis deux ans, qui fut réélu [1]. Diétrich était l'hôte de Rouget de l'Isle, à qui il demanda de composer un

1. *Annales patriotiques et littéraires*, novembre 1791.

chant de guerre pour l'armée du Rhin ; le jeune officier de génie, cédant à ses sollicitations, composa ce cantique guerrier, qui fut plus tard appelé *la Marseillaise.*

*
* *

Par les résultats de l'élection de Paris, on peut voir combien les constitutionnels perdaient de terrain, et combien étaient rapides les progrès des républicains, dont les chances centuplaient avec les résistances et le veto de Louis XVI.

Les royalistes avivaient les querelles par des mots qui essayaient d'être piquants.

— Bah ! disait l'un d'eux, leur constitution est bâtarde : elle a été enfantée du côté gauche [1].

Les jeunes gens patriotes avaient mis à la mode le port de deux pistolets qu'on laçait à la ceinture et dont on laissait dépasser les crosses ; les royalistes avaient appelé ces pistolets des « pieds de cochon ».

Le mot était resté, et un jeune Jacobin disait dans un café du Palais-Royal :

— Je ne crains pas les conspirateurs ; j'ai deux pieds de cochon dans la poche.

— Vous voulez dire dans vos souliers, interrompit un royaliste railleur [2].

D'où tumulte, désordre, et finalement baignade dans le fameux bassin du jardin.

Les réactionnaires avaient aussi leurs modes et leurs tics. Ils protestaient par la façon de se vêtir. Les patriotes élégants affectaient la simplicité ; les mondains aristocrates étalaient des étoffes voyantes, des

[1] *Journal de la Cour et de la Ville*, novembre 1791.

[2] *Ibid.*

cravates larges et bouffantes, des gilets à triple rebord, des culottes longues, des redingotes à large col et des souliers de danseurs [1]. Ces jeunes aristocrates avaient aussi pris l'habitude de manifester leurs sentiments royalites d'une façon bizarre. Au Théâtre-Français, durant les entr'actes, ils montaient au foyer et mettaient leurs chapeaux sur les bustes de Corneille, Racine, Voltaire, Crébillon et des autres auteurs dramatiques célèbres.

Cela ne voulait rien dire, mais c'étaient de bons tours réactionnaires, et on se donnait ainsi des airs de bonne société.

Pendant que les élégants faisaient servir les bnstes du Théâtre-Français à leurs manifestations politiques, les artistes peintres et sculpteurs fermaient le Salon ouvert le 8 septembre, et d'où ils venaient de chasser les vieux académiciens et leur influence de privilégiés.

Jusqu'en 1789, les artistes qui n'étaient pas académiciens ne pouvaient exposer qu'un seul jour, et deux heures seulement, le matin. Cette exposition avait lieu en pleine place Dauphine, quand la pluie le permettait et que le vent voulait bien y consentir; pendant ce temps, les tableaux des académiciens avaient les honneurs des galeries du Louvre [2]. En 1789, David obtint de l'Assemblée l'entrée dans les galeries pour tous les artistes ; l'Académie fit placer un cadenas aux salles du Louvre, par Laporte, l'intendant de la liste civile ; les commissaires nommés pour l'exposition enlevèrent le cadenas, et l'Art libre entra dans le vieux Louvre, d'où l'Académie fut délogée.

1 *Chronique de Paris*, novembre 1791.

Chronique de Paris, novembre 1791.

Du 19 au 25 novembre 1791

LI

LES DETTES DU DUC D'ORLÉANS

Discussion sur les troubles religieux. — Violences des insermentés. — Satires royalistes — Abus de la facilité des réceptions à la barre de l'Assemblée. — Les dominos monarchistes. — Pétition des bossus d'Orléans. — Les créanciers du duc d'Orléans. — Actif et passif. — Moyen de liquidation proposé par le prince. — Robespierre à Béthune.

L'orage n'allait pas tarder à éclater.

Les tentatives et les efforts des prêtres insermentés pour soulever les campagnes, les ferments de division et de haine, semés partout, ne pouvaient pas rester longtemps sans provoquer un bouillonnement des consciences et des imaginations. Louis XVI, par son attitude, allait se trouver le protecteur des organisateurs de la double guerre, intérieure et extérieure, contre la France. Par son refus de sanctionner le décret contre les émigrés, le roi protégeait les organisateurs de la guerre étrangère ; par son *veto* opposé au décret contre les prêtres perturbateurs, il devenait le protecteur des fauteurs de la guerre civile.

Le 21 octobre, l'Assemblée entama la discussion sur le parti à prendre pour arrêter les troubles religieux.

Les insermentés ne discontinuaient pas leurs excitations dans la province. Ici, c'est un réfractaire, disant la messe dans une église desservie par un prêtre constitutionnel, qui interrompt la cérémonie, dépouille ses habits sacerdotaux à l'autel même, les repousse loin de lui et s'enfuit en s'écriant :

— Cette église est polluée [1] : on n'y peut dire de messe valable !

Ailleurs, les troubles religieux sont protégés par les agents de l'administration eux-mêmes. Dans plusieurs villages, les paysans, poussés par les insermentés, attaquent les curés constitutionnels dans leurs presbytères, sans être inquiétés. A Montaigu, toute la municipalité démissionne, la veille de l'installation du prêtre constitutionnel, et le pays est un moment sans administrateurs [2].

A Paris, on continue, par ordre de la Cour, à injurier et à ridiculiser les députés. Un représentant, Castel, a été, paraît-il, marchand de cuir, on s'empresse de le représenter comme un ancien petit cordonnier, et on lui décoche la sottise suivante :

Perle des députés, homme de *poix*,
On sait que maint « pied-plat » blâmant un noble choix,
Crie à propos de bottes et te dit des injures.
Qui jamais mieux que toi sut prendre des *mesures*,
Sut mieux, sans perdre *haleine*, abattre les tyrans,
Mieux observer la *forme* et les *points* importants [3] ?

L'Assemblée continue ses travaux au milieu de ces criailleries, recevant de nombreuses députations et admettant à sa barre avec une facilité dont beaucoup abusent. Ainsi un pauvre diable vient demander le remboursement d'un assignat de 50 livres, qu'il a brûlé par mégarde et dont il rapporte les vestiges [4]. Une

1. *Moniteur*, octobre 1791.
2. *Ibid*, novembre 1791.
3. *Journal de la Cour et de la Ville*, novembre 1791
4. *Moniteur*, novembre 1791.

femme de soixante et un ans, enceinte [1] « par hasard », dit-elle, vient solliciter un secours qui lui est accordé.

Les mauvais plaisants profitent même de cette attention prêtée par l'Assemblée aux infimes détails, et les royalistes font signer à Orléans une pétition par un grand nombre de bossus de la ville, afin « d'obtenir l'exécution des décrets et supplier le Corps législatif d'ordonner qu'on passât au plus tôt sur leurs épaules le niveau de l'égalité [2]. »

***

Les manifestations royalistes ne s'arêtaient pas là ; au Palais-Royal, on vendait des jeux de dominos, dits « monarchiques » ; des lettres écrites sur chacun des dés forment, par leur réunion, ces mots : « Vive le roi, la reine et M. le Dauphin [3]. »

Mais ce n'est pas pour acheter ces dominos que, le 24 novembre, à neuf heures et demie du matin, nous voyons sous les galeries se promener des hommes graves avec de longues cannes et de larges boucles de cuivre aux souliers : ils discutent et parlent bas, s'arrêtant quand quelque passant semble les écouter. A dix heures, ils s'engagent dans le grand escalier et ils se font indiquer une salle du premier étage, où un Suisse les conduit. Là ils trouvent les notaires Brichard et Robin, ainsi que l'homme de loi Lemaire, homme de confiance du duc d'Orléans [4].

1. *Journal de la Cour et de la Ville*, novembre 1791.
2. *Ibid.*
3. La *Feuille du jour*, novembre 1791.
4. *État de l'actif et du passif du prince et les moyens de libération qu'il propose.*

Ce sont les créanciers du duc, réunis pour délibérer sur les propositions du prince [1].

Tout d'abord on distribue à chacun des nombreux créanciers, réunis au nombre de deux cents environ, un mémoire imprimé contenant *l'État de l'actif et du passif du prince et les moyens de libération qu'il propose.* »

Les dettes sont considérables, et le mémoire les fait remonter à trois causes principales. D'abord des dépenses du duc d'Orléans, ensuite les dépenses personnelles auxquelles le fils a été entraîné par les événements, et enfin la suppression sans indemnité de plusieurs droits féodaux formant autrefois partie de son revenu.

Les rédacteurs du *mémoire* reconnaissent, du reste, que l'Assemblée constituante avait accordé au duc d'Orléans un million de rentes apanagères pour une période de vingt-cinq ans.

Le motif principal qui poussait le prince à liquider, c'est que le revenu de ses propriétés lui rapportait 3 0/0 et qu'il payait à ses créanciers 5 p. 100 et même 10 p. 100 pour des rentes viagères, la plupart à longs termes selon les probabilités. Enfin de nombreuses oppositions frappaient ses revenus, et de nouvelles oppositions le menaçaient encore; une union des créanciers s'était formée chez un notaire pour poursuivre le paiement de dettes échues ; le duc désirait éviter de nouveaux ennuis, en essayant de calmer ces nombreux créanciers.

L'actif était de	117.976.946 liv.
Le passif de.	67.611,268 liv. 10 sols.
Différence en excédent.	50.355.687 liv. 10 sols.

1. *Petites Affiches*, novembre 1791.

Les revenus étaient ainsi récapitulés :

Biens patrimoniaux	1.653.000 liv.
Domaines engagés.	180.000 liv.
Loyers et intérêts du prix des maisons de Paris.	555.000 liv.
Rentes perpétuelles	239.151 liv. 12 sols
Rentes viagères.	21.700 liv.
Rentes apanagères.	1.000.000 liv.
Indemnité annuelle.	1.000.000 liv.
	4.643,854 liv. 12 sols.

Le duc d'Orléans proposait ceci :

Un conseil d'administration pour les biens serait nommé, partie par les princes et partie par les créanciers, et surveillerait la gestion de ces biens, dont les revenus seraient partagés. Le duc d'Orléans se réservait seulement, pour lui et les besoins de sa famille, un million prélevé en tout état de cause.

La discussion fut longue et orageuse ; il était six heures du soir quand cette réunion redescendit le grand escalier, et rien n'avait été encore arrêté. De nouvelles assemblées furent tenues, et un accord provisoire sur les bases proposées intervint.

Robespierre profita de son séjour à Arras pour aller passer quelques jours à Béthune où il avait des relations de famille, et où les habitants lui firent une réception enthousiaste, un de ces enthousiasmes des populations du Nord qui se préparent longtemps à l'avance et ne s'éteignent que difficilement.

Une députation de patriotes alla attendre Maximilien à trois lieues de la ville ; on avait orné la voiture qui lui était destinée, de fleurs et de feuillages de chêne. Une des paysannes dit au tribun :

— Nous n'avons pas de lauriers, mais le chêne dure plus longtemps [1].

Aux portes de la ville, une autre délégation de citoyens à cheval, précédée d'un trompette du 13° régiment de cavalerie, vint à sa rencontre. La garde nationale de Béthune forma l'escorte depuis les faubourgs de Béthune jusqu'à l'hôtel du Lion d'Or, où Robespierre était descendu.

Le maître d'hôtel du Lion-d'Or devait être un patriote, puisqu'on le voyait allant et venant dans la rue, important, affairé, disant bien haut :

— Si je n'avais qu'un lit et qu'il me fût demandé pour le roi ou pour Robespierre, le brave député aurait la préférence [2].

Des banqnets lui furent offerts, et l'empressement de la population était tel que les salles furent trop petites, et tout le monde ne put trouver place.

Le club des Jacobins de Béthune tint une séance de gala, qui fit une sorte de représentation théâtrale dans laquelle Robespierre joua le principal rôle.

Des femmes, parées aux couleurs nationales, vinrent offrir à Maximilien une couronne civique, et les citoyens prononcèrent de nombreux discours, tous à l'éloge « du sublime défenseur du droit et de la dignité du peuple [3]. »

Robespierre resta trois jours au milieu de ces adulations et revint à Arras ; mais il ne devait pas tarder à regagner Paris, où l'attendait avec impatience la famille Duplay, qui ne cessait de lui écrire pour l'engager à abréger son voyage.

1. La *Chronique de Paris*, novembre 1791.
2. *Histoire de Robespierre*, par Hamel, vol. I, p. 455.
3. *Chronique de Paris*, novembre 1791.

Du 26 novembre au 2 décembre 1791.

LII

VETO AU DECRET CONTRE LES PRÊTRES

Députation des forts de la Halle. — Les maisons des aristocrates à louer. — Troubles au café de Foy. — Attaques nocturnes des royalistes. — Affiche contre les Jacobins. — Chansons royalistes contre les députés. — Décrets contre les prêtres. — Le *veto*. — Les coalisés au delà du Rhin. — Situation des divers partis en présence de la guerre. — Tentative de corruption.

Au milieu des attaques sans nombre dont les députés étaient l'objet de la part des contre-révolutionnaires, ils avaient besoin de se sentir soutenus par les sympathies des patriotes, et les marques d'attachement ne leur manquèrent pas, venant des masses profondes de la société. Ainsi, le 27, une députation des forts de la Halle se présentait à la barre, et l'orateur de la députation disait, dans un langage aussi naïf que sincère :

— Législateurs ! des ennemis de la patrie vomissent d'une bouche impure des calomnies atroces contre vous et vos admirables lois ; mais qu'ils ne croient pas nous tromper : nous avons juré de maintenir la Constitution ; et, s'il faut vous défendre, nous vous soutiendrons de nos coups et de nos bras vigoureux [1].

1. *Moniteur*, 28 novembre 1791.

Les royalistes répondaient à ces manifestations par des manœuvres propres à jeter le trouble ; ainsi ils usaient de supercherie pour faire croire que Paris se dépeuplait tous les jours. Ils avaient accroché à leurs hôtels et maisons de grands écriteaux : *A louer*. Lorsqu'un locataire se présentait, on lui demandait des prix tellements élevés que les pourparlers n'allaient pas plus loin, et les écritaux restaient en permanence [1].

Les contre-révolutionnaires provoquaient aussi les désordres : ils s'étaient entendus avec Jousserand, le propriétaire du café de Foy, et ils expulsaient de cet établissement tous ceux qui y tenaient des conversations patriotiques ; si les consommateurs résistaient, les royalistes sortaient de leurs cannes de petites épées dont ils frappaient leurs adversaires [2] ; d'où, comme on pense bien, rassemblement et tumulte dans tout le Palais-Royal.

Les royalistes des départements n'étaient ni moins provoquants ni moins barbares que ceux de Paris. A Bapaume, un paysan ayant prononcé, sur la place, un discours blâmant énergiquement les manœuvres des réfractaires, fut trouvé, quelques jours plus tard, dans une ruelle de son village, percé de coups et les deux jambes cassées.

Les contre-révolutionnaires l'avaient attaqué pendant la nuit et ne l'avaient abandonné qu'en le croyant mort.

Cette lâche agression ne fit qu'aviver le zèle du brave homme pour la liberté ; à peine le chirurgien eut-il posé le premier appareil, que le blessé se mit à chanter un couplet patriotique, en disant [3] :

1. *Chronique de Paris*, novembre 1791.

2. *Journal des Débats de la Société des Amis de la Constitution*, novembre 1791.

3. La *Chronique de Paris*, 1er décembre 1791.

« Les scélérats ont pu briser mes pauvres jambes, mais ils ne briseront jamais mon patriotisme ; je conserverai les mêmes sentiments jusqu'à la mort. »

***

Les provocations royalistes se manifestaient encore sous une forme aussi violente, par des affiches placardées, dans lesquelles on essayait d'ameuter la population contre les Jacobins.

Le 29 novembre, au matin, on lisait, sur les murs de Paris l'affiche suivante [1], placardée pendant la nuit.

« Français,

« Je vous dénonce les Jacobins ; ils en veulent à la vie de votre roi. Ils ont attiré à Paris ceux des brigands d'Avignon qui ont échappé aux recherches des troupes envoyées dans cette malheureuse ville pour sauver le reste de ses habitants. Déjà plusieurs sont arrivés ; ils marquent leurs victimes et les maisons que les scélérats de Jacobins leur indiquent pour les mettre au pillage et les réduire ensuite en cendres. Aux brigands d'Avignon se joindront ceux qui sont à Paris depuis le commencement de la Révolution, et ceux qu'ils font venir de toutes les provinces et de l'étranger ; ils reçoivent une solde de 12 sols par jour.

« Parisiens,

« Vous pouvez être sûrs de ce que je vous annonce ; mais ce que vous ne pouvez pas ignorer, c'est que lundi dernier, 21 de ce mois, on a proposé aux Jacobins de mettre le roi en état d'accusation, parce qu'il

1. *Feuille du jour*, novembre 1791.

a refusé sa sanction au décret contre ses frères, et le scélérat qui eut l'audace de faire cette horrible motion, fut applaudi. Cependant, elle fut ajournée à quelques jours, parce que les émissaires de ces monstres leur ont dit qu'ils ne pouvaient pas résoudre le peuple à se soulever contre le malheureux monarque. Français, concitoyens, je vous en conjure, veillez sur ces exécrables ennemis de la patrie, de notre bon roi et de Dieu ; ou plutôt ne souffrez plus qu'ils s'assemblent et qu'ils délibèrent contre toutes les lois, si vous ne voulez voir les plus grands malheurs fondre sur cette capitale, si vous ne voulez pas éprouver le sort d'Avignon. »

Aux affiches s'ajoutaient les chansons sans nombre contre les députés ; en voici une qu'on faisait chanter dans les carrefours par des mendiants et des vendeurs de cantiques

Sur l'air ; *Connaissez-vous votre intendant.*

Connaissez-vous nos députés ?

*
* *

CHOEUR

Non !

*
* *

Connaissez-vous leur origine ?

CHOEUR

Non !

*
* *

Connaissez-vous ces gueux, crottés
Depuis les pieds jusqu'à l'échine ?

CHOEUR

Non !

*
* *

Avez-vous vu des va-nu-pieds ?

CHŒUR

Oui !

*
* *

Eh bien ! vous les avez tous vus [1].

C'est dans ces dispositions de l'esprit public, de part et d'autre, que s'acheva la discussion sur les troubles provoqués un peu partout par les prêtres, et que fut rendu, le 29 novembre, un décret contre les prêtres insermentés.

Le nouveau décret imposait, dans le délai de huit jours, le serment civique à tous les ecclésiastiques.

Il ne faut pas confondre ce serment civique de fidélité « à la nation, à la loi et au roi » avec le serment à la constitution civile du clergé, auquel depuis longtemps on avait renoncé.

Les réfractaires étaient, en outre, soumis à la surveillance des autorités ; dans les communes où surviendraient des troubles, on pourrait les éloigner du lieu de leur domicile, en vertu d'un arrêté du Directoire ; la désobéissance à cet arrêté serait punie d'un emprisonnement ne pouvant pas dépasser deux ans. Tout prêtre convaincu d'avoir poussé à la désobéissance aux lois pouvait être frappé d'une peine de deux ans de détention.

Les Eglises entretenues par l'État ne pouvaient plus servir à aucun autre culte.

Ce décret, en définitive, n'avait aucun caractère inquisitorial ; il se contentait d'exiger un serment de fidélité aux lois civiles et il ne punissait que les fauteurs de troubles.

1. *Journal de la Cour et de la Ville*, 29 novembre 1791.

Il fut soumis, le jour même, à la sanction du roi.

Le conseil des ministres en entier était d'avis de sanctionner ; seul, Louis XVI voulait apposer le veto. La discussion fut très longue, paraît-il, et le roi la termina par ce mot :

— Je fais assez ce que tout le monde désire, pour qu'on fasse une fois ce que je veux [1].

Le décret contre les prêtres, ainsi qu'il était arrivé pour le décret contre les émigrés, ne fut pas sanctionné.

***

Pendant que Louis XVI se refusait à punir les prêtres perturbateurs et les nobles émigrés, ces derniers, sur les terres de l'évêché de Strasbourg, situées au delà du Rhin, réunissaient un petit corps de troupe de cinq cents hommes, commandé par Mirabeau, le frère de l'ancien tribun. Condé avait fait venir un nombre considérable de transfuges dans l'électorat de Mayence [2].

Ces agglomérations de soldats insolents et provocateurs n'étaient pas sans alarmer les divers partis.

Louis XVI et Marie-Antoinette craignaient la guerre plus que tous les autres, car la victoire et la défaite leur semblaient également funestes. Victorieux, les alliés entraient en maîtres dans Paris, amenant Monsieur, l'organisateur de la coalition, comme lieutenant général, maire du palais, peut-être comme Régent. — Vaincus, les alliés emportaient dans leur chute le suprême espoir de la Cour. Ce que Louis XVI et sa

1. Lettres de Pellenc au comte de la Marck.
2. Rapport du comité diplomatique à l'Assemblée.

femme désiraient, c'était une agitation et quelques escarmouches de l'autre côté du Rhin, permettant au roi de lever des troupes, de s'entourer d'une armée, de se mettre à sa tête. Et qui peut savoir ce dont était capable Louis XVI, révolté à la fin, soutenu par des soldats, insiré par le génie sans scrupule de l'Autrichienne ?

Les émigrés désiraient au contraire une guerre générale qui mît face à face la France révolutionnaire et la France monarchique, cette dernière soutenue par toute l'Europe coalisée.

Les Girondins voulaient la guerre aussi, guerre immédiate et sans merci. La haine qu'ils ressentaient pour les rois les y poussait, et leur amour du pouvoir les y entraînait presque malgré eux. Si la France levait des armées, la Gironde comptait bien les commander, car le peuple se défiait des royalistes constitutionnels, et le roi avait une très grande haine contre les Jacobins. Quel beau rêve pour ces esprits ardents et généreux ! quelles illusions faisait naître en eux cette guerre qu'ils souhaitaient ! Ils se voyaient déjà semant partout les principes de la liberté, à la suite des armées victorieuses. — Et la victoire était fatale aux yeux de ces hommes passionnés. — Enfin, ils combattaient les rois, faisaient triompher la liberté et assuraient leur domination.

Que de raisons pour chercher la guerre !

Les Jacobins, au contraire, soupçonnant, devinant peut-être les projets de la Cour, redoutant aussi les ambitieux desseins des Girondins, effrayés du sort qu'un assaut général de l'Europe pouvait réserver à la France, sachant les cadres désorganisés, les arsenaux mal armés — on fondait tous les jours des boulets trop gros pour le calibre des canons, — les Jacobins voulaient reculer le plus possible cette terrible éventualité, vers laquelle la France, entraînée par la Gironde, courait, la foi au cœur et le sourire aux lèvres.

Les émigrés ne se gênaient guère pour ridiculiser les volontaires qui marchaient depuis quelque temps vers la frontière du Rhin ; ils les chansonnaient, les raillaient, les tournaient en dérision.

Voici une chanson qu'ils envoyaient à Paris et qu'ils chantaient dans leur camp [1] :

Air : *C'est Geneviève dont le nom*, etc.,
ou *La bonne chère et le bon vin.*

Ils n'ont vu, ces pauvres garçons,
Le feu, que devant leurs tisons,
Et vont sur la frontière.
De faim, *ils allongent les dents.*
Ah ! qu'ils vont croquer d'émigrants !...
Car ils sont gens, car ils sont fous,
Car ils sont gens, foudres de guerre.

Leur ardeur n'a pas eu le temps
De rapiécer leurs vêtements :
On leur voit le derrière.
Qu'importe ? Ils sont mal vêtus,
L'ennemi verra les culs nus
De tous ces gens, de tous ces fous,
De tous ces gens, foudres de guerre.

Ils se grattent... mais pour raison ;
Car ce sont des démangeaisons
D'aller à la victoire,
Contre l'émigrant enragé.
Vive qui, comme eux démangé,
Se gratte, occu (*bis*), occupé de la gloire.

1 *Journal de la Cour et de la Ville*, Supp. du 2 décembre 1791.

Pourquoi reprocher à ces preux
Qu'ils sont borgnes, bossus, boiteux ?
D'être c'est leur manière ;
Ne regardez pas aux étuis.
Ces cœurs grotesquement construits
Ont des cœurs mous (*bis*),
Ont des cœurs moulés pour la guerre.

De canon, cheval, ni mousquet,
Jamais l'exercice ils n'ont fait,
Mais c'est une misère ;
Les *Droits de l'homme déclarés*,
Faut que tous talents soient entrés
Chez tous ces gens, chez tous ces fous,
Chez ces gens, foudres de guerre.

Jadis le seul bruit du canon,
(Sauf respect) dans leur *pantalon*,
Caca leur faisait faire
Mais *Sainte-Constitution*
A fait de notre nation
Un tas de gens, un tas de fous,
De gens, foudres de guerre.

Que peuvent *Monsieur* et *d'Artois*,
Condé, *Bourbon*, *Pitt* et les rois,
De tout notre hémisphère ?
Pontifes, princes, royauté,
Tout fuit, grâce à la liberté,
Devant nos gens, devant nos fous
Nos gens, foudres de guerre.

Au fond, les coalisés dédaignaient ces soldats nouveaux de la France révolutionnaire, moins qu'ils ne voulaient avoir l'air de le dire, car ils essayaient de leur enlever leurs généraux, comme Wimpfen, à qui les princes proposèrent de livrer par trahison Neuf-

Brisach [1]. Wimpfen était père de douze enfants et sans fortune ; on avait cru tenter son honneur par l'appât du lucre. Le général répondit fièrement que, fidèle à son serment, il n'était pas à vendre.

La Cour et le ministère favorisaient les manœuvres des émigrés, en opposant aux ordres de l'Assemblée des retards calculés, qui empêchaient l'envoi et l'organisation des volontaires.

C'est en présence de ce mauvais vouloir que l'Assemblée avait décidé que le ministre de la guerre « lui rendrait des comptes tous les huit jours ». Cette situation et la façon énergique dont l'Assemblée le recevait, obligèrent le ministre Duportail à donner sa démission.

C'était le jour du retour à Paris de Robespierre, dont la première visite, le soir, fut pour le club des Jacobins. L'entrée de l'ancien constituant fut saluée par de nombreux applaudissements.

Collot d'Herbois, qui occupait le fauteuil, demanda que Robespierre, « justement surnommé l'Incorruptible », présidât la société. Le règlement de cette société, dit-il, est pour cette motion. Il faut que les bons généraux visitent les postes. Cette motion appuyée et mise aux voix, fut adoptée à l'unanimité [2].

L'avant-veille, l'Assemblée avait envoyé au roi une députation de vingt-quatre de ses membres pour le prier de « requérir les Electeurs de Trèves, Mayence et autres princes de l'Allemagne qui accueillent des Français fugitifs, de mettre fin aux attroupements et aux enrôlements sur la frontière ».

La députation se rendit chez le roi, le 28 au matin,

1. *Histoire parlementaire*, de Buchet et Roux, t. XII.

2. *Journal des Débats des Amis de la Constitution*, 28 novembre 1791.

conduite par Vaublanc. Elle fut introduite immédiatement. Louis XVI s'inclina le premier, et Vaublanc lui rendit son inclination [1], puis lui fit part de sa mission, dans un discours approuvé au préalable par l'Assemblée.

Le roi se contenta de répondre :

— Je prendrai en très grande considération le message de l'Assemblée nationale. Vous savez que je n'ai rien négligé pour assurer la tranquillité publique au dedans, pour maintenir la Constitution et la faire respecter au dehors.

Paroles sans portée, promesses vagues et qui ne devaient pas être tenues.

1. Compte rendu de Vaublanc à l'Assemblée.

Du 3 au 9 décembre 1791.

LIII

NARBONNE EST NOMMÉ MINISTRE

Dépréciation des assignats. — Les religieuses qui veulent se marier. — Beaumarchais se défend d'être directeur de théâtre. — L'impératrice de Russie fait fermer les imprimeries. — Les Jacobins d'Espagne demandent à changer de nom. — Lettres des frères du roi. — L'Assemblée et le secret des lettres. — Démission de Duportail. — Narbonne nommé ministre de la guerre. — Une caricature.

Fidèles à leur programme de tout dénigrer dans la Révolution, les royalistes essayaient de diminuer les forces de la France, en dépréciant les assignats et en accaparant l'or, qu'ils faisaient passer à l'étranger. Ils n'arrivaient que trop à leur but, car l'argent est timide et jamais il n'a été patriote ; aussi les agioteurs avaient beau jeu : les journaux aristocrates publiaient tous les jours le *cours de la rue Vivienne*, qui n'était autre au fond que le cours de la dépréciation des assignats.

Cette semaine, les assignats de 50 et de 100 livres perdaient 20 pour 100 ; ceux de 500 livres perdaient 20 et demi [1]. Les louis d'or faisaient prime, on les achetait avec 2 et 3 livres de bénéfice pour le vendeur.

Ce trafic honteux attirait de temps à autre de sévères corrections aux banquiers marrons se livrant

1. *Journal de la Cour et de la Ville*, décembre 1791.

à ce métier ; parfois le peuple faisait irruption dans ce marché d'argent et rossait les brocanteurs, ou même ornait une lanterne de ces jolis coquins. Depuis plusieurs jours, aucun de ces accidents n'était arrivé. L'esprit public était ailleurs, tous les yeux se tournaient vers l'Assemblée, dont les grandes discussions étaient coupées par des incidents comme celui que provoqua une députation d'anciennes religieuses, venant s'informer si la loi leur permettait de se marier [1].

Pendant que les religieuses demandaient aux députés l'interprétation des lois dissolvant les vœux ecclésiastiques, des mères s'adressaient aux journaux pour trouver à leurs filles des maris ayant des idées particulières, et voici ce que nous trouvons textuellement dans les journaux de l'époque [2] :

« AU RÉDACTEUR

« *Paris, décembre.*

« Veuillez, je vous prie, Monsieur, accueillir cette lettre et insérer dans votre journal la demande qui en est l'objet. Je désire trouver un gendre selon mon cœur et celui de ma fille; elle est née ce qu'on appelait ci-devant *bonne demoiselle d'extraction noble.* Notre petite fortune est d'environ 60,000 livres en fonds de terres et maisons à la campagne et en province. Nous souhaitons quelqu'un d'une fortune à peu près égale, mais claire et nette. Nous exigeons absolument qu'il soit bien né, bien fait, d'une figure intéressante; qu'il jouisse d'une bonne santé, qu'il n'ait qu'environ trente ans; que ses mœurs soient simples et pures ; que son cœur sache aimer, et aimer la vertu plus que tout ; que son

1. La *Feuille du jour,* décembre 1791.
2. *Petites Affiches,* décembre 1791.

âme sensible et honnête soit vraiment noble et élevée au-dessus de ce siècle égoïste, où l'argent supplée à tout. Nous voulons surtout que ses principes et ses sentiments soient conformes à ceux d'*Émile*, ce vertueux élève de *J.-J. Rousseau* ; s'il possède les qualités personnelles que nous désirons, quelle que soit sa fortune, il sera toujours assez riche. Nous serons laboureurs, négociants ; nos enfants seront menuisiers, jardiniers, n'importe ; mais, à leur tour, ils seront des *Émile*, des gens de bien.

« Ma fille est majeure, bien faite et bienfaisante, d'une jolie figure, accoutumée dès son enfance à tous les soins du ménage : elle fait des robes, des coiffures, et tous les ouvrages convenables à son sexe : elle est très économe, très sage ; préférant les légumes, le lait, les fruits à toute autre nourriture ; elle a une jolie voix : si l'homme que nous demandons est musicien, tant mieux, nous chanterons ensemble de vieilles romances, ce qui vaudra mieux que de jouer ; car nous ne savons des jeux que la marche des échecs ; mais nous aimons à travailler, à causer entre nous, à nous promener et à lire *J.-J. Rousseau*, les *Nuits d'Young*, *Marc-Aurèle*, *Buffon*, et le vieux *Plutarque*. En toutes choses, nous sommes à deux cents ans des mœurs de ce siècle, où l'or est tout, les bons sentiments et les vertus, rien. Il nous faut donc un homme à l'unisson de nos cœurs simples, bons et honnêtes ; mais, vivant dans la retraite, l'âme qu'il faut à la nôtre ne saurait nous y deviner. Comment donc nous trouver?... Votre journal me paraît, Monsieur, un moyen sûr de nous rencontrer : il est très répandu ; veuillez y insérer ma demande, afin que le gendre que je désire se présente, ou que je cesse d'en attendre un selon mes vœux. C'est dans votre journal aussi qu'il faut qu'on me réponde ; car mon nom et mon adresse sont que pour vous. Agréez donc ma confiance, Monsieur, et le sentiment avec lequel j'ai l'honneur d'être votre très humble et obéissante servante.

« *Veuve* M..... »

Les réponses furent nombreuses et nous choisissons, parmi les plus originales, celle qui nous a paru la plus piquante :

« AU RÉDACTEUR

« Monsieur, je vous prie de vouloir bien insérer dans votre journal cette réponse à la lettre qui se trouve dans la feuille du vendredi 9 décembre, ainsi que l'offre que j'y fais de ma personne pour remplir les intentions d'une mère de famille qui demande un gendre.

« Il y a longtemps que mon esprit s'était formé l'image d'une *Sophie* nouvelle : cette image, mon cœur l'avait avidement saisie, il l'attendait avec impatience, il la poursuivait avec ardeur ; mais toutes ses recherches étaient vaines. Déjà je commençais à croire que l'idée d'une *Sophie* était romanesque, lorsque le ciel, sans doute, fit tomber entre mes mains cette lettre insérée dans votre journal et datée du 2 décembre. Je l'ai lue et mes vœux sont comblés; oui, je le vois, j'étais prédestiné à épouser la charmante personne que l'on y dépeint si avantageusement. Quant à mon extérieur, je remplis parfaitement toutes les conditions qu'on exige de moi : je suis d'une taille fort honnête, bien fait, d'agréable figure, d'une santé robuste, bien caapable, en un mot, de faire un bon mari. Mon cœur répond également aux désirs de cette vertueuse famille; il est simple, sensible, honnête, vertueux ; mais je me tais, car il est modeste aussi.

« Enfin la fortune était de concert avec la nature pour préparer cet heureux hymen ; elle m'a traité bien favorablement, bien bonnement, puisque je la méprise

« Je partage (les idées) de ma nouvelle famille : sous tous les rapports, je suis positivement l'homme qu'elle demande. On souhaite un musicien : eh bien, me voilà : des adagio, de vieilles romances où le cœur parle et soupire, c'est là tout ce que j'aime. Ma future épouse préfère à tout les légumes, le lait et les fruits, tant mieux ; c'était la nourriture de l'âge d'or, nous la partagerons ensemble. Cependant puisqu'il s'agit de nourriture, je conviendrai naïvement de mon plus grand défaut, de mon seul peut-être, mais qui me possède sottement, c'est qu'à ces mets du vieux monde je serai forcé d'en joindre un autre du nouveau ; celui-ci, c'est le sucre, j'ai pour le sucre une rage dont on a pas d'idée. J'insiste sur ce défaut parce qu'entre philosophes de notre espèce, outre l'horreur d'aimer quelque chose de ce siècle corrompu, ce goût pourrait un jour nous coûter cher. Cependant, si on daigne me le pardonner, bientôt je serai de ces promenades solitaires, de ces tendres concerts, lectures philosophiques ; je serai, en un mot, auprès de *Sophie*, un *Emile* plein d'amour et de constance. J'attends que l'on daigne m'indiquer le jour, le moment heureux où je pourrai voir l'objet de mes vieilles rêveries, de mes plus doux songes. Mon âme de trente ans, mais plus neuve, mais plus sage, plus curieuse et plus ardente qu'une de vingt, languit, se consume, est dévorée d'impatience. J'ai l'honneur d'être, Monsieur, votre très humble et très obéissant serviteur.

Il y aurait eu là sujet à plaisanterie, et peut-être même à comédie, si les écrivains n'eussent été occupés ailleurs. L'un d'eux, l'auteur du *Barbier de Séville*, Beaumarchais, n'avait guère l'esprit aux comédies : il se livrait au commerce et faisait démentir dans les journaux qu'il eût pris aucune direction de théâtre, comme le bruit en avait couru. Il termine en disant qu'il « aime bien les comédiens », mais qu'il « préfère l'art, pour adoucir la fin de sa vie, troublée par les méchants [1] ».

L'occasion aurait pourtant été belle pour Beaumarchais de reprendre la plume et de railler en plein théâtre les ridicules non seulement de France, mais des puissants de l'étranger, comme ce décret de l'impératrice de Russie, qui faisait fermer presque toutes les imprimeries de Saint-Pétersbourg, parce qu'on y réimprimait les papiers français dont on faisait un débit considérable en Russie [2].

En Espagne, c'étaient les jacobins religieux de l'ordre de Saint-Dominique, demandant au pape la permission de quitter le nom sous lequel le peuple les avait toujours désignés, afin de ne pas être confondus, disaient-ils, avec les membres des clubs français [3].

Enfin, les frères du roi, à qui Louis XVI avait écrit une lettre pour les engager à rentrer, lettre adressée à « Charles-Philippe, prince français, frère du roi », envoyaient la réponse suivante, reproduction de la théorie des émigrés, et qui explique leur attitude vis-à-vis de Louis XVI :

« *Coblentz, le 3 décembre 1791.*

« Sire, mon frère et seigneur,

« Le comte de Vergennes m'a remis de la part de Votre Majesté une lettre dont l'adresse, malgré les noms de baptême qui s'y trouvent, est si peu la

1. *Moniteur*, 9 décembre 1791.
2. *Gazette de Paris*, décembre 1791.
3. *Journal de la Cour et de la Ville*, décembre 1791.

mienne, que j'ai pensé la lui rendre sans l'ouvrir. Cependant, sur son assertion positive qu'elle était pour moi, je l'ai ouverte, et le nom de frère que j'y ai trouvé ne m'ayant plus laissé de doute, je l'ai lue avec le respect que je dois à l'écriture et au seing de Votre Majesté. L'ordre qu'elle contient de me rendre auprès de Votre Majesté n'est pas l'expression libre de sa volonté, et mon honneur, mon devoir, ma tendresse même, me défendent également d'obéir. Si Votre Majesté veut connaître tous ces motifs plus en détail, je la supplie de se rappeler ma lettre du 10 septembre dernier. Je la supplie de recevoir avec bonté l'hommage des sentiments aussi tendres que respectueux avec lesquels, je suis, Sire, etc. »

Du reste, cette lettre n'était en somme qu'une insolence de plus adressée à la nation, car nous savons maintenant que le roi et ses frères correspondaient secrètement et tenaient entre eux un langage tout autre que celui des lettres destinées à être livrées au public.

Dans la réponse qu'on vient de lire, Louis XVI se laissait insulter gratuitement, pour essayer de persuader aux patriotes qu'il se brouillait avec sa famille dans l'intérêt du bien public, et que, s'il refusait de signer le décret contre les émigrés, il n'en faisait pas moins des efforts pour obliger à rentrer dans le devoir les chefs de l'émigration.

Cette comédie ne trompait personne.

*
* *

Combien plus digne était l'attitude de l'Assemblée, mise en présence d'une lettre d'un particulier, lettre ouverte qu'on voulait lui faire lire !...

A la séance du 10 décembre, en effet, un secrétaire

donna connaissance de la lettre suivante, d'un citoyen de Paris :

« J'ai été hier à l'Abbaye, une voix plaintive s'est fait entendre ; un prisonnier m'a chargé de mettre une lettre à la poste, en me disant qu'elle était adressée à son frère, pour lui demander des secours. Il a exigé que je fisse serment de m'acquitter avec fidélité de sa commission ; je me rendis à ses prières et lui promis de remettre la lettre à la poste. Mais le patriotisme dans un citoyen veille toujours. J'allais à la poste ; un repentir m'arrêta ; une force invincible me détermina à décacheter ladite lettre... »

A ce moment, dans la salle, ce sont des cris, des piétinements ; de toutes parts, on réclame l'ordre du jour.

Vergniaud demande que la lettre soit brûlée.

Bazire essaye de pousser l'Assemblée à en prendre connaissance.

— Le particulier peut être coupable, dit-il ; il est un seul cas où il trouverait son crime lavé : c'est celu où il aurait sauvé sa patrie. Il faut examiner les faits que la lettre contient. J'en demande le renvoi au comité de surveillance.

— La lettre du prisonnier, proteste Cambon, est sa propriété : elle doit lui être rendue.

A son tour, Garrand monte à la tribune :

— On a dit qu'il pouvait être question du salut de la patrie. La patrie ne peut être sauvée que par la justice et la loyauté. Je demande le brûlement de la lettre.

L'Assemblée décrète cette dernière motion et décide que son p ocès verbal énoncera que l'Assemblée nationale, indignée, a passé à l'ordre du jour.

*
* *

A la suite de sa querelle avec les députés, au sujet de la défense des frontières et des officiers en congés irréguliers, Duportail donna sa démission, le 4 décembre ; le surlendemain, Louis XVI fit connaître le nom du nouveau ministre, par ce billet laconique adressé à l'Assemblée :

« *Veuillez, Monsieur le Président, faire part à l'As-*
« *semblée que j'ai nommé M. Narbonne au ministère*
« *de la guerre.*

« Signé : LOUIS. »

Cette nomination avait été en quelque sorte arrachée au roi, car, dans le conseil des ministres où on lui proposa pour la première fois cette candidature, il refusa tout d'abord, disant sans contrariété :

— Je connais Narbonne mieux que vous, et je suis sûr qu'il n'est pas du tout propre au ministère [1].

Mais Narbonne était soutenu par les femmes, protégé par Mesdames, tantes du roi, et par sa maîtresse, Madame de Staël, Narbonne devait réussir ; Louis XVI se résigna à cette nomination, et Narbonne fut ministre.

Narbonne était un jeune officier, fils d'une dame d'honneur de la duchesse de Parme, fille de Louis XV. Il avait été élevé en France ; on racontait même que son véritable père n'était autre que Louis XV, et on lui donnait pour mère la propre duchesse de Parme.

Narbonne supportait cette réputation incestueuse, il en était presque fier. Élégant et instruit, il avait fait rapidement son chemin dans l'armée ; sa liaison avec la fille de Necker, Madame de Staël, servait sa fortune. C'était un assidu du club des Feuillants, quand il prit le portefeuille ; cette nomination constituait

1. *Mémoires de Bertrand de Molleville*, t. I, ch. IV.

presque la revanche des dédains de la Cour pour Lafayette.

C'était la confusion de toutes les combinaisons des diverses coteries qui se disputaient le pouvoir. C'était ce que reproduisait assez fidèlement une caricature du temps. Elle représentait le maire de Paris dansant sur la corde, et tenant, pour lui servir de contrepoids, un volume de la *Constitution* d'une, main et de l'autre des projets signés *d'Orléans, Camus, Brissot*. Il est ceint de son écharpe et vêtu d'ailleurs comme un danseur de corde. On voit Bailly habillé en pierrot et Lafayette en trompette, tenant une chandelle pour l'éclairer. La figure qui est sur la corde penche un peu du côté des projets. Pie·rot souffle pour la remettre d'aplomb. Il y a un orchestre au bas de l'estampe ; on distingue parmi les musiciens : Villette jouant du basson, Madame Sillery pinçant de la harpe, Brissot jouant de la trompette marine, et le duc d'Orléans de la contre-basse, Camus du hautbois, Mesdames de la Châtre, Talma et Madame de Staël sonnent du cor. Narbonne bat la mesure et conduit la musique. Au bas de l'estampe on lit : *Gare aux faux pas !*

La situation devenait difficile, car avec Narbonne s'introduisait dans le ministère le premier adversaire déclaré de la royauté absolue. Narbonne, partisan du régime constitutionnel, était la créature des Feuillants, et il faisait au pouvoir la brèche par laquelle les Girondins devaient passer.

En attendant, les injures de la Cour se traduisaient par les attaques les plus violentes ; ainsi nous lisons dans une feuille subventionnée par la Cour, le curieux article suivant [1] :

1. *Journal de la Cour et de la Ville*, n° 36, 6 décembre 1791

LIVRES NOUVEAUX

HISTOIRE naturelle des serpents, par le nommé de la *Cepède,* ci-devant comte de la *Cépède,* et actuellement, serpent à sonnettes du manège, avec cette épigraphe :

Homo sum, humani nihil a me alienum puto.

Dont voici la traduction libre :

Serpent je suis, tout serpent m'intéresse.

Suivant ce fameux naturaliste, on distingue deux classes de serpents.

PREMIÈRE CLASSE

Le serpent NECKER, se voit à Coppet ; c'est le plus adroit et le plus dangereux de tous.

Le serpent D'ORLÉANS ; l'histoire de ce serpent est incroyable.

Le serpent PÉTION ; dégénération du serpent PYTHON.

Le serpent RIQUETTI ; cet animal fait encore du mal après sa mort.

Le serpent BARNAVE ; ne se repaît que de sang.

Le serpent TALLEYRAND ; il n'est rien que ne dévore son insatiable avidité.

Le serpent MONTESQUIOU ; a quelque affinité avec le lézard dit caméléon.

Le serpent LA FAYETTE ; naturellement timide et craintif, va rarement seul, et est très dangereux, même pendant son sommeil. Jadis on ne le voyait que dans l'Amérique septentrionale ; on assure qu'on le rencontre actuellement dans les montagnes d'Auvergne.

SECONDE CLASSE

Le serpent FAUCHET ; cruel et lascif ; on dit qu'il a sur la tête une espèce de tonsure.

Le serpent BRISSOT ; on dit qu'on le voit tantôt ramper, tantôt voler.

Le serpent CONDORCET ; porte des cornes sur la tête.

Le serpent CHABOT ; quelques voyageurs assurent lui avoir vu de la barbe.

Le serpent LE COINTRE ; on en a vu à Versailles ; c'est cet animal qui a rendu désert ce beau lieu.

Le serpent VILLETTE ; très petit, de la moyenne espèce,

n'aime que les adolescents, au rapport du célèbre naturaliste Suleau.

On croyait autrefois que ces différentes espèces de serpents, toutes très dangereuses, ne faisaient la guerre qu'aux blancs et qu'ils étaient les amis des noirs ; mais on est convaincu à présent qu'ils font autant de mal aux noirs qu'aux blancs.

M. de la Cépède donnera sans doute un supplément de cette intéressante Histoire naturelle, qui ne pourra manquer d'attacher le lecteur, attendu que ce savant naturaliste a vécu longtemps parmi les serpents, et a dû apprendre à les connaître.

L'injure ordurière, la grossièreté plate et les diffamations éhontées, telles sont les armes employées par les écrivains subventionnés par la Cour pour combattre les patriotes.

Misérable besogne, qui aura, pour ceux qui en sont chargés et pour leurs maîtres, de terribles résultats !

Du 10 au 16 décembre 1791.

LIV

DÉBATS SUR LA GUERRE

Enthousiasme pour la guerre. — Louis XVI à l'assemblée. — Discours de Narbonne. — Formation de trois corps d'armée. — L'Assemblée instruit elle-même des procès. — Députations à l'Assemblée. — Desmoulins reparaît. — Plaintes de jeunes abbés. — Réouverture du club des Feuillants. — Les faux députés. — Le vol à l'émigrette. — Satire contre Fauchet. — La brebis pourrie. — Une page de l'histoire du journalisme.

Nous connaissons l'état des esprits en présence de la question de la guerre, question à laquelle tout le pays s'attachait.

Cette idée de la guerre enflammant presque toute la France, les Girondins la soutenaient, la Cour y était favorable, et nous n'allons guère rencontrer que Robespierre qui opposera sa logique et ses discours mesurés de forme aux harangues enflammées et belliqueuses des orateurs des réunions publiques.

Pour la Cour, la guerre, nous l'avons vu, n'est qu'un prétexte ; elle veut non pas lutter contre l'Europe, mais parader contre les petits princes allemands. Il importait au roi de ménager les grandes puissances, la Prusse, l'Autriche, afin de pouvoir rétablir avec leur concours son pouvoir absolu ; la démonstration contre les électeurs de Trèves, de Mayence, l'évêque de Spire, devait lui permettre de lever une armée, dont il pourrait se servir, à un moment donné, contre la Révolution elle-même.

Narbonne, jeune, ardent, ambitieux d'imposer sa personnalité et de jouer un grand rôle, partageait la passion guerrière des Girondins, en adoptant tous les motifs secrets de la Cour ; son plus vif désir était de commander cette armée, qui « devait être pour le roi un appui libérateur, un refuge, d'où il aurait soutenu la majorité saine et intimidé les clubs. »

La lettre suivante de Marie-Antoinette au comte de Mercy-Argenteau ne laisse plus aucun doute à cet égard [1] :

« Je crois que nous allons déclarer la guerre, non pas à une puissance qui aurait des moyens contre nous, nous sommes trop lâches pour cela ; mais aux Électeurs et à quelques princes d'Allemagne, dans l'espoir qu'ils ne pourront se défendre. Les imbéciles ! ils ne voient pas que, s'ils font cette chose, c'est nous servir, parce qu'enfin, il faudra bien, si nous commençons, que toutes les puissances s'en mêlent, pour défendre les droits de chacune, mais il faut qu'elles soient bien convaincues que nous ne faisons ici qu'exécuter la volonté des autres, que toutes nos démarches sont forcées et que, dans ce cas, la meilleure manière de nous servir, est bien de nous tomber sur le corps. »

Aussi quand Louis XVI reçut le message de l'Assemblée, l'invitant à mettre en demeure les princes d'avoir à empêcher les groupements armés d'émigrés, il saisit cette excellente occasion de prendre en main la défense de la France, mais en réalité il se préparait une force contre la Révolution.

Le 13 décembre, le roi se rendit à l'Assemblée, ac-

1. Lettre rapportée par le général Yung dans sa belle étude sur *Dubois-Crancé*, t. I, p. 225.

compagné de tous les ministres ; il avait voulu ainsi donner plus d'importance à sa réponse au message ; il déclara, dans un discours écouté au milieu du plus profond silence, que si « avant le 15 janvier 1792, l'Électeur de Trèves n'avait pas fait cesser dans ses États tout attroupement et toutes dispositions hostiles de la part des Français qui s'y trouvaient réfugiés », il ne verrait plus dans l'Électeur « qu'un ennemi de la France ».

Fidèle à sa tactique et à ses vues, Louis XVI affirmait ses bonnes intentions vis-à-vis de l'Autriche, ajoutant : « L'Empereur a rempli ce qu'on devait attendre d'un allié fidèle, en défendant et dispersant tout rassemblement dans ses États. »

« Je sens qu'il est beau d'être roi d'un peuple libre », dit, en terminant son discours, le monarque, dont les paroles furent couvertes d'applaudissements se prolongeant, pendant plusieurs minutes, dans les tribunes d'où partirent plusieurs cris de : « Vive le roi des Français [1] ! »

A l'unanimité, l'impression du discours et son envoi aux 83 départements furent décrétés.

A peine le roi se fut-il retiré, toujours accompagné de tous ses ministres, que Narbonne rentra dans la salle, et, dans un discours plein d'emportement, déclara que « le roi et la nation ne faisaient plus — qu'un ». Il annonça que dans un mois cent cinquante mille hommes se trouveraient réunis, divisés en trois corps d'armée commandés par les généraux Rochambeau, Lukner et Lafayette, ajoutant que, la Constitution fixant seulement à six le nombre des maréchaux, Sa Majesté regrettait de ne pouvoir donner ce grade aux deux premiers généraux.

Quelques jours plus tard, vu l'urgence, l'Assemblée

1 *Histoire parlementaire*, t, XII, p. 397.

autorisa cette nomination exceptionnelle et en dérogation au décret du 4 mars 1891.

Narbonne ajouta qu'il allait partir lui-même « pour vérifier l'état de l'armée et visiter les frontières ».

L'entraînement était à peu près général ; le surlendemain, aux Jacobins, Brissot soutint Narbonne et ses projets, demandant l'appui de tous les révolutionnaires, unis dans un même mouvement de patriotisme.

Le débat sur la guerre était ouvert : nous allons le voir se constituer, s'élever et prendre dans les futures séances du club des proportions auxquelles on ne s'attendait pas.

En attendant, l'Assemblée s'occupa de l'instruction de procès qui lui furent soumis par son comité de surveillance, comité organisé et composé de douze membres, pour veiller à l'application des deux fameux décrets sur les prêtres et sur les émigrés, dont le refus de sanction avait retardé l'exécution.

L'Assemblée entendit divers individus accusés d'embauchages pour l'étranger ; elle interrogea les témoins et perdit trois jours pour ne rien conclure ; les accusés, un certain Rauch, tambour-major de bataillon de l'Oratoire, fut mis en liberté ; l'innocence n'était pas démontrée, mais la cupabilité n'était pas prouvée non plus. Pour éviter de perdre encore trois jours pour un semblable résultat, l'Assemblée décida qu'à l'avenir elle ne s'occuperait de nouvelles affaires de ce genre que lorsque le comité de surveillance aurait acquis les preuves juridiques de la culpabilité.

Diverses députations des sections défilèrent à la barre de l'Assemblée ; entre autres celles du Théâtre-Français, de Mauconseil, des Quinze-Vingts, de la Halle, de l'Arsenal, des Enfants-Rouges, de l'Observatoire, du Luxembourg, de la Croix-Rouge, du faubourg Saint-Antoine.

Camille Desmoulins, dont on n'entendait plus parler depuis le massacre du Champ de Mars, reparut et vint à la barre présenter une pétition au nom des sections pour engager les députés à maintenir leur décret contre les prêtres et les émigrés, en dépit du *veto* suspensif. Desmoulins avait préparé un long discours, mais il était tellement enrhumé, qu'il ne pouvait pas parler et qu'on l'entendait à peine, aussi pria-t-il Fauchet de lire son adresse, ce dont celui-ci se chargea avec plaisir.

Après ces députations, l'Assemblée recevait deux jeunes oblats de la congrégation de Saint-Lazare, qui se plaignaient que, dans les couvents provisoirement conservés, les pères gardiens et les procureurs ayant seuls le maniement sans contrôle des revenus, se refusaient de partager avec leurs confrères; ces pères gardiens, paraît-il, déménageaient peu à peu les meubles des couvents, et, quand les jeunes religieux voulaient se plaindre, ils étaient frappés et même blessés [1].

En dehors de l'Assemblée, signalons la résurrection du club des Feuillants. Depuis plusieurs mois, le club, apeuré par les événements, n'ouvrait plus ses portes, mais les incidents politiques de ces dernières semaines lui donnèrent confiance [2]. Narbonne entrait au ministère, Lafayette prenait le commandement d'un corps d'armée; la fortune semblait redevenir favorable, les trois membres du club des Feuillants décidèrent que leurs réunions seraient de nouveau publiques [3]. La foule se rendit nombreuse à ces séances, et nous verrons sous peu les discussions des modérés, troublées au dedans par les tribunes et au dehors par des attroupements [4].

1. *Histoire parlementaire*, t. XII, p. 252.
2. *Moniteur*, 10 décembre 1791.
3. *Les Annales patriotiques*, 15 décembre 1791.
4. *Le Patriote français*, décembre 1791.

***

Au milieu de ces événements, l'importance des députés grandissait tous les jours ; et, quand un de ces députés, dont la figure imberbe rehaussait encore la jeunesse, passait dans les rues, on se le montrait du doigt ; aussi, beaucoup de jeunes gens, pour se donner des airs d'importance, essayaient de se faire prendre pour des représentants du peuple. On voyait de jeunes hommes se promener dans les Tuileries, pensant profondément à rien, remuant les lèvres comme s'ils préparaient un discours, portant la main en avant, s'arrêtant brusquement comme frappés d'une inspiration inattendue, puis reprenant une marche grave, lente et posée. Le suprême bonheur pour ces petits personnages pétris de sottise et de vanité était d'entendre des passants, trompés par cette comédie, dire :

— C'est un député : le connaissez vous [1] ?

Une autre duperie, dont quelques Parisiens étaient victimes, consistait en ceci. Des prisonniers adressaient aux citoyens de Paris des lettres dans lesquelles, prétendant avoir été jetés en prison à cause des événements politiques, ils se donnaient pour des domestiques d'émigrés qui, avant leur départ, leur avaient confié, disaient-ils, des sommes importantes. Eux-mêmes, de peur d'être volés, avaient enfoui cet argent avant leur incarcération ; les filous terminaient en disant que, sachant le destinataire un honnête homme, ils voulaient partager avec lui leur trésor, pourvu qu'il leur avançât quelque argent pour les aider dans leur malheureuse position. Quelques-uns se laissaient prendre à ces tours de fripons, très fréquents [2] et qu'on appelait les vols à l'émigrette.

1 La *Feuille du jour*, décembre 1791.

2 *Avis de Desmousseaux*, substitut adjoint du procureur de la Commune.

Ceux qui se plaignaient étaient en butte aux moqueries des journaux et se trouvaient ainsi de compagnie avec les députés patriotes, auxquels les feuilles royalistes ne cessaient de lancer des épigrammes. L'abbé Fauchet servait souvent de cible, et on écrivait ainsi son nom :

A L'ÉVÊQUE FAUX CHEF

Dans la chaire, au manège, imposteur effronté,
Violant le devoir de son saint ministère,
Et partageant le lit d'une femme adultère :
Tel est du Calvados l'évêque assermenté [1].

A Montault, évêque constitutionnel de la Vienne, on faisait encore une injure plus grossière : on lui envoyait, dans son palais épiscopal, un paquet bien emballé, et, quand on ouvrait la caisse contenue dans ce paquet, on y trouvait une brebis en putréfaction, une charogne pourrie, avec une grande pancarte : « Telle la brebis, tel le pasteur [2]. »

Terminons ce chapitre par un coup d'œil sur l'histoire du journalisme, où nous allons trouver un exemple assez original de la façon dont il se faisait, au point de vue matériel. Il est probable que, sous la Révolution, n'existait pas ce que nous appelons aujourd'hui un secrétaire de rédaction, rédacteur chargé de centraliser toute la copie des autres collaborateurs, d'indiquer l'ordre qu'elle devra occuper dans le corps du journal et qui, avant le tirage, jette un dernier coup d'œil sur une épreuve finale qu'on appelle *morasse*. Aujourd'hui, dans les journaux bien faits, rien n'est inséré sans passer sous les yeux de ce secrétaire ; à la fin de 1791, il n'en était sans nul doute pas ainsi, puisqu'à la suite

1 *Journal de la Cour et de la Ville*, décembre 1791.
2 *Ibid.*

des éloges que la *Chronique de Paris* avait insérés à l'adresse de Danton, nommé adjoint au procureur de la Commune, nous trouvons dans le numéro du 10 décembre, l'avis suivant :

« AVIS DES RÉDACTEURS

« N'ayant aucune liaison avec M. Danton et ne le connaissant pas, nous avons été étonnés de l'étalage pompeux avec lequel sa nomination a été annoncée par un de nos derniers numéros. Nous n'avons eu aucune part à cette insertion ; mais, comme voilà déjà plusieurs fois que la chose arrive, et que c'est une contravention formelle à notre traité, nous déclarons que nous regardons la première insertion de cette nature comme une véritable rupture et que nous nous pourvoirons en conséquence[1]. »

Il s'agit ici du traité avec l'imprimeur Garnery, qu'on accusa formellement de s'être mêlé de ce qui ne le regardait pas. Le lendemain, l'imprimeur répond directement dans le journal que la note dont se plaignent les rédacteurs n'est pas de lui, mais de « M. Manuel qui, par estime comme par attachement pour ce journal et pour les rédacteurs, se croyant toujours l'interprète de leurs sentiments, y a quelquefois semé, sans les leur soumettre, des réflexions de patriotes. »

Garnery ajoute cette phrase :

« Mais, en m'assurant qu'il n'a pas voulu violer mon traité, il me prie d'engager MM. les rédacteurs, qu'il croit toujours ses amis, à ne jamais oublier ce qu'ils ont fait, dès le commencement de la Révolution, avec un peuple qui a juré, comme eux, d'être libre.

1 *Chronique de Paris,* 10 décembre.

« Quel scandale, s'ils perdaient de leur force sous le pavillon de Condorcet !

« Garnery. »

Les rédacteurs, toujours par la voie du journal. continuent cette petite querelle de famille et répondent, à leur tour, à Garnery :

« Nous demandons pardon au public de l'occuper d'une petite discussion particulière, mais nous nous croyons obligés de relever une expression échappée à notre libraire, co-propriétaire, vraisemblablement par méprise, mais qui, si nous la laissions subsister, pourrait compromettre notre caractère. C'est l'expression de *pavillon de M. Condorcet*. Le journal intitulé *la Chronique* n'a jamais porté d'autre *pavillon* que le nôtre. Lorsque M. de Condorcet s'est chargé de la partie de l'Assemblée nationale, quelle que soit notre estime pour ses talents et ses lumières, nous ne nous sommes pas engagés à souscrire aveuglément à toutes ses opinions. Si les auteurs de la *Chronique* ont eu quelque mérite, c'est surtout celui de la bonne foi. Ils n'ont jamais parlé que par persuasion. Leur recette a toujours été de dire ce qu'ils pensaient, et aucune considération ne les en fera changer, pas plus que violer leur serment. En deux mots, le journal leur appartient ; il aura toujours leur *pavillon*, leur esprit, et jamais ils ne se laisseront influencer par personne. »

Cet article, qui montre la susceptibilité des rédacteurs de la *Chronique de Paris*, plus que leur solidarité, termine cette polémique de famille, intéressante pour nous aujourd'hui, en ce qu'elle jette un peu de lumière sur la vie du journalisme sous la Révolution.

LV

CERÉMONIE AUX JACOBINS

Le buste de Robespierre offert aux Jacobins. — Les délégués anglais. — Délégation et discours des femmes patriotes. — Une épée de Damas. — Discours théâtral d'Isnard. — Réponse de Robespierre. — Malpropreté des armées. — Les volontaires. — Mariage d'un chanoine. — Cabales des réactionnaires dans les coulisses des théâtres. — Un mot nouveau : «chabotter». — Mort de Berquin.

L'attention publique était tournée du côté du club des Jacobins, où se discutait cette grave question de la paix et de la guerre. On attendait surtout les discours, déjà annoncés, de Robespierre, plus populaire encore que lorsqu'il était député ; un sculpteur offrit, le 17 décembre, le buste de l'orateur du club, et ce buste fut mis à la place d'honneur, pour la cérémonie qui devait avoir lieu le lendemain.

Le 18 décembre fut en effet un grand-jour pour le club des Jacobins.

Les délégués anglais apportaient des drapeaux de leur pays, offerts aux patriotes français par les jacobins de Londres. La Source présidait en l'absence d'Isnard. L'affluence était telle qu'on dut installer une nouvelle tribune, et cependant une foule assez considérable ne put trouver place [1]. Les bustes de Jean-Jacques, Fran-

1. *Histoire parlementaire* de Buchet et Roux, t. XII, p. 276.

klin, Mably, Sidney, Price, Mirabeau et celui de Robespierre, installé de la veille, étaient entourés de drapeaux anglais, français et américains.

L'entrée des délégués anglais et américains fut saluée par des applaudissements et des cris répétés : « Vive la Liberté ! Vive la Nation ! Vivent les trois peuples libres de l'Univers ! »

Une députation des dames habituées des tribunes fut admise à la tribune pour offrir deux couronnes civiques : l'une pour le club, l'autre pour les Wihgs anglais.

La députation entra, et une jeune fille prononça un discours en l'honneur de « l'Union des peuples libres ». En même temps, les députés ouvrirent un coffret où se trouvaient les présents de la députation ; la carte de France en quatre-vingt-trois départements, le bonnet de la Liberté, l'Acte constitutionnel des Français, une couronne civique, des épis de blé, trois drapeaux, une cocarde tricolore et ces mots, brodés dans les deux langues : « Vive libre ou mourir ! »

Ce coffret fut remis aux Anglais pour la société des Jacobins de Londres [1].

— Dites à vos femmes, s'écria l'orateur féminin, en remettant ce présent, répétez à vos enfants que des filles sages, des épouses fidèles, des mères tendres, après avoir rempli leurs devoirs domestiques, après avoir contribué au bonheur de leurs familles et de leurs époux, sont venues faire cette offrande à la Patrie — Qu'un cri d'allégresse se répande sur toute l'Europe, et vole en Amérique ! — Écoutons, au milieu de tous les échos, Philadelphie et ses contrées s'écriant comme nous : « Vive la liberté ! »

Toute la salle acclame l'orateur, en répétant :

[1] *Histoire parlementaire* de Buchet et Roux, t. XII, p. 276.

« Vive la liberté ! » et les patriotes y ajoutent le cri de : Vivent les femmes ! » pendant que les tribunes continuent leurs applaudissements enthousiastes.

Le député anglais n'est pas préparé, dit-il, à « faire une ovation », et, parlant assez mal notre langue, il remercie cependant, en proclamant la solidarité des peuples libres.

***

Isnard arrive et prend la présidence ; le secrétaire lit une lettre d'un Suisse, un citoyen Virchaux, qui envoie à la société une superbe épée de Damas, qu'il la prie de destiner au premier général français qui terrassera un ennemi de la Révolution.

Isnard s'empare de cette épée, et la brandissant, s'écrie :

— La voilà, messieurs, cette épée ; elle sera toujours victorieuse. Le peuple français poussera un grand cri, et tous les autres peuples répondront à sa voix : la terre se couvrira de combattants, et tous les ennemis de la liberté seront effacés de la liste des hommes.

Ce mouvement théâtral d'une éloquence ardente échappé au fougueux Méridional, entraîna l'Assemblée, et les applaudissements éclatèrent de nouveau de tous côtés. C'était pousser les Jacobins à suivre la Gironde et à se prononcer pour la guerre. Rosbespierre, pendant qu'on acclamait Isnard, monta à la tribune pour combattre l'orateur.

Il opposa quelques phrases froides et sèches aux tragiques emportements du Méridional, suppliant l'Assemblée de supprimer tous ces mouvements d'éloquence matérielle qui peuvent forcer l'opinion, dans un moment où elle doit être dirigée par la discussion la plus tranquille. Robespierre combattit les théories des partisans de la guerre, en montrant que « les plus dangereux, les plus redoutables ennemis de la révolution n'étaient pas à Coblentz, ils se trouvaient au sein même du pays, et c'était à eux, à la Cour, au ministère, que l'on confierait la direction d'une telle guerre ! » Il évoqua ensuite les souvenirs menaçants de César et de Cromwel, parole dont se souviendront plus tard, après le 18 brumaire, les républicains sincères, restés fidèles à leurs convictions républicaines et envoyés sur deux vieux bâtiments, *la Flèche* et *la Chiffarde* [1], sur les côtes d'Afrique et à Cayenne par Bonaparte, que semblait prévoir Maximilien, en montrant le danger de la « guerre, le plus grand péril de la liberté naissante, car par elle s'établissent les dictatures ».

Sur la proposition de Couthon, le club passa à l'ordre du jour.

Mais l'entraînement des Girondins porta ses fruits au dehors ; à Tulle, notamment, à Amiens, les conseils d'administration ouvraient des ateliers pour la fabrication des piques.

Sur la frontière, on continuait à masser des troupes, que le nouveau ministre de la guerre, Narbonne, passait en revue.

Le nombre des volontaires augmentait tous les jours ; mais, les mesures n'ayant pu être encore prises pour les recevoir, les jeunes soldats se plaignent de la malpropreté dans laquelle on les tient, et ils envoient à Fauchet [2], une réclamation portée par l'évêque du Calvados à la tribune de l'Assemblée.

1. Voyez les *Déportations du Consulat et de l'Empire,* par Jean Destrem.

2. *Moniteur universel*.

Le député signale notamment « l'improbité des entrepreneurs et des agents du pouvoir exécutif » ; il dénonce » l'usage des draps dont les taches annoncent qu'ils ont servi dans les hôpitaux. »

Tout cela n'arrête pas le zèle des volontaires, et ces mêmes jeunes gens qui avant la Révolution, fuyaient la conscription comme un épouvantable malheur, tiennent à grand honneur de s'enrôler dans les régiments les plus rapprochés des ennemis.

Il y avait eu un changement extraordinaire dans les mœurs, grâce aux lois de la Constituante, changement se manifestant un peu partout; ainsi, le 17 décembre, l'abbé Paris, ancien chanoine, se présentait avec une demoiselle Antonin devant la municipalité de Belfort et demandait qu'on procédât à son mariage, ce qui avait lieu sur l'heure au milieu des félicitations des patriotes, louant fort cet abbé qui rompait avec les règles mesquines et contre nature des canons romains, pour en revenir aux lois de la primitive Église catholique.

Les royalistes ne se décourageaient pourtant pas, ne manquant aucune occasion de provoquer des manifestations hostiles à la Constitution. Ainsi, ils avaient pris l'habitude de fréquenter avec assiduité les coulisses et les foyers des théâtres, poussant à la représentation des pièces contre-révolutionnaires, organisant des cabales contre les comédiens patriotes et faisant siffler les acteurs connus pour leur civisme.

Les attaques contre les députés révolutionnaires ne cessaient plus, et ils créaient des mots qu'ils employaient avec ostentation dans leurs conversations à haute voix dans les cafés. Ainsi, ils ne disaient plus « jaboter » pour

1. *Chronique de Paris,* décembre 1791.

exprimer un babil insupportable et vague, mais bien *chabotter* [1].

Tous ces graves événements et ces petites cabales n'empêchèrent point Paris de saluer le cercueil d'un écrivain populaire, Berquin, mort le 20 décembre. Berquin fut le premier qui introduisit en France la littérature pour les enfants, connue en Angleterre depuis longtemps. Il avait aussi collaboré à la *Feuille villageoise* et au *Moniteur* ; on l'avait proposé comme précepteur du Dauphin ; il mourut, emportant la réputation d'un homme honnête, d'un citoyen patriote et d'un esprit à la fois timide, élégant et aimable.

1 *La Feuille du jour,* décembre 1791.

Du 24 au 31 décembre 1791.

LVI

FIN D'ANNÉE

Discours pour la guerre. — Brissot. — Débuts oratoires de Louvet. — Manœuvres des émigrés — En Roussillon et en Catalogne — Une méprise à propos d'embauchage. — Départ de Lafayette. — Mot de Narbonne. — Les Suisses de Châteauvieux. — La reine au théâtre. — Naissance en pleine rue.

Au club des Jacobins, où se formait l'opinion publique, deux hommes répondirent, dans la séance du 30 décembre, au discours de Robespierre : Brissot et Louvet, dont le nom est mêlé pour le première fois à un grand débat politique.

Brissot fut vif, passionné, agressif même, pour Robespierre, dont la modération avait cependant été remarquée de tous. Brissot engagea les citoyens à suivre l'élan donné par le ministre patriote Narbonne. Pour réfuter l'objection de Maximilien, qui avait évoqué le spectre de César, Brissot montra la différence de l'armée du tyran romain, « ramas de brigands, d'aventuriers, d'étrangers sans autre propriété que leurs sabres » : César n'était pas à craindre. Hélas ! le 18 brumaire devait donner un cruel et sanglant démenti aux paroles de Brissot.

Le second discours sérieux qui réfutait les objections de Robespierre, fut prononcé par un homme déjà célèbre, mais dont c'était le premier acte vraiment important de sa politique, Louvet, l'auteur d'un roman de boudoir : *les Amours de Faublas,* dans lequel il avait pour ainsi dire synthétisé le dix-huitième siècle en rut. Le discours de Louvet plut beaucoup aux Jacobins ; de ce jour, la réputation oratoire de Louvet commença.

Les journaux se divisèrent, comme le public, au sujet de cette question capitale. Les *Révolutions de Paris*, de Prudhomme, et le journal de Camille Desmoulins, se rangèrent du côté de Robespierre. Camille termina un de ses articles par ces mots : « Je ne vous estime plus, monsieur Brissot ; je vous regarde comme un traître. »

Marat dont, les vieux soupçons s'avivèrent, écrivit, en parlant du même Brissot : « Moi, qui vous connais à fond, je m'attendais bien un peu à voir tomber votre masque. »

Il y avait exagération, autant chez Camille, se vengeant peut-être aussi d'avoir entendu Brissot traiter ses articles de « pasquinades », que chez Marat, voyant toujours les actions des hommes par le trou de sa cave, où il avait établi son bureau de rédaction.

La majorité du club des Jacobins, de l'Assemblée et de l'opinion publique se laissait entraîner vers la guerre, ayant hâte de voir un peuple libre infliger une défaite aux rois et aux despotes, car la victoire n'était mise en doute par personne ; tous les citoyens, quand ils réclamaient la guerre, entendaient dire « remporter la victoire ».

Les émigrés continuaient à se réunir en Allemagne, à se concerter en Italie et en Espagne ; ils étaient souvent favorisés par les communes de la frontière et par les militaires ayant la garde de nos places fortes ; ainsi, dans le Roussillonnais, le commandant de Bellegarde en reçut plusieurs dans le fort ; à Perpignan, des tentatives d'embauchage se faisaient presque partout.

L'ancien chanoine Salva proposait aux paysans d'aller à Figuières, où l'ancien président du conseil souverain leur offrait un fusil, un sabre et vingt-sept sous par jour [1].

Dans ce même Roussillonnais, l'émigration prenait des proportions extraordinaires ; les voitures filaient nombreuses et de façon continue. Les officiers en garnison à Bellegarde, ceux du régiment de Médoc, plusieurs soldats de Cambrésis désertaient en Espagne. Les émigrés écrivaient de nombreuses lettres, annonçant une invasion prochaine et la mort des patriotes. En Catalogne, l'émigration, aux portes de la France, était chez elle. Le rendez-vous des émigrés était à Figuières ; ils se tenaient près de la frontière, faisant poursuivre et persécuter leurs compatriotes; aussi ils obtenaient l'expulsion de Figuières de plusieurs négociants perpignannais, connus pour leur civisme et qui étaient venus à la foire [2].

***

Il n'est donc pas étonnant que les embauchages fussent poursuivis avec une certaine rigueur ; ces poursuites donnaient lieu à des méprises, comme celle dont fut victime le directeur du théâtre de Lyon, venu à Paris pour recruter sa troupe. Il sortait du café Oudinot où il avait engagé plusieurs acteurs ; un filou lui dérobe son portefeuille; et, au lieu d'assignats

1. *Histoire de la Révolution française dans les Pyrénées orientales.* — Pierre Vidal, t. I, p. 260.
2. *Ibid.*

ou de valeurs, il ne trouve que des engagements. S'imaginant qu'il a affaire à un embaucheur, il va le dénoncer au commissaire de police, et le directeur est arrêté; mais l'erreur est vite reconnue, et c'est le voleur qui, à son tour, est mis en prison [1].

Pourtant l'organisation militaire se poursuit avec ardeur; le 26 décembre, Lafayette part pour Metz, où il prend le commandement d'un corps d'armée. La veille de son départ, les bataillons de la garde nationale se rendent chez le général et lui font escorte jusqu'aux Tuileries, où il prend congé du roi, puis il se rend à l'Assemblée où, admis à la barre, il fait ses adieux aux représentants. Au sortir du Manège, Lafayette trouva un fort détachement de la garde nationale à cheval, qui l'accompagna à une assez grande distance de la capitale [2].

Narbonne continuait sa tournée, reçu avec enthousiasme à Cambrai, Douai et Péronne. Dans cette dernière ville, comme il s'était fait attendre, le ministre s'excusa d'avoir si longtemps tenu les citoyens au froid, ajoutant que bientôt sans doute il leur ferait voir le feu [3].

La question militaire se posa encore, cette semaine, à l'Assemblée qui discuta l'affaire des soldats suisses de Châteauvieux, condamnés aux galères pour rébellion à l'infâme Bouillé, après les affaires de Nancy; malgré l'amnistie proclamée par la Constitution, les Suisses étaient indûment retenus au bagne. Un homme, connu jusqu'ici par des pièces de théâtre jouées avec succès, Collot, se faisant appeler d'Herbois, prit la défense de Châteauvieux devant les Jacobins, Sur la demande du

1. *Chronique de Paris*, décembre 1791.
2. *Ibid.*
3. *Ibid.*

club, l'affaire, portée à l'Assemblée législative par Goupilleau, aboutit à la mise en liberté des quarante-et un soldats encore retenus aux galères; quant aux Suisses pendus après le combat, par ordre de Bouillé, il ne pouvait en être question, et le général royaliste dut regretter de n'avoir pas augmenté le nombre des potences. Collot d'Herbois, sur les bénéfices de son almanach, *le Père Gérard*, verse quinze cents livres, pour venir en aide aux malheureux soldats qu'il avait contribué à faire mettre en liberté.

L'avant-veille du jour où cette mesure de justice avait été prise, la reine voulut aller au théâtre, et se montra, accompagnée du Dauphin, à l'Opéra où l'on donnait le ballet de *Psyché*. Les royalistes applaudirent beaucoup Marie-Antoinette, et les journaux à la solde de la Cour purent publier que le peuple avait acclamé sa souveraine [1].

Un des auxiliaires de la Cour, un des soutiens de l'émigration, le pape, fut pris d'une attaque d'apoplexie suivie de paralysie, à la suite d'un trop copieux dîner; cette maladie causait au pontife des douleurs vives, qui, s'il faut en croire les feuilles royalistes, « le portaient à l'impatience, et il jurait même un peu [2] ».

Terminons le récit de cette année en rapportant un trait de mœurs du temps.

A huit heures du matin, le 26 décembre, une fille inconnue accoucha d'un garçon au milieu de la rue de la Poterie; on courut chercher du secours au corps de garde de Saint-Jacques-la-Boucherie, où précisément un médecin accoucheur montait la garde ; on porta la mère et l'enfant au poste ; comme la pauvre mère était une malheureuse abandonnée sur le pavé de Paris,

1. *Chronique de Paris*, décembre 1791.
2. *La feuille du jour*, 2 Janvier 1792.

l'officier de service voulut tenir l'enfant sur les fonds baptismaux ; le baptême eut lieu avec le concours du bataillon, il rendit les honneurs militaires au nouveau-né, qui reçut de son parrain les noms d'André Vincent Patriote [1].

Tant, à ce moment de sublimes dévouements, de solidarité humaine entrant dans le domaine des faits, l'idée de patrie dominait tout et remplissait les cœurs !

Paris, 31 décembre 1885

1. *Chronique de Paris*, décembre 1791

TABLE

I

La nouvelle année

II

Le mariage de Camille Desmoulins

III

Les réfractaires

IV

Grandes colères et petites passions

V

Une question coloniale

VI

Actes et paroles

VII

Dénonciations et agitations. Colère publique

VIII

L'hôtel des Invalides

IX

Départ de Mesdames

X

Emeute. Emigration. Les chevaliers du poignard

XI

Le roi est malade

XII

Petits faits

XIII

Derniers jours de Mirabeau

XIV

Agonie de Mirabeau.

XV

Mort et funérailles de Mirabeau.

XVI

Le lendemain des funérailles de Mirabeau

XVII

Le roi ne va pas à Saint-Cloud.

XVIII

Les successeurs de Mirabeau

XIX

Le pape et la Révolution.

XX

Le droit de pétition et d'affiche

XXI

Les colonies. — La réélection

XXII

Les prolétaires

XXIII

Discussion de la peine de mort

XXIV

Dangers au dedans et au dehors

XXVI

Menus faits et petits incidents

XXVI

La fuite à Varennes.

XXVII

Le roi prisonnier

XXVIII

L'idée de république se fait jour

XXIX

Apothéose de Voltaire

XXX

Deuxième anniversaire de la prise de la Bastille

XXXI

Massacre du Champ de Mars

XXXII

Après le Massacre

XXXIII

Agitations intérieures, dangers extérieurs

XXXIV

Revision de la Constitution

XL

Le Roi prête serment à la Constitution.

XLI

La Constitution proclamée.

XLII

Fin de la Constituante.

XLIII

XLIV

Ouverture de l'Assemblée législative.

XLV

Départ de Lafayette

XLVI

La glacière d'Avignon.

XVLII

Scènes de la vie privée

XLVIII

Les prêtres et les émigrés

XLIX

Décret contre les émigrés.

L

Le veto du roi

LI

Les dettes du duc d'Orléans

LII

Veto au décret contre les prêtres

LIII

Narbonne est nommé ministre

LIV

Débats sur la guerre

LV

Cérémonie aux Jacobins

LVI

Fin d'année

Saint-Amand. — Imprimerie Daniel-Chambon

A LA MÊME LIBRAIRIE

OUVRAGES DE JEAN-BERNARD

HISTOIRE ANECDOTIQUE

DE LA

RÉVOLUTION FRANÇAISE

— **1789**, avec une préface de JULES CLARETIE de l'Académie française. 1 vol . . 3 50

— **1790**, avec une préface de LÉON CLADEL. 1 vol. 3 50

— **1791**, avec une préface de ERNEST HAMEL. 1 vol. 3 50

— **1792**, avec une préface de JULES SIMON. 1 vol. 3 50

— **1793**, avec une préface de de CLOVIS HUGUES. 1 vol 3 50

QUELQUES POÉSIES DE ROBESPIERRE

Un volume. . . . . 1 »

LES FILS DE 93

Drame en cinq actes et huit tableaux, représenté en 1880. 1 vol. . . . . 2 »

EN PRÉPARATION :

HISTOIRE ANECDOTIQUE

DE LA

Révolution Française 1794, 1795

Saint-Amand. — Imprimerie DANIEL-CHAMBON, 31, Rue Porte-Mutin

www.ingramcontent.com/pod-product-compliance
Lightning Source LLC
LaVergne TN
LVHW011258110826
845149LV00001B/177

* 9 7 8 2 0 1 3 4 8 6 0 5 7 *